| 사무엘하 강해 |

Samuel 우리는
무엇으로
사는가

| 구영철 지음 |

쿰란출판사

추천사

현장을 중계방송해 주고 있는 생생한 리포트

　이 책은 구영철 목사님이 일산충신교회 강단에서 선포한 말씀을 모은 설교집입니다. 사무엘서를 여러 달 동안 말씀했는데, 우리 교회 교인들이 많은 은혜를 받았습니다. 물론 저 자신도 그 가운데 포함되어 있습니다. 그러나 우리 교회 안에서 우리끼리만 은혜를 받는 것으로 그치기엔 너무 아까운 말씀이기에 보다 널리 은혜를 나누었으면 좋겠다 싶어 구 목사님께 설교집 발간을 권유했습니다. 목사님은 웃기만 하고 도무지 승낙을 하시지 않는 것이었습니다. 책으로 펴내기엔 너무 부끄럽다는 이야기였습니다. 그러나 쿰란출판사 사장 이형규 장로님께서 출판에 쾌히 응해 주시고 권면하여 이처럼 아름다운 설교집으로 상재(上梓)케 된 것입니다. 삼가 다음과 같은 몇 가지 연유로 인하여 감히 독자 여러분께 이 책을 추천해 올립니다.

　첫째, 이 책은 생생하게 현장을 중계방송해 주고 있는 설교자의 리포트입니다.
　본래 사무엘서는 사사시대 말엽부터 다윗 치하에서의 통일왕국을 수립할 때까지의 격변하는 시대를 배경으로 한 100년 동안을 기록한 역사책입니다. 당시 역사 무대에서 중요한 역할을 감당했던 사무엘, 사울 그리고 다윗, 이들 세 사람이 어떻게 하나님의 도구로 쓰임 받았는가를 상세하게 조명해 주고 있는 기록입니다. 그러니까, 지금으로부터 3,000년 전의 옛날 이야기입니다. 그럼에도 불구하고 설교자는 그때(Then), 거기(There)에서 있었던 역사적 사실(史實)을 오늘(Now), 여기(Here)에서의 사실(事實)로 생생하게 해석(Interpretation)해 줌으로써 성도들로 하여금 오늘 현실 속에서의 삶에 실제적으로 적용(Application)할 수 있도록 안내해 주고 있습니다. 그러므로 생생하게 현장을 중계방송해 주고 있는 리포트입니다.

둘째, 이 책은 회개를 촉구하고 부흥을 모색하는 설교자의 신앙고백입니다.

역사학자 카(E. H. Carr)는 「역사란 무엇인가?」에서 "역사는 현재와 과거와의 부단한 대화"라고 언급했습니다. 사무엘 시대에도 오늘과 똑같은 부정, 부패, 혼돈과 암흑의 위기 속에 하나님의 백성들이 생존했습니다. 이 위기를 그들은 어떻게 극복했는가에 초점을 맞추어 오늘 우리가 고민하고 있는 문제의 해법을 모색하고자 설교자는 많은 노력을 기울이고 있습니다. 그것은 회개를 통한 부흥으로 과거와 현재, 그리고 미래를 엮어내고 있습니다. 마침 1907년 평양 대각성 부흥운동 100주년을 맞는 역사적 시점에서 이 책은 한국 교회를 향한 설교자의 신앙 고백이요, 선지자적 포효(咆哮)라고 할 것입니다.

주일예배를 드릴 때마다 일산충신교회 강단에서 흘러나오는 생수와 같은 은혜의 말씀! 그러한 말씀의 은혜가 이 책을 통독하는 독자들에게도 충만하게 넘쳐나기를 바라는 간절한 마음으로 삼가 추천해 올려드립니다.

2006년 6월 1일
고 무 송 목사
(한국교회인물연구소장)

서문

2004년도 안식년을 미국에서 보내고 있을 때에 한반도의 남북한 관계와 양극화 현상으로 갈등하는 민족의 모습을 먼 곳에서 보면서 '자기 소견에 옳은 대로 살아가던' 사사시대를 끝내고 통일 왕국을 이룬 이스라엘처럼 우리 민족 역시 하나님을 사랑하고 민족 통일을 이룰 그날을 기대하는 마음으로 사무엘서를 묵상하였습니다.

3,000여 년의 시간을 넘어서 우리와 비슷한 상황 속에서도 삶을 아름답게 잘 마무리한 선민(選民) 이스라엘 신앙의 선조들, 삶의 고통과 아픔 가운데서도 문제를 잘 헤쳐나간 믿음의 백성들을 보면서 그들이 만난 하나님을 저도 말씀 속에서 만나게 된 것은 헤아릴 수 없는 은혜요 기쁨이었습니다. 그 은혜와 기쁨을 저만 누리는 것이 아까워서 2005년 1월부터 2006년 4월 부활주일 전까지 1년 4개월 동안 설교를 통해 성도들과 함께 그 은혜를 나누었습니다. 처음에는 주일예배 설교를 이렇게 권별로 한다는 것이 상당한 부담이 되었습니다. '혹시나 교인들이 너무 지루해 하지는 않을까?' 염려가 되기도 했습니다. 그런데 하나님께서는 사무엘서 설교를 통해서 저 자신이 혼자 묵상할 때와는 또 다른 은혜를 덧입혀 주셨고 그 은혜로 사무엘 상·하를 모두 설교할 수 있었습니다.

그동안 부족한 종의 설교를 열심히 경청해 주시고 격려해 주신 고무송 목사님께서 '2007년 평양대부흥 100주년'을 앞둔 이 시점에 책으로 엮어 이 시대의 동역자들과 함께 나누면 좋겠다고 권면

하셨을 뿐만 아니라 쿰란출판사 이형규 장로님께서도 흔쾌히 출간을 허락해 주셔서 부끄럽지만 이렇게 또 한 권의 설교집을 내게 되었습니다.

훌륭한 선배 목사님들도 많으시고, 설교의 대가들도 계시는데 제가 감히 설교집을 낸다는 것이 몹시 부끄럽습니다. 읽으시는 모든 분들께서 저의 수준에 맞게 눈높이를 낮추어 읽어 주신다면 나름대로 은혜가 있지 않을까 스스로 위로해 봅니다.

이 설교집을 읽는 동안 3,000년 전에 믿음의 선조들을 만나 주신 하나님께서 우리에게도 찾아오셔서 우리를 만나 주시기를 간절히 바랄 뿐입니다.

첫번 설교집(「누가 읽을까?」 누가복음 설교집)은 차마 세상에 내어 놓을 수 없어서 우리 교인들과만 나누어 가졌고 이제 이 두 번째 설교집이 세상 속으로 먼저 첫발을 내디딥니다. 감사하고, 감격스럽고, 두렵습니다. 그리고 떨리기도 합니다. 추천사마저도 책 내용보다 더 은혜가 되는 듯하여 누군가 추천사를 보고 책을 사서 읽게 된다면 실망하게 되지 않을까 미리 염려가 되기도 합니다.

사무엘서 설교에 많은 도움을 주신 선배 교수님, 목사님들께 진심으로 감사를 드립니다. 또한 지난 12년간 건강한 교회를 만들어 나가기 위해 함께 힘써 달려오신 일산충신교회 성도 여러분들께 진심으로 감사드립니다.

올해는 저희 가족에게도 참 의미 있고 기쁜 해입니다. 캐나다에서 7년 유학의 과정을 무사히 마친 아들 주만이와 지방에서 대학원을 휴학하고 또 다른 시험 준비를 하고 있는 사랑하는 딸 주라가 일산으로 돌아와 오랜만에 온 가족이 모두 모일 수 있는 해이기 때문입니다. 그 동안 개척 목회하느라 바쁘다는 핑계로 아빠 노릇을 제대로 못했는데, 자녀들과 의미 있는 시간을 같이하여 좋은 아빠로서의 회복을 꿈꾸며 행복한 생각에 빠져 보기도 합니다. 엘리나 사무엘 선지자처럼 너무 분주히 주의 사역을 하다가 하나님 눈에 벗어난 자식을 만들어서는 안 되겠기에 더더욱 굳게 다짐하면서 서문에 대합니다.

한나와 같은 심정으로 모든 자식들이 다 하나님의 사역에 쓰임 받기를 서원하며 기도하셔서 세 아들과 두 딸을 목사와 목사 사모가 되게 하신 사랑하는 어머니 명예순 권사님께 이 책을 바칩니다.

2006년 6월 1일
2006년 창립 12주년을 앞두고
봄꽃들이 만발한 일산의 아름다운 동산이 보이는 서재에서
구 영 철

차례

✽ 추천사[고무송]_2
✽ 서문_5

새 시대의 여명(1:1~10) ≫≫ 11

다윗의 이상한 불순종(3:1~5, 5:13~16) ≫≫ 26

통일을 순탄히 이루려면(5:1~10) ≫≫ 43

좋은 계획 나쁜 방법(6:1~15) ≫≫ 61

갈등하는 부부 같이 사는 부부(6:16~23) ≫≫ 77

마음에만 들어도 받는 은혜(7:1~17) ≫≫ 92

다윗의 기도(7:18~29) ≫≫ 108

목적 있는 삶을 산 사람(8:1~18) ≫≫ 123

목적이 빗나간 사람(11:1~13) >>> 139

새해에는 이렇게 삽시다(12:1~15) >>> 154

여디디야(12:9~17, 24~25) >>> 168

사랑과 욕정(13:1~19) >>> 185

아버지로서의 다윗(13:21) >>> 200

화평케 하는 자의 자세(14:1~24) >>> 215

상한 감정을 치유하고 삽시다(15:1~12) >>> 231

우리는 무엇으로 사는가?(1)-야망(16:1~4) >>> 245

우리는 무엇으로 사는가?(2)-섬김(17:24~29, 19:31~39) >>> 260

우리는 무엇으로 사는가?(3)-경쟁(18:4~15) >>> 276

우리는 무엇으로 사는가?(4)-은혜(19:24~30) >>> 291

하나 됨을 깨뜨리는 사람들(20:1~2, 14~22) >>> 306

잘못된 열심의 결과(21:1~14) >>> 322

다윗의 찬송(22:1~13) >>> 338

다윗과 동역자들(23:8~39) >>> 353

인구 조사의 비밀(24:1~25) >>> 369

>>사무엘하<<

새 시대의 여명
1장 1~10절

사울이 죽은 후에 다윗이 아말렉 사람을 쳐죽이고 돌아와 다윗이 시글락에서 이틀을 머물더니 사흘째 되는 날에 한 사람이 사울의 진영에서 나왔는데 그의 옷은 찢어졌고 머리에는 흙이 있더라 그가 다윗에게 나아와 땅에 엎드려 절하매 다윗이 그에게 묻되 너는 어디서 왔느냐 하니 대답하되 이스라엘 진영에서 도망하여 왔나이다 하니라 다윗이 그에게 이르되 일이 어떻게 되었느냐 너는 내게 말하라 그가 대답하되 군사가 전쟁 중에 도망하기도 하였고 무리 가운데에 엎드러져 죽은 자도 많았고 사울과 그의 아들 요나단도 죽었나이다 하는지라 다윗이 자기에게 알리는 청년에게 묻되 사울과 그의 아들 요나단이 죽은 줄을 네가 어떻게 아느냐 그에게 알리는 청년이 이르되 내가 우연히 길보아 산에 올라가 보니 사울이 자기 창에 기대고 병거와 기병은 그를 급히 따르는데 사울이 뒤로 돌아 나를 보고 부르시기로 내가 대답하되 내가 여기 있나이다 한즉 내게 이르되 너는 누구냐 하시기로 내가 그에게 대답하되 나는 아말렉 사람이니이다 한즉 또 내게 이르시되 내 목숨이 아직 내게 완전히 있으므로 내가 고통 중에 있나니 청하건대 너는 내 곁에 서서 나를 죽이라 하시기로 그가 엎드러진 후에는 살 수 없는 줄을 내가 알고 그의 곁에 서서 죽이고 그의 머리에 있는 왕관과 팔에 있는 고리를 벗겨서 내 주께로 가져왔나이다 하니라

2000년 6월 남북 정상의 기적 같은 만남이 있었습니다. 우리는 그 두 사람의 만남을 보면서 우리가 노래 불렀던 통일의 여명이 밝아오는 것은 아닌가 하는 생각을 많이 했습니다. 그리고 그 중 한 사람인 김일성 주석이 죽게 되자 그 여명은 훨씬 더 밝

아지는 것 같았습니다. 그 이후 남과 북은 상당히 가까워졌습니다. 그리고 이제는 금강산은 물론이고 백두산까지도 관광하는 시대가 다가오고 있습니다. 우리의 기업들이 개성에 들어가서 공장을 짓고 물건을 만들고 있습니다.

20년 전만 해도 꿈 같은 것들이 현실로 다가오고 있습니다. 이대로 가다가는 정말 하나님이 계획하신 새로운 시대가 열리는 것은 아닌가 상상하게 됩니다. 우리는 이제 사무엘상을 마치고 사무엘하의 말씀을 접하고 있습니다.

그런데 이 사무엘하에서도 어둠 속에서 새벽이 시작되듯이 사울의 죽음 뒤에 새로운 세계가 서서히 펼쳐지는 것을 느낄 수 있습니다.

사무엘하는 1장에서 4장까지 새 시대의 여명이 밝아오는 과정을 기록하고 있습니다. 이스라엘 왕으로서 다윗이 어떤 과정을 거쳐서 합법적인 왕이 되어 가는지를 심도 있게 전개하고 있습니다.

첫째, 사울의 죽음으로부터 새 시대는 동터오기 시작하였습니다

본문 1절을 보면 "사울이 죽은 후에" 라는 말로 사무엘하가 시작됩니다. 그리고 바로 뒤이어서 다윗이 아말렉 사람을 쳐죽이고 돌아왔다고 했습니다.

본문에서는 두 사람이 대조를 이루고 있습니다. 사울은 죽임을 당하고, 다윗은 죽이고 돌아왔습니다. 사울은 패하였고 다윗은 승하였습니다.

다윗은 자기 가족들을 노예로 잡아간 아말렉 족속들을 쫓아가서 그들로부터 가족과 백성들을 되찾아 돌아왔습니다. 그런데 사울은 다윗이 일전에 승리했던 바로 그 블레셋 군대에 의해 죽었습니다.

본문 8절을 보면 사울은 다윗이 쳐서 이긴 아말렉 족속에 의해서 죽었음이 확인되는 것으로 구절이 대조를 이루고 있습니다. 물론 사무엘상 마지막 장과 사무엘하 첫 장의 내용을 연결하여 분석해 보면 이 아말렉 청년은 거짓말을 하고 있습니다.

그는 자기 손으로 사울 왕을 죽이지 않았습니다. 그런데도 다윗에게 칭찬 들으려고 자기가 사울을 죽인 것처럼 거짓 보고를 하였습니다. 하지만 그 일로 인하여 이 청년은 결코 칭찬을 듣지 못합니다. 도리어 그는 하나님의 기름 부음을 받은 자를 죽였다는 사실 때문에 죽임을 당합니다. 다윗은 사울이 죽었다는 소식을 듣고 자기 부하들과 함께 옷을 찢으며 아파했습니다.

12절을 보면 다윗은 저녁 때까지 슬퍼하여 울며 금식하였습니다. 어찌 보면 자기를 십 년도 더 되는 세월 동안 **따라다니면서** 죽이려고 한 사울입니다. 그런데도 결코 다윗은 기뻐하지 않았습니다.

다윗은 사울의 신하로서, 요나단의 친구로서 진정 어린 마음으로 아파했습니다. 그리고 역사를 세우시는 분은 하나님이시기에 그는 하나님께 기도하면서 사태를 수습해 나갑니다. 이 모습은 결코 다윗이 스스로 왕이 되려고 하지 않았다는 것을 증명하고 있습니다.

다윗이 스스로 왕이 되려고 하지 않았음에도 불구하고 사울의 죽음으로 사울의 가문은 칠흑 같은 어둠 속으로 걸음을 내딛고 있습니다. 반면에 다윗의 가문에는 새벽 미명의 빛이 비쳐오기 시작하였습니다.

둘째, 새 시대의 여명은 다윗의 포용하는 마음에서 시작되었습니다

다윗은 지금 사울이 죽었는데도 통일왕국의 왕이 되는 것에는 관심을 두지 아니하고 사울과 요나단의 죽음을 슬퍼하며 울고 있습니다.

19절부터 27절까지는 다윗이 사울과 요나단을 위해 지은 애가입니다. 다윗은 그들의 죽음을 슬퍼하며 히브리 시 가운데 가장 뛰어난 애가를 지어 부르고 있습니다.

다윗은 이 애가를 통하여 진정한 슬픔과 비통함을 잘 드러내었습니다. 또한 한 개인의 슬픔을 노래하는 데 그치지 않고 온 이스라엘의 애통함을 노래했습니다. 자신의 개인적인 슬픔과 블레셋의 손에 왕이 죽었다는 이스라엘의 국가적인 수치를 슬퍼했습니다. 그는 지금 블레셋 땅 시글락에 머물면서 사울 왕의 죽음을 슬퍼하고 있습니다.

사울은 한때 다윗의 목숨을 찾아 다니던 자였습니다. 하지만 다윗에게는 사울이 엄연히 자기 민족 이스라엘의 왕이었습니다. 그러하기에 다윗은 이스라엘의 한 백성으로서 모든 예우를 갖추어 그의 죽음을 슬퍼하였습니다. 이 애가는 어떠한 종교적인 뉘앙스도 지니지 않고 끝까지 사울 왕과 요나단을 포용하는 모습을 보여 줍니다. 그래서 순전히 인간적인 고통과 아픔만을 노래하고 있습니다. 그 속에 세 번 언급되고 있는 구절이 바로 "오호라 두 용사가 엎드러졌다"는 말씀입니다.

19절을 보면 "이스라엘아 네 영광이 산 위에서 죽임을 당하였도다 오호라 두 용사가 엎드러졌도다"라고 다윗이 슬프게 노래했습니다.

25절에서도 "오호라 두 용사가 전쟁 중에 엎드러졌도다" 라고 했습니다.

27절에서도 "오호라 두 용사가 엎드러졌으며 싸우는 무기가 망하였도다" 라고 했습니다.

비록 말년에 가서는 형편없는 지도자로 변해버렸지만 사울은 처음에 길르앗 야베스를 구원했던 용사였습니다. 비록 길보아 산에서 아버지와 함께 엎드러졌지만 요나단은 혈혈단신으로 블레셋 온 진영을 흔들어 놓았던 명장이었습니다. 그러하기에 후렴처럼 세 번 반복되는 이 노래는 이스라엘의 영화로운 과거와 수치스러운 현재를 대조하고 있습니다.

다윗은 사울이 죽었기에 아말렉 사람이 가져온 사울의 왕관을 스스로 쓸 수 있었습니다. 그런데도 서두르지 않았습니다. 그는 아말렉 사람이 벗긴 사울의 왕관을 스스로 쓰지 않고 유다 족속에 의해서 왕관이 씌워질 때까지 기다렸습니다. 이는 왕을 잃은 백성들의 아픔을 먼저 달래 주려는 마음이 있었기 때문입니다. 그리고 자기 스스로 왕이 되는 것은 합당하지 않다고 생각한 것입니다.

보통 미워하던 전임 왕이 죽게 되면 그를 추종하던 세력들을 숙청하는 것이 일반적입니다. 그런데 다윗은 정반대의 행동을 하였습니다. 사울이 죽고 난 후 어떻게 해서든지 사울의 가족과 그 부하들을 숙청하는 것이 아니라 오히려 그들을 챙겨 줍니다.

남쪽 유다와 북쪽 이스라엘이 갈라져 두 왕이 섰습니다. 하지만 세월이 갈수록 왕권은 다윗에게 모입니다. 사람들이 다윗을 찾아옵니다. 백성들이 처음에는 다윗을 왕으로 삼지 않고 사울의 아들과 함께 자기들끼리의 왕국을 건설합니다. 하지만 나중에는 다윗을 찾아와서 기름을 부어 왕으로 삼습니다. 그 이유가 무엇입니까?

다윗의 포용성 때문이었습니다. 그는 하나님이 마음에 들어하실 정도로 하나님을 사랑한 사람이었습니다. 그리고 부하들을 공평하게 대하였습니다. 또한 약자를 결코 무시하지 않는 것은 이미 아말렉과의 전쟁에서 탈취한 탈취물을 나누는 것으로 증명되었습니다.

뿐만 아니라 그는 그를 따르지 않는 북쪽 지파들까지도 끝까지 인정하며 포용했습니다. 초기에 그는 이스라엘 전체를 다스리는 왕이 되지 못했습니다. 하지만 북쪽 지파들까지 포용하며 기다렸습니다. 다윗은 자신이 이스라엘 나라를 모두 다스리게 될 것을 알고 있었습니다. 왜냐하면 이미 하나님의 약속이 있었고 다윗은 그것을 믿고 기다렸기 때문입니다.

그러기에 그는 처음 사용해 보는 왕의 권한을 처음부터 커다란 왕국에서 시작하기보다는 유다 족속만 통치하는 겸손함을 보였습니다. 그러고 나서 7년 6개월이 지난 후 자연스럽게 통합 이스라엘을 다스리는 왕으로서 33년을 통치하였던 것입니다.

그는 결코 원수의 시체를 밟고 서기를 원하지 않았습니다. 그들의 자리도 탐내지 않았습니다. 그는 두려움보다는 용기 있는 자였습니다.

그는 이미 15세에 사무엘 선지자로부터 기름 부음을 받은 자였습니다. 그러기에 자신을 하나님이 이스라엘의 왕으로 세워 주신다는 확신을 가지고 있었습니다. 그는 순리대로 그때를 기다리는 용기 있는 행동을 하였습니다.

데이비스 그리피스의 "힘과 용기의 차이"라는 글을 소개해 드립니다.

강해지기 위해서는 힘이 필요합니다.
부드러워지기 위해서는 용기가 필요합니다.
자신을 방어하기 위해서는 힘이 필요합니다.
방어 자세를 버리기 위해서는 용기가 필요합니다.
이기기 위해서는 힘이 필요합니다.
져 주기 위해서는 용기가 필요합니다.
확신을 갖기 위해서는 힘이 필요합니다.
의문을 갖기 위해서는 용기가 필요합니다.
조화를 이루기 위해서는 힘이 필요합니다.
전체의 뜻에 따르지 않기 위해서는 용기가 필요합니다.
다른 사람의 고통을 느끼기 위해서는 힘이 필요합니다.
자신의 고통과 마주하기 위해서는 용기가 필요합니다.
자신의 감정을 숨기기 위해서는 힘이 필요합니다.
그것을 표현하기 위해서는 용기가 필요합니다.
학대를 견디기 위해서는 힘이 필요합니다.
그것을 중단시키기 위해서는 용기가 필요합니다.
사랑하기 위해서는 힘이 필요합니다.
사랑받기 위해서는 용기가 필요합니다.
생존하기 위해서는 힘이 필요합니다.
삶을 살기 위해서는 용기가 필요합니다.

　다윗은 참으로 용기 있는 자였습니다. 다윗은 자기를 왕으로 삼지 않는 북쪽 이스라엘을 군사력으로 몰아붙일 수 있습니다. 하지만 그러할 때에 동족간에 많은 피를 흘려야 한다는 사실을 알고 있었기에 잠잠히 기다렸습니다.

다윗은 통일 왕국이 이루어지지 않았다고 불안해하지도 않았습니다. 그러면서 2장 1절을 보면 다윗은 이제 여호와께 여쭈어 봅니다. 그는 그때까지 블레셋 땅 시글락에 머물고 있었습니다. 그런데 그를 추격하던 사울이 죽었기에 더 이상 망명 생활을 계속해야 할 이유가 없었습니다. 이승만 대통령이 해방이 되면서 하와이에서 조국으로 돌아온 것처럼 다윗은 이제 블레셋에서의 망명 생활을 청산하고 돌아갈 채비를 하고 있습니다.

다윗은 블레셋에 머물다 엄청난 어려움도 겪었습니다. 하지만 그 속에서 하나님의 뜻을 알아가기 시작하였습니다.

다윗이 여호와 하나님께 여쭈어 아룁니다.

"내가 유다 한 성읍으로 올라가리이까?"

"올라가라."

"어디로 가리이까?"

"헤브론으로 갈지니라."

하나님께서 다윗에게 "헤브론으로 가라" 하신 것은 아직 사울을 따르던 자들이 준비가 되지 않았기 때문입니다.

사울이 죽고 나자 사울의 사람들 중에는 다윗이 왕이 되면 자신의 자리가 위태하다고 생각한 사람이 있었습니다. 그 사람은 사울의 군사령관 넬의 아들 아브넬이었습니다. 아브넬은 이미 사울의 아들 이스보셋을 왕으로 세우고자 계획하고 있었습니다.

10년이나 기다린 다윗이 또 얼마나 기다려야 할지 모르는 상황 속에 빠져 버렸습니다. 그러기에 이러한 상황 속에서 또 이스라엘 백성들을 포용하며 기다린다는 것은 쉽지 않습니다. 그러나 다윗은 서두르지 않고 그들을 포용하며 껴안아 주었습니다. 조금 늦지만 자연스럽게 그들과 하나 될 수 있었습니다.

셋째, 새 시대의 여명은 난관들을 극복하면서 동터왔습니다

사울이 죽었으니 이제 이스라엘에는 왕이 없습니다. 그러기에 후계자가 누가 될 것인가는 물어 볼 것도 없이 다윗이라고 말하고 싶습니다. 지극히 당연하고 자연스럽게도 사울이 죽고, 또 요나단도 죽었기 때문에 다윗이 여호와가 지명하신 사울의 후계자라고 우리는 생각하기 쉽습니다. 하지만 역사는 그렇게 쉽게 풀리지 않았습니다. 평화는 그렇게 쉽게 오지 않았습니다.

이스라엘 속에는 지파 이기주의라는 커다란 걸림돌이 존재하고 있었습니다. 이스라엘 백성들 중에는 우리와 생각이 다른 사람들이 많았습니다. 그래서 다윗은 사울 왕이 죽었음에도 불구하고 유다 지파의 왕은 되지만 초기에 북쪽의 10개 지파의 왕은 되지 못하였습니다.

새로운 시대를 열어가는 것은 결코 쉬운 길이 아니었습니다. 사울 왕은 죽었지만 그럼에도 불구하고 다윗은 사울의 남은 세력과 연합하기 위해서 7년 6개월이라는 세월을 더 극복하며 보내야 했습니다. 사울의 집안을 중심으로 한 구정권의 잔재들은 사울의 아들 이스보셋을 왕으로 세워 자신들의 입지를 고수하려 했습니다. 다윗은 구정권의 사람들을 끝까지 껴안아 주면서 문제를 풀어갔습니다.

제일 먼저 사울의 시신을 잘 수습해서 장사 지내어 준 길르앗 야베스 사람들에게 전령을 보내어서 그들에게 복을 빌어 주었습니다. 2장 6절을 보면 "너희가 이 일을 하였으니 이제 여호와께서 은혜와 진리로 너희에게 베푸시기를 원하고 나도 이 선한 일을 너희에게 갚으리니 이제 너희는 손을 강하게 하고 담대히 할지어다 너희 주 사울이 죽었고 또 유다 족속이 내게 기름을 부어 그들의 왕으로 삼았음이니라" 하고 통보했습니다.

　다윗은 유화 정책을 택하였습니다. 뿐만 아니라 그들에게 간접적으로 유다 족속의 왕이 되었음을 통보하였습니다. 또 다윗은 사울의 군대 장관인 아브넬과 그 백성들도 포용했습니다. 이 과정에서 다윗이 왕권에 대한 야망을 가진 사람이었다면 상당히 권모술수를 사용해서 이스라엘의 통합된 왕이 되려고 하였을 것입니다. 하지만 다윗은 험난한 산을 인위적으로 넘지 않았습니다. 사무엘이 살아 있을 때에 이미 하나님은 사울을 버리고 다윗을 세우시겠다고 하셨습니다. 그럼에도 불구하고 다윗이 통일 왕국의 왕이 되려는 급한 마음이 없음을 봅니다.

　우리나라도 일본 제국주의의 손아귀에서 해방되었지만 남과 북이 하나 된 나라를 갖는 것이 쉽지 않았습니다. 그것처럼 이스라엘은 두 나라로 분리되었습니다. 왕도 두 왕이 통치하는 나라가 되고 말았습니다. 사울 왕이 후계자를 지명하지 않고 죽었고, 또 후계자로 생각하고 있던 요나단도 같이 죽어 버렸기 때문입니다. 그러다 보니 자연히 정치 세력가들은 자신들의 입지를 고수하기 위해서 급히 움직이기 시작하였습니다. 우리나라가 해방되자 소련은 북한 땅에 김일성을 세우고, 미국은 남한 땅에 이승만을 세우는 것과 같습니다.

　하지만 이런 상황 속에서 다윗은 결코 "내가 하나님의 기름 부음을 받았으니 당연한 후계자다"라고 무리하게 통일하려 하지 않았습니다. 그는 하나님의 인도를 받아 순리대로 통일 왕국의 왕권을 취하였습니다. 그는 이스라엘의 수도 기브온으로 올라가지 아니하고 유다 땅 헤브론으로 올라갔습니다.

사실 열왕기를 보노라면 이스라엘 왕은 수시로 쿠데타에 의해 왕권이 바뀌는 사태를 맞이합니다. 그런 일이 비단 그때만 아니라 오늘날 우리의 세상에서도 일어나는 것을 봅니다.

지난달 3일 아프리카 사하라 사막 서쪽에 있는 이슬람 국가 모리타니에서 군사 쿠데타가 일어났습니다. 그 나라의 왕 타야 모리타니 대통령이 사우디아라비아 국왕 장례식에 참석하고 있는 중에 대통령의 경호실 병력이 반역하여 군사 통치를 시작하였습니다. 그런데 쫓겨난 타야 대통령 역시 1984년도에 쿠데타로 집권하여 모리타니를 강압적으로 통치해 오던 대통령이었습니다.

다윗도 혼란을 틈타서 이런 식으로 왕이 될 만하였습니다. 그런데도 결코 무리수를 놓지 않았습니다. 그래서 우선 자연스럽게 열리는 헤브론에서 유다의 왕으로 새로운 출발을 하였습니다. 그는 군대의 힘으로 밀어붙여 정권을 세운 것이 아닙니다. 유다 지파 지도자들이 적극적으로 추대하여 왕이 되었습니다. 그는 이미 하늘에서 임명한 왕이었을 뿐만 아니라 국민이 인정한 왕이었습니다.

하지만 다윗은 이 모든 일을 먼저 하나님께 여쭈어 보았습니다. 그리고 "헤브론으로 가라"는 하나님의 인도하심을 받아 나아갔습니다. 다윗이 돌아왔다는 소식을 들은 유다 사람들이 몰려와 헤브론에서 그를 유다 왕으로 삼았습니다. 그는 마치 "천리 길도 한 걸음부터"라는 속담을 알고나 있는 듯이 행동하였습니다. 욕심이 잉태하면 죄를 낳을 뿐만 아니라 편법이 난무합니다.

우리나라의 정치 상황을 보십시오. 우리나라도 여러 번 군사 혁명으로 나라가 뒤바뀌었습니다. 이들의 특징은 결코 순리대로 대통령이 된 사람이 아니라는 데 있습니다. 그들은 권력에 집착한 사람들이었습니다.

새 시대의 여명

12·12사태가 일어나기 훨씬 전부터 얼마 안 있으면 보안사령관인 전두환 씨가 대통령이 된다는 소문이 퍼지기 시작했습니다. 그때 저는 이런 생각을 했습니다. '아니 소장밖에 안 되는 사람이 어떻게 갑자기 대통령이 되나?' 소문이 참 엉뚱하게 난다고 생각했습니다. 그런데 아니나다를까 정말 전두환 씨가 합동수사 본부장을 맡게 되더니 얼마 안 있자 대통령의 자리에 앉는 것이었습니다. 그래서 저는 이 일들이 결코 우연히 전개된 것이 아니라는 생각이 들었습니다. 계획적인 일이었다는 느낌을 지울 수가 없었습니다. 기다리지 않고 편법으로 일을 저지른 사람들, 지금은 몰라도 역사는 분명 기억할 것입니다.

우리는 20년 전보다 확실히 통일의 그날이 많이 다가온 것을 느낍니다. 개성과 금강산 뿐만 아니라 백두산까지 여행할 그날이 현실로 다가오는 것을 보면서 어쩌면 분단 시대의 막바지에 살고 있는 듯한 느낌을 갖습니다. 하지만 통일을 이루기 위해서 극단적으로 나가는 한 편의 무리들이 있는 것이 걱정됩니다. 그리고 극단적으로 그 반대편에 선 무리들도 봅니다.

사랑하는 여러분! 한민족이 아름답게 하나가 되기 위해서는 힘이 아니라 다윗처럼 용기가 필요하다고 믿습니다. 우리가 전쟁으로 이기려면 힘이 필요할 것입니다. 핵무기가 필요할 것입니다. 그러나 그 뒤에는 너무나 많은 피를 흘려야 합니다. 너무나 많은 상처를 입어야 합니다. 조급하게 이루려다 도리어 민족간에 더 많은 갈등을 겪어야 합니다.

지금 북한은 막다른 골목에 몰린 쥐와 같은 상태입니다. 그러기에 힘으로 밀어붙이려는 미국에 공격 의지가 없다는 것을 확답받고자 합니다. 그 이유가 무엇입니까? 이는 그들의 생존이 달린 문제

이기 때문입니다. 짐승이든지 사람이든지 죽음의 길로 내몰리면 무슨 일을 저지를지 모릅니다. 쥐도 더 이상 도망갈 곳이 없어지면 순식간에 뒤돌아서서 고양이든지 개든지 물어 버릴 수 있습니다. 그러므로 쥐를 몰아내기 위해서는 길을 열어 주고서 몰아야 합니다. 마찬가지로 남과 북도 순리대로 물 흐르듯이 하나가 되어야 합니다. 그렇지 않으면 극단적 사태가 일어나지 않는다는 보장이 없습니다.

사랑하는 여러분! 민족의 통일을 기다리십니까? 통일이 되면 무엇하시렵니까? 우리는 남과 북의 통일 이전에 우리끼리의 통일을 먼저 이루어야 합니다. 동서의 통일도 이루지 못하는 판국에 남과 북의 통일이 된들 무슨 소용이 있겠습니까? 작은 것에서 하나 됨을 실천합시다.

저는 김영삼 씨가 대통령으로 당선되는 그날 이제야 민주 정치를 경험해 보겠구나 하고 모든 백성들과 함께 마음 한 편으로 감사했습니다.

김대중 씨가 대통령으로 당선되는 그날 또 다른 감사를 했습니다. 이로 인하여 많은 사람들의 가슴속에 심겨진 상한 감정과 열등의식이 치유되는 날이었기 때문입니다.

노무현 씨가 대통령으로 당선되는 그날도 또 다른 감사를 했습니다. 그날은 힘든 인생을 살아왔던 많은 분들의 자존감이 서는 날이었기 때문입니다.

그분들이 정치를 얼마나 잘했나 못했나는 역사가 말할 것입니다. 저는 그것을 떠나서 그분들이 대통령이 되어 민족이 하나 되는 데 큰 기여를 하였다고 생각합니다. 이제 우리는 각양각색의 지도자를 다 경험해 보았습니다. 각양각색의 정치 형태도 다 경험해 보았습니다. 왕정정치, 독재정치, 군사정치, 민주정치, 체육관정치까지 안 해본 것이 없습니다. 이제 우리는 분단된 남과 북이 하나 되는 정치만 해보면 됩니다.

얼마 전에 "웰컴 투 동막골" 이라는 영화를 보았습니다. 하도 인기가 높다기에 무슨 영화인가 하고 보았습니다. 그 영화를 보면 동막골이라는 강원도 아주 깊은 산속 마을이 나옵니다. 6 · 25 한국전쟁 때에도 전쟁이 발발했는지조차 모르고 사는 깊은 산골 마을이었습니다.

그러던 어느 날 미군 비행기가 추락해서 부상한 미군 조종사가 그 마을에 들어오게 됩니다. 그리고 얼마 있지 않아서 부하들을 잃어버린 북한 장교와 병사가 들어오게 되고, 탈영한 국군 장교와 병사가 그곳에 오게 됩니다. 그래서 평온하던 그 마을은 잠시나마 두 사상과 이념 간에 긴장이 감돌았습니다. 하지만 그 군인들은 순박하고 순수한 마을 사람들의 마음에 감동되기 시작합니다.

그러던 어느 날 연합군은 비행 정찰하다가 그곳이 적군의 방공포대인 줄로 착각합니다. 그리고 미군 조종사가 그곳에 억류되어 있기에 특공대를 파견합니다. 미군 조종사를 구출해 내는 즉시 그 마을 전체를 폭격하도록 작전을 짰습니다. 이 소식을 들은 마을 주민들과 그곳에 모여 있는 군인들은 힘을 합하여 마을 폭격을 막기 위한 작전을 짭니다. 국군과 북한군, 그리고 미군까지 연합해서 폭격을 다른 곳으로 유도합니다. 이 작전으로 군인들은 다 전사하고 마을은 안전하게 보호받습니다. 남북의 군인들 뿐만 아니라 미군까지 그 마을을 보호하려고 최선을 다하는 것이 결말입니다.

그 영화를 보면 우리의 남북 관계도 이렇게 풀어지면 얼마나 좋을까 하는 생각을 해 보았습니다. 그러기에 새 시대가 열리고 있는 우리 앞에 남북이 피 흘림 없이 하나 되기를 기도합니다. 많은 난관이 기다리고 있지만 이 통일이 아이를 난산하는 여인처럼 되지 않고 순산하기를 기도합니다. 힘이 아닌 용기를 가진 자들 때문에 순리대로 통일되기를 기도합니다. 그래서 저 북한 동포들도 마지막 때에 하나님의 나라 건설에 귀히 쓰임 받는 역군으로 함께 걸어갈 수 있기를 소원합니다.

북한 땅의 무너진 제단이 다시 재건되기를 기도합니다. 김일성, 김정일 사상으로 가득 차 있는 그들의 가슴속에 하나님과 예수 그리스도의 사상이 대신 들어차는 그날이 오기를 기도합니다. 그러할 때에 하나님은 더욱더 크게 이 나라를 사용하지 않으시겠습니까? 우리 모두가 용기를 가지고 이 새 시대를 여는 주역이 되기를 주님의 이름으로 축원합니다.

>>사무엘하<<

다윗의
이상한 불순종
3장 1-5절, 5장 13~16절

사울의 집과 다윗의 집 사이에 전쟁이 오래매 다윗은 점점 강하여 가고 사울의 집은 점점 약하여 가니라 다윗이 헤브론에서 아들들을 낳았으되 맏아들은 암논이라 이스르엘 여인 아히노암의 소생이요 둘째는 길르압이라 갈멜 사람 나발의 아내였던 아비가일의 소생이요 셋째는 압살롬이라 그술 왕 달매의 딸 마아가의 아들이요 넷째는 아도니야라 학깃의 아들이요 다섯째는 스바댜라 아비달의 아들이요 여섯째는 이드르암이라 다윗의 아내 에글라의 소생이니 이들은 다윗이 헤브론에서 낳은 자들이더라
다윗이 헤브론에서 올라온 후에 예루살렘에서 처첩들을 더 두었으므로 아들과 딸들이 또 다윗에게서 나니 예루살렘에서 그에게서 난 자들의 이름은 삼무아와 소밥과 나단과 솔로몬과 입할과 엘리수아와 네벡과 야비아와 엘리사마와 엘랴다와 엘리벨렛이었더라

사무엘서를 읽다 보면, 이해하기 힘든 다윗의 불순종이 나옵니다. 다윗이 다른 분야에서는 전심으로 하나님을 경배하며 섬기는데 유독 끝까지 순종하지 않는 분야가 하나 있습니다. 그것은 바로 결혼 생활입니다.

신명기 17장 15절 이하를 보면 이스라엘 백성들이 앞으로 왕을 두게 되면 그 왕은 세 가지를 두지 말라고 했습니다.

첫째는 병거와 말을 많이 두지 말라고 했고, 둘째는 아내를 많이

 우리는 무엇으로 사는가

두어 그의 마음이 미혹되게 하지 말 것이며, 셋째는 자기를 위하여 은금을 많이 쌓지 말라고 했습니다.

다윗의 일생을 보노라면 첫째와 셋째는 잘 지킵니다. 그는 전쟁에서 이겨서 말을 많이 얻게 되어도 몇 마리만 남기고는 전쟁용으로 더 이상 사용할 수 없도록 다리 힘줄을 끊어 버립니다. 그리고 나라가 부강해져도 모든 은금은 아들 솔로몬이 하나님의 전을 짓도록 준비하면서 자기를 위해서는 별로 욕심을 내지 않습니다. 이런 다윗이 신명기의 말씀을 끝까지 잘 실천하지 못하는 분야가 있습니다. 바로 아내를 많이 두지 말라는 분야입니다.

다윗은 첫 결혼을 사울 왕의 딸 미갈과 합니다. 사울은 골리앗을 죽이는 자에게 그의 딸을 주겠다고 했습니다. 그런데 다윗은 사울 왕의 딸과 결혼하기 위해서 골리앗을 죽이지는 않습니다. 또 다윗이 골리앗을 죽였다고 금방 사울 왕의 딸과 결혼할 수 있었던 것도 아닙니다. 사울은 변덕이 많아서 수시로 약속을 지키지 않습니다. 그래서 첫째 딸은 엉뚱한 사람에게 주어 버립니다. 사울의 둘째 딸 미갈은 언니가 시집 가게 되자 그때 당시 백성들로부터 엄청난 지지를 받고 있는 다윗을 사랑하게 됩니다.

사울은 또다시 다윗을 죽이기 위해 미갈을 하나의 미끼로 삼아 블레셋 사람들의 포피 백 개를 가져오라고 합니다. 다윗은 왕의 사위가 되는 것을 좋게 여겨서 결혼할 날까지 블레셋 사람 이백 명을 죽이고 그들의 포피를 가져다가 왕에게 바쳤습니다. 그래서 이루어진 첫 번째 결혼이었습니다. 그런데 사울 왕은 다윗이 사위임에도 불구하고 그를 어떻게든지 죽이려 하고, 다윗은 사울 왕을 피해 광야로 도망다녀야 했습니다. 그때에 사울 왕은 미갈을 라이스의 아들 발디엘이라는 사람과 강제로 재혼시켜 버립니다.

다윗의 이상한 불순종

다윗은 이렇게 첫 번째 결혼에서 아픔을 많이 경험하였습니다. 그후 다윗은 광야에서 방황하는 가운데 나발의 아내였던 아비가일을 아내로 맞아들이고, 이스르엘 여인 아히노암도 연이어 아내로 맞이합니다(삼상 25:43).

뿐만 아닙니다. 유다의 왕이 되고 집이 점점 부강해지면서 다윗은 그술 왕 달매의 딸 마아가를 아내로 맞이하였고, 학깃, 아비달, 에글라 등등 여러 명의 아내를 맞아들였습니다. 본문 3장 14절을 보면 이스라엘의 실질적인 통치자였던 군사령관인 아브넬이 다윗과 협상을 맺기 위해서 오겠다고 하는데, 그때에 다윗은 사울의 딸이면서 자신의 첫 번째 아내인 미갈을 데려와야 만나겠다고 했습니다.

또 4장 13절 이하를 보면 블레셋 땅 시글락에서 유다 땅 헤브론으로 올라온 후에 예루살렘에서 처첩들을 더 두었고 아들과 딸들이 또 다윗에게서 태어났다고 했습니다. 그 당시 근동 지방에서는 이렇게 처첩을 많이 두는 것은 곧 권세의 상징이었습니다.

그런데 다윗이 하나님의 율법을 어기고 이렇게 행동한 이유가 무엇입니까?

첫째, 결혼을 정략적으로 정치에 이용했기 때문입니다.
다윗은 사울의 딸 미갈을 10여 년 만에 다시 데려왔습니다. 그런데도 같이 잠자리는 하지 않았던 것 같습니다. 보통 결혼하면 자식을 낳는데 미갈에게는 죽는 날까지 자식이 없었습니다. 그런데도 다윗이 이미 딴 남자하고 살고 있는 미갈을 다시 불러들인 이유가 무엇이겠습니까?

미갈은 왕족이요, 또 사울의 딸입니다. 통일 왕국의 왕이 되기 위해서는 10개 지파의 마음을 사야 하는데 미갈이 자기 옆에 있는 것이 유리하다고 생각했던 것 같습니다. 그래서 이스라엘의 군사령관 아브넬이 그와 협상을 맺기 위해 오겠다고 했을 때에 미갈을 데려와야만 만나 주겠다고 했던 것입니다.

둘째, 다윗은 이웃 나라와 화친을 맺기 위해 결혼하였습니다.
당시에는 전쟁을 행하지 않는다는 표시로 자기 나라의 공주를 이웃 나라 왕의 아내로 주는 경우가 허다했습니다. 그래서 그술 왕 달매의 딸 마아가 등을 아내로 맞이한 것입니다.

셋째, 첫 사랑에서 사랑을 느끼지 못한 것이 원인이기도 하였습니다.
그는 첫 번째 아내였던 미갈과 떨어져 있는 동안 지혜로운 여인 나발의 아내였던 아비가일을 맞이하면서 위로를 받습니다.
다윗은 하나님께는 사랑을 받았지만 어려서부터 여인의 사랑은 제대로 받아 보지 못한 사람입니다. 그는 막내였지만 어머니의 사랑도 제대로 받아 보지 못했습니다. 그래서 형들이 다 집에 있을 때인데도 막내인 다윗은 양을 치러 나가야 했습니다. 그는 부모의 눈 밖으로 벗어난 아들이었습니다. 그래서인지 사무엘이 이새의 아들 중 하나에게 기름을 붓기 위해서 갔을 때에 아예 다윗은 예상 속에도 들지 못했습니다. 그러하기에 이를 보상이라도 하듯이 그는 여러 아내를 두었습니다. 한 마디로 말해서 일부다처제를 시행했던 것입니다.
가정사역자 송길원 목사님은 일부다처제가 좋다고 말했습니다. 사람들이 의아해하자 목사님은 '한 아내에 많은 처제가 있으니 왜 좋지 않겠냐'고 대답했다고 합니다.

사랑하는 여러분! 다윗이 일부다처제의 삶을 살았던 결과가 무엇입니까? 한 마디로 말해서 다윗은 평생을 두고두고 이러한 삶 때문에 어려움을 겪습니다. 배다른 자식들 사이에서 일어나는 수많은 사건들을 인하여 고통을 당합니다.

다윗의 아들 암논이 배다른 여동생 다말을 강간합니다. 이로 인하여 다말의 오라비 압살롬이 암논을 죽여 버립니다. 심지어는 아들 압살롬이 아버지 다윗을 반역하여 예루살렘을 침공할 뿐만 아니라 아버지의 첩들을 백주에 강간합니다. 왕의 첩들을 범한다는 것은 바로 자기가 그 왕권을 획득했다는 상징이었기 때문입니다.

나중엔 솔로몬이 왕이 되었을 때에도 다윗의 아들 아도니야가 배다른 아들 솔로몬 왕에 의해서 죽습니다. 아도니야는 아마 살아남은 자 중에 장남이었던 것 같습니다. 그런데 아버지 다윗 왕이 자기를 왕으로 세워주지 않고 솔로몬을 왕으로 삼으려고 한다는 것을 알고서는 반역합니다. 그리고 그것이 무산되자 이제는 다윗의 마지막 아내인 젊은 처녀 수넴 여인 아비삭을 아내로 달라고 하다가 솔로몬에게 죽임을 당합니다. 서로 배다른 자식들간에 다툼이 다윗의 가문에서 끊이질 않습니다. 형제간에 서로 죽이는 일들이 계속됩니다.

뿐만 아니라 다윗의 뒤를 이어 왕이 된 솔로몬은 아버지 다윗과는 비교할 수도 없을 만큼 많은 처첩들을 둡니다. 아버지를 비웃듯이 철저하게 신명기의 말씀에 불순종합니다. 다윗은 정치적으로나 군사적으로는 크게 성공하였습니다. 반면에 가정적으로는 실패에 실패를 거듭하였습니다.

흔히 40~60대에 해당하는 중년을 학자들은 인생의 가을, 또는 하루의 오후에 비유합니다. 축구 경기로 말하면 '하프타임'에 해당됩니다. 이 시기는 전반전을 재검토하고 후반전에 대비하는 시기로서 우리의 일생 중 가장 중요한 시기라 해도 과언이 아닙니다. 그런데 한국 중년들은 이 시기에 참으로 많은 위기를 경험합니다.

우리나라의 40대 사망률이 세계 1위라는 통계를 보아도 많은 중년이 위기 속에 있음을 알 수 있습니다. 그 뿐만 아닙니다. 부부 관계 속에서도 위기를 겪고 있고, 건강, 사업, 가족 관계, 영적 성숙의 분야에서도 갈림길에 서 있는 사람들이 많습니다.

통계청 조사에 의하면 지난 2004년 한 해 동안 이혼한 부부 중 20년 이상 동거한 부부의 비중이 18.3퍼센트였습니다. 이는 1994년의 7.2퍼센트의 두 배보다도 더 많은 비율입니다. 그리고 이혼 사유도 2,714명 중 가족간의 불화(294명/10.8퍼센트), 배우자의 부정(101명/3.7퍼센트), 성격차(1,040명/38.3퍼센트)가 대부분이었습니다.

가정사역 전문가인 송길원 목사님은 "성격 차이는 성 격차"라고 했습니다. 이동원 목사님도 "성격 차이란 성적인 차이"라고 했습니다. 겉으로는 성격 차이라고 하지만 실제로는 성적인 차이를 극복하지 못하기 때문에 바람을 피우고 이혼을 하는 경우가 태반이라는 것입니다. 남성과 여성의 차이를 알지 못하기 때문에 갈등을 겪는다는 것입니다.

이런 통계들을 보노라면 결혼 초기에 이혼하는 사람들의 대부분은 성격 때문에 이혼을 많이 합니다. 그런데 중년 이혼의 이유는 배우자의 외도가 많습니다. 특별히 한국 중년들이 바람을 피울 환경은 너무나 많습니다.

자식 공부시킨다고 아내는 아이들을 데리고 외국으로 가 버리니 기러기 아빠가 됩니다. 그리고 직장이 지방으로 이전하면서 아내와 아이들은 서울에 있고 남편 혼자서 지방에 머무르는 경우가 많아집니다. 앞으로 중요 기관들이 지방으로 이전하면 이런 현상은 더욱더 심화될 것입니다. 그러니 사람이 유혹을 당할 수 있는 상황이 더욱더 많아집니다. 다윗도 부부 관계가 약해졌던 것이 바로 10년 이상의 세월을 본처와 떨어져 살아야만 했던 데에 가장 큰 원인이 있다고 생각됩니다.

인생에 있어서 가장 어려운 두 시기는 자신이 십대를 지날 때와 십대의 자녀를 둔 때입니다. 그러나 자신이 십대를 지날 때보다 더 어려운 것은 십대의 자녀를 둔 때입니다. 십대의 자녀를 둔, 그 시기는 바로 인생의 중년기입니다.

십대가 자신의 정체성을 세우는 시기라면, 중년기는 그 정체성을 확인해 보는 시기입니다. "나는 누구인가?" "인생이란 무엇인가?" "나는 어떤 삶을 살 것인가?" "나는 어디서 와서 어디로 가는 것일까?" 등등의 가장 근원적인 질문을 하면서 정체성의 위기를 맞는 시기입니다.

요사이 "외출"이라는 한국 영화가 상영되고 있습니다. 영화에서 한 유부남 유부녀가 바람이 나서 강원도 쪽으로 갔다 오다가 눈에 미끄러져 사고를 당합니다. 그래서 두 사람 다 강원도에 있는 한 병원의 중환자실에 입원합니다. 그런데 처음에는 이들의 배우자들이 사고의 원인을 몰랐다가 차츰 이들이 바람을 피우고 돌아오다 사고 당한 사실을 알게 됩니다. 그리고 자연히 사고를 당한 두 사람의 배우자가 늘 중환자실에 면회를 오다가 서로 가까워집니다. 결국 사고 난 두 사람 중에 남자는 죽게 되고, 여자는 회복됩니다.

그런데 그때에 이미 바람 피운 두 사람의 배우자 사이가 가까워져서 그들이 또한 복수하는 마음으로 바람을 피웁니다. 그런데 문제는 한 사람은 죽고 한 사람은 살아났다는 것입니다. 이에 두 사람은 갈림길에서 갈등합니다. 그들은 눈이 오는 사월에 처음 만났다가 그 다음해에도 눈이 오는 사월을 서울에서 맞이하게 됩니다. 그들은 그때를 생각하며 다시 강릉 쪽으로 눈 오는 날 차를 타고 가면서 대화합니다. 여자가 "우리 어디로 가는 거예요?" 하고 묻자 남자는 "어디로 가면 좋겠어요?" 라고 되물으면서 영화는 끝을 맺습니다. 그 말 속에는 새롭게 방황하는 두 사람의 갈등하는 내면이 표현되어 있습니다.

십대가 맞는 위기를 사춘기의 위기라고 표현한다면, 중년의 위기는 '사추기'의 위기입니다. 중년의 그리스도인으로서 다윗처럼 낙제점수를 받지 않고 건강한 결혼 생활을 유지하기 위해서 우리는 어떻게 해야 합니까?「이것이 진정한 기독교다」라는 책을 쓴 로날드 사이더(Ronald Sider) 교수는 행복한 결혼 생활에 필수적인 세 가지 성경적 진리가 있다고 했습니다.

첫째, 계약 대신 언약이 있어야 합니다

다윗은 첫 번째 결혼이 정략적 결혼이었기에 고통이 더욱 컸습니다. 물론 다윗은 결혼한 아내들과 이혼한 적은 없습니다. 하지만 첫 번째 결혼 생활이 엇나가면서 다른 여인에게서 자신의 욕구를 충족받고자 한 것이 실패의 원인이었습니다.

오늘날 많은 현대인들은 언약의 결혼을 하는 것이 아니라 계약의 결혼을 합니다. 그러다 보니 상대가 나의 욕구를 충족시켜 주지 못한다고 생각하는 그날로 부부 생활을 끝내 버리려는 경향이 많습니다. 심지어 결혼을 살아보고 하자는 사람도 있고, 언제든지 헤어질 수 있는 동거 생활로 만족하는 사람들도 늘어나고 있습니다.

옛날에는 사람들이 농업을 주업으로 하면서 살았기에 일주일 내내 함께 일하고 함께 아이를 키웠습니다. 그런데 산업혁명을 통한 엄청난 경제적 변화는 가치관의 혁명을 가져왔습니다. 농업 시대에는 아버지가 집을 떠나지 않고 일했는데 산업혁명은 아버지들을 집에서 멀리 떨어진 회사로 내몰았습니다. 그리고 집에는 어머니만 남아서 아이들을 돌보게 되었습니다. 그런데 이제 어머니까지 집에서 나오게 되어 아이들은 더더욱 외로워졌습니다. 이로 인해 결혼 연령과 출산 시기가 늦어집니다. 출산율이 급격히 줄어듭니다. 국가적으로 엄청난 악순환이 시작되었습니다.

급기야 우리나라도 이제 인구가 줄어드는 시대가 오기 시작했습니다. 뿐만 아니라 이제 여자들도 직장 생활로 생활이 윤택해지자 남편에게만 의지하지 않아도 되어 굳이 남편과 가정에 매이려고 하지 않습니다. 독신으로 살겠다는 사람들도 점점 늘어납니다.

또 첨단 미디어를 통해 새로운 사상이 전파를 타고 순식간에 퍼져 나가 성적 순결과 결혼 서약을 침식시키고 있습니다. 최근에는 딸을 며느리로 받아들이는 드라마까지 나왔다니 정말 기가 막힙니다. 이제 정상적인 가정 생활을 그린 드라마는 찾아볼 수가 없는 시대가 되었습니다. 우리는 이제 비정상을 정상으로 생각하는 시대에 살고 있습니다.

이런 문화의 영향으로 현대인들은 상대주의를 용인하기 시작하였습니다. 결혼을 절대시하지 않기 시작했습니다. 사회가 변하기 때문에 결혼의 형태도 변해야 한다고 생각합니다. 세상은 결혼 서약을 계약이라는 값싼 대용품으로 대체하려 합니다. 계약 결혼은 기독교적인 결혼 서약과 다릅니다. 하나님은 왕이라고 해서 많은 아내 거느리는 것을 좋아하지 않으셨습니다. 하나님은 부자라고 해서 일부다처제로 살라고 하지 않으셨습니다.

에덴동산에서 아담 한 사람에게 주신 아내는 여러 명이 아니라 하와 한 사람이었습니다. 그리고 그 둘 사이에 맺은 언약은 어떤 상황에서든 끊을 수 없습니다. 예수님도 결혼 생활에서 음행한 경우 외에는 이혼을 허락하지 않으셨습니다. 요사이 젊은이들처럼 성격 차 때문에 이혼하는 것을 용납하지 않으셨습니다.

성격은 본래 차이가 납니다. 태어날 때부터 성격이 같은 사람이 어디 있습니까? 성격의 차이는 살면서 줄여 나가야 하는 것이지 결코 헤어지는 원인이 될 수 없습니다. 더더구나 본처와 성격 차이가 있다고 외도를 행하고, 첩을 구하는 것은 더 큰 아픔을 자초하는 길일 수밖에 없습니다.

오늘날 아프리카에 왜 에이즈가 그렇게 많이 퍼져 있습니까? 그것은 일부다처제가 성행하기 때문입니다. 한 여자와 사는 남자는 다른 사람에게 성병을 옮기지 않습니다. 그런데 아내가 여러 명이다 보니 성병이 급속도로 퍼져 나가는 것입니다.

월간 〈애틀랜틱〉 지에 "댄 퀘일이 옳았다"는 제목의 선풍적인 글을 쓴 화이트 헤드는 그의 글에 충격적인 통계를 간추려 실었습니다.

"편부모 슬하에서 자란 아이들은 가난한 사람이 될 가능성이 여섯 배나 높다. 그런 아이들은 더 오랫동안 가난에서 벗어나지 못할 가능성이 있다"고 했습니다. 뿐만 아니라 "편부모 슬하에서 자란 아이들은 양쪽 부모가 있는 아이들에 비해 정서 발달이나 행동 발달에서 문제를 일으킬 가능성이 세 배나 높고, 또 고등학교를 자퇴

하거나 십대에 임신을 하거나 마약에 중독되고, 법을 위반하는 행동을 할 확률도 훨씬 높다"고 했습니다.

망가진 가정에서 자란 많은 아이들이 친밀한 관계를 맺거나, 평안한 결혼 생활을 누리거나, 안정된 직업을 갖는 데 더 어려움을 겪게 된다는 것입니다. 그러므로 가정의 행복을 유지하기 위해 부부는 계약이 아니라 하나님 앞에서 언약을 맺어야 한다는 것을 잊어서는 안 됩니다. 그 길만이 가정을 행복으로 이끌어 가고, 그 길만이 이 사회를 건강하게 할 것입니다.

그리스도인으로서 건강한 결혼 생활을 유지하기 위해서 어떻게 해야 합니까?

둘째, 자기 실현 대신 자기 희생의 십자가가 있어야 합니다

다윗이 왕의 자리라는 자기 실현을 이루어 가는 과정에서 많은 여인들과 자녀들이 아픔을 겪어야만 했습니다. 다윗은 자기 실현을 위해 어찌 보면 자녀 양육을 포기한 것 같습니다. 그는 복잡다단한 정치 상황과 여러 명의 아내를 둠으로 인하여 자녀 양육을 포기했다는 느낌을 받습니다.

결혼 생활에는 기쁨만 있는 것이 아니라 고통도 있습니다. 우리 인간은 죄인이요 온전하지 못합니다. 그러기에 상대편에 대해서 이기적입니다. 부부라고 해도 서로에게 상처 주는 일이 많습니다. 부부가 함께 교회에 나올 때에는 화장도 하고 웃기도 하니까 다들 생각하기를 "야! 저 부부는 참 금실이 좋아" 하고 부러워하지만, 실제로 많은 이들의 내면을 들여다보면 의외로 아픔이 많은 부부도 많다는 사실을 알아야 합니다.

우리는 배우자에게 보이지 않는 화살을 쏘아 댑니다. 그러면서도 자존심 때문에 미안하다고 말하기를 싫어합니다. 그러다 보니 성적인 관계도 멀어집니다. 형식적으로 변해 버립니다.

어떤 가정사역자는 "윗문이 막히면 아랫문도 막힌다"고 했습니다. 마음의 문이 닫혀 버린 상태에서는 부부 관계도 되지 않는다는 것입니다.

어떻게 해야 합니까? 부부간에 갈등이 많다고 다윗처럼 처첩을 두어야 합니까? 이혼하고 또 다른 상대를 구해야 합니까? 그것은 근본적인 해결책이 아닙니다. 해결책은 하나입니다. 그것은 값비싼 대가를 치르는 것입니다.

에베소서 5장을 보면, 남편들은 그리스도가 교회를 사랑하신 것처럼 자기 아내를 사랑하라는 말씀이 나옵니다.

그리스도가 교회를 어떻게 사랑하셨습니까? 그분은 우리를 위해 죽으셨습니다. 기꺼이 자신을 희생하여 우리를 무조건 용서하실 만큼 우리를 사랑하셨습니다.

아내도 마찬가지입니다. 남편을 주께 대하듯 하라고 성경은 말합니다. 그처럼 엄청난 대가를 치른 사랑은 평생 동안의 즐거운 결혼 생활을 위해서 절대적으로 필요한 것입니다.

로날드 사이드는 "우리의 결혼 생활 속에는 배신과 죄와 고통이 늘 따라다닐 텐데 그때에 우리에게는 현명한 선택과 나쁜 선택이 있다"고 했습니다. 나쁜 선택 중 하나는 증오와 분노를 그냥 분출되도록 내버려 두는 것입니다. 부부 관계에 금이 가도록 내버려 두었다가 급기야는 헤어지는 것입니다.

또 하나의 나쁜 선택은 그러한 사실을 별로 문제 삼지 않는 것입니다. 상대의 잘못을 아무렇지도 않은 듯 봐 주는 값싼 용서를 행하는 것입니다. 그런데 이런 것으로는 결코 부부 관계가 회복될 수 없습니다.

그렇다면 현명한 선택은 무엇입니까?

값비싼 용서야말로 정말로 빛을 발할 수 있는 유일한 선택이라고 합니다. 그것이 바로 십자가의 길이라는 것입니다. 결혼 생활에서 나타나는 고통과 배신, 이기심, 죄악된 행동은 정말 중요한 문제입니다. 그러한 것들은 지옥의 고통과 같습니다. 하지만 하나님은 우리가 받아야 할 형벌을 십자가에서 감당하셨습니다. 우리가 죄를 짓고 실패했음에도 불구하고 그분은 우리를 사랑하셨습니다. 그래서 대신 십자가를 지셨던 것입니다. 그러한 종류의 값비싼 용서만이 평생 행복한 결혼 생활을 누릴 수 있는 유일한 길입니다.

배신을 당하셨습니까? 값비싼 용서의 문제로 씨름하십시오. 때가 되면 "당신을 사랑하기 때문에 배반이 가져다 준 고통을 감내하고 당신을 용서하겠어요" 라고 말할 수 있을 것입니다. 이것이 바로 남편과 아내들이 배반을 당한 뒤에, 다시 화해와 기쁨을 누릴 수 있는 유일한 길입니다. 상처 받지 않은 것처럼 꾸며서는 안 됩니다. 상처를 외면하려 해서도 안 됩니다. 단지 고통을 감내하고 용서하면 됩니다. 회개하고 용서함으로써 서로 든든하게 하고, 힘을 북돋아 줌으로써 부부는 서서히 상처를 치유하고 화해할 것입니다.

다윗과 미갈의 결혼 생활 속에는 이런 모습이 보이지 않습니다. 그들은 끝까지 긴장 관계 속에서 살아갑니다. 그러하다 보니 끝내 다윗의 임종시에조차 미갈의 모습은 보이지 않습니다. 그리고 그 첫 아내와의 문제가 해결되지 않음으로 인하여 다윗은 계속 방황합니다. 급기야는 우리아의 아내를 범하는 죄까지 짓게 됩니다. 치유되지 않은 부부 관계가 더욱더 사태를 악화시켰던 것입니다.

사랑하는 여러분! 하나님은 다윗을 그 누구보다 사랑하셨습니다. 그럼에도 불구하고 다윗이 불순종하여 낳은 씨앗은 그가 다 안고 가야만 했습니다. 그래서 그는 왕으로서는 성공적인 사역을 이루었지만 가정은 행복하지 못했습니다.

그리스도인으로서 건강한 결혼 생활을 유지하기 위해서 우리는 어떻게 해야 합니까?

셋째, 공동체 속에서 결혼과 가정 문제를 풀어 가야 합니다

얼마 전에 어떤 분이 자기 가정 이야기를 하면서 사역하기가 너무 힘들다고 했습니다. 들어 보니 참 힘든 상황이었습니다. 그런데 그런 힘든 상황은 그분에게만 있는 것이 아닙니다. 우리 공동체 안에도 서로 말을 안 하고 있을 뿐이지 아픔을 겪고 있는 가정이 대부분이라고 해도 과언이 아닙니다.

부부 관계가 아프지 않으면 자녀 관계가 아프고, 자녀 관계가 아프지 않으면 고부 관계가 아프고, 고부 관계가 아프지 않으면 형제 관계가 아프고…… 무엇인가 서로 다 연결되어 있습니다.

사랑하는 여러분! 이렇게 피폐한 상황 속에서 승리할 수 있는 길이 무엇입니까? 우리가 한 형제임을 다시 한 번 깨닫는 것입니다. 우리 교회에 소그룹 공동체가 활성화되면서 여러 사람들이 저에게 이런 이야기를 합니다.

"목사님! 공동체 안에서 저의 아픔을 드러내어 이야기하다 보면 다른 사람들에게도 저 이상의 아픔이 있음을 알게 됩니다. 그래서 동질감을 느끼면서 서로를 위해 눈물로 기도해 줄 때에 치유를 받습니다."

그렇습니다. 상처가 없으면 얼마나 좋겠습니까? 고통이 없으면 얼마나 좋겠습니까? 하지만 진주는 고통과 상처 때문에 생겨난 것임을 잊지 맙시다. 다이아몬드는 엄청난 열이 가해진 다음에 생겨난 것임을 잊지 맙시다.

요사이 우리나라에서 가정 사역을 하시는 분들을 보십시오. 그들의 한결같은 공통점이 있습니다. 그들은 이전에 모두 역기능 가정이었다는 점입니다. 지지리도 부부간에 조화를 이루지 못하였던 분들이었고, 이단 사설에 매여서 방황하던 분들이었고, 어린 시절의 상처를 안고 방황하던 분들이었습니다. 그분들이 그 고통을 이겨내었을 때에 아무런 상처도 없던 사람들보다도 훨씬 더 영향력 있는 일꾼으로 일하는 것입니다.

고린도전서 12장 26절은 말씀합니다.

"만일 한 지체가 고통을 받으면 모든 지체가 함께 고통을 받고 한 지체가 영광을 얻으면 모든 지체가 함께 즐거워하느니라."

우리는 하나입니다.

장주연 씨가 지은 「상실은 있어도 상처는 없다」는 책이 있습니다. 장주연 씨의 남편은 이랜드에서 푸마의 책임을 맡았습니다. 그 당시 회사 상태는 최악이었습니다. 그런데 책임을 맡고 난 후 1년 만에 그는 멋지게 이 어려운 문제를 풀어냈고 푸마는 일어서기 시작했습니다. 하지만 그는 예상치 못한 어려움에 봉착했습니다. 뇌종양으로 11개월의 시한부 인생을 선고받은 것입니다.

그는 장애인, 고아 등 소외된 이웃들을 주님의 이름으로 섬기던 사람이었습니다. 그에게는 아름다운 마음씨를 지닌 아내와 어린 네 딸이 있었습니다. 그들에게 들이닥친 예측하지 못한 어려움으로 가족은 하염없이 슬픔에 잠겼습니다. 하나님이 어쩌면 이렇게 우리 가족에게 아픔을 주실 수 있을까 원망했습니다. 사람들의 지극정성에도 불구하고 남편은 천국으로 갔습니다. 하지만 그녀는 "하나님은 벼랑 끝에서도 우리와 함께 계셨다"라고 고백했습니다.

그는 갔지만 그 11개월 동안 성도간에 말할 수 없는 사랑의 릴레이가 이어졌고, 거의 매일 밤 성도들의 모임 속에서 눈물바다가 이루어졌습니다. 남편의 회사 이랜드와 동료들, 교회의 성도들은 아버지처럼, 맏형처럼 혈육의 정보다 더 진한 사랑으로 그들을 품어주었습니다. 그러기에 왕자를 먼저 하늘나라에 보낸 다섯 공주는 마지막으로 이렇게 고백했습니다.

"그래도 11개월 동안 매일 당신과 함께 있을 수 있어서 정말 행복했어. 어느 날 훌쩍 가 버리지 않고 날 준비시켜 준 당신이, 하나님이 고맙고 감사해. 이젠 네 아이들이 당신 대신 내 곁에 있어. 당신을 닮아 착한 네 딸 은비, 은송이, 은수, 은지가……."

"아빠, 저 은비예요. 전 아빠 많이 보고 싶은데…… 아빠, 천국에서 만나요. 아빠, 사랑해요. 은비가."

"아빠, 사랑해요. 아빠, 아빠가 하나님한테 우리 잘 살게 해 달라고 해주세요. 은송이가."

"아빠, 천국에 가지 말고 우리 집에 오세요. 아빠, 보고 싶어요. 사랑해요. 은수가."

"빠-빠-, 빠빠- 아빠! 은지가."

공동체의 사랑이 있었기에 그 부부에게는 이렇게 큰 아픔이 있었지만 "상실은 있어도 상처는 없다"라고 고백할 수 있었던 것입니다.

여러분! 주위를 둘러 보십시오. 옆에 앉은 형제 자매 그들은 비난의 대상이 아니라 사랑의 대상입니다. 사랑으로 목말라하고 있는 사람들입니다. 자기의 아픔을 들어 주기만 해도 행복해할 사람들입니다. 그 누군가에게 말하고 싶지만 말할 곳이 없어서 병든 사람들입니다.

　이 모든 모습이 바로 우리의 모습은 아닙니까? 이 모습 이대로 주님 앞에 가지고 나아옵시다. 그리할 때 비록 우리에게 상실은 있지만 사랑의 공동체 속에서 치유됨으로 상처가 아물어가는 건강한 그리스도인 부부가 될 것입니다. 이 놀라운 복이 우리 위에 함께하길 축원합니다.

>>사무엘하<<

통일을
순탄히 이루려면
5장 1~10절

이스라엘 모든 지파가 헤브론에 이르러 다윗에게 나아와 이르되 보소서 우리는 왕의 한 골육이니이다 전에 곧 사울이 우리의 왕이 되었을 때에도 이스라엘을 거느려 출입하게 하신 분은 왕이시었고 여호와께서도 왕에게 말씀하시기를 네가 내 백성 이스라엘의 목자가 되며 네가 이스라엘의 주권자가 되리라 하셨나이다 하니라 이에 이스라엘 모든 장로가 헤브론에 이르러 왕에게 나아오매 다윗 왕이 헤브론에서 여호와 앞에 그들과 언약을 맺으매 그들이 다윗에게 기름을 부어 이스라엘 왕으로 삼으니라 다윗이 나이가 삼십 세에 왕위에 올라 사십 년 동안 다스렸으되 헤브론에서 칠 년 육 개월 동안 유다를 다스렸고 예루살렘에서 삼십삼 년 동안 온 이스라엘과 유다를 다스렸더라 왕과 그의 부하들이 예루살렘으로 가서 그 땅 주민 여부스 사람을 치려 하매 그 사람들이 다윗에게 이르되 네가 결코 이리로 들어오지 못하리라 맹인과 다리 저는 자라도 너를 물리치리라 하니 그들 생각에는 다윗이 이리로 들어오지 못하리라 함이나 다윗이 시온 산성을 빼앗았으니 이는 다윗 성이더라 그 날에 다윗이 이르기를 누구든지 여부스 사람을 치거든 물 긷는 데로 올라가서 다윗의 마음에 미워하는 다리 저는 사람과 맹인을 치라 하였으므로 속담이 되어 이르기를 맹인과 다리 저는 사람은 집에 들어오지 못하리라 하더라 다윗이 그 산성에 살면서 다윗 성이라 이름하고 다윗이 밀로에서부터 안으로 성을 둘러 쌓으니라 만군의 하나님 여호와께서 함께 계시니 다윗이 점점 강성하여 가니라

이번 성지 순례를 하면서 조그마한 한국이 세계 속에서 유명한 나라가 되었음을 느꼈습니다. 아랍의 한 식당에 식사하러 들어가서 뉴스를 보는데 남북 관계와 핵 문제가 나오는 것

을 보면서 얼마나 놀랐는지 모릅니다. '지금 우리가 고민하고 있는 통일의 문제가 한국만의 문제가 아니라 세계 문제구나' 하는 생각이 들었기 때문입니다. 그들은 한국의 사정을 예상 외로 잘 알고 있었고 걱정해 주었습니다.

사무엘하 설교를 준비하면서 이 말씀이 우리나라의 상황과 참 많이 비슷하다는 것을 느낍니다. 남북이 갈라져 있는 것도 그렇고, 남북이 한 민족이라는 점도 동일하고, 또 한 민족이 두 체제로 나뉘어 있는 것도 그렇습니다. 그런데 이러한 이스라엘이 사울이 죽고 난 후 7년 6개월 만에 다시 통일됩니다. 물론 그 통일 과정 속에는 많은 아픔이 있는 것이 사실입니다. 그러나 다윗은 이 아픔을 최소화하기 위해서 한 걸음 한 걸음을 참으로 신중하게 내딛습니다.

물론 이스라엘의 통일이 그리 쉽지는 않았습니다. 그 이유는 몇 가지가 있습니다만, 가장 큰 걸림돌이 기회주의자들의 등장이었습니다. 그 당시에 남과 북에는 모두 기회주의자들이 있었습니다. 북쪽에는 사울의 군사령관인 아브넬이 있었고, 남쪽에는 다윗의 군대장관 요압이 있었습니다. 사실 다윗이 유다 족속에 의해서 왕으로 추대될 때에 아직 북쪽은 아무도 왕으로 추대하지 않았습니다.

그런데도 불구하고 그들은 또한 다윗을 왕으로 삼으려고도 하지 않았습니다. 그렇게 한 가장 큰 이유는 아브넬 군사령관의 장난질이 있었기 때문입니다.

사무엘하 2장 10절을 보면 사울의 아들 이스보셋이 이스라엘 왕이 될 때에 나이가 40세이며 두 해 동안 왕위에 있었다고 했습니다. 이를 계산해 보면 다윗이 왕이 되고 난 후에도 5년 정도 북쪽은 왕이 없는 상태에서 나라가 운영되었다는 점입니다. 그렇다면 나라가 어떻게 운영되었겠습니까? 사울의 군사령관인 아브넬이 실권을 쥐고 과도 군사정부로 움직였던 것입니다.

아브넬이 기회주의자였음을 성경 속에서 발견하게 됩니다. 그는 상관인 사울 왕과 요나단이 블레셋과의 싸움에서 죽었는데도 버젓이 살아 있습니다. 아니, 왕이 죽는 마당에 그는 어디 가 있었는지 의심스럽습니다. 많은 학자들은 그가 사울보다 앞서 요단 강 쪽으로 도망쳤기 때문에 블레셋 군사들을 피하여 무사했던 것이라고 생각합니다.

아브넬이 이런 사람이었기에 백성들이 군사정부의 정통성을 인정하지 않자 사울의 살아 있는 허수아비와 같은 아들 이스보셋을 뒤늦게 왕으로 추대합니다. 하지만 이스보셋에게는 실권이 없었습니다. 그는 일종의 꼭두각시 군주에 지나지 않았습니다.

3장 7절을 보면 아브넬은 사울의 첩과 통간합니다. 그래서 이스보셋 왕이 아브넬에게 "네가 어찌하여 내 아버지의 첩과 통간하였느냐"라고 따집니다. 그런데 이 말에 아브넬은 매우 분하게 여기면서 "내가 유다의 개 머리냐"라고 대답니다.

사실 왕의 첩과 통간한다는 것은 자기가 왕권을 이어받았다는 의미가 그 속에 포함되어 있습니다. 다윗의 아들 압살롬이 반역을 행할 때에도 보면 다윗의 첩들을 만인이 보는 앞에서 통간한 이유가 바로 자기가 다윗 왕의 왕권을 완전히 획득했다는 의미였습니다. 이스보셋 왕은 이렇게 왕을 무시하고 대드는 아브넬이 무서워서 감히 한 마디도 대답하지 못하였습니다.

그 뿐만 아닙니다. 아브넬은 이스보셋 왕이 자기를 기분 나쁘게 하였다는 이유로 전령을 다윗에게 보내어 다윗과 언약을 맺습니다. 아마도 다윗에게 나라가 통합되면 자기를 군대장관으로 세워 달라고 했던 것 같습니다. 다윗은 북쪽 이스라엘 백성들의 마음을 사기 위해서 그렇게 하겠다고 했습니다.

그런데 그러한 언약도 마음대로 되지 않았습니다. 왜냐하면 남쪽 기회주의자인 요압 군대장관 때문이었습니다. 다윗과 아브넬 간의 언약은 요압이 없는 사이에 조인되었습니다. 전쟁에 나갔다가 돌아온 요압은 자기가 없는 사이에 다윗과 아브넬이 협약을 맺었다고 해서 토라졌습니다.

아마도 요압은 북쪽 이스라엘과 남쪽 유다가 하나가 되면 자기가 아브넬의 부하가 되어야 한다는 것 때문에 견딜 수 없었는가 봅니다. 그 이유는 아브넬은 자기 동생 아사헬을 죽인 원수이기 때문입니다. 그리고 통일이라는 국가 대사를 논의하는 협상 테이블에 끼지 못한 것에 대한 섭섭함이 있었습니다.

요압은 온 국민들에게 다윗이 아브넬을 죽였다는 오해를 받을 만한 행동을 저질렀습니다. 다윗을 만나고 돌아가는 아브넬에게 급히 전령을 보내어 의논할 일이 있다면서 그를 돌아오게 합니다. 그리고 아브넬이 성문 안으로 돌아오자 은밀한 곳에서 그의 배를 찔러 죽여 버렸습니다.

통일을 눈앞에 두고 이런 기회주의자들 때문에 나라는 더욱 혼란에 빠졌습니다. 그럼에도 불구하고 다윗은 아브넬의 죽음을 비통하게 여겼습니다. 다윗은 모든 백성들에게 말하기를 "너희는 옷을 찢고 굵은 베를 띠고 아브넬 앞에서 애도하라"고 했습니다.

왕인 다윗이 아브넬의 상여를 따라갔습니다. 그를 위하여 소리 높여 울었습니다. 그를 위해 애가를 지었습니다. 그는 해가 지기 전까지 음식을 전폐하고 금식하였습니다. 자기 나라 장군이 죽은 것도 아닌데 그리하였습니다. 이것을 본 이스라엘 백성은 넬의 아들 아브넬을 죽인 것이 다윗 왕이 아닌 줄을 알게 되었습니다.

이런 우여곡절 속에 이스보셋 왕은 낮잠 자는 사이에 그의 측근인 군 지휘관 두 사람에 의해 살해되었습니다. 그 사람들은 이스보셋 왕의 목을 베어서 다윗에게 가져갔습니다. 사울 왕의 아들인 이스보셋의 머리를 가져가면 잘했다는 소리를 들을 줄 알았던 것입니다. 하지만 그들은 도리어 악인이 의인을 죽였다는 이유로 참수를 당해 헤브론 못가에 머리가 매달렸습니다. 기회주의자들! 그들 때문에 남과 북 사이에는 엄청난 피 흘림이 있었습니다.

2장에서도 남과 북의 유치한 싸움으로 젊은 군사들이 피 흘리고 죽어갑니다. 의미도 없고, 명분도 없는 싸움이 벌어집니다. 피를 본 양쪽 사람들은 흥분하여 또 다른 피를 흘립니다. 요압의 동생 아사헬은 아브넬에 의해서 죽고, 이를 복수하기 위해서 요압은 아브넬을 죽이고…… 죽고 죽이고, 복수하고…… 꼭 중국 영화를 보는 것 같습니다. 이 모든 일들이 기회주의자들 때문에 일어났습니다.

남과 북! 우리나라도 이런 기회주의자들 때문에 얼마나 무고한 피를 흘려야만 했습니까? 자기 한 사람이 통치자가 되기 위해서 전쟁을 일으키고, 혁명과 사태를 유발하여 무고한 피를 흘려야만 했습니다. 이 조그마한 조국의 땅은 피로 뒤덮인 땅입니다.

사랑하는 여러분! 우리는 이제 통일을 준비해야 합니다. 통일을 준비하지 않고 있다가 어느 날 갑자기 통일되면 엄청난 혼란이 일어날 것입니다. 통일을 순탄히 이루려면 어떻게 하면 됩니까?

첫째, 무력의 사용을 포기해야 합니다

무력 사용을 포기한다는 말은 무장 해제를 하라는 말이 아닙니다. 협상의 여지가 있는데도 불구하고 미국이 이라크를 공격한 것처럼 섣부른 무력으로 통일하려 해서는 안 된다는 말입니다. 무력은 최후의 수단이지 최초의 수단이 되면 안 됩니다.

김신조 사건 때만 해도 이북은 이남의 대통령을 죽이려고 공비를 내려 보내었습니다. 이에 대한 반발로 남한도 특수공작대를 파견하려다가 실미도 사건이 발생하기도 하였습니다. 그때 제 기억으로는 앞에서 평화의 만남이 있기만 하면 뒤로 공비가 내려왔던 것 같습니다. 이는 그때에도 북한의 군부 반란 때문이라는 말이 많이 있었습니다. 평화가 이루어지고 나면 자기들의 설 자리가 없기 때문에 그런 일을 저질렀다는 것입니다. 이 역시 기회주의자들의 장난 때문입니다.

오늘날도 마찬가지입니다. 중동을 보십시오. 제가 베이루트를 성지순례 하던 날도 그 도시에 폭탄 테러가 일어나 한 명이 죽고 26명이 부상했었습니다. 지난 2월에는 폭탄 테러로 그 나라의 수상이 죽었습니다. 이스라엘도 하루도 편할 날이 없을 정도로 무력의 사용은 끊이지 않고 있습니다.

그뿐입니까? 막강한 무기를 가지고 있는 미국은 무력으로 이라크 문제를 해결하려고 하지만 갈수록 수렁에 빠져 헤어나오기가 너무 힘들어졌습니다. 결코 신무기와 막강한 무기만으로 해결될 수 없는 문제임을 보여주고 있습니다. 그래서 연일 계속되는 테러 문제 해결의 길은 요원해지자 미국민의 55퍼센트나 되는 사람들이 미국이 이라크에서 철수해야 한다고 주장합니다.

한반도에 또다시 전쟁이 일어나려나 하고 그 동안 우리는 마음을 많이 졸였습니다. 그런데 완전하지는 않지만 6자 회담이 성사된 것은 참으로 기쁜 일이 아닐 수 없습니다. 무력 사용 기회가 한층 줄어들었기 때문입니다. 아무리 값비싼 평화도 값싼 전쟁보다는 훨씬 저렴한 비용이 든다는 사실을 알아야 합니다. 따라서 우리는 평화로운 통일을 위한 비용을 지불할 각오를 해야 합니다. 그것이 아무리 값싼 전쟁보다도 비용이 적게 들고 민족 공동체에 진정한 유익이 되기 때문입니다.

둘째, 때를 기다리는 통일 정책으로 승부해야 합니다

바람직한 통일 정책은 상대방을 인정하되 기다림으로 승부하는 것입니다. 조급하면 협상에서 항상 지게 되어 있습니다. 언제까지 기다리면 됩니까? 통일 협상을 이룰 때까지 기다려야 합니다.

5장 1절을 보면 이스보셋 왕이 죽고 난 후 이스라엘 모든 지파가 헤브론에 이르러 다윗에게 나아왔습니다. 그들은 말하기를 "보소서 우리는 왕의 한 골육이니이다"라고 말했습니다. 7년 6개월을 기다린 끝에 그들이 찾아온 것입니다.

다윗은 이스보셋이 죽은 후에 그들을 군사력으로 흡수할 수도 있었습니다. 그러나 그는 하나님이 약속하신 왕권을 결코 군사력으로 성취하려고 하지 않았습니다. 끝까지 하나님의 방법을 기다렸습니다. 그러자 이스라엘의 지파가 제 발로 찾아왔습니다. 그렇게 다윗은 자연스럽게 통일 왕국을 이루었습니다.

사실 무력으로 가장 빨리 이스라엘을 통일하고 싶은 당사자는 다윗이었을 것입니다. 사울에게 쫓겨 다닌 세월을 생각만 해도 지긋지긋했을 것입니다. 하지만 다윗은 결코 그런 불순한 방식으로 남북이 통일되기를 원치 않았습니다. 그는 순리대로 통일되기를 원하였습니다. 그리고 하나님의 때가 찰 때까지 기다리겠다는 의식을 가지고 있었습니다.

다윗이 하나님의 때를 기다릴 때에 어떤 일이 일어났습니까? 본문 3장 1절을 보면 "사울의 집과 다윗의 집 사이에 전쟁이 오래매 다윗은 점점 강하여 가고 사울의 집은 점점 약하여 가니라"라고 했습니다.

우리는 '점점'에 유의해야 합니다. 이 '점점'을 기다리지 못하는 사람들이 급하게 전쟁을 일으킵니다만 그러면 너무 많은 피를 흘려야만 합니다. 그리고 두고두고 마음의 상처를 낼 뿐입니다.

이번에 성지순례를 하면서 느낀 것은 제아무리 초강국을 만들어 보려고 했던 왕조도 다 모래 아래 묻혀 버리고 말았다는 것입니다. 이집트를 가 보면 피라미드라든지 스핑크스, 오벨리스크 같은 석조탑들이 3~4천 년 전에 어떻게 세워졌는지 도무지 알 수 없는 수수께끼같은 사건들이 많습니다.

우리나라에서 삼국시대가 시작되기도 전에 그들은 이미 수천 톤의 돌을 몇백 킬로그램씩 옮기고, 그것을 원하는 자리에 세운 백성들이었습니다. 오늘날 아무리 좋은 기중기라고 할지라도 감당할 수 없는 무게를 그들은 감당했습니다. 하지만 하나님을 등지고 우상 숭배하며, 각양각색의 신들을 섬긴 그들의 왕조는 모래 아래에 다 묻혀 버렸습니다. 헛되고 헛되며 헛되고 헛되니 모든 것이 헛되다고 했던 솔로몬의 고백이 생각납니다. 그들의 후손들은 '점점' 역사 속에서 사라져 버렸습니다.

이스라엘과 유다! 겉으로 보기에는 전쟁 때문에 두 나라의 길이 달라진 것처럼 보이지만 그 배후에는 하나님의 손길이 있었습니다. 점점 강하게 하신 분과 점점 약하게 하신 분은 바로 하나님입니다. 하나님은 이스라엘의 통일을 위해서 역사를 만들어 가셨습니다.

오늘날도 마찬가지입니다. 해방 직후에는 사실 북한의 국민소

 우리는 무엇으로 사는가

득이 남한의 국민소득보다 더 높았습니다. 그런데 지금 어떻습니까? 그들과 비교할 수 없을 정도로 우리가 높습니다. 그러하기에 이제 그들은 우리나라에 쌀도 달라, 비료도 달라, 전기도 달라 하며 요구하는 것이 많아졌습니다. 이전에 북한 사람들은 남한 사람들이 다 굶어 죽는 줄 알았습니다. 그런데 이제는 교류가 많아져 북한 동포들도 대부분 남한이 잘 산다는 것을 알고 있습니다.

남한이 잘 살아야 통일의 물꼬가 자연스럽게 열릴 수 있다고 믿습니다. 하나님을 잘 섬겨야 잘 살 수 있다는 것을 알게 될 때에 복음 역시 자연스럽게 전해질 수 있습니다. 그러므로 그들의 자존심을 상하게 할 필요는 없지만 우리가 잘 살아야 쉽게 통일될 수 있습니다. 잘 살아야 자신감이 생깁니다.

공산주의 사상을 부르짖는 사람들이 지금도 조금 남아 있는 것 같습니다만, 이미 공산주의의 원조 격인 러시아와 중국마저도 버린 사상이 공산주의입니다. 그들은 다같이 잘 살자는 이념 아래 공산주의를 실천해 보았습니다. 하지만 공산주의는 다같이 잘 사는 이념이 아니라 다같이 망하는 이념인 것을 스스로 증명하였습니다. 그러기에 이제 세상에서 가장 끝까지 공산 이념을 붙들고 있는 저 북한 땅도 조만간에 그것을 버릴 것이라고 생각합니다. 지금 대를 이어 내려온 그들의 정치 체계가 하루아침에 무너질 것을 염려하여 공산주의를 버리지 못할 뿐이지 공산주의로는 안 된다는 것을 이미 깨달았을 것입니다.

지금 그들이 체제 보장을 해 달라는 것이 무엇입니까? 기득권을 빼앗지 말라는 것입니다. 그렇습니다. 이 기득권을 급히 빼앗으려고 무리수를 두면 그곳엔 또 다른 아픔이 생겨날 것입니다. 그러므로 다윗은 7년 6개월을 기다렸고, 우리는 60년을 잘 기다렸는데 좀

통일을 순탄히 이루려면 51

더 기다리며 그날을 대비하는 백성이 되어야 합니다. 특별히 기독교는 통일되는 그날 어떻게 할 것인지 계획해야 합니다.

남북나눔운동 사무총장을 지낸 홍정길 목사님은 이런 말을 했습니다.

"제가 가장 두려워하는 것은 통일이 언젠가 갑자기 이루어졌을 때 서로가 서로에게 가지고 있는 적개심을 어떻게 해소할 것인가 하는 문제입니다. 우리가 서로 사랑해야 할 민족이라는 확신 없이 만난다면, 통일 자체가 어쩌면 저주가 될 수도 있습니다. 그들이 우리의 사랑을 확신하지 않은 상태에서 우리와 만나게 된다면 그것은 민족의 재앙입니다. 한류와 난류가 만날 때처럼 무서운 소용돌이가 한동안 계속될 것이고 보복에 이은 보복은 피를 부를 것입니다."

홍정길 목사님이 북한으로 떠나는 한 형제에게 "당신이 가는 길이 위험하지 않습니까?" 라고 묻자, 그는 "목사님, 분단된 지 50년이 지났는데도 그들을 위해서 그 동안 순교자 한 사람 나지 않은 것은 우리 교회의 수치가 아닙니까?" 라고 대답했다고 합니다.

완전히 닫힌 땅 아프가니스탄을 여신 분은 하나님입니다. 소련을 무너뜨리신 분도 하나님입니다. 복음의 문을 굳게 닫고 있는 저 북녘 땅을 여실 분도 하나님입니다. 우리는 하나님께서 여실 그날을 기다리며 기도하고 기대하면서 준비해야 합니다.

셋째, 상대를 배려하며 백성과 지도자가 한마음이 되어야 합니다

사실 이스라엘 백성들이 제 발로 찾아온 마당에 이제 다윗은 자기 생각대로 하면 되었습니다. 그런데 다윗이 얼마나 이스라엘 백성들을 배려했는지 5장은 말하고 있습니다. 먼저 그는 통일 왕국의 왕이 되자 새 술은 새 부대에 담아야 한다고 생각하고 즉시 수도를 옮길 준비를 합니다.

이스라엘의 수도는 마하나임이고, 유다 족속의 수도는 헤브론입니다. 그러기에 헤브론에 그대로 머물 수도 있었습니다. 그러나 그렇게 되면 이스라엘 백성들의 마음이 상할 것이라고 여깁니다. 그리고 헤브론은 내전으로 인하여 이스라엘 백성들이 피를 많이 흘린 곳입니다. 그래서 다윗은 자기의 지지 기반인 헤브론 땅을 고집하지 아니하고 통일의 새 시대를 담기 위하여 마하나임과 헤브론의 중간 지점에 있는 예루살렘을 선택합니다.

예루살렘은 마하나임과 헤브론 중간에 위치한 전략적 요새입니다. 그런데 그때까지 예루살렘은 여호수아 이후 아직도 완전히 정복하지 못하고 있는 유일한 도성이었습니다. 여호수아 시대에 베냐민 족속이 이 땅을 받았지만(수 18:28), 그들은 여부스 사람들을 그 땅에서 쫓아내지 못하고 함께 살아가야만 했습니다(삿 1:21; 삼하 5:6~10).

그러다 보니 이 예루살렘이 중간에 머물고 있어 나라에 상당한 위협이 되었습니다. 남북이 자유롭게 왕래하는 데 무척이나 큰 걸림돌이 되었습니다. 그래서 여부스 사람들이 살고 있는 이 땅을 이제 남과 북의 군사가 한마음이 되어 공격하였습니다. 베냐민 족속을 위한 싸움은 남과 북 그 누구의 영역도 아닌 한 지체의 일이었습니다. 그리하여 남과 북은 한마음으로 하나님의 명령을 성취하였고, 그곳 이름을 다윗 성이라 고쳤습니다.

사실 여부스 사람들은 오래 전부터 예루살렘 성곽을 지어 놓고 큰소리 쳤습니다. "맹인과 다리 저는 자라도 너를 물리치리라" 하며 비웃었습니다. 워낙 견고하게 쌓은 성이라 결코 적군이 무너뜨리지 못할 것으로 생각하였던 것입니다. 다윗도 정상적인 방법으로는 그 성을 무너뜨리지 못할 것을 알고 있었습니다. 그래서 다윗은 특수 침투조를 수로로 들여보내어 공격하였고 마침내 승리하여 수도를 그곳으로 옮겼습니다.

뿐만 아닙니다. 그들은 이제 형식상으로는 하나가 되었지만 여전히 지방색이나 여러 가지 갈등을 겪고 있었습니다. 그래서 다윗은 종교적 통일도 이루었습니다.

6장을 보면 즉시로 하나님 중심으로 하나 되기 위해서 이스라엘에서 뽑은 무리 3만 명을 다시 모으고 바알레유다로 가서 거기서 하나님의 궤를 메어 오도록 하였습니다. 예루살렘을 정치적 중심뿐만 아니라 종교적 중심 도시로 만들었습니다.

그리고 사울의 집에 아직도 남은 사람이 있는지 파악하라고 했습니다. 그것은 그들의 씨를 멸하기 위해서가 아니라 그 사람에게 은총과 긍휼을 베풀기 위해서였습니다. 파악해 보니 요나단의 아들 므비보셋이 있었습니다. 그는 두 다리를 저는 사람이었습니다. 그런데도 그를 데려다가 그에게 할아버지 사울의 모든 밭을 다 돌려 줍니다. 그리고 항상 다윗의 밥상에서 같이 밥을 먹도록 허락하였습니다. 한 가족으로 불러들인 것입니다.

다윗은 흡수 통일을 이루었습니다. 하지만 결코 상대방을 무시하거나 소외시키지 않고 그들을 배려하는 태도를 취하였습니다. 무력으로 그들을 통일시킬 수 있었습니다. 하지만 그러고 나면 민족간의 우열 의식과 북측의 상대적 소외감은 이루 말할 수 없었을 것입니다. 그러하기에 다윗은 이 모든 것을 배려하여 통일을 이루었던 것입니다. 다윗은 불의한 방법으로 무리수를 사용해서 빨리 통일시키려고 하지 않았습니다. 조금 늦더라도 순리대로 통일이 되기를 기다렸습니다. 그러했기에 다윗이 이룬 통일은 사회적 혼란 없이 잘 진행되었던 것입니다.

　우리가 오늘 잘 살게 되었다고 하나님이 우리 남한만 사랑하신다고 생각하면 큰 오산입니다. 저 북녘 땅에도 지하교회에서 몇십 년을 눈물로 기도하는 분들이 있습니다. 그들은 비록 못살지만 남한 땅을 걱정하면서 기도하고 있습니다. 남한의 지나친 사치와 음란과 방탕함을 염려하고 있습니다. 어찌 보면 하나님은 저 북녘 땅에서 기도하고 있는 그들 때문에 그 땅을 더 사랑하고 계실지도 모릅니다. 부모 눈에는 잘사는 자식보다 못사는 자식이 더 안쓰럽지 않습니까? 그와 같이 북한 땅도 잘 살면 얼마나 좋을까 걱정하시는 분이 바로 하나님입니다.

　남과 북이 하나로 통일되는 그날! 저 북녘 땅에 교회가 회복될 뿐만 아니라 남과 북이 하나가 되어 세상 열방을 향하여 복음 전하는 교회가 되기를 꿈꾸어 봅니다. 북한 땅에서 견디어 낸 사람이라면 어느 나라에 가서도 견뎌 낼 수 있을 것입니다.

　김대중 대통령과 김일성 주석 간에 남북 정상회담 합의문이 발표된 날 아침, 숙소인 주암산 초대소에서 시인 고은 씨가 써서 그날 밤 만찬석상에서 직접 낭독한 "대동강 앞에서"라는 시를 소개합니다.

대동강 앞에서

무엇하러 여기 왔는가.

잠 못 이룬 밤 지새우고

아침 대동강 강물은
어제였고
오늘이고
또 내일의 푸른 물결이리라.

때가 이렇게 오고 있다.

변화의 때가 그 누구도
가로막을 수 없는 길로 오고 있다.

변화야말로 진리이다.

무엇하러 여기 강물 앞에 와 있는가.

울음같이 떨리는 몸 하나로 서서
저 건너 동평양 문수릿벌을 바라본다.

그래야 한다.

갈라진 두 민족이
하나의 민족이 되면
뼛속까지 하나의 삶이 되면
나는 더 이상 민족을 노래하지 않으리라.

더 이상 민족을 이야기하지 않으리라.

그런 것 깡그리 잊어버리고 아득히 거처를 떠돌리라.

그때까지는
그때까지는
나 흉흉한 거지가 되어도 뭣이 되어서도
어쩔 수 없이 민족의 기호이다.

그때까지는
시퍼렇게 살아날 민족의 엄연한 씨앗이리라.

오늘 아침 평양 대동강가에 있다.

옛 시인 강물을 이별의 눈물로 노래했건만
오늘 나는 강 건너 바라보며
두고 온 한강의 날들을 오롯이 생각한다.

서해 난바다 거기
전혀 다른 하나의 바닷물이 되는
두 강물의 힘찬 만남을 생각한다.

해가 솟아오른다.

찢어진 두 동강 땅의 밤 헤치고
신 새벽 어둠 뚫고
동트는 아픔이었다.

이윽고 저 건너 불끈 솟아오른
가멸찬 부챗살 햇살 찬란하게 퍼져 간다.

무엇하러 여기 왔는가.
지난 세월
우리는 서로 다른 세상을 살아왔다.
다른 이념과 다른 신념이었고
서로 다른 노래 부르며
나뉘어졌고 싸웠다.
그 시절 증오 속에서 500만의 사람들이 죽어야 했다.
그 시절 강산의 모든 곳 초토였고
여기저기 도시들은 폐허가 되어
한밤중 귀뚜라미 소리가 천지하고 있었다.

싸우던 전선이 그대로 피범벅 휴전선이었다.
총구멍 맞댄 철책은
서로 적과 적으로 담이 되고
울이 되어
그 울 안에 하루하루 길들어져 갔다.
그리하여 둘이 둘인 줄도 몰랐다.
절반인 줄도 몰랐다.
둘은 셋으로 넷으로 더 나뉘어지는 줄도 몰라야 했다.
아, 장벽의 세월 술은 달디달더라.

그러나 이대로 시멘트로 굳어 버릴 수 없다.

 우리는 무엇으로 사는가

이대로 멈춰
시대의 뒷전을 헤맬 수 없다.
우리는 오랫동안 하나였다.
천년 조국
하나의 말로 말하였다.
사랑을 말하고 슬픔을 말하였다.
하나의 심장이었고
어리석음까지도 하나의 지혜였다.
지난 세월 분단 반세기는 골짜기인 것
그 골짜기 메워
하나의 조국 저벅저벅 걸어오고 있다.

무엇하러 여기 와 있는가.
아침 대동강 강물에는
어제가 흘러갔고
오늘이 흘러가고
내일이 흘러가리라.
그동안 서로 다른 것 분명할진대
먼저 같은 것 찾아내는 만남이어야 한다.
큰 역사 마당 한가운데
작은 다른 것들을 달래는 만남의 정성이어야 한다.

얼마나 끊어진 목숨의 허망이었더냐.
흩어진 원혼들의 혼적이더냐.

무엇하러 여기 와 있는가.
우리가 이루어야 할
하나의 민족이란
지난날의 향수로 돌아가는 것이 아니라
지난날의 온갖 오류
온갖 야만
온갖 치욕을 다 파묻고
전혀 새로운 민족의 세상을
우르르 모여 세우는 것이다.
그리하여 통일은 재통일이 아닌 것
새로운 통일인 것
통일은 이전이 아니라
이후의 눈시린 창조이지 않으면 안 된다.

무엇하러 여기 와 있는가.
무엇하러 여기 왔다 돌아가는가.
민족에게는 기필코 내일이 있다.
아침 대동강 앞에 서서
나와 내 자손 대대의 내일을 바라본다.
아, 이 만남이야말로
이 만남을 위해 여기까지 온
우리 현대사 백 년 최고의 얼굴 아니냐.
이제 돌아간다.
한 송이 꽃 들고 돌아간다.

>>사무엘하<<

좋은 계획 나쁜 방법
6장 1~15절

다윗이 이스라엘에서 뽑은 무리 삼만 명을 다시 모으고 다윗이 일어나 자기와 함께 있는 모든 사람과 더불어 바알레유다로 가서 거기서 하나님의 궤를 메어 오려 하니 그 궤는 그룹들 사이에 좌정하신 만군의 여호와의 이름으로 불리는 것이라 그들이 하나님의 궤를 새 수레에 싣고 산에 있는 아비나답의 집에서 나오는데 아비나답의 아들 웃사와 아효가 그 새 수레를 모니라 그들이 산에 있는 아비나답의 집에서 하나님의 궤를 싣고 나올 때에 아효는 궤 앞에서 가고 다윗과 이스라엘 온 족속은 잣나무로 만든 여러 가지 악기와 수금과 비파와 소고와 양금과 제금으로 여호와 앞에서 연주하더라 그들이 나곤의 타작마당에 이르러서는 소들이 뛰므로 웃사가 손을 들어 하나님의 궤를 붙들었더니 여호와 하나님이 웃사가 잘못함으로 말미암아 진노하사 그를 그곳에서 치시니 그가 거기 하나님의 궤 곁에서 죽으니라 여호와께서 웃사를 치시므로 다윗이 분하여 그곳을 베레스웃사라 부르니 그 이름이 오늘까지 이르니라 다윗이 그날에 여호와를 두려워하여 이르되 여호와의 궤가 어찌 내게로 오리요 하고 다윗이 여호와의 궤를 옮겨 다윗 성 자기에게로 메어 가기를 즐겨하지 아니하고 가드 사람 오벧에돔의 집으로 메어 간지라 여호와의 궤가 가드 사람 오벧에돔의 집에 석 달을 있었는데 여호와께서 오벧에돔과 그의 온 집에 복을 주시니라 어떤 사람이 다윗 왕에게 아뢰어 이르되 여호와께서 하나님의 궤로 말미암아 오벧에돔의 집과 그의 모든 소유에 복을 주셨다 한지라 다윗이 가서 하나님의 궤를 기쁨으로 메고 오벧에돔의 집에서 다윗 성으로 올라갈새 여호와의 궤를 멘 사람들이 여섯 걸음을 가매 다윗이 소와 살진 송아지로 제사를 드리고 다윗이 여호와 앞에서 힘을 다하여 춤을 추는데 그때에 다윗이 베 에봇을 입었더라 다윗과 온 이스라엘 족속이 즐거이 환호하며 나팔을 불고 여호와의 궤를 메어 오니라 최근 미국의 한 여성지가 자녀를 둔 어머니들이 '조심해야 할 다섯 가지 말'을 발표했습니다. 자녀들에게 절대로 해서는 안 될 말들은 다음과 같습니다.

1. "내가 너를 왜 낳았는지 모르겠어."
2. "너는 왜 다른 애들처럼 못하니?"
3. "네가 도대체 몇 살이니?"
4. "이 바보야."
5. "시끄러워. 제발 엄마를 괴롭히지 마라."

사실 이러한 말들을 하는 엄마는 결코 아이가 나빠지기를 원하지 않습니다. 다른 아이들보다도 더 잘 되기를 바라는 마음에서 하는 소리입니다. 자식 잘못되기를 바라는 부모가 어디 있겠습니까? 하지만 많은 엄마들이 아이들 잘 되기를 바라면서 하는 말이 도리어 아이를 병들게 하고 있습니다. 점점 비관주의자가 되게 하고 자신감 없는 아이로 만들어 갑니다.

그러므로 자녀를 양육하는 좋은 계획을 가지고 있다고 할지라도 그 방법이 과연 좋은 방법인지 확인해야 합니다. 선한 마음으로 계획을 세웠다고 해도 그 방법이 나쁘면 의도했던 좋은 결과를 얻을 수 없기 때문입니다.

특별히 그리스도인들은 하나님 앞에서 무슨 일을 계획할 때 우리의 동기가 하나님 보시기에 바르고 선한지 점검해야 합니다. 더 나아가 좋고 선한 동기 가운데서 세운 계획을 실행함에 있어서 그 방법이 하나님 보시기에 합당한지 그리고 하나님의 말씀에 비추어 보았을 때에 올바르고 덕이 되는지 확인해야 합니다.

우리는 다윗이 통일 왕국을 만드는 과정 속에서 참으로 현명한 사람이었고 신실한 신앙인이었음을 확인했습니다. 그 결과 그는 통일된 이스라엘의 왕이 되었습니다. 그리고 다윗이 온 이스라엘의 왕으로 세워진 후 예루살렘을 도읍으로 삼기로 하고 여부스 사람으로부터 예루살렘 성을 탈환하였습니다. 그래서 그곳을 정치적, 종교적 중심지로 삼고자 하였습니다.

자신의 궁전을 건축한 다윗은 일전에 블레셋에게 빼앗겼다가 다시 찾은 여호와의 궤를 예루살렘으로 옮겨 오는 일을 지체하지 아니하였습니다. 역시 신앙인다운 아름다운 행동입니다. 아마도 이러한 다윗의 신앙심이 하나님 보시기에 심히 아름다웠고, 축복의 원인이 되었을 것입니다.

그런데 다윗의 이 좋은 계획은 실패합니다. 하나님을 기쁘시게 하는 일이요, 철저히 계획을 세웠음에도 불구하고 그 일은 실패로 끝납니다. 사건의 대략은 이러합니다.

사람들이 엘리 제사장 때부터 전쟁터에 여호와의 궤를 가져가기 시작했습니다. 언약궤를 전쟁에서 승리할 수 있는 부적처럼 생각했습니다. 그래서 블레셋과의 전쟁에서 밀리자 엘리 제사장은 그의 두 아들 홉니와 비느하스와 함께 여호와의 언약궤를 전쟁터에 보내었습니다. 하지만 전쟁에 졌을 뿐만 아니라 아예 여호와의 궤를 블레셋 군에게 빼앗겨 버렸습니다.

그후 블레셋으로 간 언약궤가 머무는 장소마다 독종을 발하고 온갖 재앙들이 내리쳤습니다. 그 바람에 블레셋 사람들은 더 이상 하나님의 궤를 자기들 지방에 두지 못하게 하였습니다. 급기야는 블레셋 방백들이 모인 가운데 법궤를 이스라엘로 돌려보내기로 결정하였습니다.

다시 돌아온 법궤는 예루살렘에서 서쪽으로 약 16킬로미터 가량 떨어진 기럇여아림이라는 곳에 오랫동안 안치되어 있었습니다. 그곳에 둔 지 약 70년 가량 되었습니다. 사울은 왕이 되었지만 왕좌를 지키기 바쁜 나머지 하나님의 궤에 그다지 신경을 쓰지 않았습니다.

하지만 하나님을 사랑하는 다윗은 달랐습니다. 그는 망명 중에도 늘 하나님의 궤가 제자리를 잡지 못하는 것이 마음 아팠습니다. 그래서 이스라엘의 통일된 조국을 갖게 되는 그날, 그는 주변 국가와는 달리 법궤 안에 담겨 있는 하나님이 주신 계명으로 국가의 기초를 삼아 말씀으로 사는 하나님의 거룩한 백성이 되기를 원했습니다.

그는 이제 왕이 되어 예루살렘을 탈환한 후 여호와의 언약궤를 기럇여아림 아비나답의 집에서 예루살렘으로 옮겨 가고자 하였습니다. 이는 쉽게 열두 지파로 흩어지는 이스라엘을 모두 함께 하나님을 예배하게 함으로써 하나로 모으는 데에도 필요했습니다. 그리하여 이스라엘이 근본적으로 '하나님을 예배하는 공동체'임을 분명히 하려 하였습니다. 이 모든 다윗의 계획은 옳은 일이요, 하나님 보시기에 바른 일이었습니다.

다윗은 이 좋은 계획을 이루기 위해서 백성들 가운데 3만 명을 차출하고 자기의 부하들을 직접 이끌고 바알레유다로 갔습니다. 여호와의 언약궤를 옮기기 위해서 악대를 편성하였습니다. 이스라엘 온 족속은 잣나무로 여러 가지 악기를 만들어 여호와 앞에서 연주하였습니다. 참으로 법궤가 옮겨지는 과정은 장관이었습니다. 오늘날로 말하면 앞선 군악대와 함께 수만 명이 행진하면서 옮기는 것입니다.

그런데 이스라엘 백성들은 여호와의 언약궤를 메어 가지 아니하고 새 수레를 만들어 그 위에 올려 놓았습니다. 그리고 젖소 두 마리로 그 수레를 끌게 하였습니다. 2절을 보면 "다윗이 일어나 자기와 함께 있는 모든 사람과 더불어" 하나님의 언약궤를 메어 오려 하였습니다. 그런데 왜 갑자기 새 수레에 싣기로 하였는지에 대해서는 언급이 없습니다.

여호와의 언약궤를 새 수레에 싣고 아비나답의 아들 웃사와 아효가 그 새 수레를 몰기 시작했습니다. 그런데 일이 벌어졌습니다.

6절을 보면 나곤의 타작마당 앞에 이르렀을 때 소들이 뛰었습니다. 소가 배고픈 참에 먹을 것을 보니 그냥 있겠습니까? 그래서 타작마당을 향해서 질주하였습니다. 그 바람에 수레에 실려 있던 언약궤가 땅에 떨어질 지경이 되었습니다. 이를 본 웃사는 언약궤가 수레에서 떨어지지 않도록 재빨리 손으로 붙잡았습니다.

이 좋은 계획이 실패한 이유가 무엇입니까? 그것은 계획은 좋았지만 방법이 나빴기 때문입니다.

첫째, 하나님의 말씀대로 하지 않았습니다

하나님의 궤를 옮기는 방법에 대해서는 이미 하나님께서 모세오경에 자세히 말씀하셨습니다. 그런데 다윗과 그의 제사장들은 하나님의 말씀을 자세히 보지 않았는지 하나님의 궤를 옮기는 일을 제 마음대로 하였습니다. 그들은 법궤를 옮겨 오는 일에 흥분하기는 하였지만 차분히 하나님의 규례를 살펴보지 않았습니다. 하나님 말씀대로 행하려는 경외심을 갖기보다는 마음이 들떠 있기만 했습니다. 열심만 있고 바른 지식이 없었습니다.

민수기 4장 15~20절을 보면 법궤는 고핫 자손이 옮기도록 했습니다. 그런데 웃사와 아효가 오랫동안 모셨다는 명분 때문인지 그들이 옮겼습니다.

그리고 하나님의 궤는 결코 소 수레로 옮겨서는 안 되었습니다. 민수기 7장 9절을 보면 하나님은 다른 레위 자손에게는 소와 수레를 주셨지만 고핫 자손에게는 소와 수레를 주지 않으셨습니다. 어깨로 메는 것이 그들의 사명이었기 때문에 그들에게는 소와 수레가 필요없었던 것입니다.

출애굽기 25장 13절을 보면 조각목으로 채를 만들어 양쪽 고리에 꿰어서 사람의 손으로 절대 언약궤를 만지지 못하게 하였습니다. 뿐만 아니라 운반하기 전에 미리 휘장을 들고 들어가 그것을 덮음으로써 아무도 보지 못하게 하는 등의 정해진 규정이 있었습니다.

그리고 출애굽기, 민수기, 신명기, 여호수아서에 이르기까지 계속 여호와의 궤에 대해서 언급하고 있습니다. 그때마다 여호와의 궤는 제사장들이 메고 다녔지 결코 소 수레에 올려 놓은 적이 없습니다. 출애굽을 한 이스라엘 백성들이 요단 강을 건널 때에도 양각 나팔을 불며 제사장들이 언약궤를 메고 강을 건넜습니다. 여리고 성을 칠 때에도 언약궤를 메고 여리고 성을 돌았습니다. 이런 역사적 사건들이 여러 번 성경에 언급되고 있습니다.

출애굽기 25장 15절을 보면 하나님은 혹시나 이스라엘 백성들이 소 수레에 언약궤를 올려 놓을까봐 "채를 궤의 고리에 꿴 대로 두고 빼내지 말지며"라고 하였습니다.

그런데 이런 하나님의 방법을 다윗은 몰랐습니다. 그는 하나님의 말씀을 사랑하는 자였습니다. 하지만 성경을 자세히 상고하여 하나님께서 주신 언약궤 운반 방법을 정확하게 알아내지 못했습니다. 하나님의 일을 하면서 세상의 방법을 사용한 것입니다.

둘째, 그들은 말씀에 무지하여 이방 풍습을 따랐습니다

다윗과 그 백성이 소 수레에 하나님의 언약궤를 운반한 것은 하나님의 방식이 아니었습니다. 이렇게 소 수레에 싣는 방식은 여호와의 언약궤가 블레셋에게 빼앗겼다가 7개월 만에 돌아올 때에 블레셋 사람들이 행하였던 방식입니다. 그러므로 소와 수레를 이용하는 방법은 블레셋에서 이스라엘로 법궤가 옮겨올 때에 끝나야 했습니다. 그런데 이제 이웃 나라가 아닌 자기 나라 안에서 여호와의 궤를 옮겨오는 데 여전히 이방 신을 섬기는 사람들의 방법을 그대로 사용하고 있습니다.

하나님은 여호와의 언약궤를 만들 때부터 어떻게 만들고 어떻게 이동할 것인지를 자세히 설명하셨습니다. 그런데 언약궤가 블레셋에 머무는 7개월이라는 짧은 기간 동안 이방 풍습이 몰려와 여호와의 언약궤를 메는 습관이 사라져 버렸습니다. 블레셋 사람들이 행하던 대로 궤를 소 수레에 실어서 다윗 성으로 옮기려고 했던 것입니다.

다윗도 하나님의 궤를 수레에 싣고 오는 것이 하나님의 방법이 아닌 블레셋 족속의 방법임을 미처 깨닫지 못했습니다. 고핫 자손도, 레위 지파도, 제사장도 처음에는 아무도 그 문제점을 발견하지 못했습니다. 그러다가 아비나답의 아들 웃사가 하나님의 궤 곁에서 죽자 두려워 떨기 시작하였습니다. 하지만 그들은 두려워하기만 했지 웃사가 왜 죽었는지 처음에는 조사하지 않았습니다.

다윗이 언약궤를 다윗 성으로 옮겨가기를 즐겨하지 않음으로 언약궤는 가드 사람 오벧에돔의 집으로 옮겨졌습니다. 그런데 그 언약궤가 오벧에돔의 집에 옮겨가자 3개월밖에 안 되었는데도 그 집과 그의 모든 소유에 복이 임하는 것이 눈에 띄게 보였습니다.

그때서야 다윗은 생각하였습니다. 그리고 언약궤를 옮겨 오는 가운데 생겼던 어려움의 원인을 말씀 속에서 찾기 시작하였고 이를 발견하였습니다.

본문 6장 12절을 보면 하반절에 "다윗이 가서 하나님의 궤를 기쁨으로 메고 오벧에돔의 집에서 다윗 성으로 올라갈새"라고 하였고, 13절에서도 "여호와의 궤를 멘 사람들이 여섯 걸음을 가매"라고 했습니다. 비로소 다윗은 하나님의 언약궤는 소 수레에 실어서는 안 된다는 것을 말씀을 통해서 깨닫게 되었던 것입니다.

다윗은 하나님을 사랑했습니다. 하지만 그가 어릴 적에는 양을 치느라 들판에 거하는 경우가 많았습니다. 또 왕이 되기 전에는 사울 왕에게 쫓겨 다니느라 광야에 거하는 경우가 많다 보니 자연히 하나님의 말씀을 깊이 있게 묵상하지 못하였던 것 같습니다.

그 당시는 책과 인쇄술이 발달하지 아니하였기에 쉽게 여호와의 말씀을 구할 수 있었던 때는 아닙니다. 그러하기에 하나님은 신명기 17장 18~19절에 말씀하기를, 왕은 이 말씀의 복사본을 만들어서 평생토록 자기 옆에 두고 읽으라고 하셨습니다. 하지만 다윗은 왕이 되고 나서도 모세오경을 구체적으로 연구하지 아니하였습니다. 왕이 되었으면 늘 말씀을 옆에 두고 부지런히 읽어서 여호와 하나님 경외하기를 배워야 합니다. 말씀을 읽는 이유는 그 율법의 모든 말과 규례를 지키기 위해서입니다.

그런데 다윗 왕 뿐만 아니라 이스라엘 백성 전체가 남북간에 시

 우리는 무엇으로 사는가

국이 어지럽고, 전쟁이 잦자 말씀을 멀리하는 현상이 있었습니다. 그래서 법궤 때문에 어려움이 생겼음에도 불구하고 모두들 그 원인을 몰랐던 것입니다. 말씀에 충실한 왕이나 제사장이나 서기관들이 있었다면 사전에 하나님의 언약궤를 소 수레에 싣지 아니하였을 것입니다. 그런데 왕도 제사장도 백성도 하나님의 말씀을 자세히 보지 않았기 때문에 쉽게 이방 풍습에 휘말려 버렸던 것입니다.

우리가 살아가는 이 시대에 세상 풍습과 습관에 휘말리지 않고 살아갈 수 있는 방법이 무엇입니까? 그것은 어제나 오늘이나 영원토록 변함없는 하나님의 말씀을 사랑하는 것입니다. 베뢰아 사람들처럼 이 말씀이 그러한가 아닌가 하여 날마다 성경을 상고하여야 합니다. 그래야 좋은 계획 뿐만 아니라 좋은 방법으로 하나님의 뜻을 이루어 갈 수 있습니다.

오늘날 미국과 캐나다, 구미 각국의 기독교 총회들이 동성애자 목사를 인정하고 동성애 결혼을 인정하기 시작하였습니다. 하나님은 엄히 대적하라고 하신 것인데도 이들이 무너지는 이유가 무엇입니까? 하나님의 말씀은 멀고 세상 풍습은 가깝기 때문입니다.

성도가 성경은 안 보고 텔레비전만 보다 보면 어떻게 되는 줄 아십니까? 오늘날 매스컴은 가정 생활을 극단적으로 몰아갑니다. 삼각관계도 모잘라 이제는 쓰레기 같은 소재를 가지고 소위 가정 드라마라는 이름으로 방영하고 있습니다. 그러하기에 우리 삶의 기준이 되는 말씀을 보지 않고 텔레비전만 보다 보면 우리도 모르는 사이에 그러한 세상의 가치관을 당연하게 받아들이게 되는 것입니다.

요사이 강남을 중심으로 퍼지고 있다는 세속화된 말이 무엇입니까? "아직도 애인이 없느냐?" 라고 하면서 자기보다 연하의 연인을 가진 사람은 금메달, 같은 나이의 연인을 가진 사람은 은메달, 연상의 연인을 가진 사람은 동메달, 이것도 저것도 없는 사람은 '목메달'이라고 합니다. 이런 이야기를 듣는 사람은 '야, 세상 사람들은 다 연인이 있는데 나만 없었나봐' 하는 착각을 합니다. 그리고 그런 세속화된 삶을 당연한 것처럼 받아들입니다. 말씀에 무지하여 세상 풍습을 좇아가게 되는 것입니다.

언제나 말씀에 풍성히 거하는 충신 가족이 되시길 축원합니다.

좋은 계획이었지만 실패한 세 번째 이유는 무엇입니까?

셋째, 본질이 변질되어 우상화되었습니다

이스라엘 백성들이 광야 생활을 끝내고 요단 강을 건널 때에 모세는 죽고 여호수아와 함께 가려고 하니 무척이나 두려웠습니다. 그래서 주저주저하고 있을 때에 하나님은 제사장에게 언약궤를 메고 먼저 요단 강을 건너라고 명령하셨습니다.

제사장들이 언약궤를 메고 요단 강에 들어서자 위에서 흐르던 물이 끊어지고 한 곳에 쌓여 서는 역사가 일어났습니다. 그리고 여리고 성을 공격할 때에는 여호와의 언약궤를 메고 돌자 견고한 여리고 성이 무너져 내렸습니다. 이 모든 역사는 언약궤 때문이 아니라 여호와의 말씀에 순복하였기 때문에 일어났습니다.

그런데 엘리 제사장 때에는 하나님께서 하지 말라는 일을 자자손손 저지르면서 언약궤만 있으면 전쟁에서 이길 것으로 생각하였습니다. 그때에는 언약궤와 함께 있어도 이스라엘은 전쟁에 승리할 수 없었습니다.

하나님은 "내 백성답게 살라"고 이스라엘에게 언약궤를 주셨습니다. 그 앞에서 하나님과 더 깊은 대화를 나누고 하나님의 명령에 순복하라고 주셨습니다. 그런데 다윗마저도 하나님의 말씀을 묵상하거나 깊이 연구하지 아니하고 언약궤를 옮기는 행사에만 급급했습니다. 그들에게 언약궤는 우상이 되어 가고 있었던 것입니다.

사실 하나님의 궤 안에는 시내 산에서 하나님께 받은 언약의 말씀이 들어 있었습니다. 그러기에 언약궤는 하나님의 말씀이 이스라엘을 이끌어 간다는 것을 상징했습니다. 그러므로 이스라엘 백성들은 하나님의 말씀에 귀를 기울여야 했습니다. 그런데 본질적인 말씀에는 별로 관심을 두지 않고 외양에만 신경을 썼습니다. 화려한 퍼레이드에는 많은 사람이 동원되었지만 말씀 연구 분야에는 관심이 없었습니다.

사울 왕 시대에도 하나님께 제사를 지내야 한다는 것은 알고 있었습니다. 하지만 여호와의 언약궤 앞에서 하나님 음성을 들으려고 하지는 않았습니다. 하나님께서 이 언약궤를 주신 이유는 그곳에서 인간을 만나 주시고 명령할 모든 일을 이르시기 위해서입니다.

출애굽기 25장 22절을 보면 "거기서 내가 너와 만나고 속죄소 위 곧 증거궤 위에 있는 두 그룹 사이에서 내가 이스라엘 자손을 위하여 네게 명령할 모든 일을 네게 이르리라" 하셨습니다.

하나님은 언약궤를 통해 더욱더 그의 백성과 가까이 대화하기를 원하셨는데 그들은 이러한 하나님의 마음을 놓치고 있었습니다. 그래서 이미 가르쳐 주신 방법에는 귀를 기울이지 못했던 것입니다. 하나님께서 지시하셨고, 조상들이 수백 년 동안 순종해 온 원칙이 이방인들에게 언약궤를 빼앗긴 7개월 동안에 변질되어 버렸습니다.

그런데 다윗 시대에는 내용도 형식도 변질되어 버렸습니다. 다

좋은 계획 나쁜 방법

윗은 3만 명이라는 엄청난 수의 백성을 거느리고 하나님의 언약궤를 옮기려고 하였지만 하나님께서 더 귀하게 여기시는 본질적인 것은 놓치고 말았습니다.

3만 명을 거느리고 언약궤를 옮기는 것보다 하나님이 더 중요하게 생각하시는 것은 이 백성이 "내가 말한 대로 행하는가"였습니다. 그런데 다윗과 백성들은 그 점을 망각해 버린 것입니다. 그리하여 인간 위주의 편리함 때문이었는지 하나님의 언약궤를 어깨에 메는 것을 포기하고 '소 수레'를 사용하였던 것입니다.

하나님은 30명이 언약궤를 옮겨도 하나님이 하라고 하신 대로 하기를 원하십니다. 그렇게 하였다면 웃사가 죽는 사건은 없었을 것입니다. 하나님의 일이 우리가 생각하기에 비록 비현실적이라 하더라도 하나님의 방법대로 이루어져야 합니다. 그럴 때 우리는 비로소 성공하는 신앙 생활을 영위할 수 있습니다.

3만 명이나 동원되고 악대까지 동원된 잔치에서 일어난 사망 사건으로 다윗은 얼마나 당황했겠습니까? 그러나 이 사건은 하나님께서 진정으로 원하시는 바가 무엇인가를 생각하게 했습니다.

역대상 15장을 보면 사무엘하 6장에서의 실패 이후에 다윗이 어떻게 하였는지 구체적으로 기록되어 있습니다. 그후 다윗은 레위 사람 외에는 하나님의 궤를 멜 수 없게 하였습니다. 다윗은 문제의 원인을 제대로 알았습니다.

역대상 15장 13절을 보면 "전에는 너희가 메지 아니하였으므로 우리 하나님 여호와께서 우리를 찢으셨으니 이는 우리가 규례대로 그에게 구하지 아니하였음이라"고 했습니다.

다윗은 흩어졌던 아론 자손과 레위 사람을 모았습니다. 역대상 15장 5절에 나오는 '그핫' 자손이 바로 고핫 자손을 의미합니다. 다윗은 철저하게 레위 사람인 고핫 자손이 여호와의 궤를 메도록 순종한 것입니다.

역대상 15장 15절을 보면 "모세가 여호와의 말씀을 따라 명령한 대로 레위 자손이 채에 하나님의 궤를 꿰어 어깨에 메니라"라고 했습니다.

"실패는 성공의 어머니"라는 말처럼 한 번 실패한 후 다윗은 반복된 실패를 하지 않고 말씀으로 돌아갔습니다. 그리하여 다시 언약궤를 옮길 때에는 하나님 앞에서 온 힘을 다하여 춤을 추었습니다. 다윗은 왕들이 입는 예복을 벗어 던지고 제사드릴 때 제사장이 입는 에봇만 입고 온몸을 흔들며 기쁨으로 춤을 추었습니다.

시인이요 음악가인 다윗이 기쁨을 표현하는 가장 자연스러운 방법은 춤이었을 것입니다. 그는 '내가 사람들 앞에서는 왕일지 모르나 하나님 앞에서는 백성들과 똑같은 한 인간일 뿐'이라는 사실을 몸소 행동으로 보여주었습니다. 다윗에게 하나님의 언약궤는 마음의 고향이었습니다. 그동안 광야 생활을 하느라 가까이 하지 못하였지만 언제나 여호와 앞에 서고 싶었던 다윗입니다. 그러하기에 그는 이 사건 이후 성전을 그리워하며 주옥 같은 시들을 남겼습니다.

그 중 84편을 보면 "만군의 여호와여 주의 장막이 어찌 그리 사랑스러운지요, 주의 궁정에서의 한 날이 다른 곳에서의 천 날보다 나은즉 악인의 장막에 사는 것보다 내 하나님의 성전 문지기로 있는 것이 좋사오니"(시 84:1, 10)라고 고백했습니다.

이 사건이 오늘 우리에게 주는 교훈은 무엇입니까? 한때 기독교 국가였던 여러 나라들을 방문하면서 그들이 망해 가는 이유를 생각해 보았습니다. 그들에게는 한결같이 형식은 있는데 하나님의 임재가 없었습니다. 샤머니즘과 결탁한 것같이 하나님의 말씀을 부적처럼 생각합니다. 그래서 성경을 금으로 입히고, 뭔가 눈에 보이는 것들을 형상화하려고 애를 썼습니다. 성직자들은 지팡이를 쥐고, 향을 품어 내며, 주문을 외우기는 하는데 하나님의 임재를 경험하지 못했습니다.

하나님의 말씀은 사라지고 성인들의 이야기만 등장합니다. 하나님의 명령은 사라지고 전통만 계승됩니다. 하나님의 법도는 간데 없고 시대적 풍습만 판을 칩니다. 어느새 십자가는 부적이 되어 버리고, 성인들의 조각품은 우상화되어 버렸습니다.

오늘날 교회가 힘을 잃어 가는 이유가 무엇입니까? 자꾸만 편리를 위해 진리를 버리고 있기 때문입니다. 사람들은 "세상 사람들 다 하는데 왜 우리만 하면 안 되는가?"라고 말합니다. 그래서 '어깨에 메는' 것을 비효율적이라고 간주하여 '새 수레'를 사용하려 합니다.

"살아보고 결혼하면 실패 확률이 더 적을 것 아닌가?" 하면서 먼저 동거부터 시작하는 젊은이들이 늘어납니다. 그러나 하나님은 결코 결혼을 그런 방식으로 허락지 않으셨습니다. 그러나 사람들이 세상 풍습에 빠져들면서 서서히 교회 안에까지 세상적 가치관이 침투해 들어오고 있습니다.

오늘날 선교 방식도 마찬가지입니다. 올해 이슬람 사회를 여러 번 경험할 기회가 있었습니다. 중앙아시아에 있는 이슬람권에 대한 선교 가능성을 타진해 보았고, 최근에도 터키, 시리아, 요르단을 방문하면서 많은 생각들을 했습니다. 예수님께서 제자들에게 모든 족속으로 제자를 삼으라고 하셨는데 왜 이슬람 지역만은 쉽게 제자 삼을 수가 없는지 궁금했습니다. 겉으로 보기에는 이슬람 역시 유일신을 섬기는 종교이다 보니 쉽지 않다는 생각을 했습니다.

하지만 한층 더 나아가서 생각해 보니 십자군 원정 때부터 문제가 시작되었음을 알 수 있었습니다. 기독교는 성지순례를 가는 자들의 길을 보호하며 성지를 탈환해야 한다는 명분 아래 십자군을 이스라엘로 보내기 시작하였습니다. 그런데 그들의 처음 계획은 좋았지만 방법은 결코 예수 그리스도의 방법이 아니었습니다. 그들은 갈수록 포악하였고 무차별적이었고, 나중에는 성지 탈환이라는 개념보다는 자기 부와 명예를 이루기 위해서 나아갔습니다. 한마디로 예수 그리스도의 이름, 십자가의 이름을 도용하면서 복음은 간데없고 잔인한 침략자가 되고 말았던 것입니다.

지금도 이슬람 사람들의 마음속에는 그때의 원한이 남아 있음을 봅니다. 그 응어리진 고통 때문에 접근조차 힘든 것 같습니다. 그러므로 앞으로 모든 족속을 제자 삼기 위해서는 기독교의 이름으로 부시처럼 부수면서 들어가서는 안 됩니다. 그래서는 절대 선교의 열매를 거두기 힘들다는 것을 알아야 합니다.

중동 이슬람 사람들이 한국에 우호적인 것은 그들에게 아무런 상처를 준 적이 없기 때문입니다. 오늘날 한국 교회가 재정으로, 힘으로, 숫자로 다른 나라를 복음화하려는 노력을 기울인다면 이는 또 다른 실패를 가져오지 않을까 생각됩니다. 차라리 목에 들어간 힘을 빼고, 선조들의 잘못을 겸손히 시인하며, 자기를 부인하며 나아갈 때에 하나님께서 그 땅에서도 영광을 받으시리라 믿습니다.

하나님의 생각은 우리의 생각과 다릅니다. 그런데 우리의 신앙생활이 하나님 중심적이지 못하고 타락한 이성에 때 묻은 것이라면, 다윗처럼 하나님을 기쁘시게 할 수 없고 오히려 실패의 쓴잔을 마실 수밖에 없다는 사실을 기억해야 합니다.

케네디 대통령의 취임식 때, 프랑스의 드골 대통령이 이런 축하의 말을 했다고 합니다.

"케네디 대통령, 당신은 세계에서 가장 큰 권세를 쥐고 있습니다. 당신 손에 있는 권세로 세계의 역사와 운명이 좌우됩니다. 당신에게는 노련한 전문가인 수많은 보좌관이 있습니다. 만일 문제가 생기면 그 많은 보좌관들이 각자의 전문 지식을 당신에게 말할 것이고, 당신은 이 사람 저 사람의 말에 귀를 기울이다 보면 쉽게 결정을 내릴 수 없게 될 것입니다. 당신은 보좌관들의 말을 모두 경청해야 합니다. 그러나 판단을 내려야 할 때에는 아무도 없는 곳에서 혼자 하나님 앞에 묵상하고 가슴 깊은 곳에서 울려나오는 음성을 들으십시오."

우리의 마음은 보좌관입니다. 마음은 우리에게 여러 가지 수학적이고 논리 정연하고 사회학적이며 통계적인 것들을 내놓습니다. 그러나 판단을 내릴 때는 그것이 하나님의 방법인지 알아보기 위해 하나님의 말씀 앞에 서야 합니다. 묵상하고 기도하는 중에 우리의 영이 하나님 말씀을 통해, 하나님의 지혜와 하나님의 지식과 하나님의 판단을 얻어서 행할 때 우리는 궁극적으로 성공의 길을 걷게 될 것입니다. 이 복이 우리 모두와 함께하길 축원합니다.

>>사무엘하<<

갈등하는 부부
같이 사는 부부
6장 16~23절

여호와의 궤가 다윗 성으로 들어올 때에 사울의 딸 미갈이 창으로 내다 보다가 다윗 왕이 여호와 앞에서 뛰놀며 춤추는 것을 보고 심중에 그를 업신여기니라 여호와의 궤를 메고 들어가서 다윗이 그것을 위하여 친 장막 가운데 그 준비한 자리에 그것을 두매 다윗이 번제와 화목제를 여호와 앞에 드리니라 다윗이 번제와 화목제 드리기를 마치고 만군의 여호와의 이름으로 백성에게 축복하고 모든 백성 곧 온 이스라엘 무리에게 남녀를 막론하고 떡 한 개와 고기 한 조각과 건포도 떡 한 덩이씩 나누어 주매 모든 백성이 각기 집으로 돌아가니라 다윗이 자기의 가족에게 축복하러 돌아오매 사울의 딸 미갈이 나와서 다윗을 맞으며 이르되 이스라엘 왕이 오늘 어떻게 영화로우신지 방탕한 자가 염치없이 자기의 몸을 드러내는 것처럼 오늘 그의 신복의 계집종의 눈앞에서 몸을 드러내셨도다 하니 다윗이 미갈에게 이르되 이는 여호와 앞에서 한 것이니라 그가 네 아버지와 그의 온 집을 버리시고 나를 택하사 나를 여호와의 백성 이스라엘의 주권자로 삼으셨으니 내가 여호와 앞에서 뛰놀리라 내가 이보다 더 낮아져서 스스로 천하게 보일지라도 네가 말한 바 계집종에게는 내가 높임을 받으리라 한지라 그러므로 사울의 딸 미갈이 죽는 날까지 그에게 자식이 없으니라

      텔레비전에 할아버지 할머니들이 나와 글자 맞추기 게임을 했습니다. 할아버지가 종이를 들고 그 종이에 기록된 내용을 할머니에게 설명하면 할머니가 답을 알아맞히는 게임입니다.
      할아버지가 할머니에게 "당신하고 나 사이" 하고 말하자 할머

니는 "웬수" 그랬습니다. 그러자 할아버지가 "그것말고 넉 자로 된 것 말이오"라고 말하자 할머니는 "평생웬수"라고 하였습니다. 사실 답은 '천생연분'이었습니다. 할머니는 할아버지와 평생토록 갈등하면서 살아온 것입니다.

요사이 중국 사람이 "한국 사람 불평이 많습니다"라고 시작하는 텔레비전 광고가 있습니다. 한 금융회사의 광고인데, 내용을 보면 한국에서는 불평이 휴대폰의 아이디어가 되고 있고, 아이디어가 필요한 금융계에서도 한류가 무섭게 몰려 올 것이니 정신 차리자는 내용입니다. 결과적으로 불평 때문에 휴대폰의 아이디어가 많이 제시되고 생산되어 발전하게 되었다는 기업 광고입니다.

오늘날 우리 사회는 지도자와 백성, 남편과 아내, 사장과 사원, 목회자와 성도 사이에 갈등이 참 많습니다. 이전에도 이런 갈등이 없었겠습니까? 있었습니다. 하지만 그때에는 군사 정권이었기에 불평하면 삼청교육대나 남산 안기부로 보내어 버렸습니다. 그래서 감히 내어 놓고 불평할 수가 없었습니다. 그런데 민주화가 되면서 이제는 곳곳에서 갈등의 소리가 터져나옵니다.

문제는 지금까지 우리는 이런 갈등이 생길 때에 해결하는 법을 별로 경험해 보지 못했다는 것입니다. 그래서 갈등을 풀려다가 오히려 엉킨 실타래처럼 만드는 경우가 허다합니다. 깨끗이 씻으려고 하다가 그릇을 깨트려 버리는 경우가 허다합니다.

부부간의 갈등을 해결하려다가 갈등의 골이 더 깊어집니다. 갈등을 풀려면 어떻게 해야 합니까? 일단 갈등이 있다는 것을 인정해야 합니다. 환자가 자기 병을 인정하지 않으면 치료받을 수 있겠습니까? 자기는 죽어가면서도 환자가 아니라고 우기면 결코 치료를 받을 수가 없습니다.

오늘 본문을 보면 부부 사이의 갈등이 나옵니다. 다윗과 미갈, 그들은 부부입니다. 그런데 이들은 오늘 사건으로 인하여 평생을 남남처럼 별거하고 살게 됩니다. 문제를 풀려고 말했을 텐데 그 말 때문에 문제가 영원히 엉켜 버렸습니다. 그래서 무엇 때문에 그리 되었는지 먼저 살펴보고 또 우리는 어떻게 갈등을 풀며 살아야 할 것인지 말씀을 통해서 듣고자 합니다.

갈등의 발단은 여호와의 궤를 옮기는 과정 속에서 일어났습니다. 다윗이 여호와의 궤를 옮기려다가 웃사가 죽는 바람에 여호와의 궤는 오벧에돔 집으로 갑작스럽게 옮겨졌습니다. 그런데 그 뒤에 웃사가 죽은 이유를 정확하게 알아낸 다윗은 다시 오벧에돔 집에서 다윗 성으로 여호와의 궤를 옮겼습니다.

그때 다윗은 너무 기쁜 나머지 아버지 앞에서 춤을 추는 아이처럼 여호와의 언약궤 앞에서 덩실덩실 춤을 추었습니다. 그런데 이러한 다윗의 행동이 아내 미갈의 마음에 들지 않았습니다. 그래서인지 미갈은 구경꾼으로 남아 있었습니다.

지금 남편과 온 백성이 여호와의 궤가 다윗 성으로 들어오는 것으로 인하여 축제의 기쁨을 누리고 있습니다. 그런데 미갈은 이 축제에 완전 구경꾼이었습니다.

그녀는 바깥이 시끌시끌하니까 창으로 내다보았습니다. 악대들이 여러 가지 악기를 가지고 연주했으니 조용할 리 없었습니다. 그녀는 여호와의 언약궤가 다윗 성으로 들어온다고 해도 감동이 없었습니다. 그것이 나하고 무슨 상관이 있느냐는 듯이 무심코 쳐다보고만 있었습니다.

그런데 충격적인 모습이 눈에 들어왔습니다. 남편인 다윗 왕이 수많은 계집종들이 보는 앞에서 뛰놀며 춤추고 있는 것이었습니다. 남편이 체신머리 없이 놀고 있는 것이었습니다. 왕인데 체통도 안 지키고 길바닥에서 춤을 추고 있는 것이었습니다. 왕의 가문에서 자란 미갈이 보기에 이것은 시골 동네 하찮은 백성들이나 하는 짓이지 자기처럼 품위 있는 왕가 계통의 사람이 할 수 없는 일이었습니다.

다윗은 하나님의 궤로 인하여 감동하고 있습니다. 그런데 아내 미갈은 시큰둥합니다. 지금 불평하고 있는 사람은 다윗과 함께 여호와의 궤를 메고 가는 사람이 아닙니다. 멀찍이서 창으로만 바라보는 사람입니다.

사람이 제일 먼저 죄를 짓는 기관은 눈입니다. 창세기를 보면 인류의 조상인 하와가 선악과를 따먹는 죄를 범합니다. 그때에 창세기 3장 6절을 보면 "여자가 그 나무를 본즉 먹음직도 하고 보암직도 하고 지혜롭게 할 만큼 탐스럽기도 한 나무인지라"고 했습니다. 보니까 먹음직하였다고 했습니다.

지금 미갈의 눈에 남편은 형편없는 짓을 하는 것처럼 보였습니다. '견물생심'이라는 말이 있듯이 눈으로 보니까 죄를 짓게 됩니다. 사실 우리는 하루에도 많은 것을 봅니다. 그런데 보는 것마다 해석을 잘해야 합니다.

미갈은 지금 남편의 행동을 잘못 해석하다 보니 미운 감정이 생긴 것입니다. 미갈은 다윗이 왕으로서 못할 짓을 하고 있다고 해석하였습니다. 이렇게 자기 잣대로 재어 보았을 때에 남편이 부족하게 여겨진 미갈은 남편을 마음으로 업신여겼습니다.

16절을 보면 창으로 내다보다가 다윗 왕이 여호와 앞에서 뛰놀며 춤추는 것을 보고 심중에 그를 업신여겼다고 했습니다. 이 두 사람은 다윗이 사울에게 쫓겨 다니는 난리통에 부부이면서도 제대로 부부생활을 해보지 못한 사이입니다. 그리고 미갈은 다른 남자와 재혼했다가 돌아온 상태였고, 다윗은 다른 여자를 얻은 상태였습니다.

그러니 그들의 마음은 지금 사랑하는 마음이라기보다는 상한 마음입니다. 서로 사랑의 관계가 회복되어야 하는 상태입니다. 그런 상태에 있는 사람이 남편을 마음으로 업신여기기 시작하자 그 틈은 더욱더 넓어집니다. 깊어집니다. 건너려야 건널 수가 없는 계곡이 되어 갑니다.

사람이 말을 하거나 글을 쓰거나 행동하기 전 단계에 필히 거치는 것이 마음으로 생각하는 단계입니다. 그러하기에 불만과 불평은 비슷한 것 같아도 다릅니다. 이미 불평하고 있다는 것은 그가 이전에 불만을 마음에 품고 있었다는 이야기입니다. 불만이란 불만족의 준말입니다. 그런데 이런 불만이 가슴에 쌓여 있다가 터져나온 것이 바로 불평입니다. 불평은 마음에 불만이 있어 못마땅하게 여기고, 그 못마땅함을 말이나 행동으로 드러내어 표현하는 것입니다.

미갈이 불평하게 된 이유가 무엇입니까? 다윗의 행동에 만족하지 못하는 마음이 있었기 때문입니다. 마음으로 업신여김이 있었기 때문에 뒤이어서 불평이 튀어나온 것입니다.

마음으로 남편을 업신여긴 미갈은 그의 가슴에 독화살을 쏟아 부었습니다.

남편은 자기 가족을 축복하고 싶어 궁으로 돌아옵니다. 18절을 보면 그는 온 백성에게 축복하였습니다. 그리고 자기 가족에게도 축복하러 집으로 돌아옵니다. 그런데 그 순간 아내는 그런 부푼 가슴에다가 독화살을 쏘았습니다. 그녀는 다윗을 맞아들이면서 수고

했다는 말 한 마디도 없고, 얼마나 기쁘냐는 말도 없었습니다. 다윗이 들어오자마자 한 말이 "이스라엘 왕이 오늘 어떻게 영화로우신지 방탕한 자가 염치없이 자기의 몸을 드러내는 것처럼 오늘 그의 신복의 계집종의 눈앞에서 몸을 드러내셨도다"였습니다.

여러분! 이 미갈이 쏘아붙인 말이 몇 초 걸린 줄 아십니까? 10초 걸렸습니다. 그런데 그 10초가 다윗의 가슴에 평생토록 남게 되었습니다. 왜 10초인 줄 아십니까? 제가 미갈이 한 말을 몇 초 걸리나 한번 해 보았습니다.

송길원 목사가 쓴 「입술의 30초가 가슴의 30년 된다」라는 책이 있습니다. 그런데 오늘 본문을 통해 저는 30초가 아닌 10초의 말도 가슴에 평생 남을 수 있다는 놀라운 사실을 발견하였습니다.

이정완 씨가 쓴 「재치 있는 말 한 마디가 인생을 바꾼다」라는 책이 있습니다. 그런데 미갈은 재치 있는 말이 아니라 어리석은 말 한 마디로 인생이 바뀌어 버렸습니다. 그녀는 이 일로 인하여 죽는 날까지 자식이 없었습니다. 다윗이 그날 이후로 미갈하고 잠자리를 같이하지 않았다는 말입니다.

미갈은 왜 이런 말을 하게 되었습니까? 이는 편견과 오해 때문이었습니다. 똑같은 행동을 보는 관점이 달랐던 것입니다. 그들은 서로 느낀 점을 그날 저녁에 가정 예배 속에서 대화로 풀면 되었습니다. 그런데 그녀는 대화의 포문을 비판과 비난으로 쏟아 부었습니다. 그리고 그들은 영원한 생이별을 해야만 했습니다.

제임스 돕슨(James Dobson)의 「사랑은 강해야 한다」라는 책을 보면 한 여인이 남편의 외도 때문에 돕슨에게 자문을 구하는 내용이 나옵니다.

그녀는 모범적인 그리스도인 가정에서 성장했는데 불신자인 남

 우리는 무엇으로 사는가

편을 만나 결혼하여 가치관이 맞지 않아 많은 어려움을 겪습니다. 남편은 모든 일을 아내에게 맡긴 채 세 아이의 아버지 역할을 전혀 하지 않고 시간만 나면 공을 차거나 텔레비전을 보거나 잠만 잤습니다. 그 정도의 어려움은 그래도 참고 견딜 만했는데 어느 날 수년 동안 같은 직장의 경리 사원과 외도한 것을 알게 되었습니다. 그녀는 이혼녀였는데 남편이 처음에는 동정심으로 도움을 주기 시작하다가 마침내 정을 주고 마음을 주면서 점점 많은 시간을 그녀와 보내게 된 것입니다.

바로 그 무렵 이 문제를 어떻게 하면 좋을까 고민하던 아내는 "남편에게 복종하면 모든 관계가 풀린다"는 내용이 담긴 책을 보고는 남편이 하자는 대로 다 따라하기로 결심합니다. 그런데 남편은 어이없게도 애인을 집안의 침실까지 끌어들이는 일을 하였고 부인은 그것까지 허락하고 맙니다. 그 정도까지 양보했으면 이제는 자기의 진심을 알고 돌아올 줄 기대했습니다.

그런데 남편과 정부의 관계는 더 뜨거워지고 남편은 아내에게 더욱 냉담해지면서 마지막에는 이혼을 요구했습니다. 이제 이 여인은 어떻게 해야 합니까? 그저 참고 살면서 이혼을 하지 않고 버티기만 하면 문제가 해결되는 것입니까?

제임스 돕슨은 우선 아내의 실수 세 가지를 지적했습니다.

첫 번째 실수는 아리따운 이혼녀의 위협을 과소평가한 점입니다. 두 번째 실수는 결혼 생활이 점점 파국으로 치닫고 있을 때에 남편이 어린아이 같은 마음으로 어쩔 줄 몰라하고 감정적으로 흔들리는 것을 보고 사랑이 아니라 비판과 책망과 비난으로 접근한 것입니다. 세 번째 실수는 그녀의 가슴속에 있는 두려움, 깨진 가정에서 아빠 없는 세 아이를 키워야 하는 두려움과 경제적인 어려움, 심리적인 부담감 때문에 남편을 잃지 않으려고 결국 주인 앞의 강아지처럼 비참하게 굴복한 것입니다.

돕슨은 "그런 아내와 어떤 남자가 함께하고 싶겠으며 자기의 존엄과 삶의 아름다움을 지키지 못한 여성에게 누가 사랑과 애정을 느끼겠는가?"라고 반문하고 있습니다.

심수명 교수의 「사랑의 관계 회복을 위하여」라는 책을 보면 인격적인 사랑에는 두 면이 있다고 합니다. 하나는 강한 사랑이고 또 하나는 부드러운 사랑입니다. 상대방에게 자신의 진실한 마음과 사랑을 전달하고자 할 때는 반드시 사랑의 강함과 부드러움이 조화를 이루어야 합니다.

여기서 사랑의 강함은 정의와 진리의 모습이며 다른 말로는 직면 또는 맞섬이라고도 합니다. 강한 사랑은 관계가 힘들어지고 아픔과 갈등이 있을 것을 예상하더라도 바름과 옳음을 추구하는 사랑의 모습입니다. 그러나 사랑의 다른 한 면인 부드러운 사랑은 따뜻하고 섬세하며 지지해 주고 칭찬하며 축복하고 세워 주는 특성을 가지고 있습니다. 이것을 가리켜 돌봄이나 수용 혹은 은혜라고 말합니다. 이혼하게 된 이 여인이나 미갈은 사랑의 강함과 부드러움의 조화를 이루지 못하였습니다.

또 이들은 같은 사건을 보면서도 관점이 달랐습니다. 미갈은 다윗이 "그의 신복의 계집종의 눈앞에서 몸을 드러내었다"고 보았습니다. 그런데 다윗은 "이는 여호와 앞에서 한 것이니라"고 했습니다. 그러므로 내가 "여호와 앞에서 뛰놀리라"고 했습니다. 이들은 한 사건을 두고서 보는 관점이 완전히 달랐습니다. 미갈은 군중 특히 백성들 중에서 여인만을 의식했지만, 다윗은 여호와를 의식했습니다. 그러하기에 그들의 대화는 계속되지 못하고 서로 기관총

쏟듯이 쏟아붙이고 끝나 버렸습니다.

　사랑하는 여러분! 저는 미갈이 다윗과의 관계 속에서 '이 문제를 어떻게 풀었더라면 좋았을까?' 생각해 보았습니다.

첫째, 칭찬해야 합니다

　여러분! 지금 여러분의 주머니와 핸드백 속을 뒤져 보아서 옆에 있는 사람을 금방이라도 만족시킬 만한 것이 무엇이 있는지 살펴 보십시오. 별로 없을 것입니다. 그러나 돈 안 들이고서도 상대를 금방이라도 만족시킬 수 있는 것이 있습니다. 그것은 상대를 이해하고 칭찬해 주는 것입니다.

　미국의 레슬리라는 사람이 위스콘신 복권에 당첨되었는데 그 복권은 당첨자가 없어서 적립되다가 미국의 복권 역사상 한 사람에게 돌아가는 최고의 액수인 888억 원을 탔습니다. 레슬리 로빈스는 연봉 2천 4백만 원을 받는 교사였습니다. 그런데 레슬라는 복권에 당첨되고 나서도 이상한 행동을 하였습니다. 그 돈으로 평생을 먹고 살 뿐만 아니라 자기가 하고 싶은 것은 무엇이든지 할 수 있는데도 불구하고 교사 생활을 계속하겠다고 하였습니다.

　그 이유를 기자들이 묻자 로빈스는 옛날 제자들에게서 온 감사의 편지들을 생각하면서 "어떤 사람에게는 시시한 소리로 들리겠지만 돈이 아무리 많아도 결코 그런 편지를 대신할 수는 없습니다. 그러기에 나는 교사직을 그만두지 않겠습니다" 라고 대답하였습니다.

　우리는 사실 상당한 부자입니다. 888억과도 바꿀 수 없는 놀라운 자원을 가지고 있기 때문입니다. 그런데 그것을 잘 사용하지 않습니다. 말하기 전에 몇 초만이라도 다른 사람의 입장에 서 보면 될 것을 그리하지 않기 때문입니다.

미갈이 몇 초만이라도 남편 다윗의 입장에 서 보았더라면 가시 돋친 비난을 쏟아 내지는 않았을 것입니다. 그런데 미갈은 자기가 보는 것만을 그대로 이야기하였지 상대의 마음속에 무엇이 들어있는지 묻지도 않았고 생각해 보지도 않았던 것입니다.

제가 미갈의 마음을 이해는 합니다. 어디 미갈 시대에「화성에서 온 남자 금성에서 온 여자」같은 책이 있었겠습니까? 그는 남성을 잘 모르는 사람이었습니다. 여성들은 관심을 잘 기울이는 남편을 원합니다. 아내의 헤어 스타일이 달라졌는데 며칠이 지나도 아무런 말이 없으면 아내는 짜증을 냅니다. 하지만 남성은 칭찬과 격려를 해주는 아내를 찾습니다. 남성들은 칭찬하면 듣는데 비난하면 잘 안 듣습니다. 그런데 미갈은 이 점을 몰랐던 것입니다.

다윗이 춤을 너무나 강렬하게 추다 보니 하체가 들쭉날쭉하며 보였던 것 같습니다. 그러니 아내의 측면에서 보면 안타까운 면도 있었을 것입니다. 그때에 어떻게 말하면 좋겠습니까?

"당신! 오늘 여호와의 언약궤가 들어오는 것이 너무 좋아서 온 힘을 다하여 춤을 추더군요. 춤출 때에 하체가 드러나는 것을 아셨어요?"라고 했더라면……. 똑같은 이야기이지만 그리 기분 나쁘지는 않았을 것입니다. "아, 그래, 내 하체가 다 보였소?" 하고 끝났을 것입니다.

왕이 일부러 하체가 드러나도록 춤을 추었겠습니까? 그렇다면 먼저 비난부터 할 것이 아니라 칭찬부터 해야 했습니다.

"당신이 오늘 하나님의 언약궤를 다윗 성으로 옮긴 것 참 감동적이었어요. 저도 하나님이 당신을 얼마나 기뻐하실까 생각했어

 우리는 무엇으로 사는가

요" 하고 시작했더라면 얼마나 좋았겠습니까?

　자기를 비난하면 대통령도 하기 싫어하는 것이 남자입니다. 다윗에게 아홉 가지를 칭찬하고 마지막 한 가지를 지적했다면 다윗이 이렇게 분노하지 않았을 것입니다. 다윗은 지금 가족을 축복하려고 흥분된 마음을 가지고 신나게 집안으로 들어왔습니다. 그런데 들어오자마자 비난의 화살이 쏟아지니 견딜 수 있었겠습니까?

　여러분! 사람이 기분 나쁜 말이나 잘못하는 일들이 있습니다. 그런 일은 바로 그 자리에서 이야기하지 말아야 합니다. 방금 길에서 춤을 추고 들어온 사람에게 "당신 춤이 그게 뭐요?" 하고 말하면 누구나 발끈하게 된다는 것입니다.

　사전에 주의를 당부하든지 아니면 그 사건을 잊을 만할 때에 그 사건에 대해서 차분히 차근차근 이야기를 하면 '아하, 정말 그때에 내가 너무 정신없이 춤을 추었구나. 다음부터는 춤을 추더라도 바지는 안 내려가게 허리띠를 제대로 매야지' 하고 반성한다는 것입니다. 그런데 한국 사람들 성질이 급해서 그때까지 잘 못 기다립니다. 그러다 보니 기름에다가 불을 지피듯이 싸우게 되는 것입니다.

　에덴동산 이후로 남자와 여자는 의사소통의 어려움을 자주 느껴왔다고 합니다. 여자는 자기가 느끼는 것을 간절히 이야기하고 싶어하지만 말하지 않습니다. 남자는 자기가 생각하는 바를 잘 전달하려고 하지만 그렇게 하질 못합니다. 이것은 대부분의 남녀 관계에서 공통적으로 느끼는 딜레마입니다.

　제리 D. 트웬티어가 쓴 「칭찬의 위력」이라는 책을 보면 브랜드 박사는 "칭찬의 위력은 우리 안에 있는, 금방이라도 광산에서 캐낼 수 있는, 아무도 손대지 않은, 가장 순수한 형태로 광맥 안에 있는 황금이다" 라고 했습니다.

조지 매튜 아담스는 "다른 사람을 칭찬하는 사람은 자신을 풍요롭게 한다"라고 했습니다.

아직 무진장 들어 있는 황금 광맥을 캐어내 보지 않으시겠습니까?

둘째, 먼저 듣고 말해야 합니다

미갈은 다윗이 들어오자마자 들으려고 하기보다는 기관총으로 쏘듯이 자기 말부터 하였습니다. 그러다 보니 이해하는 것이 아니라 오해하게 되었던 것입니다. 기분 좋게 들어온 다윗을 향하여 "여보, 오늘 어땠어요? 지난번에는 어려움을 겪기도 했는데 어렵지 않으셨어요?" 이렇게 시작했더라면 다윗이 즐겁게 말을 시작했을 것입니다. 그리고 자연스러운 대화가 되었을 것입니다.

그렇지 않다면 따지지 말고 다윗이 들어왔을 때에 "와! 여보 오늘 대단하던데요" 하고 자그마한 감동 한 마디만 전했어도 그날 미갈은 인생이 달라졌을 것입니다. 가는 말이 고와야 오는 말도 곱다고 했듯이, 미갈의 말이 공격적으로 나오자 다윗도 같이 공격적으로 받아쳤습니다.

여러분! 다윗이 광야 생활을 할 때에 아비가일을 아내로 맞이했습니다. 아비가일과 미갈의 차이가 무엇입니까? 아비가일은 지금 갈등으로 인하여 살육이 일어나기 일보 직전에 갈등을 잠재운 여인입니다. 반면에 미갈은 온 가족을 축복하기 일보 직전에 기름을 부어서 갈등을 폭발시켜 버린 여인입니다. 아비가일은 재치 있는 말 한 마디로 인생을 바꾼 여인이라고 한다면 미갈은 미련한 말 한 마디로 인생을 바꾼 여인입니다.

 우리는 무엇으로 사는가

사랑하는 여러분! 갈등을 잘 풀어 가는 그리스도인이 되고 싶습니까? 적어도 주변의 사람들을 울타리 바깥 사람보다 더 칭찬하고 격려해야 합니다. 이상하게 가까우면 가까울수록 더욱더 칭찬하고 사랑해야 할 텐데 우리는 가까울수록 말을 함부로 합니다. 가까울수록 상처를 더 많이 줍니다.

솔직히 말해서 멀리 있는 사람 때문에 상처 받는 사람이 어디 있습니까? 우리가 아프리카 사람 때문에 상처 받을 일이 어디 있습니까? 제주도 사람들 때문에 상처 받을 일이 어디 있습니까?

다들 보면 가정에서, 직장에서, 교회처럼 가까운 곳에서 상처 받습니다. 촌수로 따져보아도 5촌 이상만 넘어가면 상처 주는 사람 거의 없습니다. 그런데 0촌은 제일 상처를 많이 주고, 1촌은 그 다음으로 많이 주고, 2촌은 그 다음인 경우가 많습니다. 바꾸어야 합니다. 0촌에게 제일 칭찬을 많이 해주고, 1촌에게 그 다음, 2촌에게 그 다음으로 칭찬을 많이 해주는 관계가 되어야 합니다.

다윗은 백성들에게는 엄청나게 인기가 좋았습니다. 그가 왕이 되기 전부터 여인들은 "사울은 천천이요 다윗은 만만이로다"라고 노래하였습니다. 그리고 여호와의 궤를 다윗 성으로 옮겨 올 때도 악대는 주악을 하였지만 길가의 여인들은 다윗을 보고 얼마나 환호성을 질러대었겠습니까?

그런데 이렇게 이름도 알지 못하는 여인들에게는 그토록 칭찬과 환호성을 듣던 다윗이 집안에 들어와서는 비난과 비판을 들으니 그 집에서 살맛이 나겠습니까?

우리의 남편들 역시 직장에서 젊은 여직원들에게 늘 일 잘한다는 칭찬을 듣다가 집에 옵니다. 그런데 집에 들어서자마자 아내가 바가지를 긁기 시작한다면 견딜 수 있겠습니까? 또 직장에서 상사들에게 꾸중을 듣고 집에 들어옵니다. 그런데 집에 와서까지 비난과 비판을 들으면 견딜 수 있겠습니까?

우리가 이렇게 격려와 칭찬을 하지 않고 살아 가다가 나중에 천국에 가면 문화 충격 때문에 살 수가 없을 것입니다. 천국은 찬양과 감사와 칭찬과 격려가 넘쳐나는 곳인데 매일같이 불평 불만하다가 겨우 천국에 가서 얼마나 충격을 받겠습니까?

천국 시민권을 가지고 있습니까? 천국 가서 문화 충격에 휩싸이지 않으려면 지금부터 천국 방언을 많이 하면서 사십시오. 그리하면 천국이 자연스러울 것입니다. 포근할 것입니다. 내 집에 온 것 같을 것입니다.

물론 칭찬하기 위해서 거짓말을 할 필요는 없습니다. 과장할 필요도 없습니다. 그러나 자세히 관찰하면 사람들에게 다 약점이 있지만 장점도 있습니다. 그러므로 칭찬하는 사람은 약점보다는 장점을 잘 찾아내는 사람이라고 한다면, 비난을 잘 하는 사람은 장점보다는 약점을 잘 찾아내는 사람입니다.

특별히 한국 사람들이 더 발전되어야 할 부분이 무엇입니까? 비난, 비판은 이제 더 이상 배우지 않아도 잘합니다. 몸에 배었습니다. 비난과 비판은 그냥 놔두어도 자연스럽게 일상 생활처럼 할 수 있습니다. 하지만 칭찬하라고 하면 적어도 몇 분은 소요되어야 할 수 있습니다. 이것은 우리가 그만큼 비난과 비판에 길들여져 있다는 것입니다. 이런 모습이 바뀌기를 기도합니다. 남을 비난하고 비판하려면 적어도 몇 분은 소요되어야 하고, 남을 칭찬하려면 자연스럽게 일상적으로 할 수 있는 사람이 된다면 얼마나 멋지겠습니까?

해봅시다. 힘든 일이지만 지금부터라도 습관을 들여 봅시다. 그래서 갈등으로 엉킨 이 사회를 아름답게 풀어 봅시다. 행복한 공동체를 만들어 봅시다. 엉클어진 갈등을 아름답게 풀어 가는 모든 분께 주님의 복이 함께하길 축원합니다.

>>사무엘하<<

마음에만 들어도 받는 은혜

7장 1~17절

여호와께서 주위의 모든 원수를 무찌르사 왕으로 궁에 평안히 살게 하신 때에 왕이 선지자 나단에게 이르되 볼지어다 나는 백향목 궁에 살거늘 하나님의 궤는 휘장 가운데에 있도다 나단이 왕께 아뢰되 여호와께서 왕과 함께 계시니 마음에 있는 모든 것을 행하소서 하니라 그 밤에 여호와의 말씀이 나단에게 임하여 이르시되 가서 내 종 다윗에게 말하기를 여호와께서 이와 같이 말씀하시되 네가 나를 위하여 내가 살 집을 건축하겠느냐 내가 이스라엘 자손을 애굽에서 인도하여 내던 날부터 오늘까지 집에 살지 아니하고 장막과 성막 안에서 다녔나니 이스라엘 자손과 더불어 다니는 모든 곳에서 내가 내 백성 이스라엘을 먹이라고 명령한 이스라엘 어느 지파들 가운데 하나에게 내가 말하기를 너희가 어찌하여 나를 위하여 백향목 집을 건축하지 아니하였느냐고 말하였느냐 그러므로 이제 내 종 다윗에게 이와 같이 말하라 만군의 여호와께서 이와 같이 말씀하시기를 내가 너를 목장 곧 양을 따르는 데에서 데려다가 내 백성 이스라엘의 주권자로 삼고 네가 가는 모든 곳에서 내가 너와 함께 있어 네 모든 원수를 네 앞에서 멸하였은즉 땅에서 위대한 자들의 이름같이 네 이름을 위대하게 만들어 주리라 내가 또 내 백성 이스라엘을 위하여 한 곳을 정하여 그를 심고 그를 거주하게 하고 다시 옮기지 못하게 하며 악한 종류로 전과 같이 그들을 해하지 못하게 하여 전에 내가 사사에게 명령하여 내 백성 이스라엘을 다스리던 때와 같지 아니하게 하고 너를 모든 원수에게서 벗어나 편히 쉬게 하리라 여호와가 또 네게 이르노니 여호와가 너를 위하여 집을 짓고 네 수한이 차서 네 조상들과 함께 누울 때에 내가 네 몸에서 날 네 씨를 네 뒤에 세워 그의 나라를 견고하게 하리라 그는 내 이름을 위하여 집을 건축할 것이요 나는 그의 나라 왕위를 영원히 견고하게 하리라 나는 그에게 아버지가 되고 그는 내게 아들이 되리니 그가 만일 죄를 범하면 내가 사람의 매와 인생의 채찍으로 징계하려니와 내가 네 앞에서 물러나게 한 사울에게서 내 은총을 빼앗은 것처럼 그에게서 빼앗지는 아니하리라 네 집과 네 나라가 내 앞에서 영원히 보전되고 네 왕위가 영원히 견고하리라 하셨다 하라 나단이 이 모든 말씀들과 이 모든 계시대로 다윗에게 말하니라 독일에서 있었던 일입니다. 독일의 어느 호텔에서 새로 채용된 지배인이 직원들에게 청소를 시키고 있었습니다. 지배인은 이곳저곳을 둘러보다가 호텔 정원의 벤치에 한 노인이 앉아 있는 것을 보았습니다. 노인은 인상도 그리 좋아 보이지 않았고 옷차림도 남루해 보였습니다. 그래서 지배인은 쪽지를 써서 노인에게 슬그머니 건네주었습니다. 쪽지에는 이렇게 쓰여 있었습니다.

"다른 사람에게 보이지 않도록 이곳에서 즉시 나가 주시오."

노인은 조용히 그곳을 나갔고, 며칠 뒤에 지배인에게 쪽지 하나가 전달되었습니다.

"이보시오. 미안하지만 소문이 나지 않게 오늘 즉시 이 호텔에서 나가 주시오. 남루한 옷차림을 한 사람으로부터."

지배인은 놀란 마음으로 그 노인에 대해서 알아보고는 더욱 놀라고 말았습니다. 그 노인은 호텔의 주인이었던 것입니다. 더욱이 그 노인은 그 호텔을 부업으로 여길 정도로 큰 기업을 경영하는 회장이었습니다. 이 사람은 주인을 제대로 몰라보는 바람에 주인의 눈 밖에 나 인생을 망친 사람입니다.

그런데 사도행전 13장 22절을 보면 이 세상 만물의 주인이신 하나님이 자기 마음에 합한 사람이 있어서 그를 통하여 내 뜻을 다 이루겠다고 한 사람이 있습니다. 그가 바로 다윗입니다. 하나님은 다윗을 가리켜서 "내가 이새의 아들 다윗을 만나니 내 마음에 맞는 사람이라 내 뜻을 다 이루리라" 하셨습니다.

사람들은 하나님께 복 달라고 요청은 많이 하는데 하나님께서 어떤 사람에게 복을 주시는지는 잘 공부하지 않습니다.

아브라함은 갈 바를 알지 못하였지만 하나님이 "가라" 하셨을 때 믿음으로 나아감으로 믿음의 조상이 되는 복을 받았습니다. 요셉은 역경 속에서도 하나님을 두려워하며 악을 범하지 아니하고 하나님을 신뢰하며 주어진 자리에서 최선을 다해 복을 받았습니다. 다니엘은 노예로 붙잡혀 간 상황에서도 우상의 제물을 먹지 아니하고 죄와 타협하지 아니하여 복을 받았습니다. 솔로몬은 왕이 되고 나서 일천 번제로 하나님께 감사의 제사를 드릴 때에 복을 받았습니다.

하나님은 신약 시대에도 경건하고 구제하기를 즐겨하며 하나님을 두려워하였던 고넬료와 같은 군대 백부장에게 복을 주셨습니다. 예수님께서 돌아가신 후 그의 무덤에 가서 향유를 발라 드리려고 새벽같이 달려간 막달라 마리아와 같은 여인에게 복을 주셔서 부활의 첫 증인이 되게 하셨습니다. 어떤 이는 하나님이 부활의 첫 증인을 여자로 삼으신 이유는, 여자가 남자보다 훨씬 빠르게 소문을 내기 때문이라는 우스갯소리를 합니다.

하나님을 대적하던 사울은 왜 복을 받았습니까? 그는 다메섹 도상에서 빛을 보고 자신이 달려갈 길과 주 예수께 받은 사명, 은혜의 복음 증거하는 일을 마치려 함에 자기의 생명을 조금도 귀한 것으로 여기지 아니하였기에 하나님은 그 이름을 바울로 바꾸어 주시고 복을 주셨습니다.

다윗은 무엇 때문에 복을 받았습니까? 그는 은혜를 아는 사람이었습니다. 나라가 남북으로 갈라져 있다가 합해진 이후 오랜만에 평화가 그 땅에 찾아왔습니다. 그래서 다윗은 주변국들의 도움으로 백향목으로 궁궐을 짓고 성을 쌓아 왕의 체통을 갖추는 데 필요한 일들을 마칠 수 있었습니다.

다윗은 이제 성공인이 되었고 육신적으로도 아쉬울 것이 없는 환경에 있었습니다. 사람들이 평안해지면 무엇을 하며 어떻게 즐길까, 어떻게 하면 육신적으로 더 편하게 살 수 있을까를 생각합니다. 그런데 그러한 때에 다윗은 하나님의 전을 염려했습니다.

누가복음 12장을 보면 어떤 부자는 양식이 풍부할 때에 하는 말이 "평안히 쉬고, 먹고, 마시고, 즐기자" 하며 하나님께 대하여 부요치 못하다가 그 밤에 영혼이 떠나 버리고 말았습니다.

누가복음 16장을 보면 어떤 부자는 자색옷을 입고 날마다 호화로이 연락에 도취하여 살면서도 자기 집 대문에 누워 있는 거지 나사로를 불쌍히 여기지 아니하다가 죽어서 지옥에 떨어져서 고통을 당하는 사람이 되었습니다.

그러나 위대한 하나님의 사람들을 보십시오.

출애굽기 2장 11절을 보면 모세는 공주의 아들이지만 호화로운 왕궁 가운데서 오히려 자기 형제들의 고역 당하는 모습을 보려고 궁전을 떠나 고역의 현장으로 내려갑니다.

바울은 고난을 자처하면서 "그리스도의 몸 된 교회를 위해서" 그리스도의 남은 고난을 자기 육체에 채운다고 했습니다.

에스더는 유대인으로서 용모의 아름다움 때문에 바벨론 아하수에로 왕의 왕후가 되었습니다. 그는 개인적으로 최고의 영광, 최고의 복을 누릴 수 있는 조건을 갖추었습니다. 그러나 그는 민족을 구해 내기 위해서 죽음을 각오하고 '내가 왕후의 자리를 얻게 된 것이 나를 위해서가 아니라 내 민족을 살리기 위해서였구나' 라고 생각했습니다.

다윗은 성공했을 때에 거기에 도취되지 않고 하나님의 장막을 염려하는 기회로 삼았습니다. 자신의 궁궐은 화려한데 하나님 전은 너무 초라하였기 때문입니다. 요즘 말로 하면 자신의 화려한 집과 초라한 교회를 비교해 보면서 마음 아팠던 것입니다. 그래서 다윗은 나단 선지자에게 하나님의 성전을 짓고 싶다고 뜻을 밝혔습니다.

이번 성지순례 때 레바논에 가보니 사무엘하 5장 11절의 말씀에 나오는 백향목을 볼 수 있었습니다. 울창하게 우거진 숲이 있는 곳은 시간이 너무 많이 걸려 가 보지 못하고 길가에 있는 백향목만 보았습니다. 두로의 백향목이 옛날에는 산에 많이 있었는데 요사이는 산들에 집을 짓는 바람에 많이 사라져 버렸습니다.

두로는 지금의 레바논 안에 있는 항구 도시입니다. 두로의 왕 히람은 다윗이 왕이 되자 그에게 사절들과 백향목과 목수와 석수를 보내었습니다. 다윗을 위한 왕궁을 짓는 데에 도움을 주기 위해서였습니다. 그곳 사람들이 손재주가 뛰어났던 모양입니다. 그런데 이 백향목은 향기 때문에 벌레도 접근하지 않는 최고급 나무입니다. 하지만 다윗은 이런 좋은 백향목 왕궁에서 자기만 거하고 여호와의 법궤는 헝겊 휘장 사이에 모셔 놓았다는 것이 더없이 송구스러웠습니다.

삶의 우선순위가 분명한 다윗은 하나님보다 먼저 자신을 위해 시간이나 돈이나 재능을 쓰면서 마음이 편할 수가 없었습니다. 그래서 화려한 왕궁이 가시방석 같았던 것입니다. 그래서 그는 그 궁에 입주하면서 하나님을 위해 무엇을 해드리는 것이 가장 보람된 일인지 생각하였던 것입니다.

그는 선지자 나단을 불렀습니다. 그리고 자기는 백향목 궁에 살지만 하나님의 궤는 휘장 가운데 있다고 말했습니다. 나단 선지자는 재빨리 왕의 마음을 알아차렸습니다. 그리고 하나님도 거절하지 않으시리라 생각하고서는 "여호와께서 왕과 함께 계시니 마음에 있는 모든 것을 행하소서" 라고 제안했습니다.

나단은 이 일은 좋은 일이다 싶어서 하나님께 묻지 않고 행하였습니다. 하지만 하나님의 생각은 나단 선지자의 생각과 달랐습니다. 하나님의 생각은 나단 선지자의 생각보다 높았습니다.

하나님은 자신이 불러 세우신 사사들이나 이스라엘의 지도자들에게 단 한 번도 자신을 위하여 전을 건축하라고 요구하시지 않았습니다. 하나님은 하나님의 전을 짓겠다고 하는 다윗의 아름다운 마음은 받으시면서도 그가 군인으로 많은 사람을 죽여 그 손에 피를 묻혔기에 그의 당대에는 성전을 짓지 못하게 하셨습니다. 대신 그의 아들 솔로몬이 짓도록 허락해 주셨습니다.

그런데 다윗이 하나님의 성전을 얼마나 지어 드리고 싶었는지 역대상 22장 2~5절을 보면 그 마음을 알 수 있습니다. 사실 솔로몬 시절에 성전을 지었지만 그 준비는 아버지 다윗이 엄청나게 해 놓았다는 사실을 알 수 있습니다.

다윗은 이미 이스라엘 땅에 거류하는 이방 사람들을 모으고, 석수를 시켜 하나님의 성전을 건축할 돌을 다듬게 하고, 또 문짝 못과 벌어질 염려가 있을 때 박는 거멀못에 쓸 철을 많이 준비하고, 무게를 달 수 없을 만큼 심히 많은 놋을 준비하고, 백향목을 무수히 준비하였습니다. 그 이유가 역대상 22장 5절에 나와 있습니다.

"다윗이 이르되 내 아들 솔로몬은 어리고 미숙하고 여호와를 위하여 건축할 성전은 극히 웅장하여 만국에 명성과 영광이 있게 하여야 할지라 그러므로 내가 이제 그것을 위하여 준비하리라 하고 다윗이 죽기 전에 많이 준비하였더라."

역대상 22장 14~16절에도 "내가 환난 중에 여호와의 성전을 위하여 금 십만 달란트와 은 백만 달란트와 놋과 철을 그 무게를 달 수 없을 만큼 심히 많이 준비하였고 또 재목과 돌을 준비하였으나 너는 더할 것이며……금과 은과 놋과 철이 무수하니 너는 일어나 일하라 여호와께서 너와 함께 계실지로다" 하였습니다.

여러분! 금 한 달란트의 무게가 얼마인지 아십니까? 34.272킬로그램입니다. 그렇다면 10만 달란트면 얼마입니까? 3,427,200킬로그램입니다. 3,427,200킬로그램이라고 하면 금 1백만 돈에 해당하고 한 돈에 5만 원이라고 계산만 해도 500억 원 어치의 금을 준비해 둔 것입니다. 어디 금뿐입니까? 은은 백만 달란트요 놋과 철은 무게를 달 수 없을 만큼 많았다고 했습니다.

역대상 22장 6절에 "다윗이 그의 아들 솔로몬을 불러 이스라엘 하나님 여호와를 위하여 성전 건축하기를 부탁" 하였다고 했습니다. 그리고 그 아들에게 축복할 때에 "네가 형통하여 여호와께서 네게 대하여 말씀하신 대로 네 하나님 여호와의 성전을 건축하며……" 라고 했습니다.

아들 솔로몬이 형통하기를 원하는 그 이유가 여호와의 성전을 건축하는 데 어려움이 없도록 하기 위해서였습니다. 그는 죽으면서까지 아들 솔로몬이 하나님의 성전만큼은 잘 짓기를 소원했습니다. 어찌 보면 다윗은 솔로몬이 지을 하나님의 성전을 구경도 못합니다. 그러나 그런 것에 상관하지 아니하고 그는 하나님의 전이 꼭 지어지기를 소원한 것입니다.

다윗이 평안할 때만 이렇게 많이 준비한 것이 아닙니다.

역대상 22장 14절을 보면 "내가 환난 중에…… 심히 많이 준비하였다"고 했습니다. 그는 전쟁에서 이기면 성전을 짓기 위해서 좋은 것은 모두 구별해 두었습니다. 자기 한 생명 보전하기도 힘든 환난 중이었지만 그는 좋은 물건을 보면 하나님을 위해서 써야겠다는 생각이 들었던 것입니다. 또 내가 이렇게 많이 준비했지만 이것만 가지고 짓지 말고 "너는 더하라"고 했습니다(대상 22:14).
하나님은 이런 다윗의 마음을 받으시고 다윗에게 많은 것을 복으로 주셨습니다. 나단 선지자를 통해서 다윗이 성전을 짓는 것은 완곡히 거절하셨지만 더 크고 놀라운 복을 다윗에게 내려 주셨습니다. 하나님은 백향목 향기를 맡아 보지 못하셨지만 다윗의 그 아름다운 마음의 향기를 맡고 흐뭇해 하셨던 것입니다.

그 복이 무엇입니까?

첫째, 다윗의 이름을 위대하게 만들어 주겠다고 하셨습니다(9절)

다윗은 양 치는 목동이었습니다. 그런데 하나님은 그를 양우리에서 취하여 이스라엘의 주권자로 삼으셨습니다. 그리고 다윗이 가는 곳마다 함께 계셨습니다. 그래서 가는 곳마다 승리케 해주셨습니다. 다윗의 모든 원수를 다윗 앞에서 멸하셨습니다. 그리고 그 이름을 높여 주셨습니다.

시편 37편 4~6절에서 다윗은 뭐라고 고백합니까?

"또 여호와를 기뻐하라 그가 네 마음의 소원을 네게 이루어 주시리로다 네 길을 여호와께 맡기라 그를 의지하면 그가 이루시고 네 의를 빛같이 나타내시며 네 공의를 정오의 빛같이 하시리로다."

하나님께서는 여호와를 기뻐하는 다윗의 마음의 소원을 이루어 주실 뿐만 아니라 그를 정오의 빛같이 빛나게 하셨습니다. 다윗을 이스라엘 역사상 가장 위대한 왕이 되게 하셨습니다.

둘째, 모든 원수에게서 벗어나 한 곳에서 편히 쉬게 해주겠다고 하셨습니다(11절)

젊은 나이에 다윗처럼 광야 생활을 많이 한 사람도 드물 것입니다. 그것도 쫓기는 광야 생활, 생명의 위협을 받으면서 광야 생활을 하였으니 얼마나 힘이 들었겠습니까?

그런 다윗에게 이제는 더 이상 이사 다니지 아니하고 한 곳을 정하여 그곳에서 모든 원수에게서 벗어나 편히 쉬게 해주겠다고 하시니 이 얼마나 기쁜 소식입니까?

이스라엘과 중동을 다니면서 참으로 우리나라처럼 복 받은 나라가 없구나 하는 생각을 수도 없이 해봅니다. 이렇게 산과 강과 숲이 어우러져 푸르르고 햇빛도 적당하게 비치는 나라가 많지 않은데, 우리는 봄, 여름, 가을, 겨울이 있고 적당한 기후에 사니 정말 복중에 복입니다.

이번 여행 때 광야는 그냥 차를 타고 지나가면서 사진만 찍었습니다만, 보기만 해도 못살 것 같은 땅입니다. 영상 40~50도를 오르내리는 광야를 다녀 보면 다윗이 얼마나 힘들었을지가 실감날 것입니다. 이런 험한 광야 생활에 지친 다윗에게 하나님은 예루살렘으로 수도를 옮겨서 그곳에서 이제 편히 쉬도록 해주겠다고 하셨습니다.

셋째, 다윗이 여호와를 위하여 집을 짓는 것이 아니라 여호와께서 다윗의 집을 지어 주겠다고 하셨습니다(16절)

5절을 보면 "네가 나를 위하여 내가 살 집을 건축하겠느냐"고 하나님께서 말씀하시고 16절을 보면 "네 집과 네 나라가 내 앞에서 영원히 보전되고 네 왕위가 영원히 견고하리라"고 했습니다.

여기서 다윗이 하나님을 위해 지으려는 '집'과 하나님께서 다윗을 위해 지으시려는 '집'은 다릅니다. 히브리 말로는 똑같은데 (bayith/집) 의미는 다릅니다.

다윗이 하나님을 위하여 건축하고자 한 것은 성전입니다. 그런데 하나님이 이러한 다윗을 기특하게 여겨 자신의 이름을 위하여 집을 건축하시겠다고 한 것은 다윗의 가문을 말합니다. 이것은 다윗을 위해 왕궁을 지어 주시겠다는 말씀이 아닙니다. 다윗이 거할 왕궁은 이미 다윗이 지었습니다.

그러기에 13절과 16절의 '집'이라는 말은 다윗의 가문을 말합니다. 하나님께서 다윗의 가문을 영원히 형통케 하시겠다는 말씀입니다. 하나님의 은총을 그 자녀로부터 떠나게 하지 않겠다고 약속하셨습니다.

사울은 그의 아들 요나단에게 후대의 왕위를 물려주고 싶었지만 이룰 수가 없었습니다. 그런데 여호와께서 다윗에게는 네가 죽고 나서도 네 몸에서 날 네 씨를 네 뒤에 세워 그의 나라를 견고하게 하겠다고 하셨습니다(12절).

여기서 "네 몸에서 날 네 씨"라고 미래형을 사용하신 것은 아직 태어나지 않은 자손이 왕위를 계승할 것임을 보여주신 말씀입니다. 그리고 그 자손들이 죄를 범할 것도 내다보셨습니다. 사울 왕 때에는 죄를 범하면 긍휼을 얻지 못했습니다. 그런데 다윗 덕분에 다윗의 자손들은 긍휼을 얻었습니다. 조상을 잘못 만나면 본전이지만 다윗과 같은 조상을 만난 자손들은 자자손손 복에 복을 덧입습니다.

열왕기상하를 보면 다윗의 자손들이 죄를 범하는 경우들이 허다하게 있습니다. 그런데 하나님은 그때마다 "다윗 때문에, 다윗을 위하여" 내가 참는다고 하셨습니다. 그 가문을 끊어 버리지는 않겠

마음에만 들어도 받는 은혜

다고 하십니다. 이런 구절구절을 보면 하나님께서 다윗을 얼마나 사랑하셨는지를 한눈에 알 수 있습니다. 조상 잘 만나는 것도 큰 복임을 알 수 있습니다. 조상을 잘못 만나셨으면 여러분이 다윗처럼 복의 근원이 되는 조상이 되십시오.

하나님은 16절에 다윗의 집과 그의 나라를 여호와 앞에서 영원히 보전되게 하겠다고 하셨습니다. 역사적으로 보면 솔로몬 이후 계승되던 다윗 왕조는 주전 587년 유다 왕국이 바벨론에게 멸망당할 때 사라졌습니다. 그렇다면 다윗의 집과 그 나라, 왕위가 영원히 견고할 것이라는 하나님의 언약은 도대체 어떻게 된 것입니까?

다윗 언약은 결국 성경적 '메시아주의' 의 모태가 된 것입니다. 다윗 언약은 예언자들을 통해서 끊임없이 이스라엘 백성에게 메시아를 대망하게 했습니다. 그들은 장차 올 메시아가 다윗의 자손이며, 메시아 왕국은 다윗 왕국 같은 공평과 의의 나라가 될 것이라고 예언했습니다(시 2편; 사 9:6~7).

그런데 그 약속이 어떻게 성취되었습니까?

여러분! 마태복음 1장 1절을 보면 예수님의 족보가 등장하는데 어떻게 시작합니까? "아브라함과 다윗의 자손 예수 그리스도의 계보"라고 시작합니다. 믿음의 조상과 훌륭한 조상들이 많이 등장하지만 그 모든 사람들 가운데서 아브라함과 다윗 두 사람만이 예수 그리스도의 계보 서두에 등장합니다. 약속하신 대로 하나님은 다윗의 가문에서 인류의 구세주 예수 그리스도를 탄생케 하신 것입니다.

마리아에게 임한 가브리엘 천사의 메시지에서도 메시아가 "다윗의 왕위"를 이을 분이며 "그 나라가 무궁하리라"(눅 1:32~33)고 했습니다. 요한계시록에서도 만왕의 왕, 만주의 주가 "다윗의 뿌리"(계 5:5)라고 했습니다. 하나님은 다윗에게 언약하신 지 약 1,000년 후 다윗의 동네 베들레헴에서 다윗의 자손 요셉과 마리아를 통해 메시아를 이 땅에 보내셨습니다.

그분이 다윗의 계보를 통해서 오신 예수 그리스도이십니다. 그리스도는 죄와 사망의 노예가 된 인류를 구원하시기 위해 한 마리의 속죄양이 되시어 십자가에 달려 죽으셨습니다. 그리고 사흘 만에 부활하여 인류의 구세주가 되시며 하나님의 나라를 건설하셨습니다.

사랑하는 여러분! 다윗은 하나님을 사랑하는 사람이었습니다. 육신의 평안을 하나님의 전을 염려하는 기회로 삼은 사람입니다. 그리고 자기가 살고 있는 궁궐의 화려함보다 하나님 전의 초라함 때문에 괴로워한 사람이었습니다. 또한 환난 중에서도 하나님의 전을 위하여 많이 준비하였고 좋은 것을 준비하였습니다. 더 나아가 죽기 전에 자기의 모든 것을 하나님을 위해 드렸습니다. 삶을 다하기 전에 하나님을 위하여 헌신, 봉사, 충성을 다하여 하나님께 영광을 돌리고, 후손들에게 하나님을 사랑하는 위대한 신앙의 유산을 남겼습니다.

하나님께서 지금 내게 복을 주신다면 나의 어떤 마음 때문에 복을 주실 것 같습니까?

사람들이 돈을 벌려고 형제까지도 고소하고, 심지어 어머니까지도 고소하는 모습들을 요사이 우리 사회에서 봅니다. 돈이 없어서 고소하는 것이 아니라 자손 만대 자기 후손에게 돈을 더 물려주려고 형제를 고소합니다. 또 어떤 재벌은 세금 안 내고 재산을 아들에게 물려주려고 편법을 쓰다가 큰 어려움을 겪고 있습니다. 자기만 어려움을 겪는 것이 아니라 자손들까지 어려움을 겪게 합니다.

왜 이럴까 생각해 보니 돈을 벌려는 것이 인생의 목표이지 돈을 어떻게 써야겠다는 것이 목표가 아니기 때문입니다.

잘 되려는 목적이 원수 갚기 위해서인 사람이 있습니다. 왕이 되자마자 자기를 괴롭혔던 자손들을 3대까지 모조리 멸하는 왕이 있습니다. 중국 영화를 보는 것 같은 인생을 사는 사람들이 있습니다. 마치 조상들의 원수를 갚기 위해서 태어난 것같이 사는 사람이 있습니다. 그런데 다윗은 그런 것에 집착하지 않았습니다.

사울! 그러면 이가 갈리지 않았겠습니까? 그런데도 9장 1절 이하를 보면 다윗은 원수를 갚으려는 생각보다는 사울의 자손들 중에 살아남은 자가 있다면 그 사람에게 은총을 베풀겠다고 했습니다.

다윗이 사울의 집 종 시바라는 사람에게 물을 때에 요나단의 집에 남은 사람을 찾는 것이 아니라 사울의 집에 아직도 남은 자가 있느냐고 물었습니다. 이는 원수 갚기 위해서가 아니라 그 사람에게 하나님의 은총을 베풀기 위해서였습니다.

시바를 통해서 요나단의 혈통에 살아남은 자가 있다는 소식을 듣고서는 아예 자기 밥상에서 평생토록 밥을 먹게 하였습니다. 그리고 그의 할아버지 사울의 밭을 다 그에게 주었습니다. 사울을 나쁘게 생각하면 이가 갈리겠지만, 그가 모셨던 사울을 좋게 생각하려고 했던 다윗이기에 사울의 후손에게도 잘해 주려고 했던 것입니다. 그래서 사울 왕의 손자요 요나단의 아들인 므비보셋을 찾아냅니다.

그는 난리를 만나서 유모가 급히 안고 도망가다가 떨어뜨리는 바람에 양다리를 다쳐서 절뚝발이가 된 가여운 신세였습니다. 할아버지가 왕으로 계실 때에는 좋았지만 이제는 가장 괴롭고 천대받는 신세가 된 것입니다. 그런 므비보셋이 다윗 왕과 한평생을 한 가족처럼 왕궁에서 같이 지냈습니다.

오늘날 많은 사람들이 열 가지 은혜를 받고서도 침 삼키듯이 잊어버리는데 다윗은 잊어버릴 수도 있는 것들을 마음 깊이 간직했습니다. 다윗은 위로는 하나님의 은혜와 옆으로는 이웃의 은혜에 진심으로 감사하면서 자신보다도 오늘 그를 존재케 한 이들에게 먼저 마음을 두고 그 은혜에 보답코자 했습니다. 은혜는 돌에 새기고 원수는 물에 새기는 삶을 실천하였습니다.

잘 되셨습니까? 오늘 존재케 해주신 하나님을 생각하십시오. 여기까지 오는 동안 여러분을 도운 손길들을 기억하십시오.

어떤 사람은 "나 혼자 고생해 가며 악착같이 벌어서 자수성가했다"고 자랑합니다. 또한 "내가 열심히 아끼고 고생해서 한 푼 두 푼 저축했기 때문에 이렇게 잘 살게 되었다"고 당당하게 말합니다. "나 혼자 열심히 기도해서 하나님이 나에게 은혜를 주셨다"는 말도 합니다. "내가 고학해서 열심히 하였기에 이렇게 되었다"고 말합니다. 그러나 은혜는 결코 혼자 힘으로 받지 못합니다. 누군가가 도와주어야 합니다.

자기 혼자 기도했다고 생각하지만 누군가 그 뒤에서 그를 위해 기도하는 사람이 있었을 것입니다. 아무리 고학을 했다고 해도 책을 누군가가 만들어 주었고, 책을 볼 수 있는 시간을 배려해 주었기 때문에 공부할 수 있었던 것입니다.

요즘 다른 사람은 결혼할 때 집도 사 주고, 자동차도 사 주는데 내가 결혼할 때 부모가 해준 게 뭐냐고 하면서 잘 살면서도 친정을 외면하는 이들이 있습니다. 딸이 그렇게 생각하는데 사위가 어찌 장인, 장모를 챙기겠습니까? 내가 고생할 때에 친척들이 돈 한 푼 도와준 적 있느냐고 생각하는 한 다윗의 길을 걸어갈 수 없습니다.

마음에만 들어도 받는 은혜

그에게는 사울이 갔던 길이 남아 있을 뿐입니다.

저도 부모님으로부터 유산 물려받은 것은 한 푼도 없지만 섭섭하지 않습니다. 부모님 덕분에 예수님 믿게 되었고, 대학까지 다닐 수 있었다는 것이 얼마나 큰 은혜입니까?

옛날 부모님들 생각만 해도 훌륭하셨다는 생각이 듭니다. 요사이 자식 한두 명 공부시키는 것도 힘들어서 쩔쩔매는데 여섯 명 공부시키느라고 얼마나 고생하셨을까를 생각하면 동전 한 푼도 못 물려받아도 눈물이 앞을 가릴 정도로 감사하기만 합니다. 생각하기 나름인 것 같습니다. 재벌처럼 많이 물려주어도 은혜를 모르는 자식은 제 부모를 돈 때문에 고소하지만, 초등학교밖에 공부 못 시켜도 은혜를 아는 자식은 얼마나 부모에게 효도를 잘하는지 모릅니다.

여러분은 지금까지 살아오는 길에 나를 괴롭힌 사울을 생각하며 이를 갈고 있습니까? 아니면 나의 나 된 것은 하나님의 은혜요, 사울의 아들 요나단의 사랑 때문이라고 마음 깊이 감사하며 살고 있습니까? 전자에게는 사울의 삶이 기다리고 있지만 후자에게는 다윗의 삶이 기다리고 있습니다.

지금 환난을 겪고 있습니까? 앞으로 잘 되면 어떻게 살 것인지 생각하십시오. 돈 버는 것을 목적으로 삼지 말고, 높아지는 것을 목적으로 삼지 말고, 그 뒤에 무엇을 하고 싶은지 생각하시기 바랍니다. 어떤 사람은 어린아이를 유괴해서 그 돈으로 결혼식을 합니다. 그 결혼이 과연 행복하겠습니까?

어떤 이는 복권이 당첨되면 좋겠다고 하는데 정말로 어떤 구두닦이에게 그런 일이 일어났습니다. 그는 얼마나 좋았는지 강가에서 구두를 닦다가 구두약, 천, 솔이 들어 있는 구두통을 통째로 강물에 던져 버렸습니다. "오늘부터 구두닦이 안 해도 좋다"고 하면서 말입니다. 그런데 당첨된 돈을 찾으러 가서 생각해 보니 복권을 구두통 속에 넣은 채 던져 버린 것입니다. 모든 게 쉬운 일이 아닙니다. 대부분의 사람들은 복권이 당첨된 후에는 '구두닦이 그만두고, 고생 그만두고, 좋은 집 짓고 살겠다'는 생각을 할 것입니다.

사랑하는 여러분! 여러분은 소원이 이루어진다면 무엇을 하시겠습니까? 요사이 재정이 어려워서 고생하는 분들이 많은데 사업이 잘 되어 돈을 많이 벌게 되면 무슨 일을 하실 작정입니까?

어떤 형제가 서로 대화하기를 "형아, 이 세상에서 제일 맛있는 라면이 뭐게?" 하며 물었습니다. 그러자 형은 "떡라면"이라고 하였고, 동생은 "아니야, 주님과 함께라면이야" 라고 했다지 뭡니까?

하나님은 지금 우리의 마음을 달아 보고 계십니다. 하나님께서 다윗에게 복 주기를 기뻐하신 것은 다윗이 '주의 궁전에서 주님과 함께라면 다른 곳에서의 천 날보다 낫다'고 생각하였기 때문입니다.

하나님은 다윗에게만 복 주기를 원하시는 분이 아니라 우리에게도 복 주기를 원하시는 하나님입니다. 마음에만 들어도 은총을 베풀어 주길 원하시는 하나님입니다. 하나님의 마음에 드는 우리 모두가 되어 자손 만대로 하나님의 은혜를 누리시기를 주님의 이름으로 축원합니다.

>>사무엘하<<

다윗의 기도

7장 18~29절

다윗 왕이 여호와 앞에 들어가 앉아서 이르되 주 여호와여 나는 누구이오며 내 집은 무엇이기에 나를 여기까지 이르게 하셨나이까 주 여호와여 주께서 이것을 오히려 적게 여기시고 또 종의 집에 있을 먼 장래의 일까지도 말씀하셨나이다 주 여호와여 이것이 사람의 법이니이다 주 여호와는 주의 종을 아시오니 다윗이 다시 주께 무슨 말씀을 하오리이까 주의 말씀으로 말미암아 주의 뜻대로 이 모든 큰 일을 행하사 주의 종에게 알게 하셨나이다 그런즉 주 여호와여 이러므로 주는 위대하시니 이는 우리 귀로 들은 대로는 주와 같은 이가 없고 주 외에는 신이 없음이니이다 땅의 어느 한 나라가 주의 백성 이스라엘과 같으리이까 하나님이 가서 구속하사 자기 백성으로 삼아 주의 명성을 내시며 그들을 위하여 큰 일을, 주의 땅을 위하여 두려운 일을 애굽과 많은 나라들과 그의 신들에게서 구속하신 백성 앞에서 행하셨사오며 주께서 주의 백성 이스라엘을 세우사 영원히 주의 백성으로 삼으셨사오니 여호와여 주께서 그들의 하나님이 되셨나이다 여호와 하나님이여 이제 주의 종과 종의 집에 대하여 말씀하신 것을 영원히 세우셨사오며 말씀하신 대로 행하사 사람이 영원히 주의 이름을 크게 높여 이르기를 만군의 여호와는 이스라엘의 하나님이라 하게 하옵시며 주의 종 다윗의 집이 주 앞에 견고하게 하옵소서 만군의 여호와 이스라엘의 하나님이여 주의 종의 귀를 여시고 이르시기를 내가 너를 위하여 집을 세우리라 하셨으므로 주의 종이 이 기도로 주께 간구할 마음이 생겼나이다 주 여호와여 오직 주는 하나님이시며 주의 말씀들이 참되시니이다 주께서 이 좋은 것을 주의 종에게 말씀하셨사오니 이제 청하건대 종의 집에 복을 주사 주 앞에 영원히 있게 하옵소서 주 여호와께서 말씀하셨사오니 주의 종의 집이 영원히 복을 받게 하옵소서 하니라 한 아이가 크리스마스가 다가오자 고민이 생겼습니다. 자신도 다른 아이들처럼 선물을 받고 싶은데 하도 못된 짓을 많이 하여서 누가 자기에게 선물을 줄 것 같지가 않았기 때문입니다. 그래서 그 아이는 예수님께 "착한 아이로 살겠으니 선물을 꼭 주세요"라고 편지를 썼습니다.

그러나 고민이 생겼습니다. 친구들과 싸우지 않을 자신이 없었기 때문입니다. 그래서 결국 편지를 찢어 버리고 묘안을 가지고 성당으로 뛰어갔습니다. 작은 마리아상을 훔쳐 가지고 와서는 의기양양하게 다시 예수님께 편지를 썼습니다.

"예수! 내 말 잘 들어라. 절대 협박용이 아니라 실제 상황이다. 지금 내가 네 어미를 인질로 잡고 있다. 네 어미를 살리고 싶거든 48시간 내에 선물을 보내라! 오바!"

사랑하는 여러분! 우리의 많은 기도가 이 아이처럼 '협박 기도'가 아닙니까?

"이번에 내 아들을 원하는 대학에 합격시켜 주시지 않으면…… 그후에는 내가 어떻게 행동하든지 다 당신 책임입니다."

"이번 사업의 계약을 좋은 조건으로 성사시켜 주지 않으시면…… 교회 안 나갈 것입니다."

우리가 이런 협박 기도를 하면 하나님께서 응답해 주실까요? 하나님은 빙그레 웃으실 것입니다. 그런 협박 기도로는 결코 하나님의 마음을 움직일 수 없습니다. 우리가 기도하면 하나님은 세 가지 중에 하나로 꼭 응답하십니다.

첫째, "그래" 하며 즉시로 들어주시는 응답이 있습니다.

둘째, "기다려라" 하시면서 들어주기는 들어주는데 지금은 아직 때가 아니라고 하시는 응답이 있습니다.

다윗의 기도

셋째, "안 된다"는 응답이 있습니다.

그런데 사람들은 사실 안 된다는 응답을 듣고 나면 별로 기분이 좋지 않습니다. 자기의 뜻이 꺾인 것처럼 여겨지기 때문입니다.

그럼에도 불구하고 하나님께서는 우리의 기도를 들으실 때에 당신의 마음에 합한 사람이라고 해서 다 "그래" 하면서 들어주시는 것은 아닙니다. 또 기도자가 좋은 내용으로 기도한다고 해서 다 "그래"라고 응답해 주시는 것도 아닙니다.

다윗이 하나님의 전을 짓겠다고 하는 내용은 얼마나 좋은 행위요, 좋은 간청입니까? 그럼에도 불구하고 하나님은 "안 된다"고 하셨습니다.

다윗은 하나님께 성전 건축은 허락받지 못하였지만 더 큰 언약을 받았습니다. 그때 다윗은 하나님께 감사하는 마음으로 기도를 드렸습니다. 그런데 이 기도 속에는 그의 신앙이 담겨 있습니다. 그리고 하나님이 기뻐하시는 기도의 요소들이 담겨 있습니다. 그래서 오늘은 다윗의 기도를 배우고 싶습니다.

첫째, 다윗의 기도는 하나님의 주 되심을 인정하는 기도였습니다

다윗 왕은 백향목 궁을 건축하여 그 안에서 살았습니다. 하지만 아직도 하나님의 성전은 천막으로 쳐져 있었습니다. 그럼에도 불구하고 다윗은 하나님을 만나기 위해 그 성막 안 여호와 앞으로 나아가기를 즐겨했습니다(18절).

오늘날로 말하면 청와대와 같은 좋은 환경 속에 거하는 대통령이 옆에 있는 천막교회를 들락거리는 것입니다. 이는 자신이 한 나라의 왕이지만 하나님 앞에서 자기가 누구인지를 알았기 때문입니

다. 그가 아무리 왕이지만 자기 자신이 왕이 된 것은 전적으로 하나님이 세우셨기 때문임을 알았습니다. 그는 하나님의 주 되심을 알았기에 바쁜 중에도 장막 안 여호와 앞에 들어가 앉기를 즐겨했던 것입니다. 그것을 어떻게 알 수 있습니까?

시편을 보면 150편 가운데 거의 반이 다윗이 쓴 시입니다. 그런데 그 시 가운데 태반이 성막에서 드리는 예배 때 쓴 찬송시요, 성막과 연관된 시입니다. 다윗 시대에 쓴 시는 모두가 다 장막으로 된 성전에서 예배드릴 때에 드려진 시입니다. 그러기에 다윗이 얼마나 '여호와 앞에 들어가기를 즐겨했는가?'를 알 수 있습니다.

그런데 그가 이렇게 하나님의 전을 즐겨 찾은 이유가 무엇입니까? 그가 하나님의 주 되심을 인정했기 때문입니다.

다니엘이 국무총리로 그렇게 바쁘게 살면서도 하루 세 번 하나님의 성전이 있는 예루살렘을 향하여 기도할 수 있었던 이유가 무엇입니까? 그가 하나님을 경외하였고 하나님의 주 되심을 인정하였기 때문입니다.

하나님을 사랑하십니까? 그 사람은 하나님 앞에 그만큼 많이 엎드릴 것입니다. 하나님과 교제하는 시간이 길 것입니다. 하나님의 말씀을 상고하며 묵상할 것입니다. 하나님을 사랑하고 교회를 사랑한다고 하면서 일주일 내내 하나님 앞에 얼굴 내밀지 않는 것은 거짓말일 수 있습니다. 우리는 이웃사촌이라는 말을 합니다. 친척이라고 하면서도 1년에 한두 번도 만나지 않는 친척보다는 매주 만나는 성도들이 더 가까울 수 있습니다.

오늘 본문 다윗의 기도를 보노라면 '내가 뭘 했다'는 기도보다는 '주 여호와'를 높이고 있음을 알 수 있습니다.

18~29절을 헤아려 보니 "주"라는 말이 32회, 기타 하나님을 부

르는 호칭인 "만군의 여호와"라는 말이나 "이스라엘의 하나님" 등의 부르짖음이 여러 번 언급되고 있습니다. 그리고 이러한 부르짖음은 결코 중언부언하면서 한 말이 아닙니다.

어떤 사람들은 하나님의 이름을 시도때도 없이 "아이쿠 하나님", 무슨 하나님…… 하면서 마치 장난처럼 사용합니다만 다윗은 그런 의미로 기도하며 하나님의 이름을 부른 것이 아닙니다. 그의 기도를 보노라면 구구절절이 여호와의 주인 되심을 인정하며 감사와 감격에 차 있습니다. 또 다윗의 기도가 하나님의 주인 되심을 인정하는 기도인 이유가 무엇입니까? 자기 뜻대로 안 되었지만 감사하고 있지 않습니까?

진정 우리는 하나님을 주인으로 인정하고 있습니까? 그렇다면 우리는 기도 맨 마지막에 "내 뜻대로 마옵시고 아버지의 뜻대로 되기를 원하나이다"라는 기도를 드릴 수 있어야 합니다. 다윗은 자기의 뜻과 하나님의 뜻이 맞지 않았을 때에 자신의 뜻을 깨끗하게 접으면서 하나님의 주 되심을 인정하였습니다.

오늘날 이 시대의 위기가 무엇입니까? '인간이 신'이라고 하는 뉴에이지 운동과 '인간이 주인'이라고 하는 민주주의가 바로 이 시대의 위기입니다. 사람들이 점차 하나님의 주 되심을 버리고 신이 되고 주인이 되려고 합니다. 하나님 마음에 합하기보다는 사람의 마음에 합하려고 합니다. 인본주의로 흘러가려고 합니다.

오늘날 다원주의 사상이 온 세상에 편만합니다. 그런데 이 다원주의 사상이 무엇입니까? 하나님 홀로 창조주 되심을 무너뜨리려는 사상입니다. 하나님을 하느님이라 하여 한 분밖에 없는 유일신 하나님을 하늘 아래 만물을 신으로 섬기는 범신론적 신으로 변개시키려는 사상입니다. 앞으로 그리스도인이 세상에서 가장 많이 싸워야 할 사상은 이 다원주의 사상일 것입니다.

예수님께서 제자들과 함께 가이사랴 빌립보 지방에 가셨을 때에 제자들에게 물으셨습니다. 먼저는 "사람들이 인자를 누구라 하느냐?" 하고 물으셨습니다. 그러자 사람들이 하는 말을 제자들이 대신 대답했습니다. "더러는 세례 요한, 더러는 엘리야, 어떤 이는 예레미야나 선지자 중의 하나라 하나이다" 라고 하였습니다. 그러자 예수님은 제자들에게 "너희는 나를 누구라 하느냐?" 라고 물으셨습니다. 그때 시몬 베드로가 "주는 그리스도시요 살아 계신 하나님의 아들이시니이다" 라고 대답했습니다. 예수님께서는 베드로의 대답을 들으시고 베드로를 크게 칭찬해 주셨습니다.

"바요나 시몬아 네가 복이 있도다 이를 네게 알게 한 이는 혈육이 아니요 하늘에 계신 내 아버지시니라."

왜 복이 있다고 했습니까? 예수님이 그리스도시요 살아 계신 하나님의 아들이라는 것을 알고 있고 또 믿고 있기 때문에 복이 있다고 하신 것입니다.

오늘날 세상 사람들에게 예수님을 누구라 생각하느냐고 물으면 사람들은 4대 성인 중의 한 사람, 또는 석가나 공자와 같이 훌륭한 분이라는 대답을 많이 합니다.

예수님께서 여러분에게 "너희는 나를 누구라 하느냐?" 라고 물으시면 뭐라고 대답하겠습니까? 예수 그리스도 그분만이 우리의 유일한 구세주가 되심을 믿습니까?

여호와 하나님을 향하여 "주여" 라고 부를 수 있습니까? 우리 자신을 가리켜 "주의 종, 주의 백성"이라고 할 수 있습니까? "주와 같은 이가 없고 주 외에는 다른 신이 없음이니이다" 라고 고백할 수 있습니까?

그는 복된 사람입니다. 세상에 수많은 사람들이 있고, 또 예수님을 안다고 하지만 바로 아는 사람이 많지 않습니다. 그런데 여러분은 예수님이 그리스도이심을 알고 있으니 이 얼마나 큰 복입니까? 이보다 더 큰 복은 없습니다.

돈 많이 벌고, 높은 자리에 오르고, 아파트를 산 것도 복이지만 그런 복은 잠시 있다가 없어지는 복입니다. 하지만 예수님이 그리스도라는 사실을 알고 믿는 복은 영원한 천국시민이 되는 복이니 참으로 복되지 않습니까?

하나님을 아버지로 고백하며 예수 그리스도가 이 세상에서 나를 죄 가운데서 구원하신 유일한 구세주임을 고백하는 사람은 참으로 복된 사람입니다. 우리 모두가 이러한 신앙 안에서 고백하고 기도하는 자가 되길 축원합니다.

둘째, 다윗의 기도는 겸손의 기도였습니다(18절)

그는 여호와께서 베풀어 주시겠다고 하신 약속을 듣는 순간 즉각적으로 "나는 누구이오며 내 집은 무엇이기에 나를 여기까지 이르게 하셨나이까"라고 기도하였습니다. 양 치던 목동인 자기가 이렇게 왕이 된 것을 생각하면 뭔가 잘못된 것 아니냐는 것입니다. 어쩌다가 내가 왕이 될 수 있었는지 생각만 해도 꿈 같다는 것입니다. 나의 나 됨은 하나님의 은혜라는 것입니다.

그리고 "주 여호와는 주의 종을 아시오니 다윗이 다시 주께 무슨 말씀을 하오리이까"(20절)라고 했습니다. 하나님은 다윗의 어린 시절을 다 아십니다. 하나님은 다윗의 가문을 다 아십니다. 하나님은 다윗의 태중 이전부터도 다 아십니다.

사람에게는 숨길 수 있지만 하나님 앞에서는 숨길 것이 없습니다. 그러기에 자기는 아무리 생각해 보아도 이스라엘의 왕이 될 만한 자격이 없는데 왕이 되었고, 또 여기까지 인도하여 주셨다는 것입니다. 뿐만 아니라 자신의 가문을 영원히 복되게 하시겠다는 하나님의 약속은 감당할 수가 없을 정도로 과분하다는 것입니다.

다윗은 사람들이 당신도 왕의 사위가 될 수 있다고 했을 때에도 "내가 어떻게 왕의 사위가 될 수 있느냐?", "당신들 말이라도 쉽게 그런 말 하면 안 된다"고 했습니다. 그는 "내가 골리앗을 무찔렀고 나라를 구했으니 내가 왕의 사위가 되는 것은 당연하다"라고 할 수 있을 텐데 그러지 않았습니다. 그는 하나님과 사람 앞에서 겸손했습니다.

그리스도인이 누구입니까? 그리스도인이란 현재의 삶에서 하나님의 은혜를 기억할 줄 아는 사람이며 분별할 줄 아는 사람입니다. 과거 인생에서 받은 은혜를 기억하며, 오늘 자신이 누리고 있는 은혜를 감사할 수 있는 마음이 있어야 합니다. 나의 출생의 사연이 어떻든 세상에 태어난 것이 은혜요, 삶의 행로가 어떠하든 오늘까지 살아온 것이 은혜입니다.

우리가 오늘 여기에 존재한다는 것이 은혜 아닌 것이 있습니까? 제가 여러분을 만난 것도 은혜요, 여러분이 저를 만난 것도 은혜입니다. 하늘을 보나 땅을 보나 다 하나님으로부터 받은 은혜입니다. 과거를 보나 현재를 보나 미래를 내다보아도 다 하나님으로부터 받은 은혜에 감사하여 눈물이 흘러야 합니다. 그리하여 "나 이제 생명 있음은 주님의 은혜라"고 고백할 수 있는 자, 이것이 은혜 받은 자의 자세입니다.

예수님께서는 이 땅에 오셔서 제자들을 선택하실 때에 어찌 보면 자랑할 것이 없는 자들을 택하여 제자 삼으셨습니다. 열두 제자들을 보노라면 예수님의 제자로서 자격이 될 만한 사람은 한 사람도 없습니다. 학문적으로 그렇습니다. 제대로 공부한 사람이 없습니다. 신분적으로도 그 당시 갈릴리 사람이라고 하면 가장 천대받는 지역의 사람들입니다.

세리 마태가 그래도 배운 사람이 아니냐고 할지 모릅니다. 그는 요사이 말로 하면 국세청에 다니는 사람입니다. 국경에서 세금을 받는 사람이라면 외국어도 제법 구사할 수 있었을 것입니다. 요사이 우리는 어떤 사람이 국세청에 다닌다고 해서 손가락질하지 않습니다. 하지만 그때 당시에는 제법 배운 사람일지 모르지만 세리 하면 창녀와 같은 수준으로 취급을 받았습니다. 그러한 그가 예수님의 제자가 되었습니다.

왜 예수님은 이렇게 부족한 사람들을 택하여 제자 삼으셨습니까? 고린도전서 1장 27절은 말합니다.

"하나님께서 세상의 미련한 것들을 택하사 지혜 있는 자들을 부끄럽게 하려 하시고 세상의 약한 것들을 택하사 강한 것들을 부끄럽게 하려 하시며."

그리고 28절에 "이는 아무 육체도 하나님 앞에서 자랑하지 못하게 하려 하심이라" 고 했습니다.

이는 다시 말해서 은혜를 아는 자를 제자로 삼고 싶다는 말씀입니다. 자기가 잘나서 제자가 되고, 공부를 많이 하였기 때문에 제자가 되었다면 자기 잘난 맛에 으스댔을 것 아닙니까? 그런데 제자들은 주님 앞에서 그럴 만한 요소가 하나도 없었습니다. 그러니 그저 감사할 뿐입니다. 그저 하나님의 은혜에 감격할 뿐이기를 바라며 예수님은 그렇게 택하신 것입니다.

 우리는 무엇으로 사는가

바울은 뒤늦게 사도가 된 사람이요, 공부도 많이 한 사람이요, 그 당시 로마 시민권을 가지고 있는 엘리트였습니다. 그러니 세상 사람들 앞에서 으스댈 만한 사람입니다. 그런데 그가 고린도전서 15장 10절에 뭐라고 했습니까? "그러나 내가 나 된 것은 하나님의 은혜로 된 것이니…… 오직 나와 함께하신 하나님의 은혜로라"고 했습니다. 그는 하나님의 은혜를 아는 사람이었습니다.

잠언 30장을 읽어 보면 아굴의 잠언이라는 말이 나옵니다. 아굴이라는 사람에 대해서 알려진 것은 야게의 아들이라는 사실뿐입니다. 대개 신학자들은 그가 솔로몬의 측근 중 한 사람일 것으로 추정합니다.

그런데 그는 자신을 가리켜 "나는 다른 사람에게 비하면 짐승이라 내게는 사람의 총명이 있지 아니하니라 나는 지혜를 배우지 못하였고 또 거룩하신 자를 아는 지식이 없거니와"(잠 30:2~3)라고 말했습니다. 그는 지혜가 없는 자이기보다는 오히려 자기 부족을 고백하고 있는 겸손한 사람입니다. 그가 죄를 많이 져서 짐승이라고 했겠습니까? 하나님의 진리의 말씀 안에서 들여다보니 자신이 짐승만도 못한 인간이라는 것을 알게 되었다는 뜻입니다.

어느 병원에 가보니 "2408"이라는 단어가 적혀 있었습니다. 무슨 말인가 하고 자세히 보니 24시간인 하루에 8번은 손을 씻자는 표어였습니다. 보이지 않는 균이 우리 손에 있기 때문에 자주 씻자는 취지였습니다.

여러분! 요사이 중국 김치 때문에 속이 울렁거리지 않습니까? 저도 어느 음식점에서인지는 모르지만 중국 김치를 먹었을 것입니다. 그러니 납 성분도 먹고, 기생충도 먹지 않았나 생각됩니다. 그래서 어제는 기생충 약을 먹고 싶어지더군요. 제 속에서 막 벌레가

다윗의 기도　117

기어 다닐 것 같아서 말입니다. 모르니까 우리가 서로 좋다고 악수하고 지내지…… 여러분의 손에, 또 제 손에 벌레들이 우글거린다고 생각하면 악수하겠습니까?

저는 주일마다 약 400~500명과 악수합니다. 그러니 제 손에 얼마나 많은 것들이 묻어 있겠습니까? 그런데도 여러분은 좋다고 악수합니다. 왜 그렇습니까? 모르니까 그렇습니다. 우리가 서로의 죄도 어떤 때는 거의 모르니까 이렇게 "목사님, 집사님 사랑합니다"라고 말하며 삽니다. 그런데 우리가 지은 죄를 피차간에 다 안다고 생각해 보십시오. 구역질이 나서 살겠습니까?

남편과 아내가 이혼하지 않고 오랫동안 잘 사는 것은 참사랑입니다. 왜 그렇습니까? 가장 가까이에서 온갖 허물을 다 알면서도 함께 살기 때문입니다. 물론 아주 치명적인 약점은 서로 모르기 때문에 사는 사람도 있을 것입니다.

그런데 이 허물과 약점을 다 알면서도 사랑해 주시는 분이 계십니다. 바로 하나님 아버지입니다. 그러니 아굴은 그 하나님 앞에 서 있는 자신을 가리켜 짐승이라고 한 것입니다. 그는 자신의 한없는 부족함을 보았던 것입니다.

우리가 무슨 기도를 하느냐도 중요하지만 그 앞서 더 중요한 것이 있다면 그것은 기도자의 인격입니다. 기도하는 사람이 어떤 인격을 가졌느냐에 따라서 하늘이 감동합니다. 하늘 문이 열리는 기도를 올려드릴 수 있습니다. 아무리 미사여구를 총동원해서 기도한다 하더라도 기도자의 인격이 바로 서 있지 못하면 그것은 허공을 치는 기도에 불과합니다. 그러므로 기도보다 더 중요한 것은 기도자의 인격입니다.

교만한 마음을 가지고서는 하늘 보좌를 움직일 수 없습니다. 또

 우리는 무엇으로 사는가

한 남을 미워하는 마음을 가지고서는 중보자가 될 수가 없습니다. 원수를 사랑하는 마음이 없고서야 어찌 그 영혼을 향하여 놀라운 사랑의 기도를 올려 보낼 수 있겠습니까?

하나님은 언제나 겸손한 자에게 은혜를 베푸시고 교만한 자는 물리치고 대적한다고 하셨습니다.

다윗이 겸손의 기도를 드릴 수 있었던 이유가 무엇입니까? 나의 나 됨은 하나님의 은혜라는 사고로 가득 차 있었기 때문입니다. 그러한 마음을 가지고 있었기에 다윗의 기도는 구구절절이 감사하는 마음이 넘쳐 나고 있는 것입니다. 그리고 하나님께서 그의 가문에 앞으로 이루어질 일을 알려 주신 것으로 인하여 감격하고 있습니다. 주의 뜻대로 이 모든 큰 일을 행하신 하나님의 위대하심을 찬양하고 있습니다.

오늘 예배드리는 충신 가족 모두가 그 크신 하나님께서 베푸신 은총 앞에서 감사하고 감격하며 겸손히 기도하는 성도들이 되시길 축원합니다.

셋째, 다윗의 기도는 간청의 기도였습니다

29절을 보면 "종의 집에 복을 주사 주 앞에 영원히 있게 하옵소서"라고 하였고, "주의 종의 집이 영원히 복을 받게 하옵소서"라고 기도했습니다. 사람들은 '복' 소리만 나오면 기복신앙이다, 무속신앙이다, 라고 합니다.

사랑하는 여러분! 기복신앙과 복된 신앙의 차이가 무엇입니까? 기복신앙은 복 주겠다고 약속도 안 했는데 달라고 떼쓰는 것입니다.

며칠 전 형님이 수술을 받게 되어서 대구에 갔다 왔습니다. 병원

앞에서 과일 바구니를 사서 들고 가려는데 과일 파는 아저씨가 바구니에 '복' 자를 여러 개 붙여 주셨습니다. 하여간 한국 사람 복을 참 좋아한다는 생각을 하면서 그만 붙이라고 했습니다. 그것 붙인다고 복 받는다면 우리 집과 교회를 아예 복이라는 글자로 도배를 하면 되기 때문입니다. 우리는 너무 복을 좋아해서 대문에도 복, 숟가락에도 복, 베개에도 복, 온통 '복' 자를 붙여 놓지만 그런다고 복이 오는 것이 아닙니다.

성경은 뭐라고 합니까? 어제 설교를 준비하면서 디럭스바이블에서 '복' 자만 검색해 보았습니다. 그런데 성경에 '복' 자가 574번 나온다고 기록되어 있었습니다. 그것보다 더 놀란 것은 창세기부터 검색해 나가기 시작하는데 1장, 2장, 3장…… 계속해서 복과 연관해서 나오는 문장이 무엇인지 아십니까? "하나님이 그들에게 복을 주시며"라는 말씀이었습니다. "하나님이 그날을 복되게 하사"라는 말씀이었습니다.

사랑하는 여러분! 복은 과일 가게 아저씨가 딱지 붙여 준다고 임하는 것이 아닙니다. 복은 우리가 대문에다가 써 붙인다고 임하는 것도 아닙니다. 복은 하나님이 주십니다. 다윗은 복 주시는 분이 누구인 줄 알았기에 하나님께 자신의 집에 대대로 영원히 복이 임하게 해달라고 기도하고 있는 것입니다.

여러분! 하나님이 주시는 복을 받고 싶습니까? 그러면 성경을 읽어 보십시오. 어떤 사람이 하나님이 주시는 복을 받았는지, 어느 때에 하나님이 복을 주셨는지를 보아야 복을 받을 것 아닙니까?

시편은 무슨 글자로 시작합니까? '복' 자로 시작합니다.

"복 있는 사람은 악인들의 꾀를 따르지 아니하며 죄인들의 길에 서지 아니하며 오만한 자들의 자리에 앉지 아니하고"(시 1:1).

2편에서도 "여호와께 피하는 모든 사람은 다 복이 있도다"(12절)라고 합니다. 3편에서도 "구원은 여호와께 있사오니 주의 복을 주의 백성에게 내리소서"(8절)라고 했습니다. 시편에서만 '복'이라는 글자는 66번이나 언급됩니다.

여러분! 다윗이 하나님께 복 달라고 해서 기복 신앙이라고 말할 수 있습니까? 창세기 12장을 보면 두 절 안에 무려 복이라는 말이 다섯 번이나 나옵니다. 그래서 아브라함이 기복 신앙인입니까? 아닙니다. 그들은 참으로 복된 인생이었습니다.

"내가 너로 큰 민족을 이루고 네게 복을 주어 네 이름을 창대하게 하리니 너는 복이 될지라 너를 축복하는 자에게는 내가 복을 내리고 너를 저주하는 자에게는 내가 저주하리니 땅의 모든 족속이 너로 말미암아 복을 얻을 것이라"(창 12:2~3).

그러기에 여러분에게도 아브라함의 복과 다윗의 복이 임하기를 축원합니다. 어떻게 하면 다윗이 받았던 복, 아브라함이 받았던 복을 누릴 수 있습니까? 약속에 근거한 복을 구하십시오. 다윗을 보십시오. 다윗은 약속에 근거한 복을 구하고 있습니다.

28~29절을 보면 "이 좋은 것을 주의 종에게 말씀하셨사오니 이제 청하건대 종의 집에 복을 주사 주 앞에 영원히 있게 하옵소서 주 여호와께서 말씀하셨사오니 주의 종의 집이 영원히 복을 받게 하옵소서"라고 했습니다. 하나님이 하신 말씀에 근거해서 복을 구하고 있습니다. 다윗은 복을 주시는 분이 누구라는 것을 잘 알기에 그분께 구하고 있습니다. 복의 주권자를 알기에 그분께 간구하는 것입니다.

이번 40일 기도회를 통해서 하나님의 약속의 말씀에 근거해서 기도하기를 원합니다. 성경 속에서 40일간 기도한 모습들을 찾아 보겠습니다.

첫째, 하나님께서 사람의 죄로 말미암아 온 세상이 타락하여 40주야 물로 심판하실 때에 노아의 자손들은 방주 안에서 40주야 하나님과 함께하여 구원의 복을 받았습니다.

둘째, 출애굽기 24장 12절을 보면 하나님이 모세에게 말씀을 주시기 위해 시내 산에 올라오라 하셨습니다. 모세는 하나님의 부르심을 받들어 40일간 시내 산에 있었습니다. 거기서 십계명의 말씀을 받았습니다.

셋째, 사무엘상 17장 16절을 보면 블레셋 사람 골리앗이 하나님의 거룩하신 이름을 욕되게 하며 하나님의 군대 이스라엘을 향하여 40일을 조석으로 자기 몸을 나타내며 위협했습니다. 이때 이스라엘 백성들은 두려워하며 부르짖었습니다. 그런데 그렇게 하기를 40일이 되자 하나님께서는 소년 다윗을 보내셔서 이스라엘을 구원하셨습니다.

넷째, 마태복음 4장 1절을 보면 예수님께서는 성령에게 이끌리어 마귀에게 시험을 받으러 광야로 나가셔서 40일간을 금식하며 기도하셨습니다. 그 광야에서 사단의 권세와 정면으로 싸우기 위해 나아가셨습니다. 그때에 마귀는 예수님을 떠나고 천사들이 나아와서 수종 들었습니다.

이번 40일 기도! 나의 주인 됨을 내려 놓고 주의 주 되심을 선포하여 영적 승리의 나팔을 부는 기회가 되기를 기대합니다.

이번 목적이 이끄는 40일! 자아가 깨지고 교만이 깨져서 하나님이 쓰시기에 합당한 그릇, 겸손한 그릇이 되는 복된 날이 되시기를 기도합니다.

이번 40일 잔치! 하나님이 예비해 놓고 약속하신 복을 풍성히 누리는 기회가 되시기를 축원합니다.

 우리는 무엇으로 사는가

>>사무엘하<<

목적 있는 삶을 산 사람
8장 1~18절

그 후에 다윗이 블레셋 사람들을 쳐서 항복을 받고 블레셋 사람들의 손에서 메덱암마를 빼앗으니라 다윗이 또 모압을 쳐서 그들로 땅에 엎드리게 하고 줄로 재어 그 두 줄 길이의 사람은 죽이고 한 줄 길이의 사람은 살리니 모압 사람들이 다윗의 종들이 되어 조공을 드리니라 르홉의 아들 소바 왕 하닷에셀이 자기 권세를 회복하려고 유브라데 강으로 갈 때에 다윗이 그를 쳐서 그에게서 마병 천칠백 명과 보병 이만 명을 사로잡고 병거 일백 대의 말만 남기고 다윗이 그 외의 병거의 말은 다 발의 힘줄을 끊었더니 다메섹의 아람 사람들이 소바 왕 하닷에셀을 도우러 온지라 다윗이 아람 사람 이만 이천 명을 죽이고 다윗이 다메섹 아람에 수비대를 두매 아람 사람이 다윗의 종이 되어 조공을 바치니라 다윗이 어디로 가든지 여호와께서 이기게 하시니라 다윗이 하닷에셀의 신복들이 가진 금 방패를 빼앗아 예루살렘으로 가져오고 또 다윗 왕이 하닷에셀의 고을 베다와 베로대에서 매우 많은 놋을 빼앗으니라 하맛 왕 도이가 다윗이 하닷에셀의 온 군대를 쳐서 무찔렀다 함을 듣고 도이가 그의 아들 요람을 보내 다윗 왕에게 문안하고 축복하게 하니 이는 하닷에셀이 도이와 더불어 전쟁이 있던 터에 다윗이 하닷에셀을 쳐서 무찌름이라 요람이 은 그릇과 금 그릇과 놋 그릇을 가지고 온지라 다윗 왕이 그것도 여호와께 드리되 그가 정복한 모든 나라에서 얻은 은금 곧 아람과 모압과 암몬 자손과 블레셋 사람과 아말렉에게서 얻은 것들과 소바 왕 르홉의 아들 하닷에셀에게서 노략한 것과 같이 드리니라 다윗이 소금 골짜기에서 에돔 사람 만 팔천 명을 쳐죽이고 돌아와서 명성을 떨치니라 다윗이 에돔에 수비대를 두되 온 에돔에 수비대를 두니 에돔 사람이 다 다윗의 종이 되니라 다윗이 어디로 가든지 여호와께서 이기게 하셨더라 다윗이 온 이스라엘을 다스려 다윗이 모든 백성에게 정의와 공의를 행할새 스루야의 아들 요압은 군사령관이 되고 아힐룻의 아들 여호사밧은 사관이 되고 아히둡의 아들 사독과 아비아달의 아들 아히멜렉은 제사장이 되고 스라야는 서기관이 되고 여호야다의 아들 브나야는 그렛 사람과 블렛 사람을 관할하고 다윗의 아들들은 대신들이 되니라 게일 쉐히(Gail Sheehy)는 「통로를 찾은 사람들」(Path Finders)라는 책을 썼습니다. 그는 '40살이 넘은 사람들 중에 인격적으로 훌륭하게 산 사람들, 이만하면 성공한 사람들'을 조사해 보니 몇 가지 공통점이 있었다고 합니다.

첫째, 삶의 방향이 분명하였습니다.

둘째, 인생을 잘못 살았다는 자책감이 없었습니다. 자신 있게 살아가고 있는 것입니다.

셋째, 나이가 들어도 무언가 할 수 있는 일을 찾아서 일하였습니다. 놀지 않고 열심히 일하고 있었습니다. 할 만한 일을 열심히 하는 사람은 미래를 염려하지 않습니다.

넷째, 미래를 철저히 준비하고 있었습니다. 앞을 보고 자기 정리를 철저하게 한 사람입니다.

다섯째, 남이 뭐라 하든지 비판에 신경을 쓰지 않고 소신껏 살았습니다. 한 마디로 목적이 분명한 인생이라는 것입니다.

록펠러는 55세에 세계적인 갑부가 되었습니다. 그는 친구도 이웃도 없이 오직 성공과 사업에만 몰두하며 살았습니다. 갑부가 되었을 때 그의 몸은 무척 쇠약해졌고, 우울증과 두려움에 싸여 지내게 되었습니다. 그래서 항상 경호원을 데리고 다녔습니다. 병 때문에 비스킷 몇 조각과 물밖에 먹을 수가 없었습니다. 의사들은 그가 10년을 넘기기가 어렵다고 진단했습니다.

그는 하나님 앞에 무릎을 꿇었습니다. "저는 이제까지 두 가지 일을 하며 살았습니다. 돈 버는 일과 주일학교 교사를 충실히 했습니다. 그런데 이런 병을 주시다니…… 너무 억울합니다" 하고 기도했습니다.

하나님께서는 비통해하는 록펠러에게 어느 목사님을 통해서 말

 우리는 무엇으로 사는가

씀을 주셨습니다.

"그 동안 돈 버느라고 잠 못 자고, 피곤하며, 숱한 스트레스에 정신과 육체가 쇠약해졌으니, 이제부터는 남에게 베풀며 섬기는 사람이 되십시오. 이제부터는 돈 버는 일보다는 돈 쓰는 일에 관심을 가지십시오. 얼마나 많은 돈을 가졌느냐보다는 얼마나 가치 있게 사용하느냐가 중요합니다."

록펠러는 그 말을 듣고 돈 버는 일보다 돈 쓰는 일에 관심을 갖기 시작했습니다. 보육원과 양로원을 세우고, 교회와 대학과 병원을 설립하는 등 많은 자선 단체를 설립하면서 참된 행복을 맛보기 시작했습니다. 그러자 점점 식욕도 좋아지고 힘도 생기고 삶의 의욕도 생기고 건강하게 되었습니다. 그는 10년을 넘기기 어렵다는 의사의 진단을 비웃기라도 하듯 98세까지 행복하게 살았습니다.

하나님은 하나님의 형상대로 지음 받은 인간이 이 세상에서도 탁월하게 살기를 기대하십니다. 행복하게 살기를 기대하십니다.

하나님께서 우리를 이 땅에 보내신 목적을 아십니까?

릭 워렌(Rick Warren) 목사는 「목적이 이끄는 삶」서문에서 "하나님의 목적을 알고 그 목적이 이끄는 삶을 사는 것! 이것과 비교될 삶의 복은 어디에도 없다"고 말했습니다.

이것은 그리스도인의 삶에서 가장 중요한 질문입니다.

사람이든지 사물이든지 목적을 상실하면 존재 가치를 잃습니다. 저는 마이크를 통해서 설교를 합니다. 마이크가 여기에 존재하는 목적은 저의 음성을 담아서 여러분에게 전달하기 위해서입니다. 마이크가 이 사명을 감당하지 못하면 여기에 둘 필요가 없습니다. 마찬가지로 우리 인간도 존재하는 목적이 있습니다. 그런데 그 목적을 상실하고 있다면 이 땅에 존재할 아무런 이유가 없습니다.

나치 수용소에 갇혀 고통스런 생활을 경험한 오스트리아의 유명한 심리학자 빅터 프랭클은 말합니다.

"오늘날 세계에서 가장 무서운 절망은 삶의 목적과 가치를 상실하는 것이다."

서구 문화가 발달하고 물질이 풍족해졌지만 사람들은 삶의 분명한 목적과 궁극적 가치를 잃어버렸기 때문에 자살합니다. 술과 음란에 빠집니다. 세상의 풍조에 밀려 다니면서 다람쥐 쳇바퀴 돌듯이 끝없이 방황합니다.

일본의 신학자 우치무라 간조는 말합니다.

"실패하는 것은 죄가 아니다. 목적이 잘못된 것이 죄다."

여러분의 삶은 어떻습니까? 목적 있는 삶을 살고 있습니까? 여러분의 목적이 창조주께서 여러분을 향해 가지신 목적과 동일합니까?

어릴 적에 고향에서 조금 깊은 산에 갔다가 길을 잃고 방황한 적이 있습니다. 처음에는 무턱대고 내려가면 어딘가 가겠지 하고 내려가려고 했습니다. 그때 아버님이 해주셨던 말씀이 기억 났습니다. 산에서 길을 잃으면 산꼭대기로 다시 올라가서 내려가는 길을 확인하고 다시 내려오라는 말씀입니다.

저는 풀을 헤치고 산꼭대기가 보이는 곳을 향하여 갔습니다. 그곳에서 다시 내려다보니 길이 분명히 보였습니다. 그래서 그 길 따라 무사히 집으로 돌아왔습니다.

무턱대고 길을 걷는다고 목적지를 향해서 갈 수 있는 것이 아닙니다. 그렇게 가다가는 낭떠러지도 만나고, 또 숲을 지나다가 옷과 몸이 찢어져서 많이 다치게 됩니다. 그러나 목적지를 분명하게 확인하고 난 후에는 아무리 빨리 달려가도 길이 있기에 안전하게 달려갈 수 있습니다.

　사랑하는 여러분! 오늘 우리는 삶의 목적도 없이 형식적 삶을 살아가고 있지는 않습니까? 방향도 제대로 잡지 못해서 넝쿨에서, 낭떠러지 앞에서 두려워하고 있지는 않습니까? 우리 인생들은 결코 우연히 이 세상에 태어난 것이 아닙니다.

　요한복음 1장 6절을 보면 "하나님께로부터 보내심을 받은 사람이 있으니 그의 이름은 요한이라" 했습니다. 여기에 여러분의 이름을 대입해 보십시오.

　"하나님께로부터 보내심을 받은 사람이 있으니 그의 이름은 ○○○이라."

　우리는 부모의 결합으로 우연히 이 땅에 태어난 인생이 아닙니다. 돌 하나도 우연히 존재하지 않는데 하물며 우리이겠습니까? 하나님께서 만세 전부터 우리를 택하여 그분의 뜻을 이 땅에서 이루기 위해 보내신 그분의 걸작품들입니다. 위대한 작품입니다.

　작품과 상품은 다릅니다. 상품은 같은 것을 대량 생산해 내는 것입니다. 그것은 너무 많고 흔하기 때문에 귀하게 여기지 않습니다. 그러나 작품은 이 세상에서 하나밖에 없는 것입니다. 그러기에 그 하나뿐인 작품은 희소가치가 있습니다. 귀중합니다.

　작품은 만드는 이의 온 정성과 사랑과 영이 담겨 있기에 존귀합니다. 하지만 이 작품도 누가 만들었느냐에 따라서 그 가치가 또 달라집니다. 뒷집 개똥이가 빚어 만든 작품이라고 하면 그것은 하나밖에 없어도 사람들이 귀하게 여기지 않습니다. 하지만 유명한 화가가 만든 작품이거나, 유명한 사람이 가지고 있던 물건은 그 가격을 측정하기 힘들 정도로 높은 가치를 부여받습니다.

　하물며 우주 만물을 만드신 하나님이 창조하신 우리는 어떻겠습니까? 우리를 만드신 분이 너무나 귀한 분이시기에 우리 역시 엄청난 존재인 것입니다.

본문의 다윗은 왕으로서 목적 있는 삶을 훌륭히 해냅니다. 오늘 본문 1절을 보면 광야 생활을 다 끝내고 왕이 되고 난 후 이스라엘의 왕으로서 목적 있는 삶을 산 다윗을 발견할 수 있습니다.

첫째, 적대 국가에 대해 왕권을 잘 감당하였습니다

요사이는 전쟁이 났다 하더라도 대통령이 직접 전투 현장에 등장하는 일은 거의 없습니다. 그런데 그때 당시에는 전쟁할 때에 늘 왕이 선두에 서서 싸웠습니다. 그래서 사울과 요나단도 왕과 왕자였지만 전쟁에 지는 바람에 하루아침에 죽었던 것입니다.

다윗이 이스라엘의 왕이 되고 나서 보니 여전히 블레셋 사람들이 이스라엘 국가에 큰 위협적인 존재로 남아 있었습니다. 그래서 다윗은 블레셋 사람들을 쳐서 항복을 받았습니다. 하지만 블레셋 사람들을 잔인하게 죽였다는 말이 없습니다.

그런데 2절을 보면 모압 사람을 공격한 후에는 그들을 땅에 엎드리게 하고서는 줄로 재어서 두 줄 길이의 사람은 죽이고 한 줄 길이의 사람은 살려 주었습니다. 전쟁을 수행할 수 있는 성인들은 죽이고 전쟁을 수행할 수 없는 아이들은 살려 주었다는 말입니다.

저는 의문점이 생겼습니다. '왜 블레셋 사람들과 모압 사람들을 이렇게 다르게 점령하였을까?'

사실 모압은 이스라엘 동남쪽에 있는 백성으로서 이스라엘 백성들의 친척입니다. 모압은 아브라함의 조카인 롯 자손이기 때문입니다. 그러나 한편으로 모압은 이스라엘 백성들에게는 최고의 골칫거리였습니다. 모세 때 그들은 유대인들을 저주하기 위해 선지자 발람을 고용했습니다. 그 계획이 실패하자 그들은 이스라엘 남자들을 유혹하려고 여자들을 보냈습니다. 그들은 끊임없이 이스라엘이 복 받는 것을 배 아파하던 사람들입니다.

그렇다면 이들도 블레셋처럼 대할 수 있는데 왜 더 심하게 대하였을까 궁금하지 않습니까? 성경을 읽어 나갈 때에 이런 질문들을 던져 보아야 해결되는 경우가 많습니다. 이곳 저곳 참고 서적을 뒤적이다가 히브리 사람들이 즐겨 읽고 수천 년을 구전으로 내려오는 미드라쉬를 찾아보았습니다. 그곳에 그 이유가 기록되어 있었습니다.

미드라쉬에 의하면 "모압 왕은 다윗이 이스라엘의 왕위에 오르자 그가 맡고 있던 다윗의 부모를 처형해 버렸다"고 합니다. 그 근거는 우리가 이미 지나온 사무엘상 22장 3절을 찾아보면 나옵니다. 다윗이 사울에게 쫓겨 다닐 때에 그는 부모의 생명이 염려스러워서 모압 미스베로 가서 모압 왕에게 자신의 부모를 부탁합니다. 다윗이 이렇게 모압 왕을 찾아간 것은 혈통적으로 결코 다윗과 무관하지 않기 때문입니다.

룻기를 보면 베들레헴 사람 엘리멜렉과 나오미가 큰 흉년이 드는 바람에 온 가족을 데리고 모압으로 갑니다. 그리고 그곳에서 자기 아들 둘을 위해서 모압 여인을 아내로 맞이합니다. 그런데 모압 땅에서 엘리멜렉과 두 아들은 죽고 맙니다. 그래서 나오미와 두 자부만 남게 됩니다. 며칠 사이에 한 집안에 과부가 세 명이나 생겨난 것입니다.

나오미는 고향 땅 베들레헴으로 돌아가기로 결정합니다. 그때에 나오미의 한 자부인 룻이 어머니와 떨어지지 않겠다고 합니다.

어머니의 민족이 나의 민족이 되고 어머니의 하나님을 자기 하나님으로 섬기겠다고 결단합니다. 그래서 이스라엘 땅까지 따라와서는 보아스라는 이스라엘 사람과 재혼을 합니다. 그 사이에서 오벳이 태어나고, 오벳은 이새를 낳고, 이새는 다윗 왕을 낳았습니다. 그러기에 다윗의 증조할머니는 모압 사람인 것입니다.

다윗은 그런 믿는 구석이 있었기에 부모를 모압 왕에게 부탁하였습니다. 그런데 다윗 앞에서는 그렇게 하겠다고 약속했던 모압 왕이 다윗이 떠나 버린 뒤에 바로 다윗의 부모들을 다 죽여 버렸습니다. 그때에 같이 있던 한 사람이 살아서 도망하여 그 사실을 다윗에게 알렸습니다. 이때 다윗은 모압 사람들이 잔인한 사람들이라는 것을 알았습니다. 그러나 그때에는 힘이 없었기에 대적할 수 없었습니다.

다윗은 이제 통일된 이스라엘의 왕이 되었습니다. 그러므로 그들을 죽이지 않으면 다시 공격받는다는 것은 불을 보듯 분명한 일입니다. 그래서 전쟁에 참여할 수 있는 사람은 다 죽인 것입니다. 비록 다윗의 혈관 속에 모압 족속의 피가 흐르고 있지만 그는 외세의 침략을 방어하고 제압해야 할 왕의 사명을 다한 것입니다.

둘째, 자기를 왕으로 세우신 하나님의 영광을 위하여 사명을 다하였습니다

사람이 잘 되면 늘 교만해지기 쉽습니다. 그런데 다윗은 연전연승으로 전쟁에서 이겼지만 하나님께 의지하며, 하나님을 위하여 싸웠습니다.

다윗이 늘 바른 정치를 할 수 있었던 이유가 무엇입니까? 그는 늘 하나님과 그분의 말씀 앞에서 살았습니다. 왕이 자기보다 높은 사람이 없다고 생각하면 그 나라의 앞날은 참으로 어둡습니다. 반면에 자신보다 크신 분이 늘 위에 계시다는 것을 믿는 지도자가 이끄는 공동체의 앞날은 밝기만 합니다.

4절을 보면 다윗은 소바 왕 하닷에셀과의 전쟁에서 마병 천칠백 명과 보병 이만 명을 사로잡았습니다. 그런데 그는 그 많은 말들 가운데 병거 일백 대의 말만 남기고 그 외의 병거 말들의 힘줄을 끊어 버렸습니다. 그 이유가 무엇인지 아십니까?

신명기 17장 16절을 보면 왕은 "병마를 많이 두지 말 것이요"라고 했습니다. 병거를 끌 말을 많이 두면 하나님을 의지하지 않게 된다는 것입니다. 그래서 하나님을 의지하여 병마는 최소한으로만 두라는 말씀에 순종한 것입니다.

다윗이 쓴 시편 20편 7절을 보면 그는 이렇게 고백하고 있습니다.

"어떤 사람은 병거, 어떤 사람은 말을 의지하나 우리는 여호와 우리 하나님의 이름을 자랑하리로다."

다윗은 전쟁이 하나님께 속한 것인 줄 알았습니다. 그러기에 하나님을 의지하여 전쟁하였습니다. 그는 사람을 의지하지 않았습니다. 말을 의지하지도 않았습니다. 병거를 의지해서 전쟁을 하지 않겠다는 것입니다. 그는 전쟁 역시 하나님의 영광을 위해서 하였습니다. 그는 전쟁으로 노획한 많은 양의 금 방패와 금그릇, 은그릇, 놋그릇들을 다 여호와 하나님께 드렸습니다.

11절을 보면 "다윗 왕이 그것도 여호와께 드리되 그가 정복한 모든 나라에서 얻은 은금"들을 드렸다고 했습니다.

다윗은 물질을 위해 사는 인생이 아니었습니다. 그는 하나님을 영화롭게 하고 싶은 인생이었습니다. 그래서 당대에는 성전을 짓지도 못하는데도 그 아들이 성전을 잘 지을 수 있도록 미리 하나님께 많은 것을 드렸습니다.

신문에 영화 "패션 오브 크라이스트"의 감독이었던 멜 깁슨에 관한 기사가 났습니다. 미국의 잡지 〈포브스〉 지에서 금년에 영향을 가장 많이 끼친 세계 명사 100명을 선정했는데, 그 중에 1위가 바로 '멜 깁슨' 입니다. 그는 이 영화로 2억 1천만 달러의 수입(2,400억 원)을 올렸다고 합니다.

돈 많이 벌었다고 이야기하는 게 아닙니다. 그는 본래 영화를 제작하면서 투자자도 없어 사재를 털었습니다. 오직 예수님의 수난을 사람들에게 알림으로써 하나님께 영광을 돌리기 위함이었습니다. 하나님이 이를 얼마나 기뻐하셨는지 알 수 있습니다.

하나님의 영광을 목적으로 삼고 사는 다윗이나, 하나님의 영광을 목적으로 삼고 사는 인생은 이처럼 반드시 승리할 줄로 믿습니다.

멜 깁슨의 최고의 자랑은 예수님이었습니다. 여러분은 어떻습니까? 여러분의 최고의 자랑은 무엇입니까? 여러분이 성취한 업적입니까? 아니면 힘들어 모아 놓은 돈입니까? 아니면 건강입니까? 무엇을 여러분의 최우선순위에 놓고 있습니까?

사실 우리의 인생에서 예수 그리스도의 이름보다도 더 중요한 것은 없습니다. 예수님 외에 다른 것은 본질이 아닙니다.

옛날에 자랑하기를 좋아하는 개 한 마리가 있었습니다. 그 개는 특별히 자기가 아주 잘 달리는 선수라고 자랑하였습니다. 그런데 하루는 그 개가 토끼 한 마리를 쫓아갔는데 그만 놓치고 말았습니다. 그야말로 개망신이었습니다. 다른 개들이 마구 놀렸습니다. 그러자 그 개의 대답이 걸작이었습니다.

"자네들이 알아야 할 게 있네. 그 토끼는 목숨을 위해서 뛰었고, 나는 그냥 저녁 식사거리를 위해서 뛰었다는 점일세!"

오늘도 잠시 있다가 사라지는 일시적이고 가변적인 요소에 목적을 두고 쫓아가는 인생이 있는가 하면, 보다 크고 영원한 목적을 따라 사는 인생이 있습니다. 나는 찬거리 인생인가 하나님의 영광을 위한 인생인가 생각해 보셨습니까?

문호 톨스토이는 말합니다.

"인생의 목적이 자기 안일과 행복에만 있다고 생각하여 보라. 그 순간 견딜 수 없으리만큼 모든 것이 무의미하여질 것이다. 그 반면 우리를 세상에 보내신 하나님께 봉사하는 것이 목적이라고 생각하여 보라. 그 순간 인간은 영원한 희열을 느끼게 될 것이다."

이사야 선지자는 이사야 43장 7절에서 하나님의 말씀을 대언합니다.

"내 이름으로 불려지는 모든 자 곧 내가 내 영광을 위하여 창조한 자를 오게 하라 그를 내가 지었고 그를 내가 만들었느니라."

하나님께서 인생을 창조하신 것은 하나님의 영광을 위해서입니다. 그리고 영원히 죄 가운데 거할 수밖에 없는 죽을 인생을 십자가 보배의 피로 죄 사하여 주신 목적 역시 하나님의 영광을 위해서입니다.

사도 바울은 고린도전서 6장 19~20절에서 말합니다.

"너희 몸은 너희가 하나님께로부터 받은 바 너희 가운데 계신 성령의 전인 줄을 알지 못하느냐 너희는 너희 자신의 것이 아니라 값으로 산 것이 되었으니 그런즉 너희 몸으로 하나님께 영광을 돌리라."

목적 있는 삶을 산 사람

어떤 주부가 결혼 생활에 회의를 가지기 시작했습니다. 여자로 태어나서 날마다 밥하고, 빨래하고, 설거지하는 일이 반복되니까 '도대체 나는 누구인가' 하는 허무에 빠진 것입니다. 위기를 느낀 그녀는 매일 성경 구절을 적어 싱크대 앞에 붙여 놓고 암송하기 시작했습니다. 설거지보다 성경 구절을 암송하는 것이 영적인 일이라고 믿었기 때문입니다. 며칠이 지난 어느 날 고린도전서 10장 31절의 말씀이었습니다.

"그런즉 너희가 먹든지 마시든지 무엇을 하든지 다 하나님의 영광을 위하여 하라."

설거지를 하면서 그 말씀을 읽는 순간 그녀는 깨달았습니다. 비록 설거지이긴 하지만 내가 지금 하나님의 영광을 위해서 이 일을 한다고 생각을 바꾸는 순간 회의가 다 사라져 버린 것입니다.

밥을 하고, 빨래를 하고, 아이들을 키우는 일도 마찬가지였습니다. 하나님을 향한 목적을 가지고 일을 하니까 매일 반복되던 일들이 소중하고 의미 있게 다가왔습니다. 이전에는 짜증났던 일들이 이제는 하나님을 위해서 한다고 생각하니 힘이 솟았습니다.

많은 신앙인들은 이분법에 사로잡혀 있는 경우가 허다합니다. 기도하고, 말씀 보고, 예언하고, 귀신을 내어 쫓는 일들은 영적인 것이라고 생각합니다. 그리고 먹고, 마시고, 잠자는 일들은 육적인 것이라는 편견을 가지고 있습니다. 그런데 하나님께서는 그렇게 생각지 않으십니다.

로마서 12장을 보면 "너희 몸을 하나님이 기뻐하시는 거룩한 산 제물로 드리라 이는 너희가 드릴 영적 예배니라"(1절)고 했습니다.

몸으로 하는 일일지라도 하나님의 영광을 위하여 하는 모든 일들은 다 영적 예배라는 것입니다. 먹는 것도, 마시는 것도, 잠을 자는 것도, 일하는 것도 그 목적이 하나님의 영광을 위한 것이라면 그것은 분명히 영적인 것입니다. 그러므로 무엇을 하느냐가 중요한 것이 아니라 목적이 중요합니다.

여러분이 돈을 벌고, 직장에 다니고, 자녀를 양육하는 목적이 무엇입니까? 잘 먹고 잘 살기 위한 것이 목적이라면 그것은 찬거리 인생으로 끝나겠지만 하나님의 영광을 위한 목적이라면 그는 참으로 보람찬 인생이라는 말씀입니다.

그러므로 다윗은 입술로 찬양하고, 기도하기를 즐겨하고, 예배드리기를 즐겨하였습니다. 뿐만 아니라 그는 물질을 드리고 그의 몸을 드려서라도 하나님을 기쁘시게 하며, 하나님의 영광을 위해서 살기를 원했습니다. 목적 있게 사는 사람이었던 것입니다.

충신 가족 여러분! 먹든지 마시든지 무엇을 하든지 하나님의 영광을 위해서 사는 그리스도인이 되시길 축원합니다.

셋째, 왕으로서 백성을 위해 왕권을 다하였습니다

지난번 성지순례를 가면서 두바이를 거쳐 갔습니다. 비행기를 갈아타는데 시간이 좀 남아서 우리는 시내 관광을 했습니다. 그때 두바이 가이드가 이 나라는 왕정 정치이기에 데모가 없다고 말했습니다. 그리고 근로자들이 노조를 형성해서 투쟁도 못한다고 했습니다. 근로자가 투쟁을 하면 그 근로자가 외국인일 때에는 즉시 추방시킨다는 것입니다. 그렇다면 우리나라처럼 외국인 사업주가 근로자들에게 임금도 제대로 안 주면 어떻게 하느냐고 물으니, 사업주가 계약한 대로 안 지키면 사업주도 엄벌에 처한다고 했습니다. 그런 면에서 사업하기는 좋은 나라라고 소개하였습니다.

왕정 정치를 하는 나라는 왕이 바로 서면 백성은 행복하지만 왕이 불행하면 정말 괴로운 나라입니다. 그렇습니다. 지도자에 따라서 백성은 희비가 엇갈립니다.

그런데 오늘 본문의 주인공 다윗 왕은 어떠합니까?

15절을 보면 "다윗이 온 이스라엘을 다스려 다윗이 모든 백성에게 정의와 공의를 행할새" 라고 했습니다. 정의에 해당되는 히브리어 '미쉬파트'는 공정한 재판을 의미하고, 공의에 해당되는 '체다카'는 하나님의 율법에 일치된 행위를 의미합니다. 다시 말해서 다윗은 이스라엘을 다스릴 때에 공의와 정의가 잘 균형을 이룬 가운데 백성을 다스렸다는 말입니다.

만약에 정의만 있고 공의는 없는 통치라면 어떨까 생각해 보았습니다. 하나님의 말씀이 없으니 언제나 시대와 풍습에 따라서 흔들리는 정치를 할 수밖에 없을 것입니다. 기준이 없기에 다른 사람의 말에 솔깃하였을 것입니다. 이 사람이 이것이 진리라고 하면 그곳에 솔깃하고 저것이 진리라고 하면 그곳에 솔깃하여서 늘 우왕좌왕할 수밖에 없을 것입니다.

또 공의만 있고 정의가 없는 통치였다면 어땠을까요? 하나님의 말씀도 있고, 법도 있지만 지켜지지 않고 무시당하는 나라였을 것입니다. 사랑이 없는 공의는 교만해질 수밖에 없고, 공의 없는 사랑은 하나님의 법을 무너뜨립니다. 그러기에 다윗은 하나님의 율법에 근거한 사랑을 가지고 공의롭게 백성을 다스렸습니다.

그러기에 다윗은 율법에 따라 공정한 재판을 백성들에게 베풀었습니다. 즉 다윗은 신정 왕국의 왕답게 어디까지나 하나님의 말씀과 공의에 입각해 이스라엘을 다스렸습니다. 이는 곧 장차 메시아로 말미암아 이룩될 그의 나라와 의로운 통치를 예표해 주는 말씀입니다.

시편 45편 7절을 보면 이런 말씀이 있습니다.

"왕은 정의를 사랑하고 악을 미워하시니 그러므로 하나님 곧 왕의 하나님이 즐거움의 기름을 왕에게 부어 왕의 동료보다 뛰어나게 하셨나이다."

여러분! 정치가 무엇입니까? 공자는 "정치(政治)는 곧 정치(正治)"라고 말했습니다. 정치란 곧 바른 것이라는 말입니다. 지도자가 바른 것을 찾고, 바르게 행하고, 바르게 다스리는데 누가 감히 부정을 저지를 수 있습니까?

오늘날 우리 사회는 온통 정치 문제와 경제 문제로 들끓고 있습니다. 왜 이렇게 복잡합니까? 바르게 하지 않았기 때문입니다.

사무엘상 12장 1~5절을 보면 사무엘은 이제 사사의 임무를 다 마치고 사울을 왕으로 세웠습니다. 그리고 나서 백성들에게 묻습니다.

"내가 누구의 소를 빼앗았느냐 누구의 나귀를 빼앗았느냐 누구를 속였느냐 누구를 압제하였느냐 내 눈을 흐리게 하는 뇌물을 누구의 손에서 받았느냐"(삼상 12:3).

무슨 말입니까? 자신이 바르게 정치하였고 최선을 다하였다는 것입니다.

사랑하는 여러분! 다윗이 이렇게 목적 있는 삶을 살았을 때에 하나님께서는 어떻게 복을 내리셨습니까?

첫째, 본문 6절과 14절을 보면 두 번이나 "다윗이 어디로 가든지 여호와께서 이기게" 하셨다고 했습니다.

둘째, 13절을 보면 온 세상에 "명성을 떨쳤다"고 했습니다.

셋째, 다윗 시대에 백성들은 태평성대를 누렸습니다. 이스라엘 역사상 가장 안정적이며 부유한 나라가 되었습니다.

우리는 하나님의 왕권을 가진 이 시대의 왕자들입니다. 그런데 우리는 그 왕권을 가지고 목적 있는 삶을 살고 있습니까? 거짓과 불의, 사단의 권세를 우리의 왕 되신 나사렛 예수 그리스도의 이름으로 대적하고 하나님의 나라를 건설해 가고 있습니까? 하나님에 대해서는 먹든지 마시든지 무엇을 하든지 하나님의 영광을 위해 살아가는 청지기의 사명을 다하고 있습니까? 이 나라의 백성이요 성도로서 공의가 하수처럼 흐르는 하나님의 나라가 건설되도록 살아가고 있습니까?

이번 '목적이 이끄는 40일'에 참여하면 우리를 창조하신 분의 목적대로 살아가는 데 큰 힘이 될 것입니다. 생각이 바뀌고, 가치관이 바뀌고, 습관이 바뀌어 놀라운 변화의 역사가 우리 속에서 일어날 것입니다. 그때에 여호와께서는 우리가 어디로 가든지 이기게 하시고 온 세상 백성들의 원성을 듣는 것이 아니라 그들 가운데 명성을 떨치게 하실 것입니다. 그리고 우리 인생의 역사상 가장 태평성대를 누리게 하실 것입니다.

목적 있는 삶을 시작하는 모든 성도들에게 이 놀라운 은총이 함께하길 축원합니다.

>>사무엘하<<

목적이 빗나간 사람
11장 1~13절

그 해가 돌아와 왕들이 출전할 때가 되매 다윗이 요압과 그에게 있는 그의 부하들과 온 이스라엘 군대를 보내니 그들이 암몬 자손을 멸하고 랍바를 에워쌌고 다윗은 예루살렘에 그대로 있더라 저녁 때에 다윗이 그의 침상에서 일어나 왕궁 옥상에서 거닐다가 그곳에서 보니 한 여인이 목욕을 하는데 심히 아름다워 보이는지라 다윗이 사람을 보내 그 여인을 알아보게 하였더니 그가 아뢰되 그는 엘리암의 딸이요 헷 사람 우리아의 아내 밧세바가 아니니이까 하니 다윗이 전령을 보내어 그 여자를 자기에게로 데려오게 하고 그 여자가 그 부정함을 깨끗하게 하였으므로 더불어 동침하매 그 여자가 자기 집으로 돌아가니라 그 여인이 임신하매 사람을 보내 다윗에게 말하여 이르되 내가 임신하였나이다 하니라 다윗이 요압에게 기별하여 헷 사람 우리아를 내게 보내라 하매 요압이 우리아를 다윗에게로 보내니 우리아가 다윗에게 이르매 다윗이 요압의 안부와 군사의 안부와 싸움이 어떠했는지를 묻고 그가 또 우리아에게 이르되 네 집으로 내려가서 발을 씻으라 하니 우리아가 왕궁에서 나가매 왕의 음식물이 뒤따라 가니라 그러나 우리아는 집으로 내려가지 아니하고 왕궁 문에서 그의 주의 모든 부하들과 더불어 잔지라 어떤 사람이 다윗에게 아뢰되 우리아가 그의 집으로 내려가지 아니하였나이다 다윗이 우리아에게 이르되 네가 길 갔다가 돌아온 것이 아니냐 어찌하여 네 집으로 내려가지 아니하였느냐 하니 우리아가 다윗에게 아뢰되 언약궤와 이스라엘과 유다가 야영 중에 있고 내 주 요압과 내 왕의 부하들이 바깥 들에 진 치고 있거늘 내가 어찌 내 집으로 가서 먹고 마시고 내 처와 같이 자리까 내가 이 일을 행하지 아니하기로 왕의 살아 계심과 왕의 혼의 살아 계심을 두고 맹세하나이다 하니라 다윗이 우리아에게 이르되 오늘도 여기 있으라 내일은 내가 너를 보내리라 우리아가 그날에 예루살렘에 머무니라 이튿날 다윗이 그를 불러서 그로 그 앞에서 먹고 마시고 취하게 하니 저녁 때에 그가 나가서 그의 주 부하들과 더불어 침상에 눕고 그의 집으로 내려가지 아니하니라

목적이 빗나간 사람 139

한 외딴 섬에 등대가 있었습니다. 근처 바다를 지나는 배들이 안전하게 항해할 수 있도록 불을 밝히기 위해 등대지기는 한 달에 한 번씩 기름 공급을 받아야 했습니다.

어느 날 근처 마을에 사는 아주머니가 집에 기름이 떨어져 가족들이 추위에 떨고 있으니 기름을 좀 달라고 청했습니다. 등대지기는 마음이 좋은 사람이어서 가만히 있을 수가 없었습니다. 며칠 뒤에는 경운기에 기름이 떨어졌다고 급히 도움을 청하러 온 사람도 있었습니다. 마음이 좋은 등대지기는 모른 척할 수가 없었습니다.

그러다 월말이 되기도 전에 기름이 떨어져버리고 말았습니다. 결국 월말에 기름을 공급받을 때까지 등대 불을 밝힐 수가 없었습니다. 그 사이에 많은 배들이 불편을 겪었고 끝내 배 한 척이 좌초되어서 여러 사람이 죽는 사고까지 일어나고 말았습니다.

상급 기관에서 책임자가 나와 이 등대지기를 조사했습니다. 등대지기는 변명을 늘어놓았습니다. 어려운 형편에 처한 사람을 도우려다가 그렇게 되었다는 것입니다. 이때 책임자가 이렇게 말했습니다.

"우리가 당신에게 기름을 준 까닭은 단지 하나의 목적 때문이었소. 그 목적이란 다름아닌 등대의 불을 밝히는 것이오. 아시겠소!"

등대지기는 등대의 목적이 무엇인지 제대로 이해하지 못하고 있었습니다. 목적이 불명확한 삶은 자신의 삶 뿐만 아니라 많은 사람들의 안전과 생명도 파괴하고 말았습니다. 목적에서 빗나간 삶은 착하게 산 것 같지만 무서운 결과를 가져왔습니다.

여러분은 각자 삶의 목적을 분명히 이해하고 있습니까? 하나님께서 부여하신 삶의 목적에 합당하게 삶의 방향을 정하고 그 방향대로 살고 있습니까?

 우리는 무엇으로 사는가

오늘은 추수감사주일입니다. 한 해 동안 우리를 지키고 보호해 주신 하나님의 은혜를 기억하며 감사하는 절기입니다. 추수감사주일에 우리가 기억해야 할 중요한 사실 한 가지는 인생은 심고 거두는 것이라는 사실입니다.

농부는 봄에 씨를 뿌립니다. 무슨 씨를 뿌려야 합니까? 그것은 농부가 가을에 무엇을 수확할 것인지에 대한 기대와 목적에 따라서 결정됩니다. 농부가 배추를 기대하고 목적하면서도 무 씨를 뿌리는 것은 어리석은 일입니다. 그것은 자신의 기대와 목적에 합당한 씨가 아니기 때문입니다.

농부와 마찬가지로 하나님께서도 분명한 목적과 기대를 가지고 우리를 이 땅에 보내셨습니다. 배추 한 포기도 그러한데 하물며 인간이겠습니까?

목적 없이 씨 뿌리는 사람은 없습니다. 그런데 우리가 왜 하나님의 목적에 따라 열매를 맺지 못합니까? 그것은 하나님도 우리를 향한 목적을 가지고 계시지만, 사단도 우리를 향한 목적과 계획을 가지고 우리를 유혹하기 때문입니다.

저는 추수감사주일에 목적이 이끄는 40일 캠페인의 개회 예배를 겸하여 드리게 됨을 감사합니다. 추수감사주일을 맞이하여 주님의 은혜에 감사합시다. 그리고 하나님께서 우리의 인생에 원하시는 추수와 목적의 성취를 위하여 아름다운 씨를 뿌리겠다고 결단하는 위대한 영적 출발점으로 오늘을 삼기 바랍니다.

우리 모두가 위대한 영적 추수를 위하여 40일간 독서와 기도와 예배의 씨앗을 뿌립시다. 씨앗을 뿌리는 사람들만이 아름다운 추수와 풍성한 결실을 수확할 수 있습니다.

미국 LA에 가면 유명한 새들백교회가 있는데, 그 교회 담임 목사인 릭 워렌이 쓴 「목적이 이끄는 삶」이라는 책이 있습니다. 이미 전 세계적으로 3천만 부가 팔린 베스트셀러로서 참 좋은 책입니다. 여기서 릭 워렌 목사는 "하나님은 우주를 만들기 전부터 우리를 마음에 품으시고, 하나님의 목적을 위해 우리를 계획하셨다"라고 말했습니다. 그렇습니다. 이 땅에 사는 모든 피조물은 하나님의 계획 가운데서 하나님의 목적을 위해 존재합니다.

그러므로 우리 인생의 주체는 나 자신이 아니라 하나님이라는 사실을 알아야 합니다. 그럼에도 불구하고 많은 사람들은 오늘도 삶의 목적을 다른 데 두고 사는 경우가 많습니다. 하나님이 세우신 계획보다도 사단이 우리를 향하여 세운 계획에 휘말리는 사람들도 많습니다.

오늘 본문은 하나님께서 '내 마음에 합한 자'라고 칭찬했던 믿음의 사람 다윗이 한때 자신을 이 세상에 태어나게 하시고 왕으로 세워 주신 하나님의 목적대로 살지 않고 목적에서 빗나간 삶을 사는 모습을 보여 줍니다. 오늘 본문을 보면서 다윗이 어떤 목적에서 벗어났으며 왜 벗어났는지, 또 그 결과 어떤 열매를 맺었는지 함께 연구하면서 우리 자신을 돌이켜 보는 시간이 되기를 바랍니다.

첫째, 그는 사명을 망각하였습니다

연일 연승의 가도를 달리던 다윗은 왕들이 출전할 때가 되었는데 전쟁터에 나가지 않고 예루살렘에 그대로 있었습니다. 그 당시 왕은 정치인만이 아니라 군대 대장이기도 하였습니다. 이스라엘 백성들에게 왕이 없고 사사만 있을 때에 그들이 하나님께 왕을 구한 이유가 바로 이웃 나라들처럼 싸움에 앞장서며 전쟁에서 그들의 지휘관이 되어 줄 사람을 원했기 때문입니다. 그런데 다윗은 지금 병이 든 것도 아니고, 다른 전략이 있어서 전쟁터에 나가지 않은 것도 아니고, 다만 특별한 이유 없이 전쟁에 나가지 아니하였습니다.

10장을 보면 다윗이 바로 전 해에 암몬 자손들을 제압한 것을 볼 수 있습니다. 사실 다윗은 암몬 자손과 싸울 의사는 없었습니다. 암몬 자손의 나하스 왕 때에 다윗과 나하스는 사이가 좋았기 때문입니다. 그래서 다윗은 나하스 왕이 죽자 그의 신복들로 조문 사절단을 꾸며 보냈습니다.

그런데 나하스의 아들 하눈 왕은 간신배들의 잘못된 충고를 받아들여서 이스라엘 조문 사절단이 정탐하러 온 줄로 오해합니다. 그래서 조문 사절단의 수염 절반을 깎고 그들의 의복의 중동볼기까지 잘라서 돌려보냈습니다. 이에 화가 난 다윗은 요압과 용사의 온 무리를 보내어 암몬을 공격하여 승리하였습니다. 하지만 암몬 자손들이 성읍으로 들어가 버렸기 때문에 요압과 그 군대는 계속 공격하지 않고 겨울이 돌아와 예루살렘으로 철수하였습니다.

그러기에 그 다음해 봄에 다시 왕들이 출전할 때에 다윗은 자신은 안 나가도 된다고 생각하였습니다. 작년 전쟁처럼 요압 정도만 가도 능히 승리할 수 있다는 판단 아래 자신은 예루살렘에 그대로 머물렀습니다. 그런데 그것이 바로 화근이었습니다. 왕의 사명대로 가야 하는데 가지 않고 머무르는 바람에 그는 범죄하였습니다. 사명대로 살지 못할 때에 아픔이 몰려왔던 것입니다.

둘째, 그는 순리대로 살지 못했습니다(2절)

그는 자기 군사들이 싸우고 있는 시간에 낮잠을 잤습니다. 실컷 낮잠을 자고 나서 저녁 때가 되어서야 침상에서 일어났습니다. 중동 지역은 낮 시간 기온이 너무 높게 올라가기 때문에 낮잠 자는 시간이 있습니다. 관공서 같은 곳도 12시부터 4시까지는 업무를 보지 않고 낮잠을 자는 나라들도 있습니다.

다윗도 낮 시간은 너무 더우니까 잠들었던 것 같습니다. 그러다가 서늘해지는 저녁이 되어서 깨어난 것입니다. 그리고 지붕 옥상을 거닐며 산책했습니다. 이 나라에는 겨울에도 거의 눈이 안 내리기 때문에 지붕들이 평평합니다. 이 당시에는 목욕탕이 특별나게 없고, 샤워 시설이 되어 있는 것도 아니다 보니 목욕통에 물을 받아서 몸을 씻곤 했습니다.

왕궁 옥상은 예루살렘에서 가장 높다 보니 백성들의 사는 모습이 한눈에 보였습니다. 그렇게 왕궁 옥상을 거니는 중에 한 여인의 모습에 다윗의 시선이 꽂혔습니다. 어떤 여인이 목욕하는 모습이었습니다. 아름다운 여인이었습니다. 그때 다윗이 재빨리 눈을 돌렸더라면 유혹에 빠지지 않았을 것입니다.

그러나 다윗은 유혹을 이기지 못하고 상당 시간 동안 밧세바의 벗은 몸을 몰래 훔쳐 보았습니다. 성적 본능을 즐겼던 것입니다. 이런 습관을 '관음증'이라고 합니다. '안목의 정욕'이란 무서운 것입니다.

몇 년 전에 하버드 대학 교목실장이 관음증에 걸려서 그의 컴퓨터 속에 여자의 나체 사진을 무려 900장이나 담아 두었습니다. 그러다 그 방을 청소하던 청소부에게 들키는 바람에 하루아침에 교목실장을 그만두어야 했습니다.

오늘날 우리의 삶에 이러한 유혹이 얼마나 많은지 모릅니다. 현대를 가리켜 누군가는 '섹스에 미친 세상'이라고 표현했습니다. 이러한 성적 유혹이 다윗 때보다도 훨씬 더 많으면 많지 적지 않을 것입니다. 성적 범죄를 가볍게 여기는 풍조가 되다 보니 많은 사람들이 성의 유혹에 넘어가 타락의 길로 달려가는 것을 보게 됩니다. 특별히 우리가 존경하는 지도자들마저도 성적 유혹에 넘어져 그 개인과 가정은 물론 공동체가 회복되기 힘든 고통을 겪는 모습도 봅니다.

다윗은 여인의 모습이 머리에서 떠나지 않자 측근 사람을 보내어서 그에 대해 알아보게 하였습니다. 그녀의 이름은 밧세바인데 '엘리암의 딸' 곧 자신의 가장 가까운 정치 고문 아히도벨의 손녀요, 충성스러운 서른 용사 가운데 한 명으로 암몬과의 전쟁에 출전 중인 '우리아의 아내' 라는 사실을 알았습니다.

다윗이 제정신이었으면 그녀가 이미 결혼한 여인이요, 자기 부하의 아내라는 사실을 알았을 때에 관심을 끊어야 했습니다. 그런데 그는 왕이 된 목적을 망각하고 왕권을 행사하여 그녀를 왕궁에 오게 했습니다. 처음에는 아내로 맞이하려고 했던 것은 아니었습니다. 그냥 즐기고 끝내려고 했던 것 같습니다. 그런데 모든 것이 다윗 마음대로 안 되었습니다.

그는 정욕의 노예가 되어 비밀스런 자리를 만들고 끝내 간음을 저지르고 말았습니다. 그리고 여인이 임신을 하는 바람에 다윗은 이제 생각이 복잡해졌습니다. 그는 즉시로 자신의 죄를 숨기기 위해서 작전을 벌였습니다.

죄를 숨기려는 인간의 행동은 일찍이 에덴동산에서 시작되었습니다. 아담과 하와도 죄를 짓고 나서 무화과 나뭇잎으로 치마를 해 입음으로써 자신들의 벌거벗은 몸을 가리고 지은 죄를 감추려 하였습니다.

목적이 빗나간 사람

모세도 애굽 사람을 쳐죽인 후에 모래 속에 파묻어 자신의 죄를 감추려고 했습니다. 성경을 보면 모세가 "좌우를 살펴 사람이 없음을 보고 그 애굽 사람을 쳐죽여 모래 속에 감추니라" (출 2:12)고 되어 있습니다. 죄를 짓고 난 인간은 항상 제일 먼저 그것을 감추려고 합니다.

다윗도 자신의 간음죄를 숨기기 위해서 군대장관 요압에게 기별하여 헷 사람 우리아를 궁으로 보내라고 했습니다. 다윗은 우리아에게 요압의 안부와 전쟁의 상황을 묻는 척하면서 "네 집으로 내려가서 발을 씻으라"고 합니다. 그러면서 왕의 음식물을 뒤따라 보냈습니다. 그런데 우리아는 자기 집으로 내려가지 않았습니다. 집에 가면 아리따운 아내가 기다리고 있는데 가지 않았습니다. 그리고 왕궁 문에서 그의 부하들과 더불어 잤습니다.

다윗이 다시 그를 불러 왜 집으로 내려가지 않았느냐고 묻자 그는 "언약궤와 이스라엘과 유다가 야영 중에 있고 내 주 요압과 내 왕의 부하들이 바깥 들에 진 치고 있거늘 내가 어찌 내 집으로 가서 먹고 마시고 내 처와 같이 자리이까 내가 이 일을 행하지 아니하기로 왕의 살아 계심과 왕의 혼의 살아 계심을 두고 맹세하나이다" (11절)라고 대답합니다.

그는 지금 다윗의 계획을 다 망치고 있습니다. 자기가 집으로 내려가서 잠을 자지 않는 것은 지극히 당연한 일이라는 것입니다. 어찌 보면 우리아는 사명감에 불타는 군인입니다.

먼 곳 전쟁터에서 지금 자기 집이 있는 곳까지 왔는데도 불구하고 그는 하나님을 생각하고, 또 그의 상관 요압과 부하들을 생각하면서 혼자 집에서 발벗고 편안하게 아내와 함께 잘 수 없다고 결단하였습니다. 그는 참으로 충성스런 군인이었습니다.

다윗은 자기 마음대로 되지 아니하자 또 한 번 잔꾀를 부립니다. 우리아에게 술을 잔뜩 먹여서 취하게 하였습니다. 술취하면 복잡하게 생각하지 않고 집으로 곧장 가리라 예측한 것입니다. 그런데 우리아는 만취가 되어도 정신이 흐트러지지 아니하였습니다. 그래서 그날도 여전히 집으로 내려가지 아니하고 부하들과 함께 시위대에서 잠을 잤습니다.

다윗은 결국 우리아를 집으로 보내는 데 실패하였습니다. 우리아는 헷 사람으로 이방인입니다. 그런데도 그의 신앙은 너무나 좋은 것 같습니다. 반면에 다윗은 하나님의 백성이요, 이스라엘의 왕입니다. 지금 순리대로 사는 것이 아니라 악의 길을 걷고 있습니다. 전혀 하나님의 백성다운 모습을 볼 수가 없을 지경입니다. 완전히 바뀌었습니다.

오늘날로 말하면, 예수님을 안 믿는 사람은 참으로 도덕적이고 경건한데, 예수님을 믿는 사람들이 너무 비도덕적으로 사는 것과 같은 모습입니다. 인생의 바른 목적이 깨질 때에 하나님 백성의 모습은 너무 비참합니다. 믿지 않는 사람들보다도 더 추할 수 있습니다. 어제까지 목적에 충실했던 다윗이 바로 그러한 모습을 보여주고 있습니다.

셋째, 그는 죄를 숨기기 위해서 또 다른 죄를 지었습니다

다윗은 죄인이면서 자기 죄를 토하려고 하지 않고 숨기기 위해서 또 다른 죄를 지었습니다.

얼마 전에 비행기 여승무원을 유인하여 죽인 자가 재판에서 무기징역을 선고받고 나서 법정을 탈출하였습니다. 평생을 감옥에서 살 수 없다고 생각한 것입니다. 그는 감옥에서조차 죄를 회개하기보다는 억울하다는 생각이 들었나 봅니다. 그래서 탈옥을 선택한 것입니다.

다윗도 죄는 자기가 지었는데 죽기는 우리아가 죽기를 바랐습니다. 다윗은 우리아가 자기 집에 가서 자기 아내와 하룻밤이라도 자 주기를 소원했습니다. 그리하면 밧세바의 잉태가 자기 때문이 아니라 그 남편으로 인한 것이라고 발뺌하려고 했던 것입니다. 머리가 아주 비상하게 돌아갔습니다. 옛날에는 유전자 감식 기구가 없었기에 그런 생각을 했던 것입니다.

그런데 우리아가 자기 집으로 내려가지 아니하자 다윗은 초조해졌습니다. 다급해졌습니다. 이제 왕이 부하의 아내를 범했다는 도덕적으로 도무지 용납할 수 없는 부끄러움을 당하게 되었습니다. 그러자 다윗은 즉시 회개하는 것이 아니라 간음죄를 숨기기 위해 또 다른 죄를 범합니다.

다윗은 요압 장군과 공모하여 우리아를 교살할 작전을 세웁니다. 그리하여 요압에게 편지 쓰기를 "너희가 우리아를 맹렬한 싸움에 앞세워 두고 너희는 뒤로 물러가서 그로 맞아 죽게 하라" (15절)고 하였습니다. 그는 살인죄를 지었습니다.

그는 부하 여러 명을 우리아 죽이는 데 공범이 되게 하였습니다. 요압도 충성스러운 우리아를 죽이라는 다윗의 서신을 받았을 때에 한 번쯤은 왕에게 그 이유를 물어볼 수 있습니다. 그런데 전혀 묻지 않고 부하 우리아를 죽게 합니다. 죄에 공모하면서 의인을 죽였습니다.

죄는 지으면 지을수록 점점 더 복잡하게 얽힙니다. 처음에는 별 것 아닌 걸로 알고 시작하였다가 나중에는 그 인생을 완전히 망치

 우리는 무엇으로 사는가

게 됩니다. 작은 누룩이 온 덩이에 퍼지는 것처럼 작은 죄를 허용하기 시작하면 곧 죄가 우리의 삶 전체에 파고듭니다.

죄의 상징인 한센씨 병도 마찬가지입니다. 한센씨 병은 처음에는 손가락 발가락 끝에서 시작하여 서서히 온몸으로 퍼져 가는 무서운 병입니다. 이 병에 걸리면 먼저 신경 세포가 죽어 감각이 없어지기 때문에 환자가 고통을 느끼지 못한 채 환부가 신체의 더 깊은 곳으로 진행됩니다. 실제로 문둥병에 걸린 사람은 아주 뜨거운 것도 무심코 손으로 잡다가 살이 타는 냄새를 맡고 나서야 손을 뗀다고 합니다. 그러다 보니 곧 손발이 썩어 들어가 잘려 나가고 결국은 죽게 됩니다.

다윗도 그와 같이 죄에 감염된 후 병세가 점점 더 복잡해지고 심해져 죄라는 병의 노예가 되고 급기야는 우리아를 죽일 음모를 꾸미게 된 것입니다. 그러면서 우리아가 죽었다는 보고를 받을 때에도 전쟁을 하다 보면 죽을 수 있다는 듯이 뻔뻔스럽게 대답하였습니다. 아예 양심마저 마비가 된 것입니다.

다윗은 우리아의 아내 밧세바가 그 남편을 위하여 장례를 마치자 왕궁으로 데려와서 아내로 삼았습니다. 그는 모든 것을 완벽하게 처리했다고 생각했습니다. 다윗은 이로써 사건이 모두 정리되었다고 생각하였을 것입니다. 어쩌면 자신의 영악한 꾀를 자축했는지도 모릅니다. 어쨌거나 백성들의 눈에는 다윗이 싸움터에서 전사한 부하의 오갈 데 없는 미망인을 후궁으로 데려다 돌보아 주는 인자한 임금으로 보였을 것입니다.

그러나 하나님은 모든 것을 알고 계셨고 다윗의 악한 소행을 기억하셨습니다. 목적에 빗나간 삶을 산 다윗의 이러한 행위가 하나님 보시기에 악하였습니다. 다윗은 사람은 속일 수 있었는지 모르지만 하나님을 속일 수는 없었습니다. 그래서 하나님은 나단 선지자를 그에게 보내어 책망하셨습니다.

그 책망의 내용은 12장 7절 이하에 나옵니다.

하나님께서 다윗을 이스라엘의 왕으로 기름 붓기 위해서 사울의 손에서 구원하여 내셨습니다. 또 사울 왕의 집을 다윗에게 주셨습니다. 사울 왕의 아내들을 주셨습니다. 그리고 이스라엘과 유다 족속을 다윗에게 맡기셨습니다.

그런데 하나님이 이렇게 그를 왕으로 택하신 목적에서 벗어나 그는 맡은 백성을 해하는 자가 되었습니다. 자기 백성의 가정을 파괴하였습니다. 자기의 신복을 적군의 칼에 맞아 죽게 하였습니다. 이는 하나님을 업신여긴 행동이었습니다. 목적이 빗나간 삶을 산 것입니다.

목적에서 빗나간 악한 씨를 그 집안과 국가 사회에 뿌린 다윗은 무엇을 추수해야 했습니까?

첫째, 칼이 다윗의 집에서 영원토록 떠나지 않게 되었습니다.

둘째, 다윗과 다윗의 집에 재앙이 일어나고 하나님이 그의 눈앞에서 그의 아내를 빼앗아 그의 이웃들에게 주겠다고 하셨습니다. 그리하여 그 사람들이 그의 아내들과 더불어 백주에 동침하리라 하였습니다. 그는 은밀히 죄를 행하였으나 하나님은 온 이스라엘 앞에서 백주에 이 일을 행하겠다고 하셨습니다.

셋째, 다윗과 우리아의 아내에게서 낳은 아이는 반드시 죽으리라 하셨습니다. 그들은 생명의 열매가 아니라 죽음의 열매를 맺었습니다. 이 예언은 그대로 성취되어 12장 15절 이하를 보면 우리아의 아내가 다윗에게 낳은 아이는 여호와께서 치시매 죽었습니다.

다윗이 그 아이를 살리기 위해서 밤새도록 금식하였습니다. 그

리고 7일간이나 땅에 엎드려 살려 주실 것을 간청했습니다. 하지만 하나님은 그 아이를 데려가셨습니다. 그후에도 다윗이 뿌린 죄의 씨앗은 엄청난 화를 추수해야만 했습니다.

13장 이후를 보면 다윗의 배다른 형제 사이에 칼부림이 시작됩니다. 압살롬이 그의 누이 다말이 배다른 형 암논에게 몸을 빼앗긴 것을 분히 여겨 암논을 죽여 버렸습니다. 또 아들 압살롬이 아버지 다윗에게 반역을 일으켜서 백주에 아버지의 첩들을 온 백성들이 보는 가운데 범합니다.

다윗은 얼마 전까지만 해도 목적에 이끌려 살았던 사람입니다. 그는 하나님의 마음에 꼭 드는 사람이었습니다. 수십 년간 사건을 넘나들며 환난과 고통의 풀무 속에서 귀하게 연단을 받은 믿음의 사람이었습니다. 탁월한 지도자였습니다.

그는 이제 권좌에 오른 지 약 20년이 지났고 나이도 반백으로서 어느 모로 보나 인격적으로 흠 잡힐 데 없는 원숙의 경지에 서 있었습니다. 그의 포용력과 지략, 용단 앞에 국내 정세는 물론이고 주변 국들이 하나둘 항복하여 그의 통치는 절정에 달해 있었습니다. 그런 그가 왕이 된 목적을 잊어버리고 한 순간의 충동을 이기지 못해 사단의 공격 앞에 어이없게도 무릎을 꿇고 말았습니다.

하나님의 사람이 너무나도 쉽게 실수의 구렁텅이 속으로 빠져들었습니다. 목적에서 벗어난 다윗의 이러한 모습은 그 누구도 안전지대에 있지 않음을 가르쳐 줍니다. 어느 누구라도 죄의 공격을 받을 수 있음을 보여 주고, 또한 승리의 정상에 오르면 오를수록 범죄할 수 있는 위험이 항상 도사리고 있다는 위대한 교훈을 던져 줍니다.

사랑하는 여러분! 한번 목적대로 살았다고 해서 끝까지 그렇게 산다는 보장이 없습니다. 목적대로 살려면 깨닫고, 그 깨달은 바를

목적이 빗나간 사람 151

날마다 붙들고 살아야 합니다.

여러분 중에 많은 분들의 장례를 제가 치르게 될 것입니다. 어떤 권사님은 건강하신데도 "목사님, 제 장례를 꼭 담당해 주세요" 하고 벌써부터 부탁하는 분도 있습니다. 여러분, 제가 여러분의 장례식에 가서 할 말이 있도록 사시기 바랍니다.

장례식에 가 보면 어떤 분은 해주고 싶은 말이 참 많습니다. 교회에서나 사회에서나 그리스도인답게 목적을 따라 산 분의 경우는 할 말이 많습니다. 그러나 평생 교회 봉사도 안 하고 사회에서도 열심히 살지 못한 분의 장례식에 가서는 할 말이 별로 없습니다. 그렇게 사시다가 하나님 앞에 가면 할 말이 뭐가 있겠습니까?

무조건 오래 사는 게 인생의 목적이 되면 안 됩니다. 의미 있게 살아야 합니다. 보내신 분의 목적에 맞게 살아야 그 나라에 가서도 대답할 말이 있습니다. 그러므로 이번 '목적이 이끄는 40일' 캠페인을 통해서 우리 인생의 목적을 다시 한 번 검증합시다. 내가 지금 가고 있는 방향이 보내신 이의 목적에 맞게 가고 있는지 아니면 방향을 전환해야 하는지 검증하는 시간이 되길 바랍니다.

구약 성경을 보면 하나님과 이스라엘 백성 사이에 흥미 있는 사건이 자주 등장합니다. 그것은 이스라엘 백성들이 하나님 앞에서 자주 언약을 고백했다는 것입니다.

대표적으로 여호수아 24장 23~28절을 보면 여호수아는 이스라엘 백성들에게 이렇게 말합니다.

"그러면 이제 너희 중에 있는 이방 신들을 치워 버리고 너희의 마음을 이스라엘의 하나님 여호와께로 향하라."

그러자 이스라엘 백성들이 여호수아에게 이렇게 응답합니다.

"우리 하나님 여호와를 우리가 섬기고 그의 목소리를 우리가 청종하리이다."

그러자 여호수아가 세겜에서 백성과 더불어 언약을 맺습니다. 율례와 법도를 제정하고 큰 돌을 가져다가 여호와의 성소 곁에 있는 상수리나무 아래에 세웁니다. 그리고 백성들에게 이렇게 선언합니다.

"보라 이 돌이 우리에게 증거가 되리니 이는 여호와께서 우리에게 하신 모든 말씀을 이 돌이 들었음이니라 그런즉 너희가 너희의 하나님을 부인하지 못하도록 이 돌이 증거가 되리라."

이스라엘 백성들은 개인적으로 하나님 앞에서 충성할 것을 고백했습니다. 그리고 그 고백을 공동체의 언약을 통해 확증하였습니다. 그 언약의 표징으로 돌이 사용되었습니다.

우리는 '목적이 이끄는 40일 캠페인'을 시작하면서 하나님 앞에서 개인적으로 헌신을 약속하면 좋겠습니다. 그래서 여러분에게 헌약서를 나누어 드렸습니다. 헌약서에는 어떤 자세로 이번 '목적이 이끄는 40일 캠페인'에 임해야 하는가가 간략하게 담겨 있습니다. 헌약서를 읽고 하나님 앞에서 헌신을 약속하는 여러분이 되시기를 바랍니다.

목적이 빗나간 사람

>>사무엘하<<

새해에는
이렇게 삽시다
12장 1~15절

여호와께서 나단을 다윗에게 보내시니 그가 다윗에게 가서 그에게 이르되 한 성읍에 두 사람이 있는데 한 사람은 부하고 한 사람은 가난하니 그 부한 사람은 양과 소가 심히 많으나 가난한 사람은 아무것도 없고 자기가 사서 기르는 작은 암양 새끼 한 마리뿐이라 그 암양 새끼는 그와 그의 자식과 함께 자라며 그가 먹는 것을 먹으며 그의 잔으로 마시며 그의 품에 누우므로 그에게는 딸처럼 되었거늘 어떤 행인이 그 부자에게 오매 부자가 자기에게 온 행인을 위하여 자기의 양과 소를 아껴 잡지 아니하고 가난한 사람의 양 새끼를 빼앗아다가 자기에게 온 사람을 위하여 잡았나이다 하니 다윗이 그 사람으로 말미암아 노하여 나단에게 이르되 여호와의 살아 계심을 두고 맹세하노니 이 일을 행한 그 사람은 마땅히 죽을 자라 그가 불쌍히 여기지 아니하고 이런 일을 행하였으니 그 양 새끼를 네 배나 갚아 주어야 하리라 한지라 나단이 다윗에게 이르되 당신이 그 사람이라 이스라엘의 하나님 여호와께서 이와 같이 이르시기를 내가 너를 이스라엘 왕으로 기름 붓기 위하여 너를 사울의 손에서 구원하고 네 주인의 집을 네게 주고 네 주인의 아내들을 네 품에 두고 이스라엘과 유다 족속을 네게 맡겼느니라 만일 그것이 부족하였을 것 같으면 내가 네게 이것 저것을 더 주었으리라 그러한데 어찌하여 네가 여호와의 말씀을 업신여기고 나 보기에 악을 행하였느냐 네가 칼로 헷 사람 우리아를 치되 암몬 자손의 칼로 죽이고 그의 아내를 빼앗아 네 아내로 삼았도다 이제 네가 나를 업신여기고 헷 사람 우리아의 아내를 빼앗아 네 아내로 삼았은즉 칼이 네 집에서 영원토록 떠나지 아니하리라 하셨고 여호와께서 또 이와 같이 이르시기를 보라 내가 너와 네 집에 재앙을 일으키고 내가 네 눈앞에서 네 아내를 빼앗아 네 이웃들에게 주리니 그 사람들이 네 아내들과 더불어 백주에 동침하리라 너는 은밀히 행하였으나 나는 온 이스라엘 앞에서 백주에 이 일을 행하리라 하셨나이다 하니 다윗이 나단에게 이르되 내가 여호와께 죄를 범하였노라 하매 나단이 다윗에게 말하되 여호와께서도 당신의 죄를 사하셨나니 당신이 죽지 아니하려니와 이 일로 말미암아 여호와의 원수가 크게 비방할 거리를 얻게 하였으니 당신이 낳은 아이가 반드시 죽으리이다 하고 나단이 자기 집으로 돌아가니라 우리아의 아내가 다윗에게 낳은 아이를 여호와께서 치시매 심히 앓는지라

 우리는 무엇으로 사는가

유명한 역사학자 찰스 에이 베어드에게 어떤 기자가 "당신이 한평생 역사를 연구하면서 깨달은 바가 무엇입니까? 그 많은 시간 세계 역사를 연구하면서 얻은 것이 무엇입니까?" 하고 물었습니다. 그는 확실하게 대답했습니다.

"나는 역사를 연구하면서 네 가지 진리를 깨달았습니다. 이 깨달음이 내가 얻은 것의 전부입니다."

그가 얻은 깨달음은 이렇습니다.

첫째, 하나님께서 어떤 것을 멸하시려고 할 때에는 그것이 개인이든 국가든 권세욕에 날뛰게 하십니다. 하나님께서 겸손하게 만드시면 그것은 복이요, 교만하도록 내버려 두신다면 그것이 곧 심판입니다. 권세욕에 눈이 멀어 자기 자랑하고 자기 명예에 빠지고 교만해지는 것을 보면 '하나님께서 저들을 버리시는구나' 하는 생각이 든다고 합니다. 교만함 뒤에는 반드시 망하고, 권세욕에 눈이 멀어 날뛴 다음에는 반드시 떨어집니다. 역사를 보면서 그것을 배웠다고 그는 토로했습니다. 그러므로 개인이나 국가나 교만해지고 권세욕에 날뛰는 것을 보거든 이제 석양이 오고 마지막이 온 줄로 알면 된다는 것입니다.

둘째, 하나님의 맷돌은 있는지 없는지 의심될 정도로 천천히 돌아가지만 부드럽게 갈아서 결국은 의는 의로, 불의는 불의로, 선은 선으로, 악은 악으로 골라내십니다. 여러분, 하나님의 심판이 어디에 있느냐고요? 반드시 있습니다. 그분은 의는 의로, 불의는 불의로 깨끗하게 갈라 놓으십니다. 그는 이것을 역사 속에서 읽었다고 합니다.

셋째, 꿀벌이 꽃의 꿀을 도적질하는 바람에 꽃이 열매를 맺는 것입니다. 꿀벌들이 꽃에 다가가 꿀을 막 뽑아냅니다. 강도질을 하는 것처럼 보입니다. 그러나 결국은 그 때문에 꽃이 열매를 맺게 됩니다. 마찬가지로 이 세상에는 악한 사람도 있고 강도질하는 사람도 있고 불의가 득세하는 일도 있지만, 결과적으로는 다 합쳐져 저만치 가서는 의의 열매, 선의 열매를 맺는다는 이것이 그의 역사 의식입니다.

넷째, 날이 차츰 어두워질 때는 별을 볼 수 있는데, 암흑과 혼란이 길어지면 이것이 다 지나가기 전에 반드시 소망의 별이 나타납니다. 여러분, 이제 끝났다, 캄캄하다, 망했다 하는 소리 함부로 할 것이 아닙니다. 망하기 전에 다시 새로운 별을 하나님이 보여주십니다. 새벽별을 보여주시고, 소망의 별을 보여주십니다. 그런 고로 역사를 아는 사람은 절망할 필요가 없습니다.

이 네 가지 깨달음이 그의 간증이요 증거하는 바 역사 의식이었습니다.

본문에서 다윗이 지닌 문제가 무엇입니까?

그는 남북이 통일된 통일 왕국의 왕이 되었습니다. 이제는 전쟁터에 안 나가도 될 정도의 군사력을 갖추었습니다. 가는 곳곳마다 다윗의 군대는 승리를 합니다. 나라는 든든히 서 가고 평온을 되찾았습니다. 그는 어찌 보면 하고 싶은 대로 다 할 수 있는 권세를 누리게 되었습니다. 나라는 더 이상 싸울 대상이 없어진 상태입니다. 그러다 보니 위기가 오기 시작했습니다.

그는 전쟁터에 나가는 대신에 낮잠을 즐기다가 우리아의 아내를 범합니다. 사실 그 나라에서 낮잠을 즐긴다는 것은 그리 나쁜 일이 아닙니다.

대낮의 날씨가 너무 더워서 대부분의 사람들이 낮에 아무 일도 하지 않고 시원한 그늘 밑에서 낮잠 자는 것이 일이기 때문입니다.

또 옥상을 거닐다가 우리아의 아내가 목욕하는 모습을 본 것까지도 있을 수 있는 일입니다. 그러나 못 볼 것을 보았으면 빨리 고개를 돌려야 했습니다. 그런데 다윗은 그만 그 광경에 집중하고 말았습니다. 그래서 점점 눈이 어두워지기 시작했습니다.

여인에게 집중하는 사이에 그는 하나님을 망각해 갔고, 이웃의 동료에게 악한 행위를 하며 자기 자신을 속이는 엄청난 죄를 저지르고 맙니다.

이 일은 비단 다윗에게만 있을 수 있는 일이 아닙니다. 그 누구도 장담할 수 없는 일이요, 우리도 늘 깨어 있지 않으면 안 되는 일입니다. 그래서 오늘날 우리나라와 교회를 떠올리며, 새해에는 어떻게 사는 것이 건강한 그리스도인으로 살아가는 길인지 함께 생각해 보고자 합니다.

첫째, 올 한 해도 하나님 앞에서 자기를 돌아보며 삽시다

최근에 비디오 방에서 진한 남녀 관계를 맺는 내용의 야한 동영상을 빌려 보다가 그만 기겁을 한 한 사람이 있었습니다. 그 동영상에 나타난 남녀 주인공이 다름아닌 자신과 약혼녀였기 때문이었습니다. 어떤 이들이 몰래 그들의 모습을 찍어 시중에 유통시킨 것입니다. 그들은 일반인들의 몰래 카메라가 유통된다는 이야기를 들은 적은 있지만 자신이 그 주인공이 될 줄은 꿈에도 생각하지 못했습니다.

지난번 영국 런던 테러 때에도 범인을 잡는 데 결정적인 역할을 한 것은 지하철 역에 설치된 CCTV였습니다. 사실 요즘 세상은 카메라가 어디에나 있어서 우리의 일거수 일투족이 감시당하고 있다고 보면 됩니다.

그런데 사실 이 몰래 카메라는 최근에 생겨난 것이 아닙니다. 이 세상이 창조되는 그날부터 하나님의 몰래 카메라는 계속 돌아가고 있습니다. 우리는 하나님의 눈을 벗어날 수 없습니다. 단지 우리가 그것을 의식하지 못할 뿐이지 하나님의 눈은 세초부터 세말까지 늘 우리를 지켜보고 계십니다. 그것이 우리를 지켜 주는 아버지의 눈이라고 생각할 때에는 즐겁고 감사하기 그지없습니다. 하지만 죄를 범하는 죄인은 그 눈이 너무나 싫을 것입니다. 사람이 사람을 속일 수는 있지만 하나님을 속일 수는 없기 때문입니다.

가끔 우리는 영원히 풀리지 않는 사건 사고들을 봅니다. 그러나 그 사건 사고도 우리 인간이 모를 뿐이지 하나님은 다 알고 계십니다. 다윗이 범죄하는 그 순간에 하나님이 보고 계심을 생각했더라면 결코 범죄의 깊은 수렁으로 빠져들지는 않았을 것입니다. 또한 다윗은 나단 선지자가 비유를 통해서 말할 때에도 처음에는 그것이 자기 문제인 줄 전혀 몰랐습니다. 그는 지금 잔악한 꾀를 부리고 있으면서도 하나님께서 이 모든 잔악한 꾀를 다 보고 계신다는 사실도 잊고 있었습니다.

뿐만 아니라 나단 선지자가 비유를 통해서 다윗에게 범죄한 한 남자에 대해 말했을 때에도 '가난한 자의 양 한 마리를 빼앗은 그 부자가 죽일 놈'이라고 하였습니다. 그리고 당장 하나님의 사심을 두고 맹세하건대 그는 죽어야 한다고 했습니다.

그때 나단 선지자가 무엇이라고 말합니까? 그 죽을 자가 바로 당신이라는 것입니다. 당신은 아내도 많으면서 우리아의 하나밖에 없는 아내마저도 빼앗았다는 것입니다.

사람들은 지금 하나님이 자기에게 말씀하고 있는데도 불구하고

 우리는 무엇으로 사는가

자기를 보지 못하고 타인만 보려는 경향이 강합니다. 자기 눈 속에 들보가 들어 있는데도 불구하고 자꾸만 남의 티끌만 보려고 애를 씁니다. 자기 속에 상한 감정이 있습니다. 자기 속에 허물이 있습니다. 그래서 그 허물을 숨기고 싶어서 큰소리 칩니다. 그것을 타인에게 들키지 않으려고 더 멋지게 치장합니다. 사람들이 자기에 집중하지 못하도록 남의 죄만 들추어 냅니다. 그리하면 자기 죄는 숨겨질 줄 알고 말입니다. 그러다 보니 세상은 늘 시끄럽습니다. 비난의 손가락은 많아도 자기를 향하여 "내 탓이오 내 탓이오" 하며 가슴을 치는 소리는 잘 들리지 않습니다.

사랑하는 여러분! 올 한 해 하나님을 보고 나를 보면서 자아를 성찰하는 한 해가 됩시다. 우리의 눈으로는 안 보여도 하나님의 눈으로 보면 우리 마음속에는 아직도 씻어내어야 할 더러운 죄들이 많이 있을 것입니다.

다윗은 이 사건 이후로 자기는 죄 없다고 방방 뛰는 사람이 아니라 하나님께 자기 죄를 살펴 달라고 간구하는 사람이 되었습니다.

시편 139편 23~24절에 말씀합니다.

"하나님이여 나를 살피사 내 마음을 아시며 나를 시험하사 내 뜻을 아옵소서 내게 무슨 악한 행위가 있나 보시고 나를 영원한 길로 인도하소서."

사랑하는 여러분! 이 다윗의 기도를 올 한 해 우리의 기도로 삼아보지 않겠습니까?

하나님을 보고 나를 보며 정한 마음을 창조해 나갈 때에 하나님은 그 깨끗한 그릇, 준비된 그릇을 쓰실 것입니다. 새해에는 하나님 앞에서 자기 자신을 돌아보며 사는 한 해가 되길 축원합니다.

둘째, 하나님 앞에서 정직하게 삽시다

일을 아무리 많이 해도 정직하게 하지 않는다면 소용없습니다. 다윗은 일을 참 많이 한 왕입니다. 역대 왕 가운데 다윗처럼 일을 많이 하고 다윗처럼 많이 돌아다닌 왕도 드물 것입니다. 그런데 우리아의 아내를 범하는 죄를 저지른 후 나단 선지자가 그의 죄를 지적하는 그 사이의 삶을 보면 그는 정직하지 못했습니다. 한 가지 죄를 범하면 그 죄가 다른 죄를 물고 들어오게 마련입니다. 꼬리에 꼬리를 물고 들어오는 것이 죄의 속성입니다.

작년 한 해 중국과 일본의 관계가 제2차 세계 대전 이후 최악의 해로 기록될 것 같다고 합니다. 일본의 역사 왜곡과 고이즈미 준이치로 총리의 야스쿠니 신사 참배로 악화 일로를 걷던 양국 관계가 상하이 주재 일본 총영사관 직원의 돌이킬 수 없는 상황으로 치닫고 있습니다. 그 직원은 상하이 주재 영사관에서 암호 해독을 담당하던 전신관인데 그가 지난 2004년 5월에 자살하였습니다.

이유는 대략 이러합니다. 그 직원이 중국 여성과 알고 지냈는데 그 여성이 두 나라가 영유권 분쟁을 벌이고 있는 센카쿠 열도에 대한 기밀을 제공하라는 협박을 해 왔기 때문입니다. 건강하지 못한 둘의 관계를 빌미 삼아서 기밀을 제공하지 않으면 모든 사실을 불어 버리겠다고 하였던 것입니다.

불미스러운 약점 때문에 더 큰 악에 빠져드는 경우가 많습니다. 잘못된 것을 깨달았을 때에는 빨리 회개하고 돌이켜야 하는데 사람들은 회개하기보다는 그 사실을 숨겨 버리려고 합니다. 그래서 그 사실을 알고 있거나 연관된 사람들은 모두 죽여 버리려고 하는 것입니다.

 우리는 무엇으로 사는가

사실 다윗이 우리아 장군을 죽이려고 했던 것도 자기 생각대로 일이 안 되었기 때문입니다. 우리아 장군이 자기 집에 돌아가서 하룻밤 그의 아내와 잠만 잤어도 죽지는 않았을 것입니다. 그런데 그가 전혀 집 근처에도 가지 않자 다윗은 불안해졌습니다. 그래서 우리아 장군까지 죽여야 한다는 강박관념에 사로잡혀 더 깊은 악의 수렁에 빠져들었던 것입니다.

여러분! 오늘 본문을 읽어 보면 다윗이 잔꾀를 부리고 있는 것이 보입니까, 안 보입니까? 여러분 눈에도 보이는데 하물며 하나님 눈에 안 보이겠습니까?

사람들이 겁이 없는 이유가 하나님이 눈에 보이지 않기 때문입니다. 그래서 거짓말도 하고, 과장도 하고, 바꿔치기도 합니다. 며칠만 지나면 다 들통이 날 것인데도 끝까지 아니라고 우깁니다. 참으로 불쌍하고도 악한 인간이라는 생각이 듭니다.

이번 황우석 교수의 사건은 지금까지 밝혀진 것만으로도 우리를 참으로 부끄럽게 합니다. 인자하게 보이고 잘생긴 분이 그런 거짓말을 할 줄 몰랐는데 정말 실망이 큽니다. 하지만 이번 사건이 우리 민족에게 참으로 값진 교훈이 되면 좋겠습니다. 비록 대가를 너무 크게 치렀지만 그래도 이 일로 우리 백성의 뇌리 속에 정직이 얼마나 중요한지 새기는 계기가 되기를 바랍니다.

우리 민족은 '잘 살자'는 구호에 젖어 있으면서도 '바로 살자'는 사상은 아직도 약합니다. 그러기에 자꾸만 부풀리려고 하고 과대 포장을 잘 합니다. 그러하기에 이번 거짓들이 밝혀진 것은 '줄기 세포'를 만들어 낸 그 이상으로 값진 디딤돌이 될 수 있으리라 믿습니다. 거짓은 결코 성공할 수 없다는 진리를 깨닫는 데 값진 대가를 지불하였다고 믿습니다.

이번 문제는 비단 그의 문제가 아니라 오늘 우리 사회 전반의 문제를 온 세계에 한꺼번에 다 드러낸 사건입니다. 그러기에 이제 우리는 더 이상 숨길 것이 없습니다. 죄인임을 인정만 하면 됩니다. 실타래가 엉키면 첫 실마리를 찾아야 합니다. 그 시작을 찾지 못하면 풀기가 쉽지 않습니다.

문제가 안 풀립니까? 기본으로 돌아가면 됩니다. 멀리서 찾지 말고, 복잡한 데서 찾을 것 없습니다. 기초부터 다시 시작하면 됩니다. 원칙으로 돌아가면 됩니다. 정직하지 않은 사회는 아무리 국민소득이 올라간다고 해도 사상 누각에 불과합니다. 언제 무너질지 모르는 탑과 같습니다. 오히려 높으면 높을수록 위험합니다. 기초가 한없이 허약하기 때문입니다.

이랜드의 박성수 회장이 지난 12월 18일자 국민일보에 쓴 글을 보면, 크리스천이 직장 생활 속에서 정직을 지키지 못하는 경우가 많다고 하면서 정직은 지킬 수 없는 불가능한 것이 아니라 값을 치러야만 가능한 것이라고 했습니다. 그러면서 외환 위기로 인하여 30대 그룹 가운데 절반 이상이 사라지고 1980년 이후 생긴 수십 개의 그룹 가운데 한두 개만 살아남은 IMF 때 이랜드가 살아남을 수 있었던 것은 외국인들이 이랜드에 투자하기로 결정한 덕분이라고 했습니다.

박성수 회장은 우리나라 회사들이 모두 헐값에 팔려 나갈 위기에 있던 그때에 외국인 투자자들에게 "지금 우리나라 회사는 모두 헐값이어서 당신들이 사기 매우 좋은 기회일 텐데 왜 사지 않느냐"라고 물었습니다. 그러자 그들은 이렇게 대답했다고 합니다.

"우리도 이런 기회를 놓치고 싶지 않소. 그래서 이미 좋아 보이는 수십 개 회사를 방문해 투자를 하려고 했소. 그러나 조사 결과 모두 장부가 두 개라서 투자를 할 수 없었소."

하지만 이랜드는 장부가 하나이기 때문에 투자했다는 것입니다. 당시 상황은 외국인들의 투자가 결정되기만 하면 당장 은행들이 문을 활짝 열어 주던 때였습니다. 그들은 이랜드 규모의 회사 10개는 살릴 수 있었는데 돈이 있으면서도 사지 않아서 너무나 안타까웠다고 했습니다. 그러면서 박성수 회장은 결론적으로 이렇게 이야기했습니다.

"정직하면 언제나 손해를 본다. 정직이 요구하는 값은 크기 때문에 손해를 많이 본다. 그래서 정직이 옳은 것을 알면서도 손해 보지 않기 위해 그 길을 가지 못한다. 그 결과 조그만 이익을 본다. 그러나 결정적일 때는 정직해야 산다. 보통 때는 장부가 두 개이면 더 유리하겠지만 결정적일 때에는 장부가 하나여야 살 수 있다."

정직의 값은 큽니다. 그러나 그 값은 지불할 만한 것입니다. 하나님께서는 우리에게 불가능한 것은 요구하지 않으십니다. 그분이 우리에게 요구하시는 게 있다면 비록 그것이 불편할지언정 우리에게 유익하기 때문입니다.

사랑하는 여러분! 황우석 교수에게 돌을 던질 것이 아니라 우리의 내면을 들여다보면서 내가 정직하지 못한 부분은 무엇인지 되돌아 봅시다. 다윗을 손가락질할 것이 아니라 '세 개의 손가락이 나를 향해 있다'는 사실을 보면서 남이 지적당할 것이 하나라면 나는 세 개라는 사실을 깨닫기 바랍니다. 그리고 이 새해에는 거짓이 우리 삶에 뿌리 내리지 못하게 해봅시다. 조금 배고프게 살아도 정직하게 살고, 조금 불편하게 살아도 정직하게 삽시다. 대궐집에 살아도 거짓되게 사는 것보다는 오두막집에 살아도 정직하게 사는 것이 평안의 길로 가는 길임을 믿습니다.

다윗이 우리아의 아내를 범하는 사건을 통해서 깨달은 것이 무엇입니까?

시편 51편은 다윗이 밧세바와 동침한 후 선지자 나단이 그에게 왔을 때에 지은 시입니다. 그 시의 6절을 보면 "보소서 주께서는 중심이 진실함을 원하시오니 내게 지혜를 은밀히 가르치시리이다" 라고 하였고, 10절에서는 "하나님이여 내 속에 정한 마음을 창조하시고 내 안에 정직한 영을 새롭게 하소서" 라고 했습니다.

여러분은 진실합니까? 하나님이 보시기에 정직합니까? 새해에는 정한 마음을 창조하시는 하나님 앞에서 우리 자신을 비추어 보아 정직한 영으로 새로워지기를 축원합니다.

셋째, 하나님의 말씀을 귀히 여깁시다

9절을 보면 하나님께서 다윗을 책망하실 때에 이렇게 말씀하셨습니다.

"네가 여호와의 말씀을 업신여기고 나 보기에 악을 행하였느냐."

10절에서도 "네가 나를 업신여기고 헷 사람 우리아의 아내를 빼앗아 네 아내로 삼았은즉……" 이라고 하였습니다. "네가 음란의 죄를 범하였다" 라고 말씀하지 않으셨습니다.

여러분! 다윗이 무슨 하나님의 말씀을 업신여긴 것입니까? 다윗이 업신여겼다는 하나님의 말씀은 당시에 모세오경을 가리킵니다. 그러기에 다윗이 모세오경에서 무엇을 어겼는지를 보아야 합니다.

레위기 18장 20절을 보면 "너는 네 이웃의 아내와 동침하여 설정하므로 그 여자와 함께 자기를 더럽히지 말지니라" 고 했고, 20장

10절을 보면 "누구든지 남의 아내와 간음하는 자 곧 그의 이웃의 아내와 간음하는 자는 그 간부와 음부를 반드시 죽일지니라" 고 했습니다. 이 말씀에 의하면 다윗은 죽을 죄를 지은 사람입니다.

작년에 독일에 있는 종교개혁자 루터가 사역했던 것을 진열해 놓은 한 박물관에 들어가 보니 재미있는 그림이 있었습니다. 한 여자가 자기 남편을 껴안고 있는데 한 손으로는 그 뒤에 있는 다른 남자의 손을 잡고 있는 그림이었습니다. 몸은 남편과 관계를 하고 있지만 마음은 이미 다른 남자에게 쏠려 있는 모습이었습니다.

어떤 남자가 첫사랑을 잊지 못해서 일기 속에 이런 글을 적어 놓았습니다.

"○○야! 난 너를 잊을 수 없어. 그래서 아내와 잠자리를 같이하고 있지만 아내가 마치 너인 것처럼 생각하며 잠을 자지."

우연히 책상을 정리하다 남편의 일기에서 이 글을 읽게 된 아내는 그만 졸도하고 말았습니다. 이 남자가 나를 품에 안으면서도 생각은 완전히 딴 여자에게 가 있다는 것을 알게 된 것입니다. 남편은 자식을 둘이나 낳고 살고 있지만 마음은 딴 세상에 가 있었습니다.

여러분! 다윗은 실수할 때마다 어떤 일을 놓치고 있습니까?

그 분야에 관련된 말씀을 모르고 있다는 사실입니다. 여호와의 언약궤를 옮길 때에도 웃사가 죽자 왜 죽었는지 알지 못해서 두려워하기만 했습니다. 언약궤를 소 수레에 실어서는 안 되며, 정한 사람들로 하여금 메고 가야 한다고 했는데 다윗은 이러한 하나님의 말씀을 모르고 있었습니다. 제사장들도 모르고 있었고, 백성들도 모르다 보니 큰일이 일어났는데도 모두들 대처 방법은 모르고 두려워만 했습니다.

우리아의 아내를 범할 때도 마찬가지입니다. 다윗의 심중에 남의 아내를 빼앗는 일이 죽을 죄라는 사실을 알았다면 감히 그러한 죄를 범하였겠습니까? 그냥 또 한 사람의 아내를 더 취한다고 생각한 것입니다. 그러나 하나님 편에서 보실 때에는 다른 한 여인을 아내로 취하는 것과 우리아의 아내를 빼앗은 것은 같은 일이 아니었습니다. 이 두 사건은 엄청나게 다른 죄였습니다. 그래서 다윗은 일부다처제로 인해 받는 고통과는 비교할 수 없는 큰 고통을 겪어야만 했습니다.

그후 다윗은 이 사건을 통해서 결심한 것이 있습니다. 시편 51편 11~13절을 보면 이런 말씀이 있습니다.

"나를 주 앞에서 쫓아내지 마시며 주의 성령을 내게서 거두지 마소서 주의 구원의 즐거움을 내게 회복시켜 주시고 자원하는 심령을 주사 나를 붙드소서 그리하면 내가 범죄자에게 주의 도를 가르치리니 죄인들이 주께 돌아오리이다."

그는 범죄자들이 죄를 범하는 것은 주의 도를 알지 못하기 때문임을 깨달았습니다. 그래서 범죄자들에게도 주의 도, 즉 하나님의 말씀을 가르치겠다고 결심하고 있습니다.

사랑하는 여러분! 죄를 범하고 나서 하나님의 말씀을 배우면 안 배운 것보다는 낫겠지만 이미 늦습니다. 우리는 죄 짓기 전에 하나님의 말씀을 배워야 합니다. 유대교 공동체에서 아이들이 열두 살 성인식을 하기 전에 모세오경을 외우다시피 읽게 하는 이유가 바로 여기 있습니다. 어린 그들의 마음에 말씀을 가득 채우겠다는 것입니다.

오늘날 우리 사회에서 아이들의 마음은 하나님의 말씀으로 차기 전에 컴퓨터 게임으로 가득 차고 있습니다. 다윈의 진화론으로 가득 차고 있습니다. 그런 마음에 하나님의 말씀이 비집고 들어가려고 하니 여간 힘이 드는 것이 아닙니다.

　사랑하는 성도 여러분! 이 새해에는 우리 자녀들의 마음밭에 하나님의 말씀을 새겨넣는 한 해가 되기를 바랍니다. 하나님의 말씀은 "교훈과 책망과 바르게 함과 의로 교육하기에 유익하니 이는 하나님의 사람으로 온전하게 하며 모든 선한 일을 행할 능력을 갖추게 하려 함이라"고 자기를 돌아보며, 정직히 행하며 하나님의 말씀을 기준으로 살아가기로 결단하는 모든 이들에게 하나님의 크신 은총이 넘치길 축원합니다.

>>사무엘하<<

여디디야
12장 9~17절, 24~25절

그러한데 어찌하여 네가 여호와의 말씀을 업신여기고 나 보기에 악을 행하였느냐 네가 칼로 헷 사람 우리아를 치되 암몬 자손의 칼로 죽이고 그의 아내를 빼앗아 네 아내로 삼았도다 이제 네가 나를 업신여기고 헷 사람 우리아의 아내를 빼앗아 네 아내로 삼았은즉 칼이 네 집에서 영원토록 떠나지 아니하리라 하셨고 여호와께서 또 이와 같이 이르시기를 보라 내가 너와 네 집에 재앙을 일으키고 내가 네 눈앞에서 네 아내를 빼앗아 네 이웃들에게 주리니 그 사람들이 네 아내들과 더불어 백주에 동침하리라 너는 은밀히 행하였으나 나는 온 이스라엘 앞에서 백주에 이 일을 행하리라 하셨나이다 하니 다윗이 나단에게 이르되 내가 여호와께 죄를 범하였노라 하매 나단이 다윗에게 말하되 여호와께서도 당신의 죄를 사하셨나니 당신이 죽지 아니하려니와 이 일로 말미암아 여호와의 원수가 크게 비방할 거리를 얻게 하였으니 당신이 낳은 아이가 반드시 죽으리이다 하고 나단이 자기 집으로 돌아가니라 우리아의 아내가 다윗에게 낳은 아이를 여호와께서 치시매 심히 앓는지라 다윗이 그 아이를 위하여 하나님께 간구하되 다윗이 금식하고 안에 들어가서 밤새도록 땅에 엎드렸으니 그 집의 늙은 자들이 그 곁에 서서 다윗을 땅에서 일으키려 하되 왕이 듣지 아니하고 그들과 더불어 먹지도 아니하더라 다윗이 그의 아내 밧세바를 위로하고 그에게 들어가 그와 동침하였더니 그가 아들을 낳으매 그의 이름을 솔로몬이라 하니라 여호와께서 그를 사랑하사 선지자 나단을 보내 그의 이름을 여디디야라 하시니 이는 여호와께서 사랑하셨기 때문이더라

사무엘하 12장을 읽어 보면 두 번의 탄생 기사가 나오는데 너무나 대조적입니다. 한 아기는 태어나기도 전에 여호

168 우리는 무엇으로 사는가

와께서 선지자 나단을 보내어 "당신이 낳은 아이가 반드시 죽으리이다"라고 저주하여 태어난 지 얼마 안 되어 이름도 없이 죽습니다. 그리고 한 아기는 태어나자마자 여호와께서 선지자 나단을 보내어 '여디디야'라는 이름을 붙여 주십니다.

첫 번 아이의 탄생은 어떠합니까?

우리는 지난 시간 다윗이 낮잠 잔 후 일어나서 왕궁 옥상을 거닐다 우리아의 아내 밧세바를 데려와 간통한 사건을 보았습니다. 밧세바의 남편 우리아는 지금 왕의 명령을 받들어 암몬 자손과 싸우기 위해 전쟁터에 나가 있는 중이었습니다. 그런데 다윗은 자기 아내도 아닌 남의 아내, 특히 충성된 부하의 아내를 취하여 간통죄를 저질렀습니다. 이로 인하여 밧세바가 잉태하게 되자 이를 무마하려고 별별 수단을 다 써보지만 효력이 없었습니다. 그래서 밧세바의 남편 우리아를 전쟁터에서 죽게 합니다. 이제 다윗이 불륜으로 낳은 아이도 죽고, 밧세바의 남편 우리아와 몇몇 군인들도 죽었습니다. 참으로 다윗의 한 잘못을 숨기려다가 여러 생명이 죽어야만 했습니다.

본문 15절을 보면 "우리아의 아내가 다윗에게 낳은 아이를 여호와께서 치시매 심히 앓는지라"고 했습니다. 우리아는 이미 죽었습니다. 그리고 다윗이 밧세바를 아내로 맞아들였습니다. 하지만 아직도 성경은 밧세바를 '다윗의 아내'라고 하지 않고 '우리아의 아내'라고 했습니다. 그러한 범죄를 저지르는 시점이 분명히 우리아의 아내일 때였다는 것입니다.

그리고 14절에 그 둘 사이에서 태어난 아이도 우리아의 아내로서 다윗에게 낳은 아이라고 하면서 "다윗의 아이"라고도 하지 않고 "당신이 낳은 아이"라고 했습니다. 불륜의 씨앗이라는 말입니다.

다윗은 그 아이를 살리기 위해 처절하리만치 간절히 하나님께 간청합니다. 금식하고 밤새도록 땅에 엎드렸습니다. 하인들이 그를 일으키려 하지만 왕이 듣지 아니했습니다. 아픈 지 이레 만에 그 아이는 죽었습니다. 하나님께서는 이름도 없는 그 아이를 데려가셨습니다.

그리고 다윗의 잘못된 행동에 대한 징벌도 내리셨습니다. 후대에 다윗의 집에는 칼이 끊임없이 이어집니다. 다윗의 아들이 반역합니다. 아들이 아버지의 후궁들을 백주에 범합니다. 하나님이 말씀하신 대로 다 되었습니다. 그런데 사건은 이것으로 끝나지 않습니다.

다윗은 우리아의 아내였던 밧세바를 이제 궁으로 데려와서 자기 아내로 삼았습니다. 우리아가 죽은 상황에서 밧세바를 버리는 것은 그 여인을 두 번 버리는 것이나 다름없는 행위였기 때문입니다. 그러기에 다윗은 그의 아내 밧세바를 위로하고 그에게 들어가 동침하여 아들을 낳았습니다.

여기에 재미있는 표현이 나옵니다. 24절을 보면 이제는 우리아의 아내라고 하지 않고 "다윗이 그의 아내 밧세바"를 위로하였다고 표현한 것입니다. 이제부터는 다윗의 정식 처라는 말입니다.

개역성경에서는 마태복음 1장 6절에 "다윗은 우리아의 아내에게서 솔로몬을 낳고"라고 되어 있습니다. 그런데 흠정역이나 표준새번역에는 "다윗은 우리아의 아내였던 여자에게서 솔로몬을 낳았다"라고 했습니다. 이 말의 차이는 아주 큽니다. "다윗은 우리아의 아내에게서 솔로몬을 낳았다"고 한다면 솔로몬도 역시 사생아입니다. 하지만 사무엘하서를 보면 "다윗은 우리아의 아내였던 여자에게서 솔로몬을 낳았다"라는 말이 바른 번역입니다.

그 이유가 무엇입니까? 하나님은 다윗이 우리아의 아내인 밧세바 사이에서 낳은 첫 아이는 데려가셨습니다. 그리고 그후 모든 징계를 선포하신 후에 이제 다윗의 아내 밧세바에게서 태어난 아이는 나단 선지자를 보내어 축복해 주셨습니다.

다윗은 밧세바와 동침하고 낳은 그 아이를 솔로몬이라 이름 짓습니다. 솔로몬이란 '평강의 사람'이라는 뜻입니다. 다윗은 이제는 하나님과 평강을 누리고 관계를 회복하며 살기를 원해서 이렇게 이름을 지었습니다.

이에 하나님께서는 나단 선지자를 다시 보내어 그 아이의 이름을 '여디디야'라고 하셨습니다. 여디디야는 하나님께서 붙여 주신 이름입니다. 그 이름은 '여호와께서 사랑하시는 자'라는 의미입니다.

24절을 보면 "여호와께서 그를 사랑하사"라는 말씀이 있습니다. 여호와 하나님께서는 솔로몬을 사랑하셨습니다. 어찌 보면 솔로몬은 기구한 운명 가운데서 태어난 아이지만 하나님은 더 이상 과거에 매이지 아니하고 그를 사랑해 주셨습니다.

어떻습니까? 사람과 하나님과의 차이 중에서 저는 이 점이 너무나 감격스럽습니다. 사람은 한 번 잘못하면 참으로 관계를 회복하기가 힘듭니다. 선입견과 온갖 편견을 가지고 그 사람을 판단해 버립니다. 끝까지 물고 늘어지는 경우가 허다합니다. 하지만 하나님은 그렇지 않습니다.

하나님께서는 우리가 잘못할 때 벌하십니다. 만약에 벌하지 않으신다면 우리는 버린 자식일 것입니다. 하지만 그것은 우리와 하나님과의 관계가 회복되기를 원해서 내리시는 벌이지 결코 잘못되라고 내리시는 벌이 아닙니다. 그분은 벌하실 것을 다 벌하신 후에는 우리를 여전히 사랑하십니다. 여전히 '여디디야' 하시는 분입니다.

아버지와의 약속을 잘 지키지 않는 아들이 있었습니다. 그래서 그 아들에게 아버지가 말했습니다.

"한 번만 더 우리 가정의 계율을 깨뜨리면 너를 추운 다락방으로 보내겠다."

그렇지만 아들은 또다시 가정의 계율을 어기고 말았습니다. 아버지는 아들을 추운 다락방으로 보낼 수밖에 없었습니다. 아들을 추운 다락방에 보내고 잠자리에 든 부부는 잠을 이룰 수가 없었습니다. 어머니가 입을 열었습니다.

"아이가 안됐지만 그 애를 다락방에서 데려오면 앞으로도 당신 말을 잘 듣지 않을 거예요. 괴롭더라도 이 밤을 참고 지내셔야 해요."

한참을 괴로워하던 아버지도 입을 열었습니다.

"당신의 말이 옳아요. 내가 그 애를 데려오는 것도 말하자면 우리 가정의 계율을 깨뜨리는 셈이야. 그 애를 데려와선 안돼. 그러나 그 애는 지금 얼마나 외로울까? 여보, 미안해요."

아내에게 이렇게 말한 아버지는 아이에게 올라갔습니다. 아들은 추운 다락방의 딱딱한 바닥에서 베개도 없이 잠이 들어 있었습니다. 아버지는 아들 옆에 누워 팔베개를 해 주고는 아들을 꼭 끌어안았습니다. 아버지의 품에 안겨 곤히 잠든 아들의 뺨에서 눈물이 흘러 내렸습니다. 그는 자는 것 같았지만 실은 아버지의 큰 사랑을 경험하고 있는 것입니다. 우리의 하나님 아버지는 약속을 지키시는 분입니다.

하나님은 다윗이 죄를 범할 때에 다윗 때문에 마음이 무척이나 아프셨을 것입니다. 하지만 다윗이 자기는 백향목 궁에 거하면서 하나님의 궤는 휘장 가운데 있는 것이 못내 아쉬워서 성전을 건축하겠다고 했을 때, 하나님은 그에게 건축을 허락지 아니하셨지만 그 마음만은 기쁘게 받으셨습니다. 그래서 그에게 한 가지 약속을 합니다.

그 약속이 사무엘하 7장 14~16절에 있습니다.

"나는 그에게 아버지가 되고 그는 내게 아들이 되리니 그가 만일 죄를 범하면 내가 사람의 매와 인생의 채찍으로 징계하려니와 내가 네 앞에서 물러나게 한 사울에게서 내 은총을 빼앗은 것처럼 그에게서 빼앗지는 아니하리라 네 집과 네 나라가 내 앞에서 영원히 보전되고 네 왕위가 영원히 견고하리라."

그렇습니다. 하나님은 이 약속을 지키셨습니다. 다윗이 범죄하였지만 하나님께서는 그를 영원히 버리지 아니하시고, 그에게 징계를 내리셨지만 그의 후손 가운데서 예수 그리스도가 탄생케 하셨습니다. 다윗의 자손 예수 그리스도가 탄생하는 놀라운 은총만은 빼앗지 않으셨습니다.

성경을 보면 여러 가지 이름들이 나옵니다만, 우리가 그냥 듣기에는 이해가 잘 되지 않는 이름도 많습니다. 히브리어나 아람어를 그대로 사용한 이름이기 때문입니다. 본문을 보면 솔로몬을 '여디디야'라고 부릅니다. 이 이름은 '여호와께서 사랑하시는 자'라는 뜻입니다.

여디디야, 우리를 영원히 사랑하시는 하나님!

우리에게 귀한 약속의 말씀을 주시고 오늘도 우리를 죄 지었다 하여 버리지 아니하시고 다시 안아 주시는 하나님!

그분이 우리의 아버지이시기에 우리는 행복합니다.

그러므로 우리는 여디디야의 이름을 주신 하나님을 통해서 세 가지 할 일이 있습니다.

첫째, 하나님을 사랑하기 이전에 먼저 하나님의 사랑을 알아야 합니다

우리는 이 사건을 통해서 하나님은 다윗이 저지른 그 죄를 미워하시지만 다윗을 미워하시는 것이 아님을 알 수 있습니다. 우리가 생각할 때에도 다윗의 이러한 행동은 결코 정당화될 수도 없고, 또 오랜 세월 동안 사람들의 입에 오르내려야 할 죄악입니다. 그런데 하나님께서는 과거의 죄를 빨리 잊으셨습니다.

우리아의 아내를 범한 죄에 대한 징계를 선포하시고 그 죄에 대한 징계가 진행되는 가운데서도 하나님은 다윗을 향한 긍휼을 잊지 않으셨습니다. 사실 "당신이 낳은 아이가 반드시 죽으리이다"라는 말씀은 즉시 이루어졌습니다. 그래서 밧세바가 다윗에게 낳은 첫 번째 아이는 바로 죽었습니다. 하지만 나머지의 징계 사항들은 아직 시작도 하지 않은 상태였습니다.

"칼이 네 집에서 영원토록 떠나지 아니하리라"는 말씀이나 "네 눈앞에서 네 아내를 빼앗아 네 이웃들에게 주리니 그 사람들이 네 아내들과 더불어 백주에 동침하리라"는 말씀들은 아직 성취되지 않았습니다. 그런데 그러한 상황 속에서도 하나님께서는 다윗에게 사랑을 표현하셨고, 위로의 말씀을 주셨습니다. 사실 여호와께서는 다윗이 밧세바에게서 난 두 번째 아이를 보시고 아무 말씀도 안 하실 수 있었습니다. 무관심할 수 있었습니다.

그때에 다윗의 심정은 어떠하겠습니까? 다윗은 혹시 이 아이도

데려가시지 않을까 노심초사했을 것입니다. 아직도 완전히 용서받지 못한 것은 아닌가 하고 심히 고통 받았을 수 있습니다. 그런데 하나님께서는 그 모든 과거의 죄악으로부터 자유하게 해주시기 위해서 그에게 나단 선지자를 다시 보내셨습니다.

이전에 나단 선지자는 고통스러운 소식을 전하기 위해서 나타났지만 지금은 기쁨의 소식을 전하기 위해서 다윗에게 나타났습니다. 그리고 솔로몬의 이름을 '여디디야'라고 하셨던 것입니다. "여호와께 사랑을 입은 아이"라는 말입니다.

이 아이는 첫 번째 아이처럼 금방 죽지 않는다는 것입니다. 이 아이를 통해서 하나님의 영광이 드러나게 될 것이라는 말입니다. 이 아이 솔로몬이 하나님의 성전을 짓습니다. 이 아이 솔로몬이 다윗의 여러 아들들 가운데 정통성을 이어받아 다윗의 후계자가 됩니다. 이 솔로몬이 세상에서 가장 지혜로운 사람이 됩니다.

고통 속에서 얻은 아들이었지만 여호와께서 그를 사랑하셨습니다. 아직도 징계 가운데 있었지만 여호와께서 다윗과 솔로몬에게 사랑을 진하게 표현하셨습니다. 하나님을 사랑하고 이웃을 사랑하는 것은 하나님께서 우리에게 주신 대계명입니다. 그런데 하나님을 사랑하기 위해서는 그 이전에 하나님의 사랑을 먼저 알아야 합니다. 하나님께서 우리를 얼마나 사랑하시는지 알지 못하면 진정 하나님을 사랑하기 어렵습니다.

사실 하나님의 사랑은 측량할 방법이 없습니다. 찬송가 404장 가사처럼 "그 크신 하나님의 사랑 말로 다 형용 못하네"라는 말이 맞습니다. 하나님의 사랑은 측량할 수 없기에 수만, 수억 권의 책을 쓴다고 할지라도 부족할 것입니다.

그러나 우리는 무엇을 통해 하나님의 크신 사랑을 알 수 있습니까? 하나님께서는 이 인간이 낳은 중대한 죄악의 가계를 통해서 솔로몬을 보내셨을 뿐만 아니라 그 혈통을 이어 메시아를 보내셨다는 것입니다.

여러분! 마태복음 1장을 보면 메시아의 족보가 등장합니다. 그 마태복음 1장에는 5명의 여인이 족보에 등재되어 있습니다. 다말, 라합과 룻과 우리아의 아내였던 밧세바와 마리아입니다.

다말은 유다의 며느리인데, 남편이 죽고 난 다음에 시아버지와의 관계에서 베레스와 세라를 낳았습니다. 라합은 기생입니다. 룻은 이방 여인입니다. 그리고 우리아의 아내였던 밧세바는 불륜의 관계로 맺어진 사이입니다. 마리아는 남편과 관계도 갖기 전에 잉태했다는 소식을 듣습니다.

세상적으로 보면 다섯 여인 가운데 자랑할 만한 여인은 아무도 없습니다. 점도 흠도 없으신 메시아께서 이렇게 흠 많은 족보 속에 태어나셨다는 것 자체가 하나님의 은혜요 사랑인 것입니다. 받을 수 있는 자격이 전혀 없는 자가 받는 사랑! 이것이 바로 하나님의 크신 은총입니다.

뿐만 아니라 신약 시대에 사람들이 메시아를 가리켜 뭐라고 불렀습니까? "다윗의 자손 예수여"라고 했습니다. 다윗의 자손 예수라는 말은 예수님께서 다윗의 후손으로 오셨다는 말인데 바로 가장 큰 고통의 통로를 통하여 예수님께서 오신 것입니다.

다윗에게도 여러 후손이 있습니다. 정상적으로 태어난 아들들도 있습니다. 그런데 왜 하필이면 우리아의 아내였던 밧세바를 통하여 오셨을까요? 그것이 바로 '그럼에도 불구하고' 우리를 사랑하시는 하나님 사랑의 절대적인 표현입니다. 그러하기에 우리가 이러한 하나님의 일방적인 사랑을 깨닫지 못하고 하나님을 사랑한다는 것은 어불성설입니다. 하나님의 사랑을 깨닫지 못하고서는 절대로 하나님을 사랑할 수 없습니다.

가끔씩 매스컴에서 신장이나 간을 떼어 주어서 너무나 감사하고 감격해 하는 모습들을 봅니다. 세상에서는 이렇게 우리의 신체 일부분만 떼어 주어도 감격하고 평생 은인으로 여깁니다. 그런데 많은 사람들은 그리스도가 우리를 위해 신체의 일부가 아니라 자신의 전부를 다 주셨는데도 감격하지 않습니다. 그 이유는 그 큰 사랑을 받고도 모르기 때문입니다.

펠리칸은 모성애가 특별히 강한 새로 알려져 있습니다. 평소에는 부리 밑의 자루 주머니에 먹이를 담아 새끼에게 먹이며, 추운 겨울이 되어 먹이가 다 떨어지거나 새끼가 병약해지는 상황이 오면 강하고 긴 부리로 자신의 앞가슴 털을 뽑아 내어 그곳의 살과 피를 새끼에게 먹이고 자신은 고통 가운데 죽어갑니다. 그래서 영어에 '펠리카니즘(pelicanism)'이라는 용어가 있기도 합니다. 이기적으로 살지 않고 남을 위한 희생적이고 이타적인 이런 모습들은 펠리칸 뿐만 아니라 많은 짐승들에게서 볼 수 있는 행위입니다. 이처럼 한갓 미물들도 자기 생명을 포기하면서 새끼를 살리려는 살신성인의 정신이 있습니다.

그렇다면 왜 하나님의 사랑이 위대합니까? 하나님은 펠리칸처럼 사랑받을 자를 사랑하는 것이 아니라 정말 저주를 받아야 마땅한 자를 사랑하시기 때문입니다. 의인을 위해서 죽는 자가 혹 있지만 하나님은 죄인을 위하여 독생자를 아낌없이 보내 주셨기 때문입니다. 그래서 기독교를 사랑의 종교라고 하는 것입니다.

하나님께서 단순히 말로 사랑에 대해서 가르치기만 하셨다면 아무도 기독교를 사랑의 종교라고 하지 않을 것입니다. 예수님께서는 사랑에 대해서 가르치셨을 뿐만 아니라 나아가 죄인들을 위해 자신의 생명을 주기까지 친히 사랑을 실천하셨습니다.

예수님은 살기 위해서 이 세상에 오신 분이 아니라 죽기 위해서 이 세상에 오셨습니다. 세상 모든 사람들은 다 살기 위해서 이 세상에 태어납니다. 그런데 단 한 분 예수 그리스도 그분만은 살기 위해서 이 세상에 태어난 것이 아니라 죽기 위해서 태어나셨습니다. 한 알의 밀이 되어 완전히 죽으심으로 많은 열매를 맺기 위해서 오셨습니다.

그래서 요한복음 13장 1절을 보면 "유월절 전에 예수께서 자기가 세상을 떠나 아버지께로 돌아가실 때가 이른 줄 아시고 세상에 있는 자기 사람들을 사랑하시되 끝까지 사랑하시니라"고 했습니다. 예수님은 이제 십자가에서 죽게 된다는 것을 알고 계십니다. 그런데 그 순간에도 제자들을 변함없이 사랑하셨습니다.

예수님은 사랑에 목숨을 거신 분입니다. 예수님은 우리를 위한 사랑에 자신의 단 하나뿐인 목숨을 걸었기에 다른 모든 것을 희생하고 포기할 수 있었습니다. 그러므로 예수님의 죽음 때문에 사랑이 있는 것이 아니라 예수님의 사랑 때문에 죽음이 있는 것입니다. 예수님은 우리를 너무나 사랑하셨기 때문에 자신의 생명까지 주셨습니다.

예수님은 자신의 생명을 주는 것말고 우리를 위한 다른 구원의 방법이 있었다면 그렇게 하셨을 것입니다. 하지만 다른 구원의 방법이 없었으므로 자신의 생명을 주셨습니다.

복음성가 중에 이런 가사가 있습니다.

　　사랑이 구주를 죽게 했네 왜 날 사랑하나

> 겸손히 십자가 지시었네 왜 날 사랑하나
> 왜 날 사랑하나 왜 날 사랑하나
> 왜 주님 갈보리 가야 했나 왜 날 사랑하나

이 복음성가의 작사자는 예수님이 죽으셨기 때문에 자신을 사랑하신 것이 아니라 자신을 향한 사랑이 예수님을 죽게 했다고 말합니다. 사랑 때문에 예수님이 죽으셨다는 것입니다.

둘째, 하나님을 사랑하는 것보다 먼저 하나님의 사랑을 받아야 합니다

우리는 성경 말씀이나 설교를 통해 하나님을 사랑해야겠다는 마음을 가질 때가 있습니다. 물론 이는 좋은 일입니다. 그런데 '내가 하나님을 사랑하는 것'보다 더 중요한 것이 있습니다. 그것은 '하나님께서 얼마나 나를 사랑하시는지 아는 것'이며 또한 '내가 하나님의 사랑을 받는다는 것' 입니다.

본문 12장 25절을 보면 하나님께서 선지자 나단을 보내어 태어난 아이의 이름을 '여디디야' 라고 하셨을 때에 다윗은 이를 기쁘게 받아들였습니다. 다윗이 아직도 죄의식에 사로잡혀 있기만 하였다면 "여호와여 그 이름은 내게 너무 과분하여 받아들일 수 없습니다" 라고 했을 것입니다. 그러나 그것은 하나님의 진정한 사랑을 모르는 처사입니다.

하나님이 징계하시는 것은 사랑 때문에 하시는 것입니다. 그런데 우리는 가끔 '나는 하나님을 사랑하는데 하나님은 나를 별로 사랑하지 않는 것 같아!'라고 생각할 때가 있습니다. 기도해도 구하는 대로 안 들어주시고, 내가 원하는 대로 인생길을 인도하시지 않는다고 그런 생각을 하는 사람이 있습니다. 그것은 하나님의 사랑을 제대로 몰라서 하는 말입니다.

여러분! 다윗을 보십시오.

절대적 사랑이 아니고서야 하나님께서 어떻게 그런 죄를 저지른 다윗에게 나단 선지자를 보내어 '여디디야'의 사랑 고백을 하시겠습니까? 그리고 다윗은 하나님의 그 크신 사랑에 감격하여 남은 인생을 더욱더 하나님을 사랑하며 살아갔습니다.

그렇습니다. 그는 실패 후에 자기의 진정한 연약함을 보았던 것입니다. 그러기에 하나님의 사랑 앞에서 무릎을 꿇었던 것입니다. 하나님을 사랑하십니까? 내가 하나님의 사랑을 받는 것은 하나님을 사랑하는 것보다 더 우선이며 또한 남을 사랑하는 것보다도 더 우선입니다.

내가 하나님의 사랑을 많이 받아야 그만큼 하나님을 사랑할 수 있게 되며, 또 남에게 사랑을 줄 수 있는 것입니다. 하나님의 사랑을 알지도 못하고 받지도 못한 채 하나님을 사랑하고 이웃을 사랑한다는 것은 있을 수 없습니다. 그것은 가식적인 사랑이요, 상대적 사랑일 수밖에 없습니다.

우리는 본래부터 스스로 하나님이나 이웃을 사랑할 수 없는 존재입니다. 우리는 본질상 죄인이며 불순종의 자녀입니다. 하나님을 사랑하는 것 같지만 실제 내면 깊숙이 들어가 보면 하나님을 사랑하는 것보다 세상을 더 사랑하고 있는 우리 자신을 발견하게 될 것입니다. 사실은 이러한데 다만 하나님을 많이 사랑하는 것같이 스스로 미화하고 있는 것입니다.

그리스도인들 가운데는 자신이 대단한 존재이기 때문에 하나님

 우리는 무엇으로 사는가

이 자신을 사랑하시고 구원해 주셨다고 생각하는 사람들이 의외로 많습니다. 하지만 사실은 그 반대입니다. 내가 너무 부족하고 못난 자이기 때문에 하나님께서 나를 선택해 주셨고 하나님의 자녀로 불러주신 것입니다. 율법대로 하면 죽어 마땅한 자인데도 불구하고 '여디디야'의 사랑으로 불러 주셨기에 그 앞에 고개를 들고 나갈 수 있게 된 것입니다.

사랑하는 여러분! 누가 사랑을 잘 하는 줄 아십니까? 사랑을 많이 받아 본 사람이 사랑을 잘 합니다. 그 사람은 어색하지 않게 사랑을 행할 수 있습니다. 그런데 사랑을 받아 본 기억이 없는 사람은 어떻게 사랑해야 하는지 난감해합니다.

여러분의 자녀가 사랑 안에서 살아가기를 원하십니까? 그렇다면 지금부터라도 부지런히 사랑을 개발하고 실천해 나갑시다.

저는 경상도 출신인데 사실 경상도 사람들이 사랑을 잘 표현할 줄 모릅니다. 제 평생 우리 아버지가 어머니에게 "사랑한다"고 말씀하는 것을 들어 본 기억이 없습니다. 멀리 출장을 다녀와도 겨우 하시는 말씀이 "아는?(애들은 어디 있나?)", 그리고 "밥 묵자, 자자" 끝입니다.

이런 환경 속에서 자란 제가 아이들과 아내에게 사랑을 표현하려면 얼마나 입이 간지럽고 속이 느글거리는지 모릅니다.

한번은 고3때 오랜만에 아들을 만나서 가슴으로 껴안아 주었더니만 그 녀석이 하는 말이 "우와! 경상도 아빠가 많이 변하셨네"라고 놀리더군요. 저희 집에는 아이들이 선생입니다. 아이들이 먼저 저에게 사랑 표현하는 법을 가르쳤습니다. 그리고 저는 그저 아이들이 하는 고백을 따라했습니다. 그래도 곧잘 따라했더니만 이제는 별로 서먹서먹하지 않게 사랑을 고백할 수 있게 되었습니다.

학자들의 조사에 따르면, 어미의 사랑을 많이 받으며 자란 침팬지는 대부분 성격이 쾌활하고 정상적이지만, 그 반대로 어미가 일찍 죽어 어미의 사랑을 받지 못하고 자란 침팬지는 거의 성격이 포악하고 비정상적이라고 합니다.

이는 동식물의 세계 뿐만 아니라 인간의 세계도 보편적으로 그러합니다. 그러기에 사랑의 자식으로 대물림하기를 원하신다면 우리는 부족한 사랑을 하나님으로부터 받아 채워야 합니다. 그리고 그 사랑을 우리의 자식들에게, 우리의 이웃들에게 물려주어야 합니다.

사랑하는 여러분! 사랑이 모자랍니까? 먼저 하나님의 사랑을 알고, 그 사랑을 받으십시오. 그리고 다른 사람으로부터도 사랑을 받아들일 줄 알아야 합니다. 사랑을 별로 받아 보지 못한 사람은 다른 사람이 사랑하려고 하면 오해하고 도망가는 경우가 허다합니다. 자신도 모르게 속고만 살아온 가정에서 자란 사람들은 '저 사람이 나를 속이려고 하는 것은 아닌가?' 하고 생각하기 쉽습니다.

사람은 간혹 다른 사람을 사랑한다고 속이기도 하고 속기도 합니다. 그러나 하나님은 우리를 속이지 않으실 뿐만 아니라 '그럼에도 불구하고' 사랑하십니다. 그 사랑을 받아 보십시오. 그 사랑을 누려 보십시오.

'여디디야'의 사랑 안에서 헤엄쳐 보십시오. 그러할 때에 나도 사랑의 사람이 될 수 있습니다. 하나님의 사랑은 끝이 보이지 않는 망망대해보다 더 크고 우주보다 더 넓습니다. 우리는 우물 안 개구리처럼 우물 안만 볼 것이 아니라 우물 밖에 펼쳐져 있는 우주보다도 더 큰 하나님 사랑의 바다를 볼 수 있어야 합니다. 하나님의 사랑을 알고 받게 되면 변화되지 않으려 해도 하나님의 사랑이 나를 변화시켜 주십니다.

요한일서 4장 10절에 "사랑은 여기 있으니 우리가 하나님을 사랑한 것이 아니요 하나님이 우리를 사랑하사 우리 죄를 속하기 위하여 화목 제물로 그 아들을 보내셨음이라"고 했습니다. 그러므로 우리는 하나님의 크신 사랑을 내 속에 있는 사랑의 저장 탱크에 항상 충만하게 채워야 합니다. 바울이 말했듯이, 하나님의 크신 사랑이 우리 마음에 부은 바 될 수 있도록 해야 합니다. 그래야 우리로부터 하나님의 사랑이 흘러 나갈 수 있습니다.

셋째, 여디디야의 사랑을 전하는 자가 되어야 합니다

사실 우리가 이웃에게 사랑을 줄 때에 우리의 사랑을 주는 것이 아니라 하나님의 사랑을 전해 주어야 합니다. 우리는 하나님 사랑의 통로요 물꼬입니다. 그러기에 우리를 통하지 않고서는 하나님의 사랑이 이웃에게 전해질 방법이 없습니다.

여러분은 하나님의 사랑을 많이 알고 또 받은 자입니까? 그렇다면 그 사랑을 전해 주십시오. 하나님은 다윗에게만 '여디디야'를 말씀하시는 것이 아니라 우리에게도 '여디디야'를 말씀하십니다.

우리가 죄인이었을 때 하나님은 우리를 찾아오셨습니다. 우리가 연약할 때에 하나님은 우리를 도와주셨습니다. 우리가 원수 되었을 때에 하나님께서 우리를 대신하여 십자가에서 죽기까지 사랑하셨습니다. 그러므로 우리는 이 사랑을 전하는 사랑의 편지가 되어야 합니다. 사람들이 여러분을 읽으면서 그 속에서 하나님의 사랑을 느낄 수 있게 해야 합니다.

사실 이 시대를 살아가는 사람들을 보노라면 다들 뭔가에 중독이 되어 있는 것 같습니다. 어떤 사람은 정치에 중독되어 있고, 어떤 사람은 명예심에 중독되어 있고, 어떤 사람은 돈에 혈안이 되어 있습니다. 그래서 그러한 것에 집중하는 모습을 봅니다. 우리는 올 한 해 사랑에 중독되어 보기를 원합니다. 다른 것에 중독되면 병이 되지만 하나님의 사랑에 중독되면 새로운 인생을 살게 되기 때문입니다. 그리고 중독되지 않은 상태에서 남을 사랑한다는 것은 너무 힘들지만 중독되어서 건들기만 해도 하나님의 사랑이 드러난다면 얼마나 멋있는 삶을 살 수 있겠습니까?

올 한 해 여디디야의 하나님을 만나서 그 사랑을 알고 받아들여 흘러 넘치는 자가 되길 축원합니다.

>>사무엘하<<

사랑과 욕정
13장 1~19절

그 후에 이 일이 있으니라 다윗의 아들 압살롬에게 아름다운 누이가 있으니 이름은 다말이라 다윗의 다른 아들 암논이 그를 사랑하나 그는 처녀이므로 어찌할 수 없는 줄을 알고 암논이 그의 누이 다말 때문에 울화로 말미암아 병이 되니라 암논에게 요나답이라 하는 친구가 있으니 그는 다윗의 형 시므아의 아들이요 심히 간교한 자라 그가 암논에게 이르되 왕자여 당신은 어찌하여 나날이 이렇게 파리하여 가느냐 내게 말해 주지 아니하겠느냐 하니 암논이 말하되 내가 아우 압살롬의 누이 다말을 사랑함이니라 하니라 요나답이 그에게 이르되 침상에 누워 병든 체하다가 네 아버지가 너를 보러 오거든 너는 그에게 말하기를 원하건대 내 누이 다말이 와서 내게 떡을 먹이되 내가 보는 데에서 떡을 차려 그의 손으로 먹여 주게 하옵소서 하라 하니 암논이 곧 누워 병든 체하다가 왕이 와서 그를 볼 때에 암논이 왕께 아뢰되 원하건대 내 누이 다말이 와서 내가 보는 데에서 과자 두어 개를 만들어 그의 손으로 내게 먹여 주게 하옵소서 하니 다윗이 사람을 그의 집으로 보내 다말에게 이르되 이제 네 오라버니 암논의 집으로 가서 그를 위하여 음식을 차리라 한지라 다말이 그 오라버니 암논의 집에 이르매 그가 누웠더라 다말이 밀가루를 가지고 반죽하여 그가 보는 데서 과자를 만들고 그 과자를 굽고 그 냄비를 가져다가 그 앞에 쏟아 놓아도 암논이 먹기를 거절하고 암논이 이르되 모든 사람을 내게서 나가게 하라 하니 다 그를 떠나 나가니라 암논이 다말에게 이르되 음식물을 가지고 침실로 들어오라 내가 네 손에서 먹으리라 하니 다말이 자기가 만든 과자를 가지고 침실에 들어가 그의 오라버니 암논에게 이르러 그에게 먹이려고 가까이 가지고 갈 때에 암논이 그를 붙잡고 그에게 이르되 나의 누이야 와서 나와 동침하자 하는지라 그가 그에게 대답하되 아니라 내 오라버니여 나를 욕되게 하지말라 이런 일은 이스라엘에서 마땅히 행하지 못할 것이니 이 어리석은 일을 행하지 말라 내가 이 수치를 지니고 어디로 가겠느냐 너도 이스라엘에서 어리석은 자 중의 하나가 되리라 이제 청하건대 왕께 말하라 그가 나를 네게 주기를 거절하지 아니하시리라 하되 암논이 그 말을 듣지 아니하고 다말보다 힘이 세므로 억지로 그와 동침하니라 그리하고 암논이 그를 심히 미워하니 이제 미워하는 미움이 전에 사랑하던 사랑보다 더한지라 암논이 그에게 이르되 일어나 가라 하니 다말이 그에게 이르되 옳지 아니하다 나를 쫓아보내는 이 큰 악은 아까 내게 행한 그 악보

사랑과 욕정　185

다 더하다 하되 암논이 그를 듣지 아니하고 그가 부리는 종을 불러 이르되 이 계집을 내게서 이제 내보내고 곧 문빗장을 지르라 하니 암논의 하인이 그를 끌어내고 곧 문빗장을 지르니라 다말이 채색옷을 입었으니 출가하지 아니한 공주는 이런 옷으로 단장하는 법이라 다말이 재를 자기의 머리에 덮어쓰고 그의 채색옷을 찢고 손을 머리 위에 얹고 가서 크게 울부짖으니라

    오늘날 우리는 사랑의 홍수 시대에 살고 있습니다. 사랑이라는 말은 엄청나게 쏟아지고 있는데 정작 참사랑을 보기가 힘든 세상입니다. 세상에 홍수가 나면 정작 마실 물을 찾기가 힘들어지는 것처럼 사랑이라는 단어는 범람하고 있는데도 참사랑을 찾기가 쉽지 않습니다. 가는 곳마다 사랑을 말하고, 사랑을 노래하지만 진정한 의미에서 사랑의 고갈 시대에 살고 있습니다.

    영어의 '러브(Love)'는 참 다양하게 사용됩니다. 음식을 좋아할 때도 '러브'를 사용하는가 하면, 연애하는 감정도 '러브'를 사용하고, 아내나 손주를 사랑한다고 말할 때에도 같은 단어를 사용합니다. 그런데 헬라어는 이런 면에서 영어보다 표현이 매우 다양합니다. 그래서 사랑만 해도 필레오, 스톨게, 에로스, 아가페로 다양하게 표현하고 있습니다. 헬라어의 '에로스'라는 단어는 번역하면 '사랑'입니다. 이것은 육체적 차원에서 사랑하는 것을 말합니다. 에로스 사랑은 할리우드에서 즐겨 찾는 사랑입니다.

    본문 13장 1절을 보면 다윗의 아들 암논이 그의 배다른 누이 다말을 사랑하였다는 표현이 나옵니다. 그런데 이 암논의 사랑은 참사랑이라기보다는 일종의 성적 욕정을 가리킵니다. 왜 그렇습니

 우리는 무엇으로 사는가

까? 욕정과 사랑은 어떤 차이가 있습니까?

첫째, 욕정은 자기 중심적인 데 반해 사랑은 타인 중심적입니다

다윗이 우리아의 아내를 범했을 때에 다윗은 누구를 중심에 두었습니까? 그가 우리아 장군을 한 번만이라도 생각했더라면 밧세바를 범할 수 있었겠습니까? 그는 자기 욕정을 만족시키기 위해서 다른 사람은 생각하지 않았습니다.
그런데 그의 장남인 암논도 똑같습니다. 다윗에게는 아내가 여러 명이었기 때문에 배다른 자식들이 많이 있었습니다. 그들 중에 장남이 암논이었습니다. 그리고 셋째 아들이 압살롬이었습니다. 압살롬은 잘생긴 아들입니다. 그런데 압살롬에게는 다말이라고 하는 아름다운 누이가 있었습니다. 암논은 배다른 누이인 다말을 사랑했습니다. 그는 상대방의 감정은 전혀 아랑곳하지 않고 자기의 욕심을 채우고 싶어했습니다. 다말에게 자기 욕정을 이루고 싶은데 한 가족이라 그럴 수도 없고 해서 마음에 울화병이 생겼습니다. 자기 욕정대로 할 수 없으므로 속에서 화가 끓어오른 것입니다.
울화란 속이 답답하여 나는 마음의 병을 말합니다. 만일 암논이 다말을 참으로 사랑했다면 다말이 그의 요구를 들어주지 않았을 때 그러한 감정을 존중해 주었을 것입니다. 참사랑이란 상대방 중심으로 생각하고, 상대방을 위해 주는 것이기 때문입니다. 사랑은 자기 필요를 채워 가는 것이 아니라 상대방의 필요를 채워 주는 것입니다. 그러나 오늘날 많은 사람들이 자기 중심적인 감정들을 사랑이라고 말합니다.
학자들은 이 세대를 가리켜서 '자기 중심 세대'라고 부릅니다.

우리는 갈수록 처절하리만큼 자기 중심으로 사는 현대인들의 모습을 보고 있습니다. 초기 기독교 공동체가 형성될 때에 카타콤에서 있었던 사랑 이야기입니다.

한 남자가 다른 여자를 사랑하였습니다. 그래서 그가 머물고 있는 집 문 앞에 가서 문을 두드렸습니다. 안에서 "누구세요"라는 소리가 들리자 남자는 "나예요"라고 했습니다. 그러자 여자는 돌아가라고 했습니다. 그는 고민했습니다. '내가 저 여인을 사랑하고 저 여인도 나를 사랑하는 것 같은데 왜 돌아가라고 할까?' 하고 고민했습니다. 그 다음날 그는 다시 가서 문을 두드렸습니다. "누구세요"라는 소리가 들리자 남자는 "자기예요"라고 했답니다. '나는 당신의 것'이라는 말입니다. 나는 당신을 행복하게 해주기 위해 찾아온 사람이라는 말입니다. 남자가 자신밖에 모르는 사람일 때에는 거절했던 그 여인은 이제 그가 상대를 생각할 줄 알게 되자 그를 받아들여 부부가 되었다고 합니다.

최근 극장가에는 기현상이 벌어지고 있습니다. 할리우드 영화가 아니면 흥행이 안 된다는 신화를 깨고 한국 영화가 할리우드 영화를 압도하고 있습니다. 그 이유를 분석하는 전문가들의 견해는 다양하지만 최근 공통적으로 히트하고 있는 한국 영화들 속에는 공통점이 있습니다. '친구', '공동경비구역', '실미도', '태극기 휘날리며', '말아톤', '웰컴투 동막골' 이 모든 작품들을 보면 거의가 우리의 정서적 갈망을 자극하고 있습니다.

특히 '친구'나 '신라의 달밤' 같은 영화는 작품성만 따지고 보면 별로 신통하지 않은 영화인데 많은 관객을 동원하는 공감대가 있었습니다. 그 공감대란 한 마디로 친구에 대한 갈망, 우정에 대한 갈망이었습니다. 한자어로 친구는 '지기(知己)'입니다. 알 '지(知)'

자에 자기 '기(己)' 자를 쓰는데, 지기는 '나를 알아주는 사람, 나와 더불어 마음을 같이할 수 있는 사람, 내 마음을 이해해 줄 수 있는 사람'을 뜻합니다. 이런 친구를 갖는다는 것은 분명히 행복한 일입니다.

오늘날 세계인들의 마음이 점차 미국에 대해서 멀어지는 이유가 무엇입니까? 너무 자기 나라 주장만 펼치면서 다른 사람을 이해하려고 하지 않는 독단성 때문에 미움을 받습니다.

오늘날 정치인들이 실망을 주는 이유도 마찬가지입니다. 국민이 무엇을 생각하든지 말든지 자기 주장만 관철시키려고 하고 자기 마음에 드는 사람만 끝까지 고집을 피우면서 내세웁니다. 그러다 보니 사회가 더불어 사는 곳이 아니라 획일화되어 가고 대화보다는 경직화되어 가는 것을 봅니다. 극단주의로 치닫습니다.

사람들은 개인주의화되어 가는 세상 속에서도 더불어 살아가는 사랑을 갈망합니다. 남을 위해 사는 사랑을 목말라합니다. 갈급해 합니다. 자기만을 위한 사랑은 아무리 많아도 감동을 주지 못하지만 타인을 위한 사랑은 감동을 줍니다. 이처럼 참사랑이란 상대방 중심적입니다. 하나님의 사랑을 참사랑이라고 하는 이유는 주는 사랑이기 때문입니다. 예수님께서도 "하나님이 세상을 이처럼 사랑하사 독생자를 주셨으니"라고 하셨습니다.

이에 반해 에로스는 오직 받는 데 관심을 두고 있는 자기 중심적 사랑입니다. 상대방의 감정을 전혀 배려하지 않고 자신의 욕망만을 강요합니다. 상대방의 의견이나 바라는 것들을 무시합니다. 그래서 어느 정신과 의사는 그의 에세이에서 "현대인들의 절반 이상이 자폐증 경향을 갖고 있다"라고까지 표현했습니다.

암논이 바로 이러하였습니다. 그러므로 다말에 대한 암논의 감정은 사랑이었다고는 볼 수 없으며, 자기 자신만을 생각하는 욕정이었다고 표현하는 편이 더 적절합니다.

그러기에 본문 13장 1절의 "다윗의 다른 아들 암논이 그를 사랑하나"라는 말씀은 사랑이라는 단어 대신에 욕정이라는 단어를 사용하여 "암논이 저에 대하여 욕정을 품었으나"라고 했더라면 더욱더 정확하였을 것입니다. 암논은 다말과 정신적인 교류가 없었습니다. 다말과 부부가 되기 위한 어떤 준비도 없었습니다. 암논은 대화 능력을 상실한 채 자기만의 세계 속에 몰입하는 병에 빠져 있습니다. 이런 병을 '오티즘'(Autism)이라고 합니다.

영화 '레인맨'에서 더스틴 호프만이 연기했던 자폐증 환자의 제일 큰 문제가 무엇인 줄 아십니까? 사랑을 교류할 능력이 없다는 것입니다. 바로 암논이 그러한 상태에 있었습니다. 그는 교류를 나누지 못하고 일방적이었습니다. 사랑하려면 먼저 눈을 마주쳐야 합니다. 그리고 그 사람의 소리를 들어야 합니다. 그래야만 상대의 감정을 느낄 수 있습니다. 그러기 위해서는 먼저 자신을 열어야 합니다.

미국에 '세븐일레븐'이라는 체인점이 있습니다. 매우 추운 어느 겨울날, 세븐일레븐 본사에서 파견된 서비스 감독관이 가게를 돌아보고 있었습니다. 감독관은 '오늘 같은 날 손님이 별로 없겠구나' 하고 생각했습니다. 그의 예상대로 손님은 별로 많지 않았습니다. 그런데 산마루에 있는 세븐일레븐 가게에는 의외로 손님이 많았습니다. 한참 동안 그 가게를 관찰하던 감독관은 계산대에서 돈을 받는 여직원이 매우 친절하고 상냥하게 손님을 맞는 것을 보았습니다. '그렇지, 서비스가 중요하지'라는 생각을 했는데, 노인 한 명이 그 가게로 들어왔습니다. 너무나 초라해 보이는 그 노인은 가게 안을 빙빙 돌더니 바나나 한 개를 집어 들었습니다. 그런 다음 사람들이 다 나갈 때까지 기다렸다가 계산대에 바나나를 올려 놓았습니다. 그러자 그 여직원은 노인의 이름을 부르며 여러 가지 개인적인 일을 물은 뒤 바나나 한 개를 정성껏 포장해 주었습니다. 그리고 밖에까지 따라 나와 노인을 끌어 안으며 힘내라고 말한 뒤 "내일 또 오세요"라고 했습니다.

옆에서 지켜 보던 서비스 감독관은 그 모습에 고개를 끄덕이며 이렇게 말했습니다.

"맞아. 저 노인은 바나나를 사러 온 게 아니야. 저 노인은 사랑을 사러 왔어."

그후 세븐일레븐의 매니저 교육에서는 다음과 같은 말이 아주 중요한 교훈이 되었습니다.

"우리는 단순히 물건을 팔아서는 안 됩니다. 물건을 파는 것보다 더 중요한 것은 사랑을 주는 것입니다."

그렇습니다. 오늘날 노방 전도가 제대로 되지 않는 이유가 무엇입니까? 사랑이 교감되지 않은 상태에서 상대에게 복음의 메시지만 전달하려고 하기 때문입니다. 전도하기 위해서는 먼저 그의 필요를 채워 주고 상처를 싸매 주고 사랑을 교감하는 일부터 해야 합니다. 그러할 때에 상대의 마음의 문이 열리면서 복음도 함께 들어가게 되는 것입니다. 부부간이든지 부자간이든지 이웃간이든지 진정한 사랑 없이 행하는 모든 것은 자기 욕심을 채우기 위한 행동이기에 성공할 수 없습니다.

둘째, 욕정에 사로잡힌 자는 잔꾀에 잘 넘어지는 반면에 사랑은 정도를 걷습니다

욕정에 사로잡혀 있는 사람은 잔꾀에 잘 무너집니다. 암논에게는 요나답이라는 친구가 있는데 그는 다윗의 형 시므아의 아들이었습니다. 그런데 그는 심히 간교한 자였습니다. 이런 친구는 차라리 없는 편이 낫습니다. 바른 길을 가르쳐 주기보다는 잔꾀를 알려 주는 자이기 때문입니다.

그는 암논이 나날이 파리하여 가는 것을 보고 그 이유를 알아내었습니다. 그리고서는 암논에게 잔꾀를 가르쳐 주었습니다. "침상에 누워 병든 체하다가 부친이 보러 오면 병이 나서 입맛이 딱 떨어졌는데 누이 다말이 자기가 보는 앞에서 자기가 좋아하는 별식 만드는 모습을 본다면 혹시 입맛이 살아날지도 모르겠다"고 하라 했습니다. 암논은 이 꾀에 넘어가서 그리하였습니다. 그리고 다윗도 별 생각 없이 그리하도록 다말에게 지시했습니다.

요나답의 각본대로 암논은 다말을 침실로 불러들였고 강제로 자기 누이를 범하였습니다. 암논이 지금 정직하지 못한 방법으로 다말을 사랑한 것입니다.

남자가 예쁜 여인을 보고 사랑하고픈 마음이 드는 것은 지극히 당연한 이치입니다. 하지만 그 사랑은 진실해야 합니다. 그런데 지금 암논은 다말을 취하기 위해서 거짓된 술수와 방법을 동원하고 있습니다. 암논의 사랑은 다말을 위한 것이 아니었으므로 상대방의 감정 따위는 아랑곳하지 않은 채 자신의 육신적 정욕만 채우려고 들었던 것입니다. 그는 말로 되지 않자 힘으로 밀어붙여 억지로 동침하였습니다.

요사이 '부부 강간'이라는 용어가 사용되고 있습니다. 아내가 원치 않는데 남편이 억지로 관계를 요구하거나 반대로 남편이 원하지 않는데 아내가 억지로 관계를 행하는 문제는 어떻게 해야 합니까?

고린도전서 7장 3~6절은 말씀합니다.

"남편은 그 아내에 대한 의무를 다하고 아내도 그 남편에게 그렇게 할지라 아내는 자기 몸을 주장하지 못하고 오직 그 남편이 하며 남편도 그와 같이 자기 몸을 주장하지 못하고 오직 그 아내가 하나니 서로 분방하지 말라 다만 기도할 틈을 얻기 위하여 합의상 얼마 동안은 하되 다시 합하라 이는 너희가 절제 못함으로 말미암아 사탄이 너희를 시험하지 못하게 하려 함이라 그러나 내가 이 말을 함은 허락이요 명령은 아니니라."

이 말씀은 맞는 말씀입니다. 부부가 너무 오랫동안 떨어져 있으면 시험 들기 쉽습니다. 그러므로 그런 일은 바람직하지 않습니다. 그러나 또 한편으로는 같은 방을 쓰고 같은 침대에 누워 잔다고 해도 상대방의 마음을 뒤집어 놓은 상태에서 성적인 관계만을 요구한다면 되겠습니까?

가정 사역 전문가인 송길원 목사님은 오늘날 사람들이 이혼을 하면서 성격 차이를 이유로 내세우지만 사실은 성 격차 때문인 경우가 많다고 하며, 성은 윗문이 열려야 아랫문도 열린다고 했습니다. 무슨 말입니까? 상대를 존경하지 않는 마음으로 입으로는 욕하고 싸우면서 아랫문만 취하려고 한다면 진정한 관계가 이루어지지 않는다는 것입니다.

지금 암논과 다말을 보십시오. 그들은 지금 윗문이 통일되지 못했습니다. 서로 사랑을 고백하기는커녕 싸우고 있습니다. 그러면서도 아랫문만 취하려고 하기 때문에 심각한 갈등이 발생하고 있는 것입니다. 그래서 성경은 부부가 다투더라도 해가 지도록 분을 품지 말라고 말씀하였습니다. 잠자리에 분을 품고 들어가서는 결코 건강한 관계를 가질 수 없기 때문입니다.

　다말은 지금 암논의 부인이 안 되겠다는 것이 아닙니다. 질서대로, 순리대로, 정상적인 사랑의 절차를 밟고 싶다는 것입니다. 하지만 이미 잘못된 방법을 취하기로 결심한 암논은 다말이 옳은 방법을 제시하는데도 불구하고 전혀 듣지 않습니다. 이미 욕정에 불타고 있었기 때문입니다. 이런 욕정의 특징은 자제력이 결여되어 있다는 것입니다.

　윌리엄 바커스와 마리 샤피앙이 지은 「편견을 깨뜨리는 내적 치유」라는 책에서 '자제력이 부족할 때 생기는 불신앙'이라는 항목을 보는 순간 저는 놀라움을 금치 못했습니다.

　그 항목들은 대부분 암논이 가지고 있는 태도였기 때문입니다. 자제력이 부족하여 불신앙적으로 행동하는 사람은 자기가 원하는 것은 무엇이든지 그것을 얻어야 한다고 믿고 있습니다. 그리고 그 원하는 것을 얻기 위하여 오랜 시간을 참고 기다리는 것을 견딜 수 없어합니다. 또한 자기가 하고 싶은 일은 수단과 방법을 가리지 않고 해야지 참아야 하는 것이라고 생각지 않습니다. 그리고 주변 모든 환경이 내가 바라는 대로 돌아가지 않으면 안 된다고 생각합니다. 애를 쓰고 육체적인 수고를 해야 한다는 것은 참지 못합니다. 실패하는 것을 용납하지 못합니다.

　육체의 정욕과 싸우라는 말은 말도 안 되는 소리로 여깁니다. 육체의 정욕이 너무나 강하기 때문에 그것을 제어할 수 없다고 여깁니다. 자신이 하는 일이 나쁜 일인 줄 알지만 내 마음이 약해서 그만둘 수가 없습니다. 그 일은 일시적인 나의 요구를 만족시켜 주고, 기쁨을 채워줄 때도 있습니다. 그는 다른 사람에게 자신이 바라는 것을 해달라고 요구할 권리가 있다고 생각합니다.

이 모든 항목이 얼마나 암논과 일치하는지요. 암논은 '자제력을 잃어버린 불신앙적인 행동'을 하고 있는 것입니다.

지나간 세대에는 이런 생각들이 '적극적인 사고방식'이라는 미명하에 널리 통용되었습니다. 자녀들도 이런 사고방식으로 양육하고 아주 좋은 것인 양 대를 이어 전승했습니다.

소위 혁신적이라 평가되었던 이 교육 방법은 자신이 갖고 싶은 것과 하고 싶은 일과 좋아하는 것은 무슨 수를 쓰더라도 해야 한다는 그릇된 믿음을 심어 놓았습니다.

사랑하는 여러분! 우리는 지금 사랑의 정도를 걷고 있습니까? 아니면 수단 방법을 가리지 않고 어떻게 해서든 내가 갖고 싶은 것은 갖기 위해 애쓰고 있습니까? 진정한 사랑의 길은 늦어도 순리와 정도를 걸어가는 길임을 잊지 마시기 바랍니다.

셋째, 욕정은 정복하고 나면 더욱더 미워지는 반면에 사랑은 정복하고 나면 더욱더 사랑하게 됩니다

욕정을 가진 사람은 목적을 성취하고 나면 상대를 이전보다 더 미워하게 됩니다. 욕정이 감정적으로만 행동하는 것이라면 사랑은 감성과 이성이 함께합니다. 암논의 사랑은 감정적이었지 이성적이지 않았습니다. 그는 다말의 아름다운 외모에만 집착하였기에 그의 몸을 취한 후에는 이전에 사랑하던 마음보다도 더 미워하게 되었습니다. 이는 그가 다말의 중심을 사랑한 것이 아니라 외모에만 집착하였다는 증거입니다.

한국은 의술 가운데서도 성형 수술이 상당히 발전되어 있습니다. 그래서 요사이 성형외과 전문의들이 중국까지 진출하는 모습을 봅니다. 성형 수술 받으러 한국까지 좇아오는 중국사람들이 너무도 많기 때문입니다. 그래서 아예 중국 땅에 정착하여 수술을 해주는 병원들이 늘어나고 있습니다.

이런 에피소드가 있습니다.

어떤 여인이 하나님께 70살까지 살게 해 달라고 기도했고, 하나님께서는 그러겠노라고 하셨습니다. 그런데 이 여인은 교통사고가 나서 37세에 그만 죽고 말았습니다. 이 여인은 천사장의 이끌림을 받아 예수님께 나아가서 따졌습니다. "나를 70살까지 살게 해주겠다고 해놓고서는 왜 이렇게 일찍 죽게 하셨습니까?" 하고 소리 높여 따졌습니다. 그때에 예수님께서는 "아! 그 여인이 당신이었소? 얼굴이 너무 달라져서 전혀 알아보지 못하였군요" 라고 하였다지 뭡니까?

연애하는 남자들 가운데에는 사랑한다는 말과 함께 결혼 전에 동침하기를 졸라대는 사람들이 있습니다. 그래서 다말과 같은 입장에 놓인 젊은 여성들이 많습니다. 안 들어주자니 애인이 도망갈 것 같고, 들어주자니 정도가 아니어서 번민합니다. 그래서 결혼을 빌미로 성관계를 갖고서는 정작 순결만 빼앗기고 마는 경우가 허다합니다.

남성에게는 여성을 빨리 정복하고 싶은 마음이 있습니다. 그러나 정도를 걷지 않고 여자의 성만 먼저 정복해 버리고 나면 기대감이 그만큼 떨어져 버리기 때문에 돌아서버리는 남자들이 있습니다. 합당치 않습니다. 그러므로 여성이 그 남자를 정말로 사랑한다면 결혼할 때까지 기다리라고 하여야 합니다.

앞으로 여러분의 아들 딸들이 물어올 때에도 그렇게 가르쳐야 합니다. 자녀들이 하나님을 사랑하고, 자기 자신을 사랑한다면 기다리게 해야 합니다.

우리가 쉽게 하는 말 가운데 "몰래 먹는 사과가 맛있다"라는 말이 있습니다. 그런데 이는 거짓말입니다. 몰래 먹다가 얹힙니다. 맛은 고사하고 사과가 입으로 들어가는지 코로 들어가는지 모릅니다. 잠언 9장 17절에도 "도둑질한 물이 달고 몰래 먹는 떡이 맛이 있다 하는도다"라고 하였습니다. 그리고 이어서 그 말은 "오직 그 어리석은 자"들이 하는 말이라고 했습니다.

하나님은 인간에게 두 사람을 하나로 만드는 놀랍고도 아름다운 체험의 수단으로 성을 주셨습니다. 그것을 통하여 인류가 끊이지 않고 지상에 존속할 수 있도록 해주셨습니다.

성은 하나님이 부부 관계가 아닌 두 사람 간에 흥분과 쾌락의 수단으로 삼으라고 주신 것이 아닙니다. 그러기에 성은 하나님께서 주신 합당한 제자리가 있습니다. 그 자리를 벗어나면 하나님의 계획과 목적에 어긋나는 타락의 길로 접어들게 됩니다.

혼인을 귀히 여기고 침소를 더럽히지 않아야 합니다. 하나님께서는 성을 통하여 두 사람 간에 가장 깊은 감정과 애정, 그리고 두 사람의 결합을 표현할 수 있도록 하셨습니다. 그러므로 요사이 성적 문란을 용인하는 사회 분위기를 조성하는 경향은 도덕적으로 잘못된 것일 뿐만 아니라 먼저 하나님의 창조 목적에 어긋나는 일입니다.

인간의 뜨거운 정열은 종종 증오심으로 변하는 경우가 있습니다. 사랑이란 강렬한 감정에 휩싸여 한없이 빠져들기도 합니다만, 때때로 그 사랑은 금방 식기도 하고 미움으로 변하기도 합니다.

인간의 감정이라는 것은 참으로 변하기 쉬운 것이어서 웃음이 곧 울음으로 변해 버릴 수도 있습니다. 웃음과 울음 사이에는 아주

미세한 경계선이 있을 뿐입니다. 어린아이들을 보면 환하게 웃다가는 곧 입술 가장자리가 실룩거리기 시작하면서 "으앙" 하고 울음을 터뜨립니다.

사랑과 증오도 마찬가지입니다. 감정 변화에는 참으로 미묘한 균형이 작용하는 것이어서 누군가를 열정적으로 사랑하던 감정이 그 사람을 조롱하거나 경멸하는 감정으로 바뀌는 데는 많은 시간이나 노력이 필요하지 않습니다.

암논이 바로 그러한 경우였습니다. 13장 15절을 보면 "그리하고 암논이 그를 심히 미워하니 이제 미워하는 미움이 전에 사랑하던 사랑보다 더한지라"고 했습니다.

우리가 결혼하면 배우자를 "자기!" 하면서 얼마나 다정하게 부릅니까? 그런데 이혼하기 위해서 법정에 와 있는 사람들의 표정을 보십시오. 이는 완전히 지구 한 바퀴를 돌아서 있습니다. 마주보면 가장 가까워도 돌아서 누우면 거리가 지구 한 바퀴인 것이 부부지간입니다. 0촌이란 사랑할 때에는 가장 가까운 촌수이지만 미워할 때에는 아무 상관도 없는 사이입니다.

많은 사람들이 자신의 결혼 햇수를 자랑합니다.

"우리 부부는 올해 은혼식을 맞았어."

그런데 혹시 살면 살수록 결혼 생활이 더 힘들지는 않습니까? 우리의 결혼 생활이 인생의 말년에는 '평생 웬수'로 변해 가는 것은 아닙니까?

부부간이든 부자간이든 이웃간이든 국가간이든 욕심을 벗어 버리고 사랑으로 옷 입읍시다. 그 길만이 '평생 웬수'가 되는 길에서 벗어나는 길입니다. 욕심으로 예수님을 따랐던 가룟 유다는 자신의 욕심을 채울 수 없게 되자 예수님을 은 30냥을 받고 팔아 버렸습니다. 그러나 제자들을 사랑하되 끝까지 사랑하신 예수님은 어떠하십니까? 그는 자기를 배반한 제자 베드로를 찾아가 다시 사랑을 회복시켜 주셨습니다.

참사랑의 인생을 살기 원하십니까? 자기 중심적이 아닌 타인 중심적으로 삽시다. 잔꾀로 살기보다는 늦게 가더라도 정도를 걸어 갑시다. 일순간의 욕정이 아니라 진정한 섬김의 사랑으로 살아갈 때에 우리는 '평생 웬수'가 아닌 평생 행복의 길을 걸어가게 될 것입니다. 이 은총이 여러분의 가정 위에 함께 하길 축원합니다.

>>사무엘하<<

아버지로서의 다윗
13장 21절

다윗 왕이 이 모든 일을 듣고 심히 노하니라

　　　　　　며칠 전 신문에 자녀들을 때리는 문제로 영국의 총리 토니 블레어가 매스컴에서 곤욕을 치른 기사를 읽었습니다.
　블레어 총리는 지난 10일 총리 관저에서 제3기 집권 목표로 제시한 '존경 행동 계획'을 발표한 뒤 이를 홍보하기 위해 방문한 지방에서 가진 BBC와의 인터뷰에서 앵커가 "자녀들을 때리느냐"라고 묻자 곧바로 대답하지 못했습니다.
　앵커가 거듭 "체벌이 문제를 일으킨다고 생각하느냐"고 묻자 블레어는 "막내를 대하는 방식은 다른 아이들과 다르다"고 대답했습니다. 막내를 제외한 아이들에게 체벌을 하고 있음을 간접적으로 시인한 것입니다. 그러나 이제 겨우 5살인 막내를 때리는 것으로 오해한 앵커는 깜짝 놀라면서 "아니, 막내를 때리느냐"고 물었고, 블레어 총리는 '노우(No)'를 연발하면서 강력히 부인한 뒤 "체벌과 학대는 구분돼야 한다"며 난감한 질문에서 빠져 나갔습니다.
　블레어는 아내 셰리와의 사이에 유안(21세), 니키(19세), 캐스린

 우리는 무엇으로 사는가

(17세·여), 레오 3남 1녀를 두고 있습니다. 그는 2000년 7월 큰아들 유안이 대입 자격시험을 마친 기념으로 많은 술을 마셨다가 거리에 쓰러져 경찰에 체포된 후 "아버지가 되는 건 총리 일보다 힘들다"며 부모로서 고충을 토로했습니다.

자녀나 학생이 잘못할 때에 체벌해야 하는가 말아야 하는가의 문제는 요사이 한국 사회에서도 상당히 큰 이슈가 되고 있습니다.

여러분에게 한번 물어봅시다. 자녀가 잘못할 때에 체벌해야 합니까, 말아야 합니까? 여기에는 찬반 양론이 있습니다. 그렇다면 성경은 뭐라고 하고 있는지 한번 알아봅시다.

잠언 20장 30절은 "상하게 때리는 것이 악을 없이하나니 매는 사람 속에 깊이 들어가느니라"고 했습니다.

이보다 더한 말씀도 있습니다.

잠언 22장 15절에는 "아이의 마음에는 미련한 것이 얽혔으나 징계하는 채찍이 이를 멀리 쫓아내리라"고 했고, 잠언 23장 13~14절에는 "아이를 훈계하지 아니하려고 하지 말라 채찍으로 그를 때릴지라도 그가 죽지 아니하리라 네가 그를 채찍으로 때리면 그의 영혼을 스올에서 구원하리라"고 했습니다.

잠언서를 보면 대부분 매를 들고 때리는 것을 찬성하고 있습니다. 손바닥으로 때리거나 발로 차라고 하지 않고 매를 들거나 채찍으로 때리라고 합니다.

우리 조상들도 서당에서나 집에서 아이들을 때릴 때에는 회초리를 만들어 오게 하여서 종아리를 때렸습니다. 그런데 왜 회초리를 아이들에게 만들어 오게 하여 때렸습니까? 이는 그 아이가 회초리를 만들어 오는 사이에 때리는 당사자는 감정적인 절제를 할 수 있고, 또 매를 맞는 아이는 자기가 잘못한 것을 반성할 수 있는 시간을 주기 위한 지혜가 아닌가 생각됩니다.

저는 이 본문을 설교하기 전에 딸에게 물어보았습니다. "어릴 적에 아빠에게 매 맞은 것을 기억하니?"라고 하니 "별로 기억을 못한다"고 했습니다.

사실 우리 집 아이들은 매를 많이 맞은 편입니다. 아이들이 어릴 적에 저는 제법 매를 많이 들었던 것을 기억합니다. 게다가 제법 아프게 때렸습니다. 그런데 왜 기억을 못할까요? 사랑으로 때린 매는 아이들의 뇌리 속에 오래 남지 않는 것 같습니다.

사실 저는 아버지에게 매는 별로 맞아 보지 못했습니다. 어릴 적에 한 번 거짓말하다가 호되게 맞아 본 기억 외에는 없습니다. 그런데 매 맞은 기억보다 더 생생하게 남아 있는 것은 아버지의 분노하시는 모습입니다.

한동안 아버지의 분노하시는 그 모습은 살면서 저를 얼마나 힘들게 했는지 모릅니다. 어찌 보면 매 맞는 것처럼 육체적으로 아프지는 않았지만 마음속 깊은 곳에 그 모습이 꽂혔습니다. 저는 그 모습이 너무 싫어서 집을 멀리 떠나고 싶었고, 어떻게 해서든지 아버지의 영향권 아래에서 벗어나고 싶었습니다.

매스컴이나 기자들은 블레어 총리가 아이들에게 분노한다고 해서 기사화하지는 않았습니다. 그런데 체벌하는 것은 아주 야만인의 행동으로 대합니다. 그런데 과연 그러할까요?

사무엘상·하를 계속 보고 있습니다만, 다윗이 아버지로서 아이들과 함께한 이야기는 거의 없습니다. 더욱이 다윗이 아버지로서 아이들을 체벌하였다는 것은 더더욱 찾아보기 힘듭니다. 그렇다면 다윗은 자식들이 잘못할 때에 어떤 태도로 다가가는 아버지였습니까? 본문을 통해 아버지로서의 다윗에 대해 함께 나누고자 합니다.

　오늘 본문은 다윗의 큰아들 암논이 배다른 여동생 다말을 취한 후에 다윗이 아버지로서 어떤 태도를 보였는지 말하고 있습니다.

　21절을 보면 "다윗 왕이 이 모든 일을 듣고 심히 노하니라"고 했습니다. 아들 암논이 한 행동 때문에 다윗이 분노한 것이 틀림이 없습니다. 사실 아비 된 입장에서 이런 소식을 듣는다면 노하지 않을 부모는 거의 없을 것입니다. 또 노하였다는 것 자체가 그리 나쁜 행위도 아닙니다.

　그런데도 불구하고 다윗은 이 문제가 발생했을 때에 아버지의 역할을 제대로 하지 않고 방치해 두어 엄청나게 문제가 복잡해지기 시작했습니다.

　여기서 우리는 다윗이 가장으로서 문제가 있음을 보게 됩니다. 그 문제가 무엇입니까?

　첫째, 다윗은 아버지로서 건강한 본을 보이지 못했습니다.
　그는 하나님께서 원치 아니하시는 일부다처제를 선택하였습니다. 처음에는 본의 아니게 일부다처제를 선택하였습니다. 미갈과의 정략 결혼은 사울의 방해로 깨졌고, 그의 아내 미갈이 다른 사람과 재혼해 버렸습니다. 그리고 다윗은 사울에게 쫓겨 다니면서 다른 여자를 아내로 맞이하였습니다. 그런데 이것으로 끝나는 것이 아니라 다윗은 왕이 되고 나서 또 다른 아내와 첩들을 두었습니다. 그 당시 주변 왕들이 행하던 보편적인 일들을 따라했습니다. 우리아의 아내 밧세바까지 아내로 맞이한 일은 결코 우연이 아닙니다. 자식들은 아버지의 여자 관계를 그 누구보다 잘 알기 때문에 은연 중에 그것을 배웠던 것 같습니다.

아버지로서의 다윗　203

그러다 보니 장남부터 이 성적인 부분에서 건강하지 못한 대물림을 하고 있습니다. 또 이렇게 많은 아내를 두다 보니 그들로부터 여러 자녀들을 두게 되어 배다른 자식간에도 갈등이 일어났습니다. 사건이 발생하고 나니 엄마를 중심으로 자식들이 완전히 갈라졌습니다. 다말은 한 배에서 태어난 압살롬과 하나가 되고 암논은 또 따로 놀았습니다.

또 그렇게 장남이 잘못을 범했어도 아버지 자신이 떳떳하지 못해서인지 아무런 책망이나 체벌조차 없습니다. 성경에는 이 일로 인하여 다윗이 암논을 징계했다는 말이 전혀 없습니다. 다윗은 이 사건에 대해서 분노한 후에 그 이상도 이하도 말하지 않았습니다.

둘째, 다윗은 이 사건을 방치하여 아들 압살롬으로 하여금 살인하게 하였습니다.

제임스 돕슨은 그의 책「내 아들을 남자로 키우는 법」에서 오늘날 수많은 가정이 깨지는 것은 아버지의 부재 때문이라고 분석했습니다. 아버지의 권위 부재로 가정의 통합 기능이 마비되어 가정이 해체되어 가고 있다는 지적입니다. 이혼이 다반사가 되고 어린 자녀들은 정신적 지주를 잃고 방황하고 있습니다. 사실 가정에 아버지가 없는 것이 아닙니다.

다윗은 나라 정치를 핑계 삼아 가정사를 방치했습니다. 복잡한 가정 계보로 인해 다윗은 가장으로서의 권위를 제대로 발휘할 수 없었습니다. 사고가 난 상태에서 방관한 다윗의 태도에 압살롬은 복수할 마음을 품었습니다.

그 일이 있은 지 2년 후에 양털 깎는 일이 있었습니다. 유목민에게 양털 깎는 일은 하나의 큰 잔치였습니다. 그때 압살롬은 다윗 왕

 우리는 무엇으로 사는가

과 그 신하와 다윗의 아들들을 다 청하였습니다. 그런데 아버지는 압살롬의 청을 거절하면서 그에게 복만 빌어 주었습니다. 이때에 압살롬은 아버지께서 가지 않으시려면 장남인 형 암논이라도 보내 달라고 했습니다. 아버지는 압살롬의 간청에 못 이겨서 아들들을 다 보내어 주었습니다.

그런데 압살롬의 마음에는 이미 큰일을 저지르고자 하는 마음이 있었습니다. 그의 누이 다말을 범한 암논을 죽이고자 하는 계획을 가지고 있었던 것입니다. 압살롬이 암논을 죽이려고 한 것은 우연이 아니라 계획된 일이었습니다. 암논이 계획적으로 다말을 범한 것처럼 압살롬도 계획적으로 암논을 죽였습니다.

사실 압살롬은 그의 누이 다말이 암논에게 당하였을 때에 태연하게 말합니다. 사무엘하 13장 20절을 보면 강간을 당한 다말에게 그는 "누이야 지금은 잠잠히 있고 이것으로 말미암아 근심하지 말라" 하였습니다. 그리고 그의 누이를 자기 집에 머무르게 하였습니다. 하지만 압살롬은 그때부터 암논을 죽일 생각을 품었습니다.

그 이유는 일차적으로는 암논에 대한 미움 때문입니다만 그것은 아버지에 대한 미움으로까지 발전하였습니다. 다윗이 가장으로서 가정에 문제가 생겼을 때에 그에 상응하는 징계를 내리거나 대책을 세워야 했습니다.

그런데도 다윗은 아무런 사후조치를 취하지 않아 호미로 막을 일을 가래로도 막지 못하는 사태에까지 이르게 했습니다. 그래서 압살롬은 아버지가 징계하지 않는다면 자기가 징계하겠다고 생각한 것입니다.

34절을 보면 압살롬이 암논을 죽이고 나서 가출해 버립니다. 그는 외할아버지가 있는 그술 왕에게 도망을 가 버렸습니다. 압살롬의 어머니는 이방 여인이었습니다. 그술 왕가의 여인이었습니다. 그래서 압살롬은 외할아버지 쪽으로 도망을 간 것입니다.

다윗은 이날로부터 날마다 그의 아들 압살롬을 인하여 슬퍼하였습니다. 어찌 보면 다윗의 집에 바람 잘 날이 없습니다. 사울과의 문제가 해결되고 나니 우리아의 문제가 생기고 우리아의 문제가 해결되고 나니 자식의 문제가 또 일어납니다. 어찌 보면 한평생 문제 속에서 살다가 가는 것이 인생인가 싶을 정도로 그는 많은 고통과 아픔 속에서 살다 갑니다.

사실 압살롬이 아버지 다윗을 미워할 이유는 없습니다. 그런데도 아버지를 미워하는 쪽으로 발전하게 된 것은 다윗의 우유부단함 때문이었습니다. 이 일로 압살롬은 급기야 다윗을 반역까지 하게 됩니다. 게다가 나중에는 아버지 다윗의 첩을 대낮에 백성들이 보는 앞에서 강간하는 일까지 벌입니다.

셋째, 아버지 다윗의 행동으로 자식들간의 관계가 파괴되고 대화가 단절되었습니다.

13장 22절을 보면 "압살롬은 암논이 그의 누이 다말을 욕되게 하였으므로 그를 미워하여 암논에 대하여 잘잘못을 압살롬이 말하지 아니하니라"고 했습니다.

이 일은 부자간에 대화가 단절되는 계기가 되었고, 형제간에도 대화가 단절되고 말았습니다. 좋은 관계가 유지되기 위해서는 어떤 어려운 상황 속에서도 대화가 유지되어야 합니다. 그런데 지금 이 가정 속에는 대화 단절 현상이 일어나고 있습니다. 아버지 다윗과 암논 간에 대화가 단절되었고, 다윗과 압살롬 사이에도 대화를 볼 수가 없습니다. 또 그들의 어머니들이 이 문제로 다윗과 대화를 한 기록도 없습니다.

다윗은 암논이 다말을 범하였다는 소식을 듣고 분노하였지만 그 어떤 자녀와도 만나 자초지종을 듣거나 대화하지 아니하였습니다. 그는 감정을 폭발하기는 하였지만 그냥 묵과하고 넘어갔습니다. 그러기에 이전에는 좋았던 관계가 깨졌습니다. 형제간의 관계 단절 현상이 일어났습니다.

사람의 성공은 인간관계에 달려 있습니다. 가정 생활의 성공도 인간관계가 핵심입니다. 그런데 인간관계에서 가장 중요한 핵심이 바로 대화입니다.

사랑하는 여러분!
건강한 아버지가 부재하여 온갖 사회 병리 현상이 생겨나고 있습니다. 아버지가 살아야 가정이 살고 교회가 살며 나라가 바로 섭니다. 그런데 요즈음 아버지들이 힘이 없습니다. 요즈음 아이들은 아빠가 잠을 깨우면 거들떠보지도 않는다고 합니다. 그래서 "야, 어서들 일어나!"라고 말하는 것이 아니라 "야, 엄마가 어서 일어나래"라고 말합니다.

농경사회에서 산업사회로 전환되고 확대가족에서 핵가족으로 변화되면서 가부장적 제도에서 모성 중심 사회로의 변화가 아버지들을 무력화시키고 있습니다. 60년대부터 시작된 한국의 근대화 과정에서 가족의 가치와 의미는 희생을 강요당해 왔습니다.

국가 발전이라는 큰 틀에 매몰되어 개인과 가족의 '삶의 질'은 관심 대상이 되지 못했습니다. 가족을 방치한 채 돈 버는 기계 노릇만 하던 아버지들은 은퇴 후 장성한 자녀들은 물론 자녀 교육과 남편 내조에 평생을 바친 아내한테까지 소외당하는 세대가 되어 버린 것입니다. 아버지의 권위는 땅에 떨어지고 아버지의 역할은 매몰되고 말았습니다. 아버지가 사라지고 나니 그 자리에는 절망과 좌절밖에 남지 않게 되었습니다.

그러기에 요사이 아버지의 역할을 제대로 회복하기 위해서 여러 가지 아버지 학교와 같은 프로그램들이 등장하고 있습니다. 일산 안에도 여러 교회들이 돌아가면서 아버지 학교를 운영하고 있습니다. 여러분이 한번 참석하시면 많은 도움이 될 것입니다.

우리가 건강한 부모가 되기 위해서는 어떻게 해야 합니까?

첫째, 마땅히 행할 바를 아이에게 가르쳐야 합니다

사실 우리나라 가정 교육의 문제점은 자녀 교육을 엄마에게 다 맡겨 버린다는 것입니다. 그래서 아버지는 돈 벌어다 주는 기계처럼 되어 버렸습니다. 그러다 보니 아버지의 영적 권위가 상실되어 가고 있습니다.

다윗도 이런 면에서 별반 다르지 아니하였습니다. 사실 다윗의 자녀들은 다윗이 도망다니던 시절에 태어난 아이들이 대부분입니다. 그리고 모두 어머니가 다르다 보니 같이 한자리에서 가정 예배를 드리는 상황은 못 되었습니다. 그들의 어머니 중에는 이스라엘 사람도 있지만 이방인도 있습니다. 그러다 보니 영적 분위기가 다르게 자라났습니다. 그러니 다윗 자신은 하나님을 무척이나 사랑하는 자였지만 아이들에게 마땅히 행할 바를 가르치지 못하였습니다. 마땅히 행할 바는 성경 속에 있지만 아버지를 중심으로 한 성경적 가정 교육을 시킬 수가 없었던 것입니다.

사랑하는 여러분! 오늘날 여러분이 자녀를 교육하는 기준은 무

 우리는 무엇으로 사는가

엇입니까?

제가 어릴 적에 부모들은 육아법 하면 서양의 육아책들(스포크 박사)을 보면서 그것이 표준인 양 아이들을 키웠습니다. 그래서 "아이가 울더라도 정한 시간에만 우유를 주어야 한다" 라든지 "잠을 재울 때에는 혼자 자게 해야 독립심이 강해진다" 라고 세뇌되었습니다. 그런데 요사이 보면 그런 교육 방식을 강조하는 내용은 거의 없습니다. 그런 방식으로 자란 아이들은 독립심이 있기보다는 외골수가 되기 쉽고 강하기보다는 우울증에 걸리기 쉽다고 합니다. 세상의 교육 방식은 변합니다. 그러나 성경의 교육 방식은 영원합니다.

성경에는 자녀들이 해야 할 일과 하지 말아야 할 일들이 엄청나게 많이 기록되어 있습니다. 특히 모세오경이나 잠언서에는 구구절절이 자녀 교육 원칙들이 기록되어 있습니다. 그러기에 말씀보다 더 좋은 교과서는 없습니다.

오래 전에 "국민일보" 에 실린 한 간증문을 기억합니다. 일곱 살짜리 아이가 너무나 부산할 뿐만 아니라 사고뭉치여서 엄마는 이 아이를 어떻게 교육해야 할지 난감해하다가 잠언서를 읽히기 시작했습니다. 31장까지 있기에 처음에는 하루에 한 장씩 읽도록 하였습니다. 그래서 용돈을 줄 때에도 성경 한 장을 읽은 다음에 주었습니다. 다 읽고 나서는 잠언을 한 장씩 쓰도록 했습니다. 그런 다음에는 한 장씩 암송하도록 하였습니다. 그런데 그렇게 산만하고 부산한 아이가 완전히 달라졌다는 것입니다. 너무나 차분해지고 의젓해져서 감사하다고 고백하였습니다.

아동 교육 전문가 이영숙 박사가 쓴 「날마다 행복한 자녀 대화법」을 보면 아무리 힘들고 난이도 높은 것이 자녀 교육이라지만,

오르지 못할 길만 있는 것은 아니라고 하면서 바람직한 자녀 교육법을 제시합니다. 그가 주장한 내용은 이러합니다.

자녀가 지켜야 하는 규칙을 분명히 말해 주고 정해 놓은 규칙은 확실히 지키게 하는 것입니다. 자녀가 떼를 쓴다고 뒤로 물러나서는 안 된다는 것입니다. 안 되는 일을 떼를 쓴다고 허락한다면, 자녀는 욕구가 있을 때마다 늘 떼를 쓰게 됩니다. 그러므로 귀찮아도 자녀와 타협해서는 안 된다는 것입니다.

며칠 전 텔레비전에서 한 문제 아이를 치유하는 과정을 보았습니다. 이 아이는 닥치는 대로 욕하는 욕쟁이요, 놀이터에서든지 어디서든지 자기 마음대로 안 될 때에는 문제를 일으키는 말썽쟁이였습니다. 그는 부모 뿐만 아니라 할머니에게도 입에 담을 수 없는 욕을 해대었습니다.

저는 그 네 살짜리 욕쟁이 아이의 모습을 처음 보는 순간 과연 저 아이를 바로 잡을 수 있을까 하는 생각이 들었습니다. 그런데 몇 개월 만에 그 아이는 아주 모범적인 아이로 변하였습니다. 그 교육 방식은 간단했습니다. 생각하는 의자를 두고 욕을 하면 언제든지 그 의자에 앉혀서 잘못을 생각하게 하는 것입니다.

"네가 지금 하고 있는 것은 해서는 안 될 욕" 이라는 것을 가르칩니다. 그리고 그런 욕을 하고 싶을 때에는 이러이러하게 말해야 한다고 가르쳤습니다. 하지만 처음에 아이에게는 그런 말이 전혀 소용이 없어 보였습니다. 아이는 그 의자에 앉아서도 마음대로 욕을 해댔습니다.

그런데 10분, 30분, 60분이 지나면서 변하기 시작했습니다. 아이가 잘못을 시인하기 전에는 절대 그 의자에서 내려오지 못하게 팔을 붙잡고 있었기 때문입니다. 아이는 처음에는 몸을 뒤틀어 보기도 하고, 침을 뱉기도 하고, 욕을 하기도 하였지만 부모가 화를 내지 않으면서 변함없이 바른 말을 할 수 있도록 유도하자 나중에는 스스로 지쳐서 잘못을 시인하기 시작했습니다. 그리고 배운 대로 바르게 말하기 시작하였고, 유치원에 가서도 월반을 할 정도로 뛰어난 리더십을 발휘하였습니다.

저는 그 모습을 보면서 자녀가 문제가 아니라 부모가 문제를 방임하고 분노하면서도 자녀를 인내함으로 바른 길로 가르치지 못하는 것이 얼마나 큰 잘못인지 깨달았습니다. 유명한 교육가인 페스탈로치는 "교육이란, 온유의 교실에서만 가능하다" 라고 말합니다. 방임이 아니라 바른 길을 끝까지 온유함으로 가르칠 때 교육은 가능합니다. 사실 성경에서 자녀를 사랑하라는 단어는 단 한 번밖에 나오지 않습니다. 이상할 정도로 자녀를 사랑하라는 단어에는 침묵을 지키고 있습니다. 그 대신 자녀를 노엽게 하지 말라, 마땅히 행할 바를 아이에게 가르치라……, 가르치라는 말씀은 많습니다.

무슨 말입니까? 자녀들은 어릴 적부터 온유함으로 바른 교훈을 먹고 자라야 성인이 되어서도 바르게 살아갈 수 있다는 것입니다. 반대로 아무리 부모가 유명한 가정에서 자라도 방임과 욕심 아래에서 자라면 망나니가 될 수밖에 없다는 것을 보여 줍니다.

우리가 건강한 부모가 되기 위해서는 어떻게 해야 합니까?

둘째, 자녀와 대화하여야 합니다

인간은 관계 속에서 사는 존재입니다. 관계를 맺는 데 결정적인 통로가 되는 것은 대화입니다. 대화는 인체의 혈관과도 같습니다. 혈관이 막히면 각종 질병으로 서서히 죽어가는 것처럼, 대화가 막히면 관계도 서서히 죽어갑니다. 많은 부모들이 다윗처럼 자녀와의 욕구 충돌, 가치관 충돌로 인한 갈등 관계를 어떻게 해소해야 할지 몰라 윽박지르거나 원칙 없는 수용을 함으로써 자녀들과 행복한 관계를 맺는 데 실패하고 있습니다. 또 자녀들과 대화한다고 하면서 자녀들을 슬프게 하는 말만 일방적으로 하는 경우가 허다합니다.

개소 10주년을 맞는 부산시 청소년 종합상담실이 발간한 "부모교실"이라는 자료를 보면 '자녀를 슬프게 하는 말'이라는 글이 있습니다.

1. "네 형은 안 그러는데 넌 왜 그러니?" - 형제간 비교하는 말
2. "다시 한 번 그러면 그냥 안 둔다!" - 위협하는 말
3. "답답해 죽겠다!" - 재촉하는 말
4. "엄마는 화내고 싶어서 화내는 줄 아니?" - 변명하는 말
5. "넌 정말 어쩔 수 없구나!" - 가능성을 부정하는 말
6. "넌 왜 그렇게 머리가 나쁘니?" - 결점을 비난하는 말
7. "넌 몰라도 돼!" - 무시하는 말

이런 말들은 대부분 대화이기보다는 일방적인 말로 구성되어 있습니다. 자녀를 분노케 하는 말들이 대부분입니다.

사랑하는 여러분! 저는 유대교 공동체에 가서 그들이 자녀들과의 대화 창구가 열려 있고, 가족간의 대화가 참으로 원만한 것을 보고 얼마나 부러웠는지 모릅니다.

사랑하는 여러분! 한 달에 두 번씩 있는 가정 예배 때만이라도 가족간에 대화의 시간을 늘여 보십시오. 가르치려고만 하지 말고

듣기도 해보십시오. 아이들이 무슨 생각을 하고 있는지 들어 보십시오. 어릴 적에 아이들과 대화하지 않으면 정작 우리가 자녀를 찾을 때에 그들이 우리에게 등을 돌린다는 사실을 잊어서는 안 됩니다. 아무리 바빠도 가정 예배를 우선순위에 두고 대화의 시간과 폭을 넓혀 보시기 바랍니다.

우리가 건강한 부모가 되기 위해서는 어떻게 해야 합니까?

셋째, 사랑을 표현해야 합니다

37절을 보면 다윗은 압살롬이 외할아버지 집으로 도망가자 그로 인해 날마다 슬퍼하였습니다. 그런데도 불구하고 다윗은 압살롬에게 편지를 띄우거나 돌아오라는 적극적인 행동을 취하지 않습니다. 또 요압의 중재로 돌아온 후에도 처음에는 만나 주지 않고 아버지의 얼굴을 보지 못하게 하였습니다. 속으로는 아들이 너무너무 보고 싶으면서도 겉으로 표현하지 아니하였습니다.

그 결과 압살롬은 아버지가 자신을 미워한다고 오해했습니다. 그래서 백성들의 마음을 다 빼앗아 아버지를 반역하는 자리에 서게 됩니다. 악순환이 거듭되었습니다.

유교 문화가 우리에게 준 좋은 점이 있습니다. 하지만 가장 치명적인 약점은 부자간에 대화를 단절시키고 아버지가 자식에게 사랑을 표현하는 것을 다 막아 버렸다는 점입니다.

우리 어릴 적에만 해도 밥 먹는 것마저 아버지와 함께 먹지 못하고 상을 따로 차려서 먹을 때가 있었습니다. 그리고 밥 먹을 때에는 밥풀 튄다고 말하지 못하게 하여 밥상 앞에서 대화가 없었습니다. 그러니 그런 환경 속에서 자란 우리가 자녀들과 더불어 대화의 장을 열기가 얼마나 힘이 든지 모릅니다. 하지만 우리는 언제까지나 조상 탓만 하고 있을 수는 없습니다. 잘못된 문화는 바꾸어 가야 합니다. 그럴 때 우리 당대부터는 건강한 부모로 설 수 있기 때문입니다.

사랑하는 여러분! 우리 당대 뿐만 아니라 후대에 이르기까지 우리 자손들의 가정이 행복하기를 원하십니까?

마땅히 행할 바를 아이에게 가르치십시오. 자녀와 대화의 시간을 늘여 보십시오. 자녀에게 사랑을 표현해 보십시오. 지금 못하면 아이가 커서는 더더욱 못합니다. 쑥스럽지만 표현할 때에 아이들은 그 사랑을 먹고 건강하게 자랄 것입니다. 그럴 때 '아빠 바빠 나빠'의 아버지 위상에서 벗어나 '멋진 아빠, 본받고 싶은 아빠, 권위가 서 있는 아빠'가 될 수 있습니다.

이 크신 은총이 우리의 가정 속에서 놀랍게 회복되기를 축원합니다.

>>사무엘하<<

화평케 하는
자의 자세
14장 1~24절

스루야의 아들 요압이 왕의 마음이 압살롬에게로 향하는 줄 알고 드고아에 사람을 보내 거기서 지혜로운 여인 하나를 데려다가 그에게 이르되 청하건대 너는 상주가 된 것처럼 상복을 입고 기름을 바르지 말고 죽은 사람을 위하여 오래 슬퍼하는 여인같이 하고 왕께 들어가서 그에게 이러이러하게 말하라고 요압이 그의 입에 할 말을 넣어 주니라 드고아 여인이 왕께 아뢸 때에 얼굴을 땅에 대고 엎드려 이르되 왕이여 도우소서 하니 왕이 그에게 이르되 무슨 일이냐 하니라 대답하되 나는 진정으로 과부니이다 남편은 죽고 이 여종에게 아들 둘이 있더니 그들이 들에서 싸우나 그들을 말리는 사람이 아무도 없으므로 한 아이가 다른 아이를 쳐죽인지라 온 족속이 일어나서 당신의 여종 나를 핍박하여 말하기를 그의 동생을 쳐죽인 자를 내놓으라 우리가 그의 동생 죽인 죄를 갚아 그를 죽여 상속자 될 것까지 끊겠노라 하오니 그러한즉 그들이 내게 남아 있는 숯불을 꺼서 내 남편의 이름과 씨를 세상에 남겨두지 아니하겠나이다 하니 왕이 여인에게 이르되 네 집으로 가라 내가 너를 위하여 명령을 내리리라 하는지라 드고아 여인이 왕께 아뢰되 내 주 왕이여 그 죄는 나와 내 아버지의 집으로 돌릴 것이니 왕과 왕위는 허물이 없으리이다 왕이 이르되 누구든지 네게 말하는 자를 내게로 데려오라 그가 다시는 너를 건드리지도 못하리라 하니라 여인이 이르되 청하건대 왕은 왕의 하나님 여호와를 기억하사 원수 갚는 자가 더 죽이지 못하게 하옵소서 내 아들을 죽일까 두렵나이다 하니 왕이 이르되 여호와께서 살아 계심을 두고 맹세하노니 네 아들의 머리카락 하나도 땅에 떨어지지 아니하리라 하니라 여인이 이르되 청하건대 당신의 여종을 용납하여 한 말씀을 내 주 왕께 여쭙게 하옵소서 하니 그가 이르되 말하라 하니라 여인이 이르되 그러면 어찌하여 왕께서 하나님의 백성에게 대하여 이같은 생각을 하셨나이까 이 말씀을 하심으로 왕에서 죄 있는 사람같이 되심은 그 내쫓긴 자를 왕께서 집으로 돌아오게 하지 아니하심이니이다 우리는 필경 죽으리니 땅에 쏟아진 물을 다시 담지 못함 같을 것이오나 하나님은 생명을 빼앗지 아니하시고 방책을 베푸사 내쫓긴 자가 하나님께 버린 자가 되지 아니하게 하시나이다 이제 내가 와서 내 주 왕께 이 말씀을 여쭙는 것은 백성들이 나를 두렵게 하므로 당신의 여종이 스스로 말하기를 내가 왕께 여쭈오면 혹시 종이 청하는 것을 왕께서 시행하실 것이라 왕께서 들으시고 나와 내 아들을 함께 하나님의 기업에서 끊을 자의 손으로부터 주의 종을 구원하시리라 함이니이다 당신의 여종이 또 스스로 말하기를 내 주 왕의 말씀이 나의 위로가 되기를 원한다 하였사오니 이는 내 주 왕께서 하나님의 사자 같이 선과 악을 분간하심이니이다 원하건대 왕의 하나님 여호와께서 왕과 같이 계시옵소서 왕이 그 여인에게 대답하여 이르되 바라노니 내가 네게 묻는 것을 내게 숨기지 말라 여인이 이르되 내 주 왕은 말씀하옵소서 왕이 이르되 이 모든 일에 요압이 너와 함께하였느냐 하니 여인이 대답하여 이르되 내 주 왕의 살아 계심을 두고 맹세하옵나니 내 주 왕의 말씀을 좌로나 우로나 옮길 자가 없으리이다 왕의 종 요압이 내게 명령하였고 그가 이 모든 말을 왕의 여종의 입에 넣어 주었사오니 이는 왕의 종 요압이 이 일의 형편을 바꾸려 하여 이렇게 함이니이다 내 주 왕의 지혜는 하나님의 사자의 지혜와 같아서 땅에 있는 일을 다 아시나이다 하니라 왕이 요압에게 이르되 내가 이 일을 허락하였으니 가서 청년 압살롬을 데려오라 하니라 요압이 땅에 엎드려 절하고 왕을 위하여 복을 빌고 요압이 이르되 내 주 왕이여 종의 구함을 왕이 허락하시니 종이 왕 앞에서 은혜 입은 줄을 오늘 아나이다 하고 요압이 일어나 그술로 가서 압살롬을 데리고 예루살렘으로 오니 왕이 이르되 그를 그의 집으로 물러가게 하여 내 얼굴을 볼 수 없게 하라 하매 압살롬이 자기 집으로 돌아가고 왕의 얼굴을 보지 못하니라

오늘 우리가 살아가는 이 세상은 양극화 현상이 두드러지고 있습니다. 이념적으로, 물질적으로, 심지어 세대간에도 너무나 양극화 현상이 크게 나타나고 있습니다. 그리고 이러한 모습들은 대화로 풀어 가는 것이 아니라 극단적인 행동으로 나아가는 경향이 짙습니다. 언어 폭력, 행동 폭력, 심리 폭력, 물질 폭력 등 다양한 폭력을 행사하여 사람들의 마음을 상하게 합니다.

이는 비단 사회에서만 그러한 것이 아니라 가정에서도 심각해서 이혼율은 이미 세계 1, 2위를 달리고 있습니다. 1등은 미국이고, 2등은 한국으로 두 나라는 이혼율에서도 한미동맹을 굳건하게 유지하

고 있습니다. 또 직장이나 교회 속에도 양극화 현상이 두드러지고 있습니다. 파업을 해도 이판사판으로 극단적으로 합니다. 자신의 주장을 전달하기 위해 이국 만리에 가서도 각목을 휘두릅니다.

말을 해도 극단적으로 합니다. 공동체를 깨뜨립니다. 판을 깹니다. 어찌 보면 이 사회는 화평케 하는 자가 절실한 시대입니다.

본문을 보면 한 사건 속에 화평케 하는 자가 등장합니다. 시기는 압살롬이 자기 누이 다말 사건 때문에 암논을 죽이고 그술 왕 달매에게 망명을 가 버린 뒤입니다. 이 일로 다윗은 날마다 그의 아들 압살롬을 생각하며 슬픔에 잠겼습니다. 사랑하는 장남은 죽고, 또 삼남은 형을 살인하고 망명을 갔기 때문입니다. 하지만 왕의 자존심 때문인지 다윗은 아들 압살롬이 엄청나게 보고 싶으면서도 그 누구에게도 아들을 데려오라고 말하지 않았습니다.

이러기를 3년이나 흘렀습니다. 그때에 다윗의 부하 중 한 사람이 다윗과 압살롬 사이의 무거운 관계를 회복하기 위해서 나섰습니다. 그는 바로 다윗의 군대장관 요압이었습니다. 그가 만든 작품은 100점짜리는 아니었습니다. 하지만 그의 재치 있는 행동으로 일단 아들 압살롬이 고국으로 돌아옵니다. 그리고 무려 5년 만에 아버지 다윗과 아들 압살롬은 키스를 하면서 화해를 합니다. 물론 3년 만에 돌아왔지만 돌아와서도 2년 동안 다윗을 보지 못하였기에 5년이 걸린 것입니다. 그러므로 오늘 화평케 하는 자의 자세를 한 번 보고자 합니다.

첫째, 화평케 하기 위해서는 상대방의 마음을 읽어야 합니다

다윗 왕과 그 아들 압살롬의 관계가 파괴되고 나서 다윗 왕은 무척이나 마음이 아팠습니다. 아들 압살롬을 보고 싶어했지만 볼 수 없었기 때문입니다.

다윗은 이미 암논은 죽었기 때문에 암논 때문에 울고만 있을 수 없었습니다. 그러기에 살아 있는 아들 압살롬이라도 돌아오기를 원했던 것입니다. 이러한 다윗의 마음을 부하들이나 주변 사람들은 다 알고 있었습니다. 하지만 감히 그 문제를 해결하겠다고 나서는 사람은 없었습니다. 다들 구경꾼이었습니다.

압살롬의 어머니 역시 남편 다윗의 눈치를 보느라 아무 제안도 하지 않았습니다. 자기 아들이 배다른 아들을 죽였기 때문에 할 말이 없었습니다. 다윗 역시 스스로 이 문제를 풀기가 어려웠습니다. 게다가 압살롬이 나라 밖으로 망명을 가 버렸기 때문에 더더욱 힘들었습니다. 그러기에 그는 왕이지만 어떤 적극적인 행동을 할 수 없는 상황에 있었습니다.

이때 사건이 있은 뒤 3년 만에 요압 장군이 나섰습니다. 많은 사람이 나선 것도 아니고 한 사람이 나섰습니다. 그런데 한 사람이 나서자 문제는 풀리기 시작하였습니다. 그는 지도자 다윗의 마음을 읽고 있었습니다. 그는 섣불리 이 일에 나서다가 다윗이 거절하면 불이익을 당할 수도 있었습니다. 하지만 그는 아무도 안 하는 일이기에 총대를 메고 나섰습니다. 그리 기분 좋은 일은 아닙니다. 또 점수를 딸 수 있는 일도 아닙니다.

요압은 이 일을 제안했다가 그술에 가서 압살롬을 데리고 오는 일까지 도맡아서 해야 했습니다. 요압의 등장은 다윗 가정이 부자 관계를 회복하는 기회가 되었습니다.

이번 명절에 여러분은 부모님을 비롯해서 일가친척을 만나게 될 것입니다. '이 참에 우리 집에 엉켜 있는 이런저런 실타래를 좀

 우리는 무엇으로 사는가

풀어야 하는데……'라고 생각하는 분들이 많을 것입니다. 그러나 그런 생각만 가지고서는 엉킨 실타래를 풀 수 없습니다. 상호간의 마음을 잘 읽어서 아름다운 말로 풀어가야 합니다. 분노와 혈기로 풀 수 없습니다.

문제를 풀기 위해 나설 때에 상대방의 마음을 읽는 것이 중요합니다. 부부간이나 형제간에 싸운 후 화해하고 싶지만 먼저 시도한다는 것이 쉽지 않습니다. 부부간에 싸우는 이유가 무엇입니까?

남편은 시댁밖에 모르고, 아내는 친정밖에 모르는 행동을 하면 백발백중 싸웁니다. 그런데 남편은 아내가 지금 마음에 무슨 생각을 하고 있는지, 혹시나 처갓집에 어려움을 겪고 있는 사람은 없는지 생각해 보십시오. 그리고 아내는 남편이 지금 무슨 생각을 하고 읽는지 읽어 보십시오.

서로가 이렇게 상대의 마음을 읽고 배려할 수만 있다면 싸울 일이 무엇이 있겠습니까? '나 혼자 문제를 풀려고 한들 될까?' 라고 생각하지 마십시오. 화평케 하는 자가 한 사람이라도 있으면 열매가 맺히기 시작합니다.

요압 한 사람 때문에 문제는 풀어지기 시작했습니다. 요압이 다른 부하들보다 앞서서 다윗 왕의 마음을 생각하였기 때문입니다. 다윗이 우리아의 아내를 범했을 때에 나단 선지자는 비유를 들어 쉽게 다윗의 마음을 열고 회개케 했습니다. 그와 같이 요압 장군은 나단 선지자를 본받아서 드고아 여인 중에 지혜로운 한 여인을 선택하여 그로 상복을 입게 하고 그 입에 말을 넣어 주었습니다.

그녀는 과부 행세를 하였고, 그의 두 아들이 싸우다가 형이 동생을 쳐죽였고, 그 바람에 동네 사람들이 그 동생을 죽인 형을 내놓으라고 하여 집안의 대가 끊어질 지경이 되었다고 하소연하게 하였습니다.

이는 압살롬이 암논을 죽이고 그술 왕 달매에게 도망가 있는 것을 비유해서 만들어 낸 이야기입니다. 실제로 있었던 일은 아닙니다. 다윗 왕으로 하여금 깨닫고 압살롬을 용서하고 돌아오게 하기 위한 작전이었습니다. 화평케 하는 사람은 말에 신중을 기해야 하는데 바로 요압이 그러했습니다.

다윗은 나단 선지자가 비유로 자신을 책망할 때에는 전혀 깨닫지 못하였습니다. 나단 선지자가 "그가 바로 당신"이라고 말하기 전에는 알지 못했습니다. 그러나 이번에는 지혜로운 여인이 와서 하는 이야기를 듣고 나중에 요압이 보낸 줄 깨달았습니다. 하지만 다윗은 요압 장군에게 화를 내지 않습니다. 오히려 그의 지혜로운 말과 행동을 기쁘게 받아들여 압살롬을 데려오라고 지시했습니다. 이미 다윗의 마음에는 압살롬이 크게 자리잡고 있었기 때문입니다.

화평케 하기를 원하십니까? 사람들의 마음을 읽고 신중하게 말해 보십시오. 그 중심에 화해하고자 하는 마음이 있는지 읽어 보십시오. 그러한 마음을 읽을 수 있다면 적극적으로 나서서 화평을 만들어 갈 수 있습니다.

둘째, 화평케 하기 위해서는 아픔 앞에 서는 용기가 필요합니다

용기는 화평케 하는 자의 기초입니다. 용기 있는 결단과 행동 없이는 결코 현재 상황이 변화될 수 없기 때문입니다. 화평케 하고자 하는 자가 용기가 없다면 절대 한 걸음도 전진하지 못합니다. 관망만 할 뿐이지 시도하지 않습니다. 화평케 하는 사람이 모든 문제에 대한 해답을 가지고 있는 것은 아닙니다. 그들은 단지 행동하는 용기를 가진 사람입니다.

화평케 하는 사람이 평범한 사람과 다른 점이 무엇입니까? 통찰력이 아닙니다. 깨달은 대로 행동하고, 때론 다른 사람들이 침묵할 때도 요압처럼 당당히 말할 수 있는 용기를 가졌다는 것입니다. 화평케 하는 자로서 행동하는 용기가 있습니까?

화평케 하는 자는 용기(courageous)가 있지만 무모(careless)하지 않은 사람입니다. 요압은 지금 무모한 짓을 하는 것이 아닙니다. 단지 다윗이 스스로 해결하기 힘든 일을 중간에서 징검다리 역할을 해주고 있는 것입니다.

그는 무모하게 도전하지 않고 상당히 신중한 용기를 가지고 접근했습니다. 용기와 신중은 반대말이 아닙니다. 요압은 용기도 있고 신중하게 접근하기도 했습니다. 그리고 그의 신중한 용기를 통해 압살롬을 다시 예루살렘으로 돌아오게 하였습니다. 이처럼 위험을 감수하지 않고서는 화평을 만들 수 없습니다. 자존심을 내려놓지 않고서는 화평을 만들기 힘듭니다. 갈등하고 있는 사람들의 일을 남의 일로 보는 방관자들은 결코 화평케 할 수 없습니다.

얼마 전 저에게 어떤 한 성도가 이메일로 기쁨의 편지를 보내왔습니다. 그분의 동의를 얻어서 여러분에게는 약간 편집한 상태로 읽어 드리겠습니다.

존경하는 목사님께
목사님! 추운 날씨 속에 안녕하신지요?
오늘 만나 뵐 기회가 있으면 말씀드리려 했는데 이 벅찬 마음을 숨길 수 없어서 메일을 보내 드립니다.
어젯밤은 제게 기쁨의 날이요 참회의 날이었습니다. 4년 동안 왕래가 없었던 큰댁 형님과 화해를 했거든요.

그때는 그럴 만큼 섭섭했고 이해할 수 없었고 또 얼굴도 보기 싫고 목소리도 듣기 싫었기 때문에 4년 전 누적된 감정을 서로 쏟아내는 과정에서 해서는 안 될 말을 전화로 들었고 저도 악을 쓰며 형님께 대들었습니다. 그후 어제까지 저는 형님(남편의 형수)과 관계를 끊고 살았습니다.

지난 가을, 제가 수술을 앞두고 있을 때 목사님이 이렇게 말씀하셨지요. 미워하는 사람이 있으면 그 사람에게 고마워하라고요. 용서하고 화해하라고요.

사실 저는 목사님이 형제와 먼저 화해하고 예배를 드려야 된다고 말씀하실 때마다 몹시 마음이 괴로웠고 죄책감에 시달려야 했습니다. 그러나 형님을 용서하자니 지난날 주고받은 끔찍한 말들이 잊혀지지 않고 오히려 더 미워하는 마음만 생겼습니다.

다락방 식구들과 친해지면서 형제애를 느낄 때 뭔가 마음 한구석에 남아 있는 허전함은 형님 가족을 향한 제 사랑이었을까요? 남하고도 이렇게 형제애를 나누는데 피를 나눈 형제와 등을 돌리다니…….

늘 마음이 괴로웠고 또 유난히 저희 아이들을 예뻐하셨던 아주버님이 얼마나 아이들을 보고 싶어하실까 생각하면 정말 못할 일을 하고 있다는 생각뿐이었습니다. 남편이 오랜 웅크림 끝에 하나님의 지극하신 사랑으로 그간의 침체를 털고 새로운 지역으로 발령이 나면서 제 마음은 급해졌습니다. 그 전에 큰댁 장조카가 결혼 날을 잡았다는 소식을 접하고 '나도 결혼식에 가고 싶은데 무슨 낯으로 가나' 하고 걱정했습니다.

지난번 수술 때부터 제가 이미 '이제 용서를 하자. 그리고 잊자' 고 결심은 했지만 실행하지 못하고 어제에 이른 것입니다. 저는 형님께 전화를 할 때 가슴이 두근두근 뛰고 아무 말도 떠오르지 않았지만 하나님께 기도드리고 용기와 지혜를 구했습니다.

9시 반쯤 어렵게 통화가 되고 제가 그 시각에 서울로 가서 만나 뵙겠다고 하자, 형님은 오히려 아픈 사람이 어떻게 오느냐며 밤 10시 반에 일산으로 오셨습니다. 우리는 눈물의 상봉을 하고 저는 그저 제가 잘못했다고 용서를 구했습니다. 한 시간이 흐르고 찻집에 두 사람만 남게 되자 우리 이제 다 잊자, 아픈데 못 가 봐서 미안하다, 앞으로 잘 지내자, 사람이니 이러는 거다, 먼저 전화해 줘서 고맙다고 형님은 말하였습니다. 우리는 집으로 함께 들어와 저희 아이 둘을 눈물로 끌어 안았습니다.

목사님! 이제 토요일이면 상주, 부산 등지에서 온 일가 친척들이 모인 가운데 큰 조카가 결혼을 합니다. 가서 마음껏 축하해 주고 즐거운 시간을 가지려 합니다.

정말 목사님께 감사드립니다. 이제는 마음이 아주 후련하고 날아갈 것 같습니다. 하나님께 이 모든 것을 감사드리며 목사님과 사모님 모두 새해에도 주님의 무한한 은총 가운데 계시기를 기원드립니다.

2006. 1. 11. 밤에 드림.

사랑하는 여러분! 엉킨 것을 풀기 위해서는 용기가 필요합니다. 사랑도 용기 없이는 실천할 수 없습니다.

먼 산만 바라보면서 사랑한다고 하는 것은 뜬 구름을 보는 것 같습니다. 대부분의 사람들이 화해해야 하는 줄을 몰라서 화해를 못하는 것이 아닙니다. 다들 알지만 자존심 때문에 못합니다. 서로 먼저 전화하고 먼저 말하는 것을 지는 것이라고 생각합니다.

로마 역사가 타키투스(Cornelius Tacitus)는 "용기가 있는 곳에는 희망이 있다"라고 말했습니다.

미국의 시인이며 수필가인 랄프 왈도 에머슨(Ralph Waldo Emerson, 1803~1882)은 "용기는 자기를 회복할 수 있는 능력"이라고 했습니다.

헬렌 켈러(Helen Keller)는 "우리에게는 이론을 위한 용기는 풍부하지만, 실천을 위한 용기는 미흡하다"라고 말했습니다. 용기란 두려움이 없는 상태가 아니라 믿음으로 두려움을 극복한 상태를 말합니다.

문제에 봉착할 때에 우리는 그것을 방치해 둘 것인가 아니면 용기로 풀 것인가 결정해야 합니다. 그것은 대단히 중요합니다. 사람이 자기가 저질러 놓은 일을 자기가 풀기가 쉽지 않습니다. 지금 다윗은 압살롬이 너무나 보고 싶지만 살인자 압살롬을 자기 손으로 돌아오게 하는 것은 쉽지 않습니다. 이는 왕의 아들들이 저지른 일이라 더욱더 그러하였습니다. 그리고 이 일은 압살롬이 풀기도 쉽지 않았습니다. 그는 살인을 저지르고 도망간 당사자이기 때문입니다.

그 당시 형제를 살인할 때에 부지중에 살인을 행한 자는 도피성을 찾아가면 됩니다. 하지만 압살롬은 부지중에 한 일이 아니라 계획적으로 한 일이기에 마땅히 대가를 지불해야만 했습니다. 그러기에 그는 스스로 돌아오기가 힘들었습니다. 그러므로 요압이 화평을 만드는 중보자로 나서는 데에는 대단한 용기가 필요했습니다. 좋은 기회들이 지나가는 동안 많은 사람들이 두려움 때문에 방관자로 남는 경우가 허다합니다.

이번 설 연휴에도 여러분은 화평케 하는 자리에 설 수도 있고 방관자의 자리에 설 수도 있습니다. 무엇보다도 위험을 감수하지 않으려고 하는 자세가 바로 화평케 하는 자의 자리에 서지 못하게 하는 가장 큰 방해 요인입니다. 용기를 내십시오. 여러분의 용기는 아름다운 화평의 열매를 맺게 될 것입니다.

셋째, 화평케 하기 위해서는 양쪽을 다 이해해야 합니다

요압은 첫 단추는 잘 끼었는데 마지막 단추까지 깔끔하게 처리하지는 못하였습니다. 관계는 끝까지 잘 회복시켜야 합니다. 그런데 요압은 압살롬을 예루살렘으로 돌아오게만 하고서는 자기 할 일을 다한 것처럼 방치해 버렸습니다. 그래서 정작 압살롬은 예루살렘으로 돌아왔지만 금방 아버지 다윗과 만나지 못하였습니다.

압살롬이 예루살렘으로 돌아온 뒤에 2년 동안 요압은 근본적으로 관계 회복을 시도하지 않았습니다. 그 바람에 압살롬은 화가 나서 요압의 보리밭에 종들을 보내어 불을 질러 버렸습니다. 압살롬이 요압을 불렀지만 그가 만나 주지 않았기 때문입니다. 나를 아버지와 만나게 해주지도 못할 바에 왜 예루살렘으로 돌아오게 하였냐는 것이었습니다.

물론 이는 근본적으로 다윗이 잘못한 점입니다. 압살롬이 그술 왕 달매에게서 돌아왔을 때에 다윗은 그를 품에 안아 주었어야 했습니다. 그런데 다윗은 마음은 안 그러면서도 겉으로는 냉정하게 대하였습니다. 다윗은 예루살렘으로 돌아온 지 2년 동안이나 아들 압살롬을 만나 주지 않았습니다. 같은 성 안에 있으면서도 자기 앞에 나오도록 허락하지 않았습니다.

압살롬은 돌아오기는 했지만 버림받은 감정이 쌓였습니다. 그는 이제 자기가 아버지의 뒤를 이어 순탄하게 왕이 되기는 불가능함을 깨달았습니다. 그래서 돌아온 지 2년 만에 다시 악한 생각이 자리 잡으면서 아버지를 반역하기로 결단합니다. 더 큰 원수가 되었습니다. 그 이유는 압살롬이 돌아왔지만 마음으로 그를 맞이해 주는 사람이 없었기 때문입니다. 요압이 화평케 하는 작업을 하기는 하였지만 마음과 마음을 열게 하지는 못하였기 때문입니다.

그러하기에 요압이 화평케 하는 일을 끝까지 좀더 적극적으로 추진하였더라면 하는 아쉬움이 있습니다. 왕은 자기 문제인지라 스스로 처리하기가 힘들었습니다. 그러기에 요압이 좀더 적극적으로 나서서 압살롬을 아버지와 만나게 주선해 주었더라면 하는 아쉬움이 있습니다. 그리하였다면 압살롬이 배반하는 자리에까지는 가지 않았을 것이라고 생각합니다. 요압은 뒤늦게라도 깨닫고 다윗 왕과의 만남을 주선하였습니다. 그러나 그때는 이미 아버지와 아들이 겉으로 입을 맞추며 키스는 하였지만 압살롬의 마음은 아버지에게서 떠나 있었습니다.

하나님과 인생들 사이에도 엄청난 간격이 있어 갈등할 때에 예수님께서는 스스로 화평케 하는 자가 되어 우리 가운데 오셨습니다. 예수님은 하나님이면서도 인간의 몸을 입고 오셨습니다. 양쪽을 다 이해시켜야 하는 입장이었기 때문입니다. 그래서 예수님은 양성을 다 지니셨습니다. 하나님이면서 인간이셨습니다.

화평케 하는 자는 어찌 보면 중간자가 되어 양쪽의 입장을 다 대변할 수 있어야 합니다. 양쪽의 마음을 다 만족시킬 수 있을 때에 성공할 수 있습니다.

노란 손수건 이야기는 너무나 유명합니다. 저는 이 이야기를 듣고 읽을 때마다 감동이 되고 가지마다 노란 손수건이 휘날리고 있었다는 대목에 이르면 저도 모르게 눈물이 핑 돌고 가슴이 찡합니다.

미국 남쪽 플로리다 행 버스는 여행객의 낭만과 흥청거림으로 들떠 있습니다. 모두들 먼 남쪽 바다와 이글거리는 태양과 멋진 로맨스를 기대하면서 신이 났습니다. 버스가 휴게실에 멈출 때마다 사람들은 가벼운 스낵과 커피를 마셨습니다.

그런데 뒤에서 세 번째 줄 창가에 앉은 한 사나이는 이 버스 안의 분위기와는 전혀 어울리지 않습니다. 그 사나이는 후줄근한 옷차림에 근심 띤 우울한 얼굴로 묵묵히 홀로 앉아 있습니다. 그 사나이는 아무하고도 말하지 않겠다는 듯한 태도였습니다.

그렇게 마음 문을 꼭 닫고 있던 그 사나이가 자상하고 동정심 깊은 한 부인의 친절로 서서히 입을 열고 자신의 처지를 이야기합니다. 그 사나이의 이름은 빙고. 지난 4년 동안 뉴욕 형무소에 갇혔다가 석방되어 집으로 돌아가는 길입니다. 그는 4년 전 형무소에 들어가던 날 아내에게 편지를 썼습니다.

"앞으로 4년 동안이나 집을 비우게 되었소. 미안하오. 아이들한테도 정말 미안하오. 혼자 사는 것이 괴롭고 힘들다면, 나를 기다려 줄 수 없다면, 당신이 다른 사람을 만나 산다고 해도 나는 충분히 이해하오. 나를 잊어도 좋소. 아무런 원망도 않겠소. 편지하지 않아도 좋소."

그 뒤로 아내로부터 편지 한 장 오지 않았습니다. 차 안의 자상한 부인은 물었습니다.

"그런데 지금 집으로 가는 길이란 말인가요? 당신 아내가 다른 사람과 재혼하여 살고 있을지도 모르는 집으로요?"

빙고는 쓸쓸히 웃으며 말했습니다.

"사실 지난 주일 가석방 통보를 받고 집으로 편지를 썼습니다. 우리 동네 부른스위크 언덕 위에 아주 커다란 참나무 한 그루가 서 있는데 저는 편지에서 '당신에게 정말 면목이 없소. 당신이 나를 용서하고 아직도 나를 받아들일 뜻이 있다면 그 참나무 가지에 노란 손수건을 하나 매달아 주오. 그리하면 버스에서 내려 집으로 들

화평케 하는 자의 자세

어가겠소. 노란 손수건이 없다면 당신이 재혼하였거나, 나를 더 이상 받아들일 수 없다는 뜻으로 알고 그냥 지나쳐 가겠소'라고 말했지요."

이 사나이의 이야기가 소곤소곤 버스 안에서 퍼져 나갔습니다. 부른스위크가 가까워오자 버스 안의 분위기가 묘하게 가라앉았습니다. 버스는 계속 달렸습니다. 마침내 부른스위크 20킬로미터 전방을 지납니다. 그러자 버스 안 승객 모두가 조마조마한 마음으로 빙고가 말한 그 참나무가 나타나기를 기다렸습니다. 그 사나이는 계속 입을 다물고 굳은 표정으로 앉아 있었습니다.

이제 부른스위크 마을까지의 거리는 17, 15, 5, 3킬로미터로 점점 가까워졌습니다. 버스 안은 긴장감으로 팽팽한 정적이 감돌았습니다. 혹시나 발견하지 못할까봐 사람들은 나무가 보이기를 기대하며 노란 손수건 하나를 발견하기 위해서 일제히 창 밖을 내다보고 있었습니다.

그때였습니다. 별안간 버스 안은 탄성과 환호의 도가니가 되었습니다. 모두들 자리에서 일어나 손뼉을 치고, 발을 구르고, 얼싸안고, 춤추고, 뛰었습니다. 부른스위크 마을 언덕 그 참나무에는 단 하나의 노란 손수건이 아니라 가지마다 매어 놓은 수백 개의 노란 손수건과 혹시라도 남편이 보지 못하면 어떻게 하나 하고 걸어 놓은 대형 손수건이 온통 물결치고 있었기 때문입니다.

지금 세상은 온통 전쟁과 난리 소문으로 가득 차 있습니다. 인류의 역사는 끊임없이 반목과 갈등이 지속되고 있습니다. 인간에게 화평을 이루고 산다는 것은 너무나 어려운 일처럼 여겨집니다. 그래서인지 예수님은 이 세상에 오셔서 선포하셨습니다.

"화평하게 하는 자는 복이 있나니 그들이 하나님의 아들이라 일컬음을 받을 것임이요"(마 5:9).

하나님의 아들이라 일컬음을 받는 이는 바리새인처럼 종교적인 열심과 열정을 가지고 계속 비난하고 비판하는 자가 아닙니다. 그가 하나님의 백성인지 아닌지를 판단할 수 있는 가장 큰 특징은 화평케 하는 자인지 분쟁케 하는 자인지를 보는 것입니다.

마귀의 특징은 무엇입니까? 그는 끊임없이 분쟁케 하는 자입니다. 그가 이 세상에 등장한 것은 하나님과 인간 사이를 분쟁케 하고, 사람과 사람 사이를 분쟁케 하기 위해서입니다. 그러나 하나님께서 이 세상에 그리스도인들을 두신 이유는 하나님과 불화하는 인간들을 하나님께 돌아오게 하기 위함입니다.

그리스도인들은 얼마 전까지만 해도 하나님과 원수 되었던 사람들입니다. 그런데 하나님께서는 예수 그리스도를 통하여 그들을 받아 주시고 자녀 삼아 주셨습니다. 그러므로 이제 우리가 그 받은 사랑을 가지고 세상 속에서 화평케 하는 역할을 할 때에 세상 사람들은 우리를 하나님의 자녀라 일컬을 것입니다.

사람들은 사도 바울이 독사에 물려도 죽지 않는 것을 보고 그에게 제사를 드리려고 했습니다. 그에게 신적인 능력이 있으며, 하나님의 아들 같은 이가 자기들에게 나타났다는 것을 깨달았기 때문입니다. 그와 마찬가지로 우리에게는 신적인 능력이 있습니다. 그것은 이 극단적으로 흐르는 사회적, 가정적 환경 속에서 화평케 하는 일들을 감당할 때 나타납니다.

가진 자와 못 가진 자 사이에 서서 갈등을 풀어 가며, 고부간의 갈등을 풀어 가며, 형제간의 갈등을 풀어 가며, 사장과 직원의 갈등을 풀어 가는 화평케 하는 자의 자리에 앉을 때 우리는 하나님의 아들이라 일컬음을 얻게 될 것입니다. 우리를 통해서 하나님께 영광을 돌리게 되는 것입니다.

    사랑하는 여러분! 이 명절에 화평의 노란 물결이 넘쳐나게 하지 않으시렵니까? 여러분이 가는 곳마다 갈등과 반목이 다 깨지고, 여러분의 용기 있는 행동으로 화평의 물결이 넘쳐나기를 축원합니다.

>>사무엘하<<

상한 감정을
치유하고 삽시다
15장 1~12절

그 후에 압살롬이 자기를 위하여 병거와 말들을 준비하고 호위병 오십 명을 그 앞에 세우니라 압살롬이 일찍이 일어나 성문 길 곁에 서서 어떤 사람이든지 송사가 있어 왕에게 재판을 청하러 올 때에 그 사람을 불러 이르되 너는 어느 성읍 사람이냐 하니 그 사람의 대답이 종은 이스라엘 아무 지파에 속하였나이다 하면 압살롬이 그에게 이르기를 보라 네 일이 옳고 바르다마는 네 송사를 들을 사람을 왕께서 세우지 아니하셨다 하고 또 압살롬이 이르기를 내가 이 땅에서 재판관이 되고 누구든지 송사나 재판할 일이 있어 내게로 오는 자에게 내가 정의 베풀기를 원하노라 하고 사람이 가까이 와서 그에게 절하려 하면 압살롬이 손을 펴서 그 사람을 붙들고 그에게 입을 맞추니 이스라엘 무리 중에 왕께 재판을 청하러 오는 자들마다 압살롬의 행함이 이와 같아서 이스라엘 사람의 마음을 압살롬이 훔치니라 사 년 만에 압살롬이 왕께 아뢰되 내가 여호와께 서원한 것이 있사오니 청하건대 내가 헤브론에 가서 그 서원을 이루게 하소서 당신의 종이 아람 그술에 있을 때에 서원하기를 만일 여호와께서 반드시 나를 예루살렘으로 돌아가게 하시면 내가 여호와를 섬기리이다 하였나이다 왕이 그에게 이르되 평안히 가라 하니 그가 일어나 헤브론으로 가니라 이에 압살롬이 정탐을 이스라엘 모든 지파 가운데에 두루 보내 이르기를 너희는 나팔 소리를 듣거든 곧 말하기를 압살롬이 헤브론에서 왕이 되었다 하라 하니라 그때 청함을 받은 이백 명이 압살롬과 함께 예루살렘에서부터 헤브론으로 내려갔으니 그들은 압살롬이 꾸민 그 모든 일을 알지 못하고 그저 따라가기만 한 사람들이라 제사 드릴 때에 압살롬이 사람을 보내 다윗의 모사 길로 사람 아히도벨을 그의 성읍 길로에서 청하여 온지라 반역하는 일이 커 가매 압살롬에게로 돌아오는 백성이 많아지니라 똑같은 성능을 가지고 출고된 차라고 할지라도 운전자가 누구냐에 따라서 그 차는 수명과 가치가 달라집니다. 그 차를 운전하는 사람이 술에 만취된 운전자라면 그 차는 새 차라고 할지라도 사고를 내고 말 것입니다. 그러나 그 차에 모범 운전자가 탔다면 그 차는 상당히 오랜 시간 동안 안전하게 운행될 수 있을 것입니다. 이처럼 차는 운전자가 운전하는 대로 갑니다. 그런데 우리 인생을 운전하는 이는 누구입니까?

우리의 마음속에는 우리 인생을 운전하는 운전자가 있습니다. 어떤 사람은 어려서부터 들어온 말 한 마디가 그 사람의 인생을 운전하는 경우가 있습니다. 자신이 경험한 어떤 환경이 그 사람을 운전하는 경우도 있습니다. 부모나 선생의 영향이 그 사람의 인생을 운전하는 경우도 있습니다.

오늘날 우리 인생은 학력이나 돈만으로 좌우되지 않습니다. 많은 사람들이 어려서부터 경험한 언어 폭력이나 칭찬, 환경적, 심리적 영향이 그의 인생을 좌우하는 경우가 허다합니다.

치유 목회 사역을 하는 정태기 교수는 사촌 누나 친구들이 자기 집에 와서 했던 말 한 마디 때문에 15년을 묶여 살아야만 했다고 말합니다. 사촌 누나 친구들이 자기 집에 와서는 창문으로 자기를 바라보며 자기들끼리 이렇게 말한 것입니다.

"태기는 못생겨서 어떤 여자도 사귀자고 안 할 거야."

그런데 그 말이 가슴에 못이 박혀서 그만 그는 그때부터 30살이 될 때까지 여자만 보면 양다리가 후들후들 떨리고 가슴이 조여 오는 '이성 공포증'에 걸려 버리고 말았습니다. 30살에 결혼하고 나서 좀 자유로워졌지만 완전히 치유된 것은 치유 사역을 공부하고 나서였다고 합니다. 미국 유학을 가서 7년이 지난 후에 치유사역을 공부하다가 자기가 '이성 공포증'에 걸린 사실을 알게 되었다고 합니다.

어떤 사람은 이런저런 말 한 마디 때문에 평생 인생이 묶여서 꼼짝 못하고, 어떤 사람은 칭찬과 믿어 주는 말 한 마디로 위기 속에서도 건강하게 살아갑니다.

압살롬의 삶은 어떠했습니까? 그는 자기의 의지와는 상관없이 부모의 조국이 다르게 태어났습니다. 아버지는 히브리인이지만 어머니는 이스라엘의 주변 국가 그술 왕가 출신입니다. 그러니 문화가 다르고 언어가 다르고 혈통이 다릅니다.

요사이 차를 타고 가다 보면 "베트남 여자와 결혼하세요. 97만 원"이라고 쒸어진 현수막들이 길가에 즐비하게 붙어 있습니다. 이런 국제 결혼이 꾸준하게 늘어나서 1999년 이후 전국적으로 10만 쌍이 넘고 이들의 자녀들만도 5만 명이 넘는 것으로 추정하고 있습니다. 10년 후부터는 농촌 지역 학교 재학생 4분의 1이 코시안으로 채워질 것이라고 교육부 관계자는 말하고 있습니다.

지난 목요일 한 신문에 "서툰 우리말에 왕따 버려진 코시안 아이들"이라는 제목의 기사가 실렸습니다. 코시안이란 코리안과 아시안 사이에서 태어난 아이들을 일컫는 말입니다. 주로 아버지가 코리안이고 어머니가 아시아인 경우가 대부분입니다. 이들은 외국인 어머니 탓에 어릴 때 언어를 배울 기회를 놓쳐 부모는 물론이고 친구와 대화를 못하고 학교에 가서도 애를 먹는다는 것입니다.

사실 압살롬을 보면 그는 다윗의 아들들 가운데 유일하게 어머니가 외국인입니다. 다른 어머니들은 다들 같은 민족이었는데 그의 어머니만은 외국인이었습니다.

이렇게 양쪽 부모가 다를 때에 잘 되는 경우도 있습니다. 아이가 외국 문화와 한국 문화를 동시에 다 소화해 낼 때에는 일거양득의

효과도 있습니다. 그러나 많은 경우는 그러지 못합니다.

　이와 같이 압살롬도 보이지 않게 이런 마음 고생을 하였을 것입니다. 뿐만 아니라 그는 누이동생으로 인하여 2년 동안이나 마음 고생을 해야 했습니다. 그리고 3년간을 망명 생활 하면서 부모와 처자식들과 떨어져 살아야만 했습니다. 돌아와서도 2년 동안이나 아버지 다윗의 얼굴을 한 번도 보지 못하고 버림받은 감정을 가지고 살아야만 했습니다. 이런 객관적인 사실만 보아도 압살롬의 감정이 얼마나 상해 있었는지 익히 알 수 있습니다.

　우리는 지금 성경의 흘러간 과거를 읽어 내려가기 때문에 이 모든 결과는 다윗이 우리아의 아내 밧세바를 범한 죄의 대가로 일어난 일이라고 생각합니다. 하지만 그때 그 시대를 사는 당사자들은 이유가 거기에 있다고 여기지 못합니다. 자기 자신이 무엇 때문에 이런 삶을 살고 있는지조차 모릅니다.

　상한 감정을 치유하지 못한 압살롬은 어떤 행동을 저지릅니까?

첫째, 자기를 위하여 일을 꾸몄습니다.

　혁명이나 반란을 보면 나라와 민족 때문에 하기보다는 자기를 위하여 행하는 경우가 허다합니다.

　15장 1절을 보면 "압살롬이 자기를 위하여 병거와 말들을 준비하고 호위병 오십 명을 그 앞에 세우니라" 고 하였습니다.

　사실 예루살렘에 가보면 평지가 아닌 해발 800미터에 도시가 있기 때문에 병거가 어울리지 않습니다. 그런데도 압살롬은 위세를 부리느라 병거와 말들을 준비하였습니다. 그리고 호위병을 오십 명이나 그 앞에 세웠습니다. 요사이 말로 하면 경호원을 오십 명이나 두었다는 것입니다.

그는 혹시나 누가 자신을 죽일지 모른다는 불안감 속에 살고 있는 것입니다. 암논을 죽였기 때문에 자기도 누군가에 의해서 죽을 수 있다는 불안감 속에서 살아가고 있었던 것입니다. 그는 이미 아버지에게 미운 털이 박혔기에 아무래도 차기 왕이 되기 힘들다고 생각하고 스스로 왕이 되기 위하여 일을 꾸몄습니다.

둘째, 백성들의 마음을 훔쳤습니다.

그는 일찍이 일어나 성문 길 곁에 서서 어떤 사람이든지 송사가 있어 왕에게 재판을 청하러 올 때에 그의 마음을 빼앗았습니다. 다윗 왕은 압살롬에게 재판하는 일을 맡긴 적이 없었습니다. 그런데도 그는 다윗 왕의 사역을 가로챘습니다. 그가 그 일을 가로챈 데에는 이유가 있었습니다. 그것은 백성들의 마음을 빼앗기 위해서였습니다.

그는 일찍 일어나서 성문 길 곁에 서 있었습니다. 일찍 일어났으니 백성들 눈에 얼마나 부지런해 보입니까? 그 당시 성문 길 곁은 재판석입니다. 모든 백성들의 재판은 사람들이 많이 지나다니는 성문 곁에서 이루어졌습니다. 사람들이 송사가 있어 왕에게 재판을 청하러 왔을 때 그는 왕이 한 일을 중간에서 가로챘습니다. 아마도 그가 왕자였기 때문에 사람들은 왕이 시켜서 왕자가 왕 대신에 재판을 하나 보다 생각하였을 것입니다.

그는 원고와 피고의 이야기를 다 듣는 것이 아니라 자기와 만난 사람의 이야기만 듣고 "네 일이 옳고 바르다마는 네 송사를 들을 사람을 왕께서 세우지 아니하셨다"고 하였습니다. 무조건 그 사람의 마음을 사기 위해서 그의 견해에 동조부터 하고 보았습니다. 그리고 은연중에 상대방에게 왕에 대한 섭섭한 마음이 들게 만들었습니다. 왕은 "당신같이 억울한 일을 당한 사람을 돌볼 시간이 없다" 하면서 자기가 문제의 해결자인 것처럼 나섰습니다. 그리고 왕에 대해서는 불만을 갖게 만들었습니다.

그는 자기가 이 땅에서 재판관이라고 하면서 그에게 오는 자에게 정의를 베풀고 싶다고 하였습니다. 그래서 이미 자기를 옳고 바르다고 해준 압살롬에게 재판받고 싶도록 유도했습니다. 사람이 가까이 와서 그에게 절하려 하면 압살롬은 손을 펴서 그 사람을 붙들고 그에게 입을 맞추었습니다. 정에 굶주린 백성들을 감동시키는 제스처를 썼던 것입니다. 하늘 같은 왕자가 자기의 입을 맞추어 주니 그 사람은 어떠하겠습니까? 대통령이 손을 만져 준 것 같은 감격이 있을 것입니다.

본문 15장 6절은 이 모든 행동은 압살롬이 '이스라엘 사람의 마음을 훔치기 위해서'라고 말합니다. 그는 아버지로부터, 그리고 요압 장군으로부터 여러 번 거절을 당하면서 점점 마음의 벽이 두터워져서 드디어는 아버지의 마음을 훔치기로 결정한 것입니다.

셋째, 아버지 다윗 왕과 멋모르는 사람들을 속였습니다.

압살롬은 아버지 다윗 왕에게 헤브론에 가서 서원을 이루며 제사하게 해달라고 요청했습니다. 그래 놓고서는 정탐꾼을 이스라엘 모든 지파들에게 보내며 "너희는 나팔 소리를 듣거든 곧 말하기를 압살롬이 헤브론에서 왕이 되었다 하라"(10절) 하였습니다.

여러분! 압살롬이 왜 헤브론에서 이런 일을 벌이려고 하는지 아십니까?

처음 다윗이 왕이 되었을 때의 수도는 헤브론이었습니다. 그런데 다윗은 북이스라엘과 남유다가 합쳐지면서 양쪽의 마음을 고려

하여 예루살렘으로 새롭게 수도를 옮겼습니다. 그러다 보니 옛 수도인 헤브론 사람들은 감정이 상하였습니다. 수도를 예루살렘에 빼앗겼다는 감정을 가지고 있었습니다.

한 마디로 헤브론 사람들은 불평 불만을 가지고 있었습니다. 압살롬은 그 불평 불만을 역이용하였던 것입니다. 왕에게 마음이 상해 있는 지역의 사람들을 규합하여 반역당을 만든 것입니다.

특히 이 반역에 결정적 계기가 된 것은 오랫동안 다윗의 고문이었던 아히도벨이라는 거물급 정치인이 압살롬을 지지하고 나선 것입니다. 아히도벨은 밧세바의 할아버지입니다. 그런 입장에서 자기 손녀의 가정을 파괴한 다윗의 범죄를 도저히 용서할 수 없었던 것 같습니다. 압살롬은 아히도벨의 이런 상한 마음을 잘 알아차리고 그를 이용한 것입니다.

여러분! 압살롬은 상한 감정을 치유하지 못해서 그렇지 결코 머리가 나쁜 사람이 아닙니다. 머리가 나쁜 사람은 이런 구상 자체를 하지 못합니다. 그런데 압살롬은 그 좋은 머리를 나쁜 일에 사용합니다.

뿐만 아닙니다. 그는 다윗의 신복들 가운데서 200명을 예루살렘에서 헤브론으로 초청하였습니다. 그들은 압살롬이 반란을 일으킬 줄 알았다면 안 갈 사람들입니다. 하지만 왕자가 초청하니 그들은 왕의 얼굴을 봐서라도 갈 수밖에 없었습니다.

그런데 왜 압살롬은 다윗의 주변 신복들을 데려갔습니까? 그것은 자기가 왕으로 등극하는 일에 마치 다윗을 따르던 신하들이 모두 다윗에게 등을 돌리고 압살롬 자기에게 붙은 것처럼 보이기 위한 고도의 전략적 수단이었습니다. 그래서 그들은 그저 줄 한번 잘못 섰다가 반역의 대열에 서게 되었고 많은 백성들이 압살롬에게 가게 되었습니다.

"민심이 천심"이라는 말이 있습니다만 이는 언제나 옳은 것은 아닙니다. 압살롬의 경우만 해도 그렇습니다. 지금 우리가 성경을 읽어 볼 때에는 '야! 어떻게 그런 사람을 따라가나?'라고 할지 모르지만 우리도 그 상황 속에 있었다면 그를 따라갔을지도 모릅니다.

히틀러를 볼 때에도 그렇습니다. 지금은 독일 민족이 그때 자신들이 그렇게 행동한 것을 너무나 부끄러워하지만 당시에는 그것이 최선의 길인 것처럼 게르만 족의 우월주의에 빠져 쉽게 정치적 카리스마에 의해 이용당하였던 것입니다.

왜 그렇습니까? 분별력이 없기 때문입니다. 그래서 사단은 항상 '으뜸 되기만을 원하는 자'를 치켜세우고 분별력 없는 이들을 동원하여 공동체를 무너뜨리려고 합니다. 그 선두에는 늘 상한 감정을 치유하지 못한 사람이 꼭 서 있습니다.

히틀러는 왜 유대인들을 대학살했습니까?

그는 어린 시절 어머니와 아버지가 이혼을 하고 어머니와 살았을 때 한 유대인과 어머니가 바람을 피우던 현장을 목격했다고 합니다. 또 옛 친구들이 히틀러를 많이 깔보았는데 그들이 유대인이었다는 이야기도 있습니다. 유대인에 대해 뭔가 상해 있던 감정 때문에 그들은 600만 명이나 죽이는 엄청난 일을 저지른 것입니다.

상한 감정을 치유하지 못한 압살롬은 어떠합니까?

자기 누이를 강간한 배다른 형 암논 때문에 첫 번째로 감정이 상해 암논을 살해하였습니다. 자기를 그술 왕으로부터 데려와 놓고서도 아버지 다윗을 만나게 해주지 않은 요압 장군 때문에 두 번째로 감정이 상한 그는 요압 장군의 보리밭을 태워 버렸습니다. 그리고 자기를 예루살렘으로 돌아오게 하였으면서도 만나 주지 않은 아버지 다윗 때문에 세 번째로 감정이 상하여 아버지 다윗을 배반하여 스스로 왕의 자리에 오를 뿐만 아니라 아버지의 첩 10명을 대낮에 강간하였습니다.

오늘날에도 이와 비슷한 일들은 얼마든지 일어나고 있습니다. 시력이 좋지 않다는 이유로 취직이 안 되자 여의도 광장에서 불특정 다수의 아이들을 차로 치어 죽인 사람도 있고, 사회를 향한 불만으로 시장이나 지하철에 닥치는 대로 불을 지르는 사람도 있습니다. 그 밖에 아버지와 권위에 대한 도전으로 나타나는 수많은 현상들을 우리는 오늘날 접하고 있습니다.

심리학자들은 건강한 정신 생활을 위해서는 소속감, 가치관, 자신감 이 세 가지 요소가 필요하다고 했습니다.

그런데 보십시오. 압살롬은 그술에서 예루살렘으로 돌아왔지만 소속감을 느낄 수 있었습니까?

사람들마다 슬슬 자기를 피합니다. '형을 죽인 저 자가 이제는 누구를 죽일까?' 하고 두려워합니다. 압살롬은 자신의 가치를 느낄 수가 없었습니다. 아버지도 만나 주지 않고, 요압 장군도 만나주지 않습니다. 그러니 자신감이 없습니다. 상한 감정이 더욱더 심해가기만 했습니다.

사랑하는 여러분! 많은 사람들은 자신이 상한 감정에 사로잡혀 살아 가고 있다는 것조차 못 느낍니다. 보통 때에는 아무렇지도 않다가 어떤 문제에 부딪히면 그 무엇인가에 조종되는 사람들이 있습니다.

혹시라도 여러분 속에 어떤 상한 감정이 있는지 알고 계십니까? 우리 모두가 이 상한 감정을 치유받고 살아갈 수 있기를 축원합니다.

그렇다면 상한 심령을 치유하는 해결책은 무엇입니까?

첫째, 자신의 상한 감정을 인정하고, 치유받기 위해 마음을 열어야 합니다

환자가 의사 앞에서 자신의 병을 인정하지 않는다면 치유가 가능하겠습니까? 상한 심령을 가진 사람들이 잘 치유되지 못하는 이유는 자신의 상한 심령을 인정하지 않으려는 데 있습니다. 수술해야 할 정도로 상처가 심한데도 불구하고 소독약 정도 바르는 것으로 다 나았다고 처리하기 때문입니다. 환자가 빨리 나으려면 자신이 환자임을 인정해야 합니다.

정태기 교수가 상담학을 공부하기 위해서 미국 대학에서 공부할 때의 일입니다. 그는 거기서 공부를 열심히 하였습니다. 그래서 학점도 잘 나왔습니다. 그는 교수를 만나러 갈 때마다 싱글싱글 웃으면서 친절하게 행동했습니다. 그런데 하루는 지도 교수가 "미스터 정은 공부할 자세가 되어 있지 않네"라고 했습니다. 청천벽력 같은 말이었습니다.

그러나 그 소리를 들은 정태기 학생은 더 열심히 한 학기를 공부하여 더 좋은 학점을 땄습니다. 그런데도 지도 교수는 그를 부르더니 "미스터 정의 학업태도가 달라진 것이 없으니 고국으로 돌아가게. 자네가 원하는 이론은 책 다섯 권만 읽으면 다 알 수 있는 것이네"라고 쌀쌀하게 말했습니다.

정태기 학생은 그 절망적인 소리를 듣고 나니 하늘이 노래지는 것 같았습니다. 그 순간 그는 교수실 문을 꽝 닫고 나와 버렸습니다. 그러자 교수가 바로 뒤따라와서는 그의 어깨를 붙잡고 "미스터 정은 이제 솔직한 감정을 표현하기 시작했기 때문에 계속 공부해도 좋다"고 하면서 미국까지 와서 이론만 배워 가겠다고 생각지 말

고 상한 감정을 치유하는 경험을 하고 가라고 하였다고 합니다.

본문을 보면 압살롬은 그 어디에서도 자기가 상한 감정의 소유자라고 인정하지 않습니다. 자기는 억울한 사람이라고만 생각하지 상한 감정을 치유받아야 하는 자라고 생각지 않은 것입니다. 그는 아버지를 반역할 꿈을 꾸기는 하면서도 자기가 행한 잘못을 용서 받고자 하는 자세는 없었습니다.

인류 역사는 만남을 통해 이어지듯이 한 인간의 역사도 만남을 통해서 이루어집니다. 우리의 상처도 만남의 부산물입니다. 그러기에 만남 중에서도 가장 먼저 가족과의 만남을 생각해야 할 것입니다. 가족은 오늘의 나를 형성하는 데 결정적인 영향을 미치기 때문입니다.

내가 누구인지를 이해하기 위해서는 나에게 가장 중요한 인물인 아버지와 어머니를 이해할 필요가 있습니다. 그리고 내 부모가 어떤 환경 속에서 자라났는지 알 필요가 있습니다. 그리고 그분들이 내게 어떤 영향을 주었는지 한번 적어 보십시오. 이런 식으로 내게 영향을 준 선생님이나 아내, 직장 동료, 일가 친척, 교회 지도자, 성도들을 적어 보십시오. 대부분 가까운 사람들이 내게 영향을 많이 주었습니다. 그리고 오래된 사람일수록 뿌리가 더 깊습니다.

남편이나 아내나 선생님이 준 상처는 뿌리가 그렇게 깊지 않습니다. 만난 지 그렇게 오래되지 않았기 때문입니다. 그러나 부모는 태어날 때부터 함께 있었기 때문에 그 뿌리가 깊을 수 있습니다.

상한 감정을 가지고 있는 사람은 상대방에 대해서 잘 모를 뿐만 아니라 자기 안에 잠재되어 있는 상처의 쓴 뿌리에 대해서도 잘 알지 못합니다. 성장 과정에서 어려움을 겪었던 사람은 자기 감정을 억누르는 데 익숙하기 때문입니다.

어떤 사람은 신앙이라는 옷 속으로 자신을 감추고서는 "나는 구원받았기 때문에 아무 문제도 없다"고 말하지만 많은 사람들이 같은 교회 안에서 그 사람의 말과 행동 때문에 상처를 입습니다. 그런데 정작 자신은 상처를 주는지도 모르고 살아갑니다. 이런 사람은 결국 다른 사람과 감정을 주고받지 못하고 자기 얘기만 늘어 놓는 경우가 허다합니다. 이런 사람의 특징은 자신 안에 들어 있는 감정을 스스로도 잘 모른다는 것입니다.

오랫동안 어려운 시절을 보낸 많은 사람들의 공통적인 특징은 자기의 솔직한 감정을 여간해서 밖으로 표출하지 않는다는 것입니다. 감정을 오랫동안 감추어 왔기 때문입니다. 깊이 잠재해 버린 감정이 다시 살아나지 않으니 상담하거나 치유하기도 힘들어집니다. 이런 사람 가운데는 겉으로는 항상 웃지만 마음속으로 주먹질을 해대는 사람이 많습니다.

치유 사역 전문가인 정태기 교수는, 안타깝게도 한국 사람 중에는 감정이 살아나지 않는 사람, 즉 상처를 가진 사람들이 전 국민의 80~90퍼센트 가량이라고 주장합니다. 그러기에 감정의 이면을 바라볼 줄 아는 사람이라야 완고하게 닫혀 있는 마음의 문을 열고 그 안에 있는 구부러진 운전자를 밖으로 끌어 낼 수 있다는 것입니다.

상한 감정을 치유하고 건강하게 살고 싶습니까? 내가 누군가로부터 상처를 입고 인생의 운전대를 그 사람에게 맡기고 산 것을 인정해야 합니다. 그 길이 치유의 시작입니다.

둘째, 하나님과 만나야 합니다

고린도후서 5장 17절을 보면 "그런즉 누구든지 그리스도 안에 있으면 새로운 피조물이라 이전 것은 지나갔으니 보라 새것이 되었도다" 라고 했습니다. 압살롬과 아버지 다윗과의 차이는 무엇입니까?

어찌 보면 다윗은 아들 압살롬보다도 더 큰 죄악을 저지르고 그 안에 더 큰 상처가 있는 사람입니다. 그런데 다윗은 상한 감정을 회복하고 살았지만 압살롬은 상한 감정을 그대로 품고 살다가 비참하게 인생을 마쳤습니다.

그 이유가 무엇입니까? 다윗은 마음이 상했을 때에나 잘못을 저지른 후에는 철저하게 하나님 보좌 앞에 나아가 그 마음을 토하였습니다. 그 이전에도 사울 왕 때문에 마음이 상하였을 때에도 철저하게 하나님 보좌 앞에 나아가 그 상한 심령을 토로하고 치유를 받았습니다. 그런데 압살롬은 그 상한 마음을 자기 마음 중심에 두고서 악한 꾀를 계획하기는 하였어도 하나님 앞에 내어 놓고 치유받은 흔적이 없습니다. 하나님 보좌 앞에 나아가 엎드린 적이 없습니다.

얼마나 더 상한 마음을 가지고 있느냐가 중요한 것이 아니라 그 상한 마음을 내가 가지고 있느냐 아니면 예수 그리스도 앞에 내어 놓느냐가 더욱 중요한 문제입니다. 주님의 보좌 앞에 내어 놓지 못하는 사람은 그 상한 감정을 가지고 가정을 암흑 속으로 몰고 갑니다. 직장과 교회를 시끄럽게 합니다. 심하면 온 나라와 세계가 시끌벅적할 정도로 큰 일들을 저지릅니다. 극단적 행동으로 문제를 일으킵니다.

상한 심령을 가지고 있습니까? 예수님께 나아오십시오. 예수님은 당신을 안아 주시며 사랑으로 항상 받아 주십니다.

요한복음 8장 36절은 예수님께서 하신 말씀입니다.

"그러므로 아들이 너희를 자유롭게 하면 너희가 참으로 자유로우리라."

마음을 열고 주님의 치료를 받아들이십시오. 치료받기를 기뻐하십시오. 예수님께서 우리를 말씀으로 온전한 사람으로 만들어 주실 것을 믿으십시오. 하나님의 말씀은 교훈과 책망과 바르게 함과 의로 교육합니다. 그리하여 우리를 하나님의 사람으로 온전하게 하며 모든 선한 일을 행할 능력을 갖추게 합니다.

잘 보십시오. 요셉도 형제들에 의해서 애굽의 종으로 팔려가 마음의 상처를 입었습니다. 그러나 그는 하나님 앞에 그 문제를 내어 놓아서 치유받았기에 그것에 휘둘리지 않았습니다. 에스더는 조실부모하여 사촌 오라버니 밑에서 자라는 아픔이 있었습니다. 그러나 그 역시 하나님 앞에 상한 마음을 쏟아내었기 때문에 결코 그 상한 마음에 조종당하지 않았습니다. 그러나 가룟 유다나 압살롬 그리고 사울 왕과 같은 사람들은 그들의 상한 마음을 치유받지 못한 결과 모두 비참한 죽음을 맞이하였습니다.

우리는 인생을 살아가는 동안 이러한 상한 마음을 가지게 될 가능성이 많습니다. 그런데 이 상한 마음을 속에 품고 있느냐 아니면 하나님 앞에 내어 놓고 치유를 받느냐에 따라서 그 인생은 하늘과 땅 차이만큼이나 달라집니다.

다윗이나 다니엘, 요셉 이 모든 하나님의 사람들 역시 고생을 한 사람들입니다. 험악한 인생을 살았던 사람들입니다. 그들은 다 광야 같은 인생을 살았지만 끝이 좋았던 것은 결코 상한 마음에 휘둘리지 않았기 때문입니다. 그들의 상한 마음을 하나님 앞에서 치유받았기 때문입니다. 그러므로 자신도 모르게 사로잡혀 있던 압살롬의 영에서 자유를 누리시기 바랍니다.

상한 감정을 치유하여 위장된 평화로부터 벗어나 참자유를 누리는 충신 가족들이 되시기를 바랍니다.

>>사무엘하<<

우리는 무엇으로 사는가? (1) - 야망

16장 1~4절

다윗이 마루턱을 조금 지나니 므비보셋의 종 시바가 안장 지운 두 나귀에 떡 이백 개와 건포도 백 송이와 여름 과일 백 개와 포도주 한 가죽부대를 싣고 다윗을 맞는지라 왕이 시바에게 이르되 네가 무슨 뜻으로 이것을 가져왔느냐 하니 시바가 이르되 나귀는 왕의 가족들이 타게 하고 떡과 과일은 청년들이 먹게 하고 포도주는 들에서 피곤한 자들에게 마시게 하려 함이니이다 왕이 이르되 네 주인의 아들이 어디 있느냐 하니 시바가 왕께 아뢰되 예루살렘에 있는데 그가 말하기를 이스라엘 족속이 오늘 내 아버지의 나라를 내게 돌리리라 하나이다 하는지라 왕이 시바에게 이르되 므비보셋에게 있는 것이 다 네 것이니라 하니라 시바가 이르되 내가 절하나이다 내 주 왕이여 내가 왕 앞에서 은혜를 입게 하옵소서 하니라

사람을 알려면 어려움을 겪을 때에 어떻게 행동하는가를 보면 됩니다. 어려움이 닥치면 사람이 절제가 잘 되지 않아 본성이 드러나기가 쉽기 때문입니다.

사무엘하 16장을 보면 참으로 다윗에게 너무나 힘든 상황이 전개되고 있습니다. 젊어서는 사울 왕에게 쫓겨 다녔는데 이제는 자기가 낳은 아들에게 쫓겨 가는 신세가 되었기 때문입니다.

다윗 왕은 전혀 예상치 못한 반역이 갑자기 일어나자 당황하였

습니다. 그는 피난 갈 채비조차 하지 못한 채 성급히 예루살렘 성을 벗어났습니다. 이제는 나라가 평정을 찾았다고 생각하고 있을 때에 일어난 일이기 때문입니다. 또 설마 아들에게 쫓겨날 상황이 오리라고는 생각조차 하지 못했기 때문에 무장 해제 상태에서 반역을 당한 것입니다. 그는 아들 압살롬과 최측근 고문 아히도벨에게 배반을 당하였습니다.

다윗은 가장 가까운 측근의 배반을 괴로워하며 시편 55편 12절 이하에 이렇게 읊조리고 있습니다.

"나를 책망하는 자는 원수가 아니라 원수일진대 내가 참았으리라 나를 대하여 자기를 높이는 자는 나를 미워하는 자가 아니라 미워하는 자일진대 내가 그를 피하여 숨었으리라 그는 곧 너로다 나의 동료, 나의 친구요 나의 가까운 친우로다."

반역자는 그와 같이 재미있게 의논하며 하나님의 집 안에서 함께 활동했던 사람이었습니다. 그렇게 가까운 사람에게 배반을 당하여 다윗이 예루살렘 성에서 쫓겨나자 그래도 몇몇 사람들이 다윗 왕 앞에 나타납니다.

사무엘하 15장 18절을 보면 "그의 모든 신하들이 그의 곁으로 지나가고 모든 그렛 사람과 모든 블렛 사람과 및 왕을 따라 가드에서 온 모든 가드 사람 육백 명이 왕 앞으로 행진하니라"고 말하고 있습니다.

그렛 사람이란 다윗의 신변 경호원들이고, 블렛 사람이란 외국인 병사로 구성된 다윗의 친위병들입니다. 그리고 가드에서 온 모든 가드 사람 육백 명이란 다윗이 사울 왕에게 쫓겨 다닐 때부터 계속 함께 다녔던 사람들입니다. 그들은 블레셋 가드 지방에까지 내려갔을 때에도 그곳에서 다윗과 함께했던 병사들입니다.

그런데 그런 사람말고 또 가드 사람 잇대라는 자가 따라 나섭니다. 그는 압살롬이 혁명이 일으키기 하루 전날 블레셋에서 문제가 생겨 다윗에게 망명을 온 사람입니다. 그는 아마도 이전에 다윗이 가드에 내려가 그 인근에서 살고 있을 때부터 다윗과 친분이 있었던 것 같습니다.

여러분! 가드 사람 하면 잘 모르겠지만 골리앗 하면 쉽게 생각날 것입니다. 골리앗이 바로 가드 사람입니다. 그러기에 가드 사람 잇대란 바로 블레셋 사람을 말합니다. 그런데 그가 블레셋을 떠나 다윗에게 피난 오자마자 다윗은 피난길을 나서게 되었습니다. 어찌 보면 다윗은 그에게 전혀 도움이 되지 않았습니다. 잇대는 세상 말로 하면 '억세게 재수없는 사람'입니다. 그런데도 불구하고 그는 일편단심으로 다윗의 피난길을 따라 나섰습니다.

사무엘하 15장 22절을 보면 그는 혼자 몸이 아니라 여러 추종자를 데리고 피난 온 사람입니다. 그런데 하루 만에 다시 피난길에 올라야 했습니다.

어찌 보면 힘든 결단입니다. 이 지경이라면 돌아가겠다고 할 수 있습니다. 그런데 그는 끝까지 다윗을 따르겠다고 결단합니다. 참으로 놀라운 우정이요, 헌신의 결정입니다. 그는 아무것도 다윗에게 준 것은 없지만 어떤 상황에서든지 다윗과 함께하겠다는 의지를 보여주었습니다. 이러한 잇대의 결정은 다윗에게 큰 힘이 되었을 것입니다.

그리고 제사장 사독과 레위 사람들은 예루살렘 성을 빠져나올 때 하나님의 언약궤를 메고 나왔습니다. 이 언약궤는 사실 전쟁 때마다 그들을 보호하는 하나님의 능력과 보호하심의 상징물처럼 쓰였습니다. 하지만 다윗은 자기의 피난을 합리화하기 위해 하나님의 언약궤를 가져가고자 하지 않았습니다. 그래서 언약궤는 제사장 사독과 그의 두 아들과 함께 예루살렘으로 돌려보내었습니다.

이때에 아렉 지방 사람으로 다윗의 훌륭한 친구 중 한 사람인 후새가 등장합니다. 그는 옷을 찢고 흙을 머리에 덮어쓰고 다윗을 맞으러 왔습니다. 다윗 왕이 예루살렘에서 쫓겨나는 것이 너무나 슬펐던 것입니다. 그는 '마중물'과 같은 사람이었습니다.

여러분! 어릴 적에 펌프질해서 물을 길어 보셨을 것입니다. 그때에 마중물 한 바가지 먼저 펌프 윗구멍에 붓고 부지런히 펌프질 하다 보면 그 물이 어두운 땅 속 깊이 내려가 거대한 물줄기를 만나서 다시 나옴을 느낍니다. 그렇게 후새는 다윗에게 마중물과 같은 사람이었습니다. 그는 다윗이 가장 힘이 들 때에 다윗에게 나아왔고, 가장 아파할 때에 같이 아파했습니다.

그리고 그는 다윗의 요청으로 적진 압살롬의 진지로 되돌아갑니다. 마치 압살롬에게 충성을 맹세하는 것처럼 위장하여 압살롬이 바른 판단을 하지 못하게 유도합니다. 그는 압살롬에게 돌아가서 그의 편이 된 아히도벨의 정확한 작전 계획을 무위가 되게 하였습니다. 그는 어찌 보면 이 모든 것들이 들통나는 순간에는 죽게 될 위험한 임무를 다윗을 위하여 수행하였습니다. 그는 다윗의 충성된 동반자였습니다.

이 외에도 다윗이 피난길에 나섰을 때에 노골적으로 다윗에게 저주를 퍼부은 사람이 있습니다. 그는 사울 왕의 친족 중 한 사람이었던 시므이였습니다. 시므이는 다윗 왕이 쫓겨나자 사울 족속의 모든 피를 여호와께서 네게로 돌리셨다고 길에서 저주를 퍼부었습니다. 이 사람은 노골적으로 다윗을 저주했습니다. 그리고 이렇게 피난 가게 된 것은 "네가 피를 흘린 자이기 때문에 받는 보응이라"

고 했습니다.

　이 소리를 들은 다윗의 부하들은 참다 못하여 다윗에게 가서 그의 목을 베게 해달라고 요청합니다. 하지만 다윗은 그가 저주함은 여호와께서 허락하셔서 하는 것이니 그냥 하게 하라고 합니다. "내 몸에서 난 아들도 내 생명을 해하려 하거든 하물며 이 베냐민 사람이랴" 하며 그냥 내버려 두게 하였습니다.

　이렇게 다윗이 어려움에 처하자 노골적으로 반기를 든 사람이 있는가 하면 그럼에도 불구하고 다윗에게 끝까지 충성을 다한 사람들이 있었습니다. 그런데 그들 중에 참으로 해석하기 힘든 사람이 있었습니다. 그래서 다윗은 이 사람 때문에 갈팡질팡하였습니다. 그 사람이 누구인지 아십니까? 오늘의 주인공은 므비보셋의 종 시바입니다.

　사실 피난길에서 시바의 행동은 다윗에게 엄청난 위로를 주었습니다. 전혀 준비되지 못한 피난길에 시바의 나타남은 큰 도움이 되었기 때문입니다. 다윗이 황급히 압살롬을 피하여 어느 정도 숨을 돌리게 되자 므비보셋의 종 시바가 나타났습니다. 므비보셋은 요나단의 아들로서 피난길에 유모가 떨어뜨리는 바람에 두 다리를 절게 된 사람입니다. 그런데 다윗의 궁휼로 다윗의 상에서 평생 밥을 먹도록 허락받았을 뿐 아니라 사울 왕의 모든 밭을 다 물려받았던 자입니다. 시바는 바로 이 므비보셋의 종으로서 이 밭을 관리하던 자입니다.

　그런데 피난길에 므비보셋의 종 시바가 안장을 얹은 두 나귀에 떡 이백 개와 건포도 백 송이와 여름 과일 백 개와 포도주 한 가죽 부대를 싣고 다윗을 맞았습니다. 다윗 왕은 시바에게 "네가 무슨 뜻으로 이것을 가져왔느냐" 라고 물었습니다. 그러자 시바는 "나귀는 왕의 가족들이 타게 하고 떡과 과일은 청년들이 먹게 하고 포도주는 들에서 피곤한 자들에게 마시게 하려 함" 이라고 했습니다. 세상에 이런 훌륭한 청지기가 어디 있습니까?

다윗이 가장 어려울 때에 먹을 것을 챙겨 주고, 가장 필요한 것을 주니 얼마나 감사한 일입니까? 그는 다윗이 피난 가는 데 가장 필요한 물자를 속히 조달하였습니다. 그는 급한 상황 속에서도 필요한 것이 무엇인지 구체적으로 아는 사람이었습니다.

지금 운동 부족인 왕의 가족들이 먼 길을 걷는 것은 보통 고역이 아닙니다. 그러기에 그들에게 나귀는 천군만마와도 같았을 것입니다. 그리고 청년들은 정열이 넘쳐 흐르기에 흙이라도 소화할 수 있을 사람들입니다. 그런 그들이 먹을 것이 제대로 없던 차에 떡과 과일이 생겼으니 얼마나 반갑겠습니까? 이들에게 먹을 것이 없는 것은 지옥이었을 것입니다. 그리고 무거운 짐들을 지고 가는 피곤한 종들이 있습니다. 이들에게는 그 피곤을 풀어 줄 포도주 한 잔이 필요합니다. 그러고 보면 시바의 세심함에 감동하지 않을 수 없습니다.

그런데 3절을 보면 이상한 상황이 전개됩니다. 왕이 그 종의 주인을 찾습니다. 므비보셋을 찾습니다. 왕은 필시 이 모든 것을 므비보셋이 준비했다고 생각한 것입니다. 그런데 시바의 말은 전혀 엉뚱합니다. 그는 므비보셋을 향하여 자기 주인이라고도 하지 않고 전혀 호칭도 쓰지 않으면서 '그' 라고 지칭했습니다.

시바는 므비보셋이 "예루살렘에 있는데 그가 말하기를 이스라엘 족속이 오늘 내 아버지의 나라를 내게 돌리리라 하나이다" 라고 말했습니다. 시바가 전한 므비보셋의 말을 괘씸하게 여긴 다윗은 "므비보셋에게 있는 것이 다 네 것이다" 라며 확인도 하지 않고 즉

홍적으로 므비보셋의 것을 시바의 것으로 명하였습니다.

다윗이 이렇게 므비보셋을 괘씸하게 여긴 이유가 있습니다.

왕이 되었을 때에 다윗은 요나단을 생각하면서 사울 왕가의 남은 자를 찾았습니다. 그때 므비보셋이 살아 있었습니다. 다윗은 다리를 저는 므비보셋에게 사울 왕의 밭을 다 돌려주었고, 또 요나단을 생각하면서 그에게 평생토록 자기 밥상에서 함께 밥을 먹도록 은총을 베풀었습니다. 그런데 그가 압살롬의 반역에 동조하여 자기에게 등을 돌렸다고 생각하니 너무나 분했던 것입니다.

하지만 이 모든 것은 사실이 아니었습니다. 이 모든 사건들은 야망에 사로잡힌 므비보셋의 종 시바가 지어낸 거짓말이었습니다. 므비보셋이 그런 말을 한 적도 없고, 할 사람도 아니었습니다.

그런데 왜 시바는 이런 거짓말을 했을까요? 바로 주인을 해하여 그의 재산을 다 자기 것으로 가지고 싶었기 때문입니다. 4절을 보면 다윗이 당장 "므비보셋에게 있는 것이 다 네 것이니라" 하였습니다. 말 한 마디로 시바는 부자가 되었습니다.

므비보셋의 재산은 이전에 사울 왕이 가지고 있던 밭 전부이기에 엄청났습니다. 그러기에 시바는 혼란한 틈을 타서 주인을 속여 부자가 된 것입니다. 오늘은 야망으로 사는 시바의 특징을 찾아보았습니다.

IVF 총무를 지낸 송인규 교수는 그의 책「세 마리 여우 길들이기」에서 '야망과 질투와 경쟁'을 세 마리 여우라고 표현하였습니다. 다른 짐승들은 대부분 다 길들여져 순화된 기록이 있지만 여우만큼은 인간과 삶을 공유하며 사육된 흔적을 찾아보기 힘들기 때문에 그렇게 표현한 것입니다.

며칠 전 텔레비전을 보니 집에서 악어를 키우는 사람이 있었습니다. 그는 그 악어를 데리고 찜질방에도 함께 갔습니다. 그리고 전방에서는 군인들이 야생 멧돼지에게 먹이를 주는 모습을 보았습니다. 작은 돼지가 아닙니다. 엄청나게 큰 돼지인데 전혀 사나워 보이지 않았습니다. 녀석들은 매일같이 군인들이 있는 곳으로 온다고 했습니다.

이처럼 대부분의 짐승들은 길들여지는데 여우는 길들여진 기록이 없습니다. 마찬가지로 사람에게 있는 야망과 질투와 경쟁심은 참으로 길들이기가 힘들기 때문에 여우라고 표현한 것입니다. 그래서 저는 먼저 여우 같은 시바를 한번 보았습니다.

첫째, 시바는 신분을 망각한 청지기였습니다

사실 시바가 지금 다윗 왕에게 가져온 음식도 다 므비보셋의 것입니다. 그런데 주인의 것을 자기 것인 양 생색을 내고 있습니다.

16장 2절을 보면 "네가 무슨 뜻으로 이것을 가져왔느냐"라고 다윗이 물었을 때 시바는 "주인이 보내었습니다"라고 말해야 하는데 자기 지혜만 열거합니다. "네가" 하고 묻자 "내가" 라고 말합니다.

종은 자기 것이 없습니다. 종은 자기 이름조차 내밀 것이 없습니다. 그 당시 종은 주인의 소유물이나 마찬가지였습니다. 그런데 지금 그는 주인의 것을 가져와 자기가 오만 가지 칭찬을 다 듣습니다.

다윗이 "네 주인의 아들이 어디 있느냐" 하고 물었을 때 그가 주인을 모시고 왔더라면 얼마나 좋았겠습니까? 몸이 불편해서 모시고 오지 못했다고 해도 "주인이 비록 예루살렘에 계시지만 다윗 왕을 진심으로 사랑하십니다. 그래서 이 모든 것을 보내었나이다"라고 말했다면 얼마나 멋있는 종이 되었겠습니까?

그러나 시바는 므비보셋의 많은 재산에 욕심이 났습니다. 그리고 이 모든 것을 잔재주 하나로 다 차지할 수 있으니 얼마나 좋았겠습니까? 그는 아주 교묘한 잔꾀로 혼란을 틈타서 주인의 재산을 차지하려고 했습니다.

둘째, 시바는 야망에 사로잡힌 청지기였습니다

므비보셋의 종이 이렇게 주인은 감추고 자기를 드러낸 이유가 무엇입니까? 그는 육신의 정욕, 안목의 정욕, 이생의 자랑에 빠진 것입니다. 그는 다리를 저는 주인 므비보셋의 하인이기보다는 다윗 왕에게 인정받고 싶었습니다. 그는 혼란한 틈을 타서 더 이상 종으로 머물지 않고 한 자리 차지하고 싶은 그릇된 욕구가 발동한 것입니다.
「세 마리 여우 길들이기」 서문을 보면 이런 말이 나옵니다.
"야망, 질투, 경쟁 이 세 가지는 우리가 신앙적 자세로 잘 길들이지 않으면 그리스도인으로서 성숙해 가는 데 큰 걸림돌이 될 수 있다."
송 교수는 청년 시절에는 야망의 문제로 고민했고, 기독교 사역자로 훈련받을 때부터 중년이 지난 지금까지는 질투의 괴력이 나타났으며, 경쟁은 경쟁심 자체로도 문제가 되지만, 동시에 사회를 움직이는 하나의 작동 원리이기 때문에 더욱 어렵고 복잡한 문제라고 했습니다. 그리고 "야망은 인간 본유의 욕구가 처절하리만치 강렬하게 집약되었다가 방출되는 에너지"라고 했습니다.
'야망(野望)'이란 한자어를 풀어 보면, 문자적으로는 '길들여지지 않은 바람'이란 뜻으로 어느 정도 부정적 의미를 담고 있습니다.

그랜드 국어사전에는 야망을 정의하기를 "자기의 능력이나 분수에 넘치는 욕망"이라고 하였고, 임금 등에 모반하려는 욕망, 바라서는 안 될 일을 바라는 일이라고 했습니다.

이런 정의에 입각해 볼 때에 '야망'이란 역사적으로는 대역의 욕망을 가리키는 단어입니다. 그런데 시바가 바로 이러한 야망에 사로잡혔던 것입니다. 그는 유명해지기 위해 그의 주인을 밟고 일어서려고 했습니다.

셋째, 시바는 거짓된 청지기였습니다

그는 므비보셋의 종입니다. 그런데 종인 그가 주인이 하지도 않은 말을 전하는 거짓을 행하였습니다. 3절을 보면 다윗이 "네 주인의 아들이 어디 있느냐" 하고 물었을 때에 시바는 "예루살렘에 있는데 그가 말하기를 이스라엘 족속이 오늘 내 아버지의 나라를 내게 돌리리라 하나이다" 라고 했습니다. 므비보셋이 예루살렘에 있다는 말은 사실입니다. 그런데 압살롬이 쳐들어오고 있는 예루살렘에 왜 남아 있었겠습니까?

나중에 19장 24절에서 드러나지만 사실은 시바가 속여서 못 간 것입니다. 이미 시바는 계획적으로 자기 주인을 속였습니다. 본래 므비보셋은 다리를 절므로 나귀를 타고 다윗 왕과 함께 가려고 했습니다. 그런데 시바가 속여서 못 간 것입니다. 그리고 계획적으로 자기 주인 므비보셋을 다윗 왕에게 모함하였습니다. 므비보셋이 전혀 하지도 않은 말을 한 것입니다.

본문을 보면 시바는 머리가 비상한 사람입니다. 통찰력이 뛰어난 사람입니다. 주인을 속이는 데도 뛰어난 사람입니다. 그러나 그는 뱀같이 지혜롭기는 하였지만 비둘기같이 순결함이 없었습니다. 그래서 그는 이번 기회에 거짓말을 해서라도 자기가 추구하는 목표를 달성하고 싶었던 것입니다. 영광을 받고 싶었던 것입니다. '어리숙한 주인을 속이는 것은 일도 아니다' 싶었던 것입니다. 그가 다윗을 도운 동기는 불순했습니다. 순수하게 다윗을 도우려고 한 것이 아니라 야망에 사로잡혀서 거짓말을 했기 때문입니다.

오늘날 우리 사회에는 야망을 이루기 위해서 거짓말을 밥 먹듯이 하는 사람들이 있습니다. 일상생활 속에서도 거짓된 모습들이 비일비재합니다. 남을 깎아 내리기 위해서 상대방을 험담하기를 아무렇지도 않게 생각합니다.

연세대 발달심리학 교수인 황상민 교수는 "험담이나 소문을 퍼트리기 좋아하는 사람은 스스로 칭찬받고 싶어하는 사람"이라고 말했습니다.

일본 메지로 대학 인간사회학부의 시부야 쇼조 교수는 "사람들은 다른 사람의 불행을 즐기는 악취미가 있다. 그래서 연예인들이나 유명인이 이혼을 했다거나 불륜 또는 스캔들 소식이 들리면 연예가 중계의 멋진 이야깃거리가 된다. 특히 그것이 자기의 직업도 아닌데 무슨 방송 리포터나 되는 것처럼 바쁘게 뛰어다니며 말을 뿌리고 다니는 사람은 불평 불만이 마음속에 쌓이고 쌓여서 급기야는 부패하기 시작한 것"이라고 했습니다.

'주목받고 있는 사람'에 대한 무의식적인 시기, '생각한 것을 능숙하게 말할 수 있는 사람'에 대한 선망, '행복한 가정을 가진 사람'에 대한 질투. 이 모든 것들은 자신을 행복하게 해주기를 바라고, 자기를 보아 주기를 바라고, 자기를 사랑해 주기를 바라는 마음에서 시작된 것이라는 말입니다. 그런 사람은 자기의 솔직한 마음

우리는 무엇으로 사는가? (1) - 야망

을 표현하는 대신 다른 사람의 불행을 고소해하고 즐기는 것으로 불만을 해소하려고 한다는 것입니다.

지금 시바는 자기가 칭찬받고 싶어서 주인 므비보셋을 험담하고 있습니다. 다윗의 흐린 판단력으로 주인의 재산을 다 얻게 된 그는 다윗 왕에게 절하면서 "내가 왕 앞에서 은혜를 입게 하옵소서"라고 하였습니다.

그는 진정한 은혜를 모르는 사람이요, 은혜의 바른 뜻을 모르는 사람이었습니다. 시바는 사울 가문의 청지기로서 사울과 함께 망해야 할 사람이었습니다. 그런데 그의 주인 므비보셋 때문에 다시 일어났습니다. 그런데도 이 은혜를 망각하고 주인을 버린 사악한 청지기였습니다.

사랑하는 여러분! 여러분은 무엇으로 사십니까?

여러분의 욕구와 사역의 동기가 무엇이며, 목표가 무엇입니까? 행동하게 하는 원동력이 무엇입니까?

시바를 바라보면서 우리의 사역 동기가 무엇인지 다시 한번 돌이켜 봅시다.

얼마 전 어떤 성도가 "이제 성도들이 많아 2부 예배와 3부 예배는 자리가 부족한 상태인데 어떻게 합니까?"라고 물었습니다. 그래서 "교회를 분가하면 안 될까요?"라고 했더니 "목사님께서 배가 불러서 그런 것 아니세요?"라고 되묻는 것이었습니다.

그렇습니다. 제가 시바와 같은 야망을 가진 자라면 더 넓은 땅을 사서 더 큰 교회당을 지어 주변의 작은 교회 성도들까지 다 끌어 모아서 또 다른 왕국을 건설해 보고 싶을 것입니다. 그러나 수평 이동으로 커지는 교회는 결코 건강한 교회라고 생각지 않습니다. 또 그렇게 크는 것을 하나님께서 원하시지도 않습니다.

하나님은 교회를 옮겨 다니면서 번성하는 게 아니라 생육하여 번성하기를 원하십니다. 그러기에 저는 그렇게 번성하고 싶지 않은 것일 뿐입니다.

제가 그러한 길을 걷지 못하게 만든 두 사건이 있습니다. 하나는 미우라 아야코의 「빙점」이라는 책을 통해서이고, 또 하나는 어떤 교회의 가슴 아픈 교인 뺏기 경쟁을 보았기 때문입니다.

「빙점」을 보면 이런 이야기가 있습니다. 미우라 아야코가 가게를 운영하는데 자기 가게가 너무 잘 되면서 이웃 가게가 시들시들해집니다. 이것이 너무 가슴 아픈 미우라 아야코는 그때부터 자기 가게의 물건들을 하나씩 떨어지게 합니다. 부족한 것이 있게 만듭니다. 그래서 그 물건을 찾는 사람이 오면 자기 가게에는 없지만 이웃 가게에는 있을 테니 그리로 가 보라고 합니다. 그렇게 해서 점점 손님들이 줄어들면서 그는 글쓰는 일에 더 많은 시간을 투자합니다. 그리고 자기 가게도 적당히 될 뿐만 아니라 이웃 가게도 자기 가게 때문에 문을 닫지 않아도 되었습니다. 그는 그 일로 너무나 기뻐합니다.

내 야망을 이루기 위해서 이웃 교회가 문을 닫아야 할까요?

저는 그것처럼 아버지의 마음을 아프게 하는 일은 없다고 생각합니다. 그러기에 그러고 싶지 않습니다. 차라리 여러분이 이웃의 작은 교회를 찾아가 도와주시는 쪽이 훨씬 더 하나님을 기쁘시게 할 것입니다.

또 하나의 사건은, 그 당시 교인 수가 기천 명이나 되는 교회 담임 목사가 30명밖에 안 되는 교회 권사님을 여섯 번이나 찾아와서는 "당신 같은 큰 물고기는 큰 물에서 놀아야 한다" 면서 데려가는 바람에 그 작은 교회 목사가 교회 문을 닫고 다른 곳으로 간 일입니다. 저는 그 소식을 듣고 마음이 너무나 아팠습니다.

사실이 아니기를 바라면서도 마음이 저려 오는 것을 부정할 수 없었습니다. 그래서 여러분에게 제발 이웃 교회 교인들을 데려오지 말라고 신신당부를 하는 것입니다.

약한 교회를 도와주는 형제 교회로 서 있는 것은 기쁜 일이지만 약한 교회를 무너뜨리기 위한 거대 교회로 존재한다는 것은 슬픈 일입니다. 큰 교회가 나쁜 것은 아닙니다. 하지만 그런 식으로 커진 교회는 결코 건강한 교회가 아닙니다.

사랑하는 여러분! 여러분이 예수님을 믿지 않는 이웃을 향하여 계속 전도하기를 바라고 또 바랍니다. 그러나 잘 다니고 있는 다른 교회 교인들은 절대로 데려오지 마십시오. 여러분이 전도해야 할 대상은 예수님을 믿지 않는 분이나, 실족하여 교회를 다니고 있지 않는 분입니다.

세상은 자기 야망을 이루기 위해서 그런다고 해도 교회는 그렇게 성장해서는 안 됩니다. 잘 보십시오. 야망으로 살지 않아도 하나님이 비전인 사람은 잘 됩니다.

요셉이 야망의 사람이었다면 보디발의 아내로부터 총애를 얻기 위해서 유혹의 길을 걸어갔을 것입니다. 그러나 그는 도리어 감옥으로 걸어갔습니다.

모세는 애굽의 왕족 칭호와 재물의 향락을 마다하고 하나님의 뜻을 좇아 고난과 능욕의 길을 택하였습니다(히 11:24~26).

다윗은 사울을 죽이고 조속히 왕이 될 수 있는 길이 두 번이나 있었지만 기름 부음 받은 왕을 자기 손으로 치는 것이 하나님의 뜻에 어긋난다고 판단하여 삼갔습니다.

다니엘은 느부갓네살 휘하에서의 출세를 마다하고 우상의 제물

에 참여하지 않겠다는 소신을 지켰습니다.

에스더는 민족을 위해 왕후의 지위와 생명을 걸고 사촌 모르드개의 제안을 따랐습니다.

바울은 앞길이 활짝 열려 있는 종교적인 이력을 포기하고 그리스도의 이름을 위해 고난의 길을 걸어갔습니다.

그들은 한결같이 야망을 따라 살지 않고 하나님 자체를 열망했던 사람들입니다. 그러나 하나님께서는 그들을 정오의 빛같이 빛나게 하셨습니다. 인간적인 야망을 이길 수 있는 길은 무엇이겠습니까? 하나님을 열망할 때에 그 일은 가능합니다. 야망이 아닌 하나님을 열망하며 사는 행복한 그리스도인이 되시길 축원합니다.

>>사무엘하<<

우리는 무엇으로 사는가? (2) - 섬김

17장 24~29절, 19장 31~39절

이에 다윗은 마하나임에 이르고 압살롬은 모든 이스라엘 사람과 함께 요단을 건너니라 압살롬이 아마사로 요압을 대신하여 군지휘관으로 삼으니라 아마사는 이스라엘 사람 이드라라 하는 자의 아들이라 이드라가 나하스의 딸 아비갈과 동침하여 그를 낳았으며 아비갈은 요압의 어머니 스루야의 동생이더라 이에 이스라엘 무리와 압살롬이 길르앗 땅에 진 치니라 다윗이 마하나임에 이르렀을 때에 암몬 족속에게 속한 랍바 사람 나하스의 아들 소비와 로데발 사람 암미엘의 아들 마길과 로글림 길르앗 사람 바르실래가 침상과 대야와 질그릇과 밀과 보리와 밀가루와 볶은 곡식과 콩과 팥과 볶은 녹두와 꿀과 버터와 양과 치즈를 가져다가 다윗과 그와 함께 한 백성에게 먹게 하였으니 이는 그들 생각에 백성이 들에서 시장하고 곤하고 목마르겠다 함이더라

길르앗 사람 바르실래가 왕이 요단을 건너가게 하려고 로글림에서 내려와 함께 요단에 이르니 바르실래는 매우 늙어 나이가 팔십 세라 그는 큰 부자이므로 왕이 마하나임에 머물 때에 그가 왕을 공궤하였더라 왕이 바르실래에게 이르되 너는 나와 함께 건너가자 예루살렘에서 내가 너를 공궤하리라 바르실래가 왕께 아뢰되 내 생명의 날이 얼마나 있사옵겠기에 어찌 왕과 함께 예루살렘으로 올라가리이까 내 나이가 이제 팔십 세라 어떻게 좋고 흉한 것을 분간할 수 있사오며 음식의 맛을 알 수 있사오리이까 이 종이 어떻게 다시 노래하는 남자나 여인의 소리를 알아들을 수 있사오리이까 어찌하여 종이 내 주 왕께 아직도 누를 끼치리이까 당신의 종은 왕을 모시고 요단을 건너려는 것뿐이거늘 왕께서 어찌하여 이같은 상으로 내게 갚으려 하시나이까 청하건대 당신의 종을 돌려보내옵소서 내가 내 고향 부모의 묘 곁에서 죽으려 하나이다 그러나 왕의 종 김함이 여기 있사오니 청하건대 그가 내 주 왕과 함께 건너가게 하시옵고 왕의 처분대로 그에게 베푸소서 하니라 왕이 대답하되 김함이 나와 함께 건너가리니 나는 네가 좋아하는 대로 그에게 베풀겠고 또 네가 내게 구하는 것은 다 너를 위하여 시행하리라 하니라 백성이 다 요단을 건너매 왕도 건너가서 왕이 바르실래에게 입을 맞추고 그에게 복을 비니 그가 자기 곳으로 돌아가니라

260　우리는 무엇으로 사는가

밥 딜런의 "완행기차가 온다"라는 노래 가사를 보면 우리 인간은 누군가를 섬기며 살아야 한다는 구절이 나옵니다.

"당신은 누군가를 섬기게 되어 있다네. 하나님이든 사단이든 누군가를 섬기게 될 것이라네."

여러분은 누구를 섬기면서 살고 있습니까?

다윗 왕이 아들 압살롬의 난을 피해 피난했던 어려운 시절 그를 섬긴 두 사람이 있었습니다. 한 사람은 야망을 가지고 섬긴 므비보셋의 종 시바이고, 또 한 사람은 순수함으로 섬긴 길르앗의 노인 바르실래입니다.

섬김에도 이와 같이 야망을 꿈꾸며 섬기는 사람이 있습니다. 그래서 사과 한 상자 갖다 주고 사진 몇 장 찍어서 근거를 남기려는 데 주력하는 사람이 있는 반면에 몇 억을 내놓으면서도, 몇 년을 섬기면서도 자기 이름조차 밝히지 않는 사람도 있습니다. 또 어떤 이는 받을 것을 기대하고 섬깁니다. 그런가 하면 순수하게 어떤 조건도 내세우지 않고 섬기는 사람도 있습니다.

섬김은 신구약 성경 곳곳에서 언급되고 있습니다.

거친 환경 속에서도 하나님의 성품을 이해한 히브리인들은 광야 생활에서 손님 접대를 미덕으로 여기고 실천합니다. 특별히 아브라함이 부지중에 섬겼던 세 나그네가 있습니다. 그런데 아브라함이 섬겼던 그들은 바로 하나님과 두 천사였습니다. 아브라함은 송아지를 잡아 그 나그네들을 대접하였습니다. 하나님은 이에 감동하셔서 아브라함에게 소돔과 고모라 성을 멸할 것을 미리 알려주셨습니다.

초대교회 성도들 역시 손님 대접하는 것을 생활화하였습니다.

그들은 나그네에게 집을 개방했고 병든 자와 죽어가는 자들을 위한 건물을 지었습니다.

영어에는 '접대하다' 즉 'hosting' 이라는 단어와 관련된 낱말들이 많이 있습니다. 환자를 돌보는 병원을 'hospital(호스피털)' 이라고 하고, 여행자와 나그네를 돌보는 여관을 'hostel(호스텔)' 이라고 하고, 죽어가는 자들을 돌보는 자를 'hospice(호스피스)' 라고 합니다. 나그네를 대접하는 환대를 'hospitality(호스피텔리티)' 라고 하고, 손님을 접대하는 사람을 'host(호스트)' 라고 합니다. 그런데 예수님께서도 호스트가 되기 위해 인간의 몸을 입고 이 땅에 오셔서 제자들의 발을 씻어 주기까지 섬기셨습니다.

마태복음 20장 28절을 보면 예수님께서 "인자가 온 것은 섬김을 받으려 함이 아니라 도리어 섬기려 하고 자기 목숨을 많은 사람의 대속물로 주려 함이니라" 고 말씀하십니다.

오늘 우리 사회가 열심히 배우고 익혀야 할 분야가 무엇입니까? 섬김입니다. 우리는 유교 문화에 너무 젖어 있어서 섬김을 받아야 높은 사람이고, 훌륭한 사람이라고 여깁니다. 그러나 기독교의 참된 문화는 그렇지 않습니다. 기독교는 섬기는 자가 큰 자라고 했습니다. 그러므로 하나님께서 원하시는 참된 섬김의 자세를 우리는 바르실래를 통해서 배우고자 합니다.

바르실래의 섬김에서 우리가 배울 수 있는 자세는 무엇입니까?

첫째, 그는 어려울 때에 섬겼습니다

그는 피난 가는 자를 섬겼습니다. 왕의 자리에서 쫓겨난 자를 도왔습니다. 쿠데타를 일으켜서 승리한 자를 섬기는 것은 어렵지 않습니다. 그런데 쿠데타 세력에게 쫓겨나서 앞으로 생명이 어떻게 될지 모를 자를 돕는 것은 쉽지 않습니다.

「섬김형 인간」이라는 책을 쓴 일본 그리스도인 기업인으로 성공한 미타니 야소토 씨는 세 가지 유형의 그리스도인이 있다고 했습니다.

첫째, 세상에 동화되어 자신을 그리스도인이라고 말조차 안 하고 사는 그리스도인입니다.

둘째, 진지하고 순종적인 유형의 그리스도인입니다.

셋째, 강한 용기와 결단력이 있는 그리스도인이라고 했습니다. 이 사람은 위기에 직면하면 오히려 담대하게 도전하고 사회에 공헌하는 그리스도인입니다.

바르실래는 이 세 번째 사람처럼 평온할 때에는 부자였지만 별로 두각을 나타내지 않았습니다. 그런데 나라가 어지러워지고, 왕이 위기에 처하게 되자 발벗고 나서서 도왔습니다. 몸을 사려야 할 때에 자기 몸을 던졌습니다. 위기를 피해야 할 때에 위기 속으로 들어갔습니다.

압살롬이 완전히 정권을 잡게 되는 날 이런 섬김은 분명 반역죄로 몰려 바르실래는 하루아침에 생명을 잃을 수 있습니다. 그런데도 그는 다윗 왕의 어려움을 스스로 나서서 도왔습니다. 그러기에 그의 섬김이 더욱 빛나 보입니다.

흑인 경영자로서 기독교적 가치관으로 IT 회사를 운영하여 세계적인 기업 WWT(World Wide Technology)을 일군 이가 있습니다. 그의 이름은 데이비드 L. 스튜어드(David L. Steward)입니다. 그는 많은 사람들의 조소 가운데서 일어났습니다. 흑인은 IT 분야에서 성공할 수 없다는 비아냥거림 속에서 성공했습니다.

그런데 그는 어린 시절에 마지막 남은 몇 푼의 돈을 하나님께 헌금하는 어머니의 믿음을 보면서 자라났습니다. 그는 그때마다 하나님께서 선히 이끌어 주시는 놀라운 손길을 보면서 믿음을 키웠습니다. 그래서 스튜어드는 삶의 목적과 기업경영의 목적을 나눔(Giving)과 섬김(Serving)에 두었습니다. 그렇게 하는 것을 하나님께서 기뻐하시기 때문에 나누고 섬겨도 기업이 잘 될 수 있다는 믿음을 가지고 경영한 것입니다.

하나님은 그의 믿음대로 그를 통해서 놀라운 기업을 이루셨습니다. 그는 회사가 어려울 때에도 섬김으로 회사를 일으킨 경영자였습니다. 그가 쓴 책 「섬김으로 성공한 기업경영 52」라는 책을 보면 어려움 속에서도 정직과 섬김 그리고 나눔을 통해서 그가 어떻게 기업을 이루었는지 잘 나타나 있습니다.

미국의 전 대통령 부시는 그의 책에 추천서를 써 주면서 "어려움 속에서 가장 성경적 기업을 이룬 경영인"이라고 찬사를 보내고 있습니다. 진정한 섬김은 어려울 때에 드러나는 법입니다. 바르실래가 참 귀하게 보이는 이유는 바로 다윗이 가장 어려울 때에 그를 섬기겠다고 나섰기 때문입니다.

둘째, 그는 아무 조건 없이 섬겼습니다

17장 29절 하반절을 보면 "이는 그들 생각에 백성이 들에서 시장하고 곤하고 목마르겠다 함이더라"고 하였습니다. 그는 난리 소문 속에서도 왕과 그 백성을 생각하였습니다. 난리가 나면 자기 재산을 어떻게 꼭꼭 숨길까를 염려하는 것이 대부분인데 그는 난리 속에서 자기가 섬겨야 할 사람이 누구인지를 생각했습니다.

사람들의 섬김에는 순수한 것도 있지만 한편으로 자신을 드러내려는 본능적 욕구에서 나온 것도 있습니다. 므비보셋의 종 시바의 섬김은 어찌 보면 자기를 세상에 드러내기 위한 섬김인 반면에 오늘의 주인공 바르실래의 섬김은 순수한 섬김이었습니다.

80살이나 되는 노인이니 사실 남을 생각할 여유가 별로 없었을 것입니다. 자신의 건강을 챙기고 자기나 자손들을 돌보기에도 힘든 나이입니다. 그런데 그는 나라의 안위를 슬퍼하면서 왕과 피난길에 오른 젊은 자들을 도리어 섬기고자 하였습니다.

본문 19장 31절 이하를 보면 그는 결코 힘이 왕성하지 않았습니다. 다윗은 반란을 다 진압하고 환궁하면서 어려울 때 도와준 바르실래를 잊지 못합니다. 그래서 환궁할 때에 바르실래를 대접하고 싶어서 예루살렘으로 함께 가자고 합니다. 그곳에서 받은 대접을 갚아 주겠다고 합니다. 하지만 바르실래는 "내 생명의 날이 얼마나 있사옵겠기에 어찌 왕과 함께 예루살렘으로 올라가리이까 내 나이가 이제 팔십 세라 어떻게 좋고 흉한 것을 분간할 수 있사오며 음식의 맛을 알 수 있사오리이까"(19:34~35)라고 말합니다. 그는 그 나이에 왕과 함께 가는 것은 왕에게 누를 끼치는 일이라고 왕의 제안을 사양합니다.

바르실래는 자기 만족을 위한 섬김이 아닌 자기 초월적인 섬김을 실천하였습니다. 그 섬김에는 어떤 조건도 없었습니다. 그러하기에 어려운 난국 속에서도 다윗을 도울 수 있었고 그의 섬김은 더욱 값지게 보입니다.

셋째, 그는 자상하게 섬겼습니다

17장 28~29절을 보면 그는 "침상과 대야와 질그릇과 밀과 보리와 밀가루와 볶은 곡식과 콩과 팥과 볶은 녹두와 꿀과 버터와 양과 치즈를" 가져왔습니다.

'침상과 대야'를 가져왔다는 데서 이 바르실래 할아버지는 참 자상한 분임을 한눈에 발견할 수 있습니다. 그는 비록 다윗 왕이 쫓기는 신세이지만 왕으로서 최소한의 격을 유지하도록 배려하였습니다. 왕이 땅바닥에서 자는 판국에 자기만 침상에 등 붙이고 편히 잘 수가 없었던 것입니다. 그리고 대야를 가져왔다는 데서 심신이 매우 지친 다윗의 피로를 풀어 주려는 자상한 마음이 엿보입니다. 대야를 보니 예수님의 섬김이 생각납니다.

요한복음 13장을 보면 예수님이 유월절 전 가장 힘든 시간에 제자들과 함께 만찬을 가지십니다. 그 당시 이스라엘 백성들은 주로 샌들을 신고 다녔습니다. 그래서 밖에 나갔다가 집으로 돌아오면 반드시 흙과 먼지로 더러워진 발을 씻고 들어갔습니다. 이러한 일은 종이나 하인이 주인이나 손님에게 행하였습니다. 그런데 유월절을 보내기 위해서 들어갔던 집에는 발을 씻어 줄 사람이 없었던 모양입니다. 그러다 보니 예수님을 위시하여 13명의 장정이 모두 발도 씻지 않고 다락방에 들어갔습니다. 그러니 얼마나 냄새가 천지를 진동했겠습니까?

예수님은 지금 자기를 팔 자가 누구라는 것을 다 아시는 상황입니다. 그리고 얼마 있지 않아서 자신이 십자가에 달릴 것도 아십니다. 그때 예수님은 저녁 식사 직전에 자리에서 일어나 겉옷을 벗고 수건을 가져다가 허리에 두르고 대야에 물을 떠서 제자들의 발을 씻어 주기 시작하셨습니다. 또 허리에 두른 수건으로 손수 닦아 주셨습니다.

베드로는 자기 차례가 되자 "내 발을 절대로 씻지 못하시리이다" 하고 말했습니다. 베드로는 그래도 좀 예의가 있는 것 같습니다. 제자가 스승의 발을 씻어 드려야지 어떻게 스승이 제자의 발을 씻어 주느냐는 항의성 발언입니다.

그때 예수님께서 뭐라고 하십니까?

"내가 너희에게 행한 것을 너희가 아느냐 너희가 나를 선생이라 또는 주라 하니 너희 말이 옳도다 내가 그러하다 내가 주와 또는 선생이 되어 너희 발을 씻었으니 너희도 서로 발을 씻어 주는 것이 옳으니라 내가 너희에게 행한 것같이 너희도 행하게 하려 하여 본을 보였노라 내가 진실로 진실로 너희에게 이르노니 종이 주인보다 크지 못하고 보냄을 받은 자가 보낸 자보다 크지 못하나니 너희가 이것을 알고 행하면 복이 있으리라" (요 13:12~17).

이것을 알고 행하면 뭐가 있다고 하십니까? 복이 있다고 했습니다. 이것이 무엇입니까? 바로 섬김입니다.

한번은 미국 매사추세츠에서 열린 무디 목사의 노츠휠드 성경 수양회에 영국에서 귀족 손님들이 방문하여 참관하게 되었다고 합니다. 당시만 해도 영국에는 손님이 오면 복도에서 일하는 종이 밤새 손님의 구두를 닦아 놓는 풍습이 있었는데, 무디 목사의 참모들 중 이것을 아는 이가 있어 어떻게 할 것인가 토론이 벌어졌다고 합니다. 결론은 "여기는 미국이니까 그만두자"였습니다.

그런데 한 사람이 이 토론 결과를 무디 목사에게 전하면서 그의 생각을 물었습니다. 그는 빙그레 웃으며 "글쎄, 주님께 물어 볼까" 하더니 머리 숙여 한동안 기도를 한 후 잠자리에 들었다고 합니다.

그 이튿날 아침, 열 명에 가까운 영국 손님들이 잠자리에서 일어나 복도로 나왔을 때 그들의 구두가 모두 깨끗하게 닦여 있는 것을 보았습니다. 누군가가 그 밤에 아무도 모르게 구두를 닦은 것입니다.

본문을 보면 '볶은 곡식'과 '볶은 녹두'가 눈에 띕니다. 지금 피난 중에 있는 이들은 불을 피워서 무엇을 해먹을 시간이 없습니다. 또 불을 피우면 적에게 위치가 드러나게 됩니다. 이러한 다윗을 위하여 아예 곡식을 볶아서 가지고 왔다는 것은 참으로 자상한 모습입니다. 그냥 곡식을 가져왔다면 다윗과 그의 부하들은 생식을 해야만 했을 것입니다. 바르실래는 물건들만 많이 가져온 것이 아니라 다윗과 피난중인 자들의 입장에 서서 그것들을 자상하게 준비했습니다. 이 모든 섬김을 보면 그는 자기가 할 수 있는 것으로 섬겼습니다.

그는 지금 연로하여 군인으로 다윗을 도울 수 있는 상황이 아닙니다. 하지만 자기에게는 물품과 돈이 있기에 자신이 할 수 있는 군수 제공을 한 것입니다. 그는 자기의 위치에서 할 수 있는 최선을 다하였습니다.

사랑하는 여러분! 우리가 오늘날 왜 남을 사랑하고, 섬기고, 돌봐야 합니까? 그것은 하나님의 영에 이끌리는 사람으로서 마땅히 해야 할 일이기 때문입니다. 빌 하이벨스(Bill Hybels) 목사는 「섬김의 혁명」이라는 책에서 "남을 섬기는 일은 자연스럽게 자기 자신이 되어 가는 길"이라고 하였습니다.

이제 우리는 전도지로는 전도할 수 없는 시대에 살고 있습니다. 이때에 우리가 해야 할 전도는 무엇입니까? 섬김을 통한 전도입니다. 이는 필요 전도 또는 DNA 사역이라고도 합니다. 이것은 지역사회나 이웃의 필요를 찾아보는 것입니다. 사람들이 힘들어하는 부분이 무엇이며, 내가 어렵지 않게 섬길 수 있는 부분이 무엇인지 찾아보는 것입니다.

섬김 하면 대단한 것이라고 생각하고 나하고는 상관이 없다고 여기기 쉽습니다. 그런데 참된 섬김은 가까운 곳에서, 간단한 것에서 시작하면 됩니다. 할 수 있는 일부터 하면 됩니다.

가까운 예를 들어볼까요?

우리 교회에서는 요사이 종이를 모아서 밥을 굶는 초등학교 아이들의 식비로 충당합니다. 이를 위해서 주일날 몇 시간씩 노력 봉사하는 분이 계십니다. 1톤 트럭을 제공하는 분이 계십니다.

또 몇몇 다락방 식구들은 일주일에 한 번씩 '하사모' 형제들을 위해서 따뜻한 식사를 만들어서 제공합니다. 또 몇몇 분들은 한 달에 몇 번씩 반찬과 도시락을 싸서 지역사회에 있는 독거 노인을 찾아가서 돕습니다. 또 몇몇 분들은 성저공원에서 토요일 새벽마다 운동하러 나온 이들에게 차를 제공하는 봉사를 합니다.

또 한 장로님은 치과의사로 한평생을 보낸 후 은퇴하여 70세가 넘었는데도 불구하고 일주일 가운데 하루를 장애인들과 '하사모' 형제들을 위해서 무료 치과 치료를 하는 데 보내십니다.

또 어떤 분들은 주일날 가까이에 있는 노인들을 휠체어에 태워서 교회로 모셔 옵니다. 이 외에도 문화센터를 통한 봉사, 또 보이지 않게 섬기는 봉사들이 참으로 많습니다.

대전 새중앙교회의 한 다락방은 DNA(하나님 나라 가치) 운동 중 깨진 가정의 아픔에 많은 관심을 가지고 섬기는 삶을 다짐하였습니다. 그러던 어느 날 동사무소를 통해 독거 노인을 소개받았습니다. 그런데 노인의 집에 찾아가보니 사는 것이 괜찮아 보였습니다. 오히려 그 노인은 아랫집에 어렵게 사는 사람이 있으니 거기로 가 보라고 하였습니다.

성도들은 독거 노인이 소개한 그 집을 찾아갔습니다. 가서 보니 그 집에 사는 할머니는 무당이었습니다. 할머니 집은 컴컴한 데다가 고양이를 키워 냄새가 심하게 났습니다. 그들은 할머니에게 말벗이 되어드리고자 찾아왔다고 말했습니다. 할머니는 거절하지 않고 반가이 맞아 주었습니다. 함께 갔던 부목사는 할머니의 손을 잡으며 예수님 생각을 했습니다. 예수님은 이보다 더 낮은 곳으로 가셨을 것이라고 생각하니 냄새도 참을 만하고, 컴컴함도 견딜 만했습니다.

그들은 일차적으로 식사를 준비해 주고 집안 청소를 했습니다. 그리고 친구가 되고자 몇 차례 그 집을 방문하던 중 정 목사의 마음에 한 가지 감동이 왔습니다. 할머니의 집이 무너져 가는데, 비가 오면 새기까지 하니 집을 수리해 주고 싶은 생각이 들었습니다.

정 목사는 제자훈련 소그룹에서 자신의 생각을 이야기했습니다. 그러자 목재상을 하는 이명섭 집사가 나서서 필요한 목재를 대겠다고 했습니다. 또 한 성도는 최고급 텐트 원단을 지붕용으로 내놓았습니다. 장홍규 성도는 리모델링 사업을 하는데, 할머니의 집을 방문하여 사전 조사를 하고 견적을 내어 물품 구입을 도왔습니다. 그리고 '행복한 목장'의 식구 18명이 연장을 들고 할머니 집을 수리해 주었습니다.

집을 수리한 후 다락방 식구들은 난방을 생각했습니다. 그런데 시간이 많이 걸릴 것 같아 급한 대로 옥매트를 사다 주자고 생각했습니다. 이러한 목적을 알게 된 농협에서도 옥매트를 최저가로 공급해 주었습니다.

어느 날 할머니가 정 목사에게 교회에 가겠다고 말했습니다. 그리고 자기 집에 있는 불상, 부적 등을 다 없애야겠다고 말했습니다. 주변 사람들은 할머니가 곧 죽으려고 저런 짓을 한다며 수군대었습니다. 할머니가 보는 앞에서 남선교회원들이 불상과 동자상을 처리해 주었습니다. 그러자 할머니는 동자상더러 나지막하게 이렇게 이야기했습니다.

"좋은 데 가서 잘 살아라."

이러한 내용들을 보면 공통점이 있습니다.

첫째, 이 **섬김**은 나이와 **상관**이 없습니다.

젊은 사람도 나이든 사람도 누구나 섬기는 일은 다 할 수 있습니다. 바르실래도 80세에 다윗을 도왔고, 시므온 다락방도 회원들이 다 70세가 넘었는데도 많은 도움을 주고 있습니다.

현역 때보다도 퇴임 후에 더 인기 있는 미국 대통령이 있습니다. 지미 카터 대통령이 퇴임 후에 더 인기가 있게 된 것은 그후로 21년 동안 세계 평화와 인권을 위해 노력했기 때문입니다. 그는 이러한 공로를 인정받아 노벨평화상을 받았습니다. 그런 그가 지금까지 행하고 있는 사역 가운데 하나가 해비타트 사역입니다. 집 없는 사람들에게 집을 지어 주는 사역입니다.

2001년에는 한국을 방문하여 충청남도 아산 등에서 사랑의 집 짓기를 했습니다. 그때 한 기자가 망치를 들고 못을 박으며 일을 하는 카터에게 '일하는 소감'을 물었습니다. 그러자 그는 "나는 한 채의 집을 지을 때마다 단순한 건물이 아니라 한 사람의 인생이 세워지는 것을 봅니다"라고 대답했습니다. 그의 나이는 지금 80세가 훨씬 넘었습니다.

이렇듯 섬김에는 연령의 제한이 없습니다. 게다가 혼자가 아니라 함께 섬길 수 있습니다.

둘째, 이 섬김은 겨자씨만한 사랑만 있어도 가능합니다.

우리의 섬김은 돈과 상관이 있을 수도 있고 없을 수도 있습니다. 돈이 있는 사람은 돈으로도 도울 수 있지만, 돈이 없어도 하루에 1분만 내도 남을 도울 수 있는 일이 참으로 많습니다.

요사이 텔레비전 공익 광고에 이런 이야기가 나옵니다.

신문 대신 던져 주는 시간 6초, 어르신과 함께 횡단보도 건너는 시간 23초, 후배에게 커피 타 주는 시간 27초, 복잡한 버스 안에서 버스 벨 대신 눌러 주는 시간 4초…… 세상을 아름답게 하는 시간 하루 1분이면 충분합니다.

무슨 말입니까? 하루 1분만 투자해도 이렇게 아름다운 일들을 얼마든지 해낼 수 있다는 말입니다. 하지만 이 섬김 프로젝트는 전체 과정을 기도로 진행하여야 합니다. 섬김은 사단이 싫어하는 일이기에 실천하기가 쉽지 않기 때문입니다. 박애주의 차원을 넘어서 하나님의 의도에 따라 동기를 부여해야 합니다. 그리고 이 섬김을 실천하려면 간단한 것부터, 작은 것부터, 단기간에 완수할 수 있는 것부터 해보시기 바랍니다.

부활절 전에 이 '사마리아 프로젝트'를 한 다락방에서 한 가지만이라도 실행해 본다면 놀라운 일들이 일산에서 일어날 것입니다.

셋째, 이 섬김은 하나님의 사랑을 이웃에게 순수하게 전달합니다.

전 세계 50개국에서 영적, 육적 굶주림의 해결을 위해 '떡과 복음' 전인사역을 하고 있는 국제기아대책기구의 부총재 대로우 밀러(Darrow Miller) 교수는 "교회가 민족과 열방을 제자 삼지 않으면, 그들이 교회를 제자 삼으려 할 것"이라고 했습니다.

오늘날 사회 분위기는 기독교에 대해서 대단히 적대적이 되어 가고 있습니다. 교회가 세상을 제자화하지 않고 있기 때문에 세상이 교회를 제자화하려고 합니다. 80퍼센트의 케냐 기독교인들은 주일날 교회에 가득 찹니다. 그런데도 가장 부패한 나라의 대열에 서 있습니다. 이유가 무엇입니까? 교회가 세상을 제자화하지 못했기 때문입니다.

그러므로 대로우 밀러는 '섬김'이라는 성경공부 교재에서 우선 순위의 1순위는 하나님이고, 2순위는 가족이며, 3순위는 이웃이어야 한다고 말합니다. 이웃에 대해서는 더 구체적으로 이방인과 버림받은 자, 가난하고 궁핍한 자, 대적하는 원수까지도 섬겨야 한다고 했습니다.

우리 일산충신 다락방들 속에 이 사랑의 섬김이 서서히 퍼져 나가고 있어 참으로 기쁩니다. 하지만 좀더 힘차게 확산되길 원합니다. 그런 인생이야말로 하나님을 사랑하고 이웃을 사랑하는 진정한 그리스도인의 삶이기 때문입니다.

사랑하는 여러분! 바르실래가 받은 복이 무엇입니까?

첫째, 그가 섬긴 다윗 왕이 다시 왕정을 회복하는 복을 누렸습니다.

사실 우리가 누군가를 섬긴다고 해서 그 사람이 다 회복되거나 잘 되는 것은 아닙니다. 많이 희생하고 최선을 다했는데도 뿌린 만큼 대가를 얻지 못할 때도 있습니다. 하지만 섬김에는 기대가 있습니다. 상대가 잘 되기를 바라는 마음에서 섬기기 때문에 소망이 있습니다.

일산충신교회 '하사모' 팀의 회원들은 단순히 집 없는 노숙자를 돕고 있는 것이 아닙니다. 그들은 한 사람 한 사람의 인생을 재건하고자 하는 소망을 가지고 섬기고 있습니다. 그래서 작년에는 그들과 함께 농촌봉사를 실시했는데 올해에는 해비타트 운동을 함께 하려고 계획하고 있습니다. 이들에게 가장 필요한 것은 근로의욕을 회복시키는 것이기 때문입니다. 다른 이들의 회복을 위해 섬기는 이 섬김은 참으로 복된 섬김입니다. 의미있는 일입니다. 생명을 구원하는 아름다움이 그 속에 있습니다.

둘째, 바르실래의 아들 김함이 다윗에게 쓰임을 받았습니다.
다윗은 그를 섬긴 바르실래를 섬기고 싶어서 예루살렘에 함께 올라가자고 하였지만 그는 나이 많아 갈 수 없다고 했습니다. 그래서 다윗은 바르실래 대신 그의 아들 김함을 데리고 올라갔습니다. 그런데 역사 속에는 김함이 그후에 어떻게 되었는지에 대해서 별로 언급이 없습니다. 하지만 많은 학자들은 다윗이 바르실래의 아들 김함에게 다윗의 옛집을 주었다고 믿고 있습니다.
예레미야 41장 17절을 보면 '게룻김함'이라는 단어가 나옵니다. 이는 '김함의 여관'이라는 뜻입니다. 이는 김함의 소유로 베들레헴 부근의 거처 또는 여관일 것으로 추측됩니다.
구전에 의하면 이 여관은 본래 다윗의 집이었는데 다윗이 바르실래에게 감사하는 마음으로 그의 아들 김함에게 준 것이라는 학설이 있습니다. 그리고 후에 그리스도가 나신 집이 바로 이 여관이라고 말하는 학자도 있습니다. 이것이 사실이라면 바르실래의 섬김으로 그 자손들이 대대로 은총을 받은 셈입니다.
전도서 11장 1~2절을 보면 "너는 네 떡을 물 위에 던져라 여러 날 후에 도로 찾으리라 일곱에게나 여덟에게 나눠 줄지어다 무슨 재앙이 땅에 임할는지 네가 알지 못함이니라" 했습니다.

무슨 말씀입니까? 우리가 아무런 대가를 바라지 않고 섬길지라도 하나님은 그 섬김을 다 알고 어느 날 우리를 영화롭게 하신다는 것입니다.

사랑하는 성도 여러분! 우리는 무엇으로 살고 있습니까? 우리를 섬기기 위해서 오신 예수님을 닮아 가는 복된 그리스도인이 되시길 축원합니다.

>>사무엘하<<

우리는 무엇으로 사는가? (3) - 경쟁

18장 4~15절

왕이 그들에게 이르되 너희가 좋게 여기는 대로 내가 행하리라 하고 문 곁에 왕이 서매 모든 백성이 백 명씩 천 명씩 대를 지어 나가는지라 왕이 요압과 아비새와 잇대에게 명령하여 이르되 나를 위하여 젊은 압살롬을 너그러이 대우하라 하니 왕이 압살롬을 위하여 모든 군지휘관에게 명령할 때에 백성들이 다 들으니라 이에 백성이 이스라엘을 치러 들로 나가서 에브라임 수풀에서 싸우더니 거기서 이스라엘 백성이 다윗의 부하들에게 패하매 그날 그곳에서 전사자가 많아 이만 명에 이르렀고 그 땅에서 사면으로 퍼져 싸웠으므로 그날에 수풀에서 죽은 자가 칼에 죽은 자보다 많았더라 압살롬이 다윗의 부하들과 마주치니라 압살롬이 노새를 탔는데 그 노새가 큰 상수리나무 번성한 가지 아래로 지날 때에 압살롬의 머리가 그 상수리나무에 걸리매 그가 공중과 그 땅 사이에 달리고 그가 탔던 노새는 그 아래로 빠져나간지라 한 사람이 보고 요압에게 알려 이르되 내가 보니 압살롬이 상수리나무에 달렸더이다 하니 요압이 그 알린 사람에게 이르되 네가 보고 어찌하여 당장에 쳐서 땅에 떨어뜨리지 아니하였느냐 내가 네게 은 열 개와 띠 하나를 주었으리라 하는지라 그 사람이 요압에게 대답하되 내가 내 손에 은 천 개를 받는다 할지라도 나는 왕의 아들에게 손을 대지 아니하겠나이다 우리가 들었거니와 왕이 당신과 아비새와 잇대에게 명령하여 이르시기를 삼가 누구든지 젊은 압살롬을 해하지 말라 하셨나이다 아무 일도 왕 앞에는 숨길 수 없나니 내가 만일 거역하여 그의 생명을 해하였더라면 당신도 나를 대적하였으리이다 하니 요압이 이르되 나는 너와 같이 지체할 수 없다 하고 손에 작은 창 셋을 가지고 가서 상수리나무 가운데서 아직 살아 있는 압살롬의 심장을 찌르니 요압의 무기를 든 청년 열 명이 압살롬을 에워싸고 쳐죽이니라 지난 해 12월 대입 정시모집 원서 접수 대행 사이트의 서버가 다운되어서 많은 혼란이 야기되었습니다. 그런데 이는 일부 수험생들이 다른 수험생들의 지원을 막아 경쟁률을 떨어뜨리기 위해 서버 공격 프로그램을 이용했기 때문인 것으로 밝혀졌습니다.

이 일에 참여한 사람이 33명인데 여기에는 고3 수험생과 재수생 그리고 대학생과 중학생까지 있었습니다. 이로 인해 33명이 불구속 입건되고 19명이 신원을 추적당하고 있으며 교육인적자원부도 경찰에 입건된 수험생의 명단을 대학에 통보해 합격이 취소되도록 할 방침이라고 합니다. 이들은 대학에 들어가려고 한 일인데 대학 문도 밟아 보기 전에 인생 서막에 오점을 남기는 신세가 되고 말았습니다.

오늘날 우리가 살아가는 이 세상은 경쟁 사회라 해도 과언이 아닙니다. 사람들은 살아남기 위해서는 전우의 시체를 넘고 넘어 싸워야 한다고 생각합니다. 또 성공하기 위해서 경쟁 상대를 비겁한 방법으로 눌러 버리는 사건들이 비일비재합니다. 국회의원이나 대통령 선거 때도 보면 어떻게 해서든지 상대방의 허물을 많이 들추어 내어서 자기의 성공을 얻으려고 합니다.

사랑하는 여러분! 경쟁이 무엇입니까?

그랜드 국어사전은 경쟁(競爭)의 뜻을 "같은 목적을 두고 서로 이기거나 앞서려고 다투는 것"이라고 했습니다. 한문을 보아도 다툴 '경(競)'자에 다툴 '쟁(爭)'자를 씁니다. 그리고 경쟁 대상을 의식하는 가운데 우월한 결과를 내기 위해 스스로를 자극하는 심리 현상을 '경쟁 의식'이라고 합니다. 또 자연스럽고 건설적인 경쟁 의식은 '분발심'이라고 하는 반면에 바람직하지 않은 경쟁 의식은

'경쟁심'이라고 합니다.

「세 마리 여우 길들이기」라는 책에서 송인규 교수는 경쟁자의 내면에 죄된 심리 상태인 질투와 지나친 이기심, 탐심 등이 개입되어 승부를 유일한 목표로 생각하고 거기에 집착하며, 혹시 승부에서 패하여 곤란한 처지에 처할까봐 미리부터 지나친 염려, 불안, 고뇌, 두려움에 사로잡히는 자세, 경쟁 대상을 인격적인 존재로 여유 있게 바라보지 못하고 비인격적으로 대하는 자세, 이기고 나면 상대방을 눌렀다는 쾌감, 자랑, 우월감 등으로 범벅이 된 자세, 지고 나면 분노, 원망, 한탄, 수치심, 패배감, 열등 의식, 복수심에 사로잡히는 경쟁 의식은 '경쟁심'으로 분류해야 한다고 했습니다.

반면에 경쟁 상대와 자신의 실력을 객관적으로 비교 평가해 보는 자세, 승산을 염두에 두지만 그것만을 최고의 가치로 여기지 않는 자세, 자신의 탁월성 발휘와 성장에 최고의 역점을 두는 자세, 자신의 실력을 유감 없이 발휘하기 위해 최선으로 노력하는 자세, 경쟁의 결과뿐 아니라 경쟁의 과정 또한 중시하는 자세 등은 '분발심'으로 보아야 한다고 했습니다.

오늘은 다윗의 가장 가까운 측근으로서 경쟁심에 사로잡힌 요압 장군을 통해서 우리의 삶을 비추어 보고자 합니다.

요압은 다윗의 이복 누이 스루야의 아들입니다. 그러기에 다윗은 요압의 외삼촌뻘이 됩니다. 아비새, 요압, 아사헬의 3형제는 다 영웅형 인간입니다. 그 중 요압은 이스봇과의 싸움에서 다윗의 군대장관으로 처음 등장합니다(삼하 17:25).

요압은 참으로 일을 잘하는 사람이고 추진력도 뛰어나 다윗에게 상당한 도움을 주고 충성된 부하였습니다. 그럼에도 불구하고 그는 경쟁심에 사로잡혀 있어서 그의 인생을 보면 전반적으로 어둡습니다. 그의 경쟁심이 어떤 모습으로 드러나는지 한번 봅시다.

첫째, 그는 경쟁자가 나타나면 수단 방법을 가리지 않고 잔인하게 죽여 버립니다.

사무엘하 앞쪽을 보면 이스라엘과 유다가 두 개의 나라로 움직이는 때가 있었습니다. 북쪽은 이스라엘로 사울의 아들 이스보셋이 통치하면서 실질적인 통치권은 군사령관 아브넬이 잡고 있었습니다. 그리고 남쪽은 유다로 다윗이 왕이고 요압이 군사령관으로 있었습니다.

그런데 아브넬이 전령을 다윗에게 보내어 정치적 통일을 이루자고 제의해 옵니다. 다윗은 아브넬을 맞이하여 잔치를 베풀고 그를 맞이합니다. 그런데 전쟁터에 갔다가 돌아온 요압이 이 소식을 듣고서는 다윗을 만나고 돌아가는 아브넬에게 자기 부하들을 보내어 다윗 몰래 만나서 조용히 말하려고 하는 것처럼 접근하여 불의한 방법으로 배를 찔러 죽였습니다. 그가 이렇게 한 것은 일전에 자기 동생 아사헬이 아브넬에게 죽은 까닭이라고 했습니다. 하지만 그때에는 아브넬이 싸우지 않으려고 하는데도 아사헬이 기어코 아브넬의 뒤를 쫓아가서 죽이려고 하였기에 어쩔 수 없이 죽인 사건입니다. 그러므로 그 일 때문에 아브넬을 불의한 방법으로 죽이는 것은 합당하지 않았습니다.

지금 아브넬은 사신의 신분으로 왔다가 가는 길입니다. 그리고 아브넬을 죽이라고 다윗이 명한 것도 아닙니다. 그럼에도 요압이 그를 죽인 이유는, 나라가 통일이 되면 군대장관은 자기가 되지 못하고 아브넬이 될 것이라는 경쟁심 때문이었습니다. 아브넬이 일인자가 되고 자기가 이인자가 될 것을 미리 내다보고 저지른 일이

우리는 무엇으로 사는가? (3) - 경쟁

었습니다.

요압은 자기에게 경쟁이 되는 사람이라고 판단되면 수단 방법을 가리지 않고 그를 죽였습니다. 그는 경쟁하는 방식도 정상적이지 못했습니다. 아브넬은 지금 비무장 상태로 술에 취해 돌아가는 길이었습니다. 군인으로서는 너무나 부끄럽게 상대방을 죽인 것입니다. 그는 복수에 집착하는 사람이었습니다. 다윗은 이 일로 요압에게 저주를 퍼부었습니다. "그 죄가 요압의 머리와 그의 아버지의 온 집으로 돌아갈지어다" (삼하 3:29)라고 하였습니다.

둘째, 그는 과정은 무시하고 출세하기 위해서는 그 어떤 일도 마다하지 않고 수행하는 사람이었습니다.

사실 다윗이 우리아 장군의 아내 밧세바를 취하여 아기를 가지는 바람에 우리아 장군을 죽이려는 그 일에도 공범이 되었습니다. 최전방에서 잘 싸우고 있는 자기 부하를 다윗 왕이 죽이라고 한다고 성 밑으로 몰아넣었습니다. 그렇게 하면 죽는다는 것을 뻔히 알면서도 그리하였습니다.

또한 다윗은 아들 압살롬과 싸우러 나갈 때에 부하들에게 긍휼을 부탁하였습니다. "나를 위하여 너그러이 대우하라" 고 하였습니다. 그런데 압살롬이 공교롭게도 노새를 타고 싸우다가 늘 자랑하던 긴 머리가 그만 상수리나무에 걸리는 바람에 나무에 대롱대롱 매달리게 되었습니다. 그러하기에 다윗의 부하들은 그를 얼마든지 죽이지 않고 생포할 수 있었습니다.

그런데 요압은 부하들의 보고를 받고 "어찌하여 당장에 쳐서 땅에 떨어뜨리지 아니하였느냐 내가 네게 은 열 개와 띠 하나를 주었으리라" 고 하며 부하들에게 압살롬을 죽이라고 재촉했습니다.

부하들은 압살롬을 죽여서 은 천 개를 받는다고 할지라도 왕의 아들에게 손을 대지 아니하겠다고 합니다. 다윗의 명령을 들었기 때문입니다. 그런데 요압은 그런 말을 듣고서도 지체할 수 없다면서 손에 작은 창 셋을 가지고 가서 상수리나무 가운데서 아직 살아 있는 압살롬의 심장을 찔러 버렸습니다.

요압은 압살롬이 암논을 죽이고 외할아버지인 그술 왕에게 도망가 있을 때에 다윗의 마음을 움직여 그를 데려온 사람입니다. 그런데 이번에는 다윗이 사랑하는 마음으로 압살롬을 선대히 여기도록 명령하였는데도 불구하고 그는 악하게 대하였습니다. 그가 다윗에게 순종하는 기준은 의도 아니고, 다윗의 마음도 아니었습니다. 그는 자기 주관에 옳은 대로 결정하였습니다.

다윗은 이러한 요압의 불순종 때문이었던지 요압을 군대장관 자리에서 내려앉히고 도리어 압살롬의 군장이었던 아마사를 군대장관으로 세웠습니다(삼하 19:13). 하지만 그후에도 다윗의 정치는 결코 편안하지 않았습니다.

베냐민 사람 비그리의 아들이었던 세바라는 자가 또다시 반역하였습니다. 그래서 다윗은 새로이 군대장관이 된 아마사에게 "너는 삼 일 내로 유다 사람을 불러 모으라"고 했습니다. 그런데 백성들은 아마사가 압살롬의 군대장관이었기 때문인지 잘 호응해 주지 않았습니다. 다윗은 요압의 동생이면서 장군이었던 아비새에게 다시 비그리의 아들 세바의 반역을 제압하라고 했습니다. 그러자 요압을 따르던 자들과 그렛 사람들과 블렛 사람들과 모든 용사들이 아비새를 따라 비그리의 아들 세바를 뒤쫓았습니다.

그때 아마사 군대장관이 그들을 맞으러 나왔습니다. 아마도 자기가 제대로 군대를 모으지 못했는데 아비새와 요압이 군인들을 모아 오니 기뻐서 맞이했던 것 같습니다. 그때에 요압은 이종 사촌 형인 아마사에게 인사하는 척하면서 접근합니다. 오른손으로 아마사의 수염을 잡고 그와 입을 맞추려는 체하였기에 아마사가 요압의 왼손에 있는 칼을 주의하지 아니하였습니다.

오른손으로 아마사의 수염을 잡았다는 것은 죽일 의사가 없다는 표현입니다. 당시 거의 다 오른손으로 칼을 잡기 때문에 오른손으로 상대방의 수염을 잡았다는 것은 입 맞추기 위함이지 죽이려는 의도가 없는 것으로 알았기 때문입니다. 그런데 요압은 오른손으로 수염을 잡고 왼손으로 아마사의 칼을 잡아 그의 배를 찔렀습니다. 그는 아브넬에 이어 그의 이종 사촌형이었던 아마사도 경쟁자로 여기고 불의한 방법으로 죽였습니다.

며칠 전에 일본에서 왕따를 당하던 유치원생 딸을 위해 딸의 친구 2명을 자기 차에 태워서 잔인하게 죽인 사건이 발생했습니다. 그녀는 특정 아이를 노린 것도 아니고, 죽인 아이들에게 특별한 원한이 있는 것도 아니라고 했습니다. 단지 "딸이 친구들과 친하게 지내지 못했던 것은 주변의 아이들이 나빴기 때문이어서 이대로 둔다면 자기 아이가 더욱 불쌍해지므로 유치원 친구들을 죽여 버렸다"라고 진술했습니다.

오늘날 돈 때문에 자기가 평생 몸담았던 회사의 기밀을 유출하여 다른 나라 경쟁 회사에 불의하게 팔아넘기는 자가 해마다 늘어나고 있습니다. 또 경쟁자를 비합리적인 방법으로 제거하려고 살인과 납치, 위협과 유혹, 뇌물 수수 등 다양한 방법을 사용합니다. 심지어 종교계에서조차 최고 지도자가 되기 위해서 불의한 방법을 동원하여 선거에서 이기려고 안간힘을 씁니다. 이런 경쟁심은 인간에게 한 마리의 여우임이 틀림없습니다.

셋째, 그는 야망을 성취하기 위하여 주군 다윗을 끝내 배신했습니다.

그는 끝까지 좋지 않은 사람이었습니다. 사람들 가운데는 처음에는 사이가 안 좋다가 나중에 좋아지는 사람이 있습니다. 처음에는 경쟁심으로 살다가 나중에는 회개하고 돌이키는 사람도 있습니다. 그런데 요압은 끝까지 개인의 성공을 위해서 잔꾀를 동원하는 사람이었습니다.

그는 다윗이 죽을 때가 다 되어 가자 다윗의 넷째 아들, 학깃의 아들 아도니야를 왕이 되게 하고자 다윗을 반역하는 대열에 섰습니다. 아도니야는 암논과 압살롬 형들이 죽자 자기가 서열상으로 적자임을 내세워 반역하였습니다. 아직 아버지 다윗이 살아있는데도 불구하고 절차를 따르지 않고 서둘러 왕이 되려고 하였습니다. 그런데 그가 왕이 되기 위해서는 군사력을 쥐고 있는 요압이 절실히 필요하였습니다. 그리고 백성들의 마음을 움직일 제사장 아비아달도 필요했습니다.

열왕기상 1장 7절을 보면 그들 세 사람은 모의하여 아도니야를 왕으로 세우려다가 미수로 그칩니다. 요압은 모든 일의 결정을 하나님의 뜻에 두지 아니하고 사적인 감정에 두었습니다. 그리고 자신의 영달을 위해서는 수단 방법을 가리지 않고 살았습니다.

사무엘하에서 요압은 경쟁심의 노예가 되어 있습니다. 그는 한 나라의 군대를 통치하는 장군이지만 심각한 정서불안 증세를 가지고 있습니다. 참을성이 없고 욕심과 야망에 사로잡혀 있습니다. 자신의 틀을 만들어 놓고 그 틀을 벗어나지 못합니다. 승부욕을 불태웁니다. 그는 결코 자신의 실패와 실수를 인정하지 않는 사람입니다. 그는 죽는 날까지 회개하지 않습니다. 그래서 명령을 불복종하였음에도 도리어 군사력을 믿고 다윗 왕에게 따지고 들어옵니다.

그의 인생의 말로는 어떠합니까?

열왕기상 2장 5~6절을 보면 다윗은 솔로몬에게 유언할 때에, 요압이 곧 아브넬과 아마사를 죽여 태평 시대에 전쟁의 피를 흘린 그를 평안히 스올에 내려가지 못하게 하라고 하였습니다.

요압은 솔로몬이 등극하자 자기 신변에도 이상이 올 것을 예측하고 여호와의 장막으로 도망하여 제단 뿔을 잡고 벌벌 떨었습니다. 결국 그는 여호와의 장막 안에 있었지만 죽임을 당하였습니다.

「나에게 분명 문제가 있다」라는 책을 쓴 데이비드 J. 리버만(David J. Lieberman)은 그의 책에서 경쟁 의식에 불타는 사람은 "세상이 자신을 인정할 만한 일을 하고 있지 않다는 느낌이 들면 견딜 수 없어 하며 자신이 얼마나 대단한 사람인지 세상에 알리고 싶은 욕망이 너무 큰 나머지 쉽사리 남에게 충고하거나, 자신의 충고가 전적으로 받아들여지지 않으면 금방 화를 낸다"고 했습니다. 그리고 육체적으로도 무리를 하여 심장 질환이 발생할 확률이 높다고 말하면서 자신의 성격이 얼마나 급한지 알고 싶다면 눈을 감고 일 분 동안 아무것도 하지 말고 있어 보라고 했습니다. 왜냐하면 이런 사람들은 대부분 아무 일도 하지 않고는 일 분도 못 참는 성격이 대부분이라는 것입니다.

사랑하는 여러분! 경쟁 시대에 우리는 그리스도인으로서 어떻게 살아야 합니까?

첫째, 창의적 삶을 개척해 나갑시다

최근 가치 혁신(value innovation)론의 창시자인 김위찬 교수와 프랑스 인시아드 경영대학원의 르네 마보안(Renee Mauborgne) 교수가 펴낸 첫 책「블루오션 전략」(Blue Ocean Strategy)이 하버드 경영대학원 출판사 역사상 최다 언어 번역 기록을 세우며 23개국으로부터 번역 계약을 맺었습니다.

이처럼 블루오션 전략이 새로운 화두로 자리잡고 있습니다. '블루오션'의 반대어는 '레드오션'인데 이는 바로 현재 존재하는 경쟁사회를 의미합니다. 따라서 레드오션에 위치한 회사들은 현 시장 수요의 점유율을 높이기 위해 경쟁 기업보다 우위에 서려고 노력합니다. 하지만 시장에 경쟁사들이 많아질수록 수익과 성장의 전망은 점점 어두워집니다. 결국 제품은 일용품으로 전락하고, 이에 따라 시장은 핏빛으로 물든 '레드오션'이 되어 버리고 맙니다.

하지만 '블루오션'은 알려져 있지 않은 시장, 즉 현재 존재하지 않고 경쟁에 물들지 않은 모든 산업을 의미합니다. 이러한 블루오션에서는 시장의 수요가 경쟁이 아닌 창조로 이룩됩니다. 이곳에는 높은 수익과 빠른 성장을 가능케 하는 엄청난 기회가 존재하고 있습니다. 게다가 게임의 법칙이 아직 정해지지 않았기 때문에 경쟁은 무의미한 것으로 평가됩니다. 따라서 레드오션과 대비되는 블루오션은 아직 시도된 적이 없는 광범위하고 깊은 잠재력을 가진 시장을 의미합니다. 즉, 높은 수익과 무한한 성장이 기대되는 새로운 시장을 말합니다.

예를 들어, 휴대폰 사업을 하려면 이미 세계 속에서 여러 나라들과 경쟁해야 합니다. 그런데 한국 기업들은 카메라폰, MP3폰, 심지어 당뇨체크폰 등을 만들어서 필요한 수요를 새롭게 창출했습니다. 이것은 경쟁자를 추월하려는 자세가 아니라 새로운 차선을 만들어 그 길로 달려가려는 자세입니다.

우리는 무엇으로 사는가? (3) - 경쟁

교회도 마찬가지입니다. 일산충신교회는 처음 탄생할 때에 상가 조그마한 곳에서 시작하였지만 다른 교회가 하지 않는 것이 있었습니다. 그것은 아기학교였습니다. 지금도 일산에서 아기학교를 하고 있는 교회는 제가 알기로는 없습니다. 이런 자세가 바로 블루오션입니다.

문화센터도 마찬가지입니다. 제가 여기에 교회를 세우고 문화센터를 시작한다고 했을 때 사람들이 유치원도 세워 달라고 요청했으나 저는 거절했습니다. 일산에 많고 많은 것이 유치원이고 또 바로 이웃 교회도 하고 있으니 유치원이 필요하면 그곳에 가면 된다고 했습니다. 문화센터도 가능하면 옆 교회가 안 하는 것으로 구성해 나갔습니다. 그러다 보니 언어와 악기가 중심이었습니다. 피아노 학원은 주변에 이미 너무 많기 때문에 교회가 그 일을 할 경우 사람들에게 피해를 줄 수 있으므로 하지 않겠다고 했습니다. 다만 피아노 학원들이 일산충신교회에서 발표회를 하겠다고 하면 기꺼이 빌려 주겠다고 했습니다. 그 바람에 주변 피아노 학원들이 매년 우리 교회에서 피아노 연주 발표회를 여러 번 하고 있습니다.

저는 블루오션, 레드오션이라는 단어는 알지도 못했지만 시작부터 경쟁하지 아니하고 서로 돕는 교회를 만들고 싶었습니다. 앞으로도 그러한 교회를 만들어 갈 것입니다. 일반 교회들이 안 하는 창조적인 교회를 만들어 갈 것입니다.

사랑하는 여러분! 보통 교회가 안 하는 방법이라 하더라도 하나님의 뜻이면 합시다. 다수가 안 하는 방법이라도 하나님의 방법이면 합시다. 그것이 블루오션의 전략이요, 이 경쟁 사회 속에서 경쟁하지 않고 성공할 수 있는 방법인 줄 믿습니다.

둘째, '윈윈(Win-Win)'의 전략을 사용합시다

우리는 꼭 남을 죽여야 내가 이긴다고 생각합니다만 그렇지 않습니다. 남을 도우면서도 얼마든지 내가 바라는 결과를 얻을 수 있습니다.

우리 교회 옆에는 상가 교회도 있고, 지하 교회들도 있습니다.

여러분! 이 교회들이 꼭 문을 닫아야 우리 교회가 잘 되겠습니까? 저는 그렇게 생각지 않습니다. 그 교회는 그 교회대로 존재해야 할 이유가 있습니다.

얼마 전에는 이 작은 이웃 교회 청년들이 우리 교회에 와서 결혼식을 하였습니다. 얼마나 아름답습니까? 이렇게 하면 우리도 살고 이웃 교회도 살지 않습니까?

또 일산 안에 있는 교회들은 아버지 학교, 어머니 학교도 같이 합니다. 선교도 같이 합니다. 많은 교회들이 마음을 묶어서 사역을 같이 하려고 합니다. 이런 것들이 바로 '윈윈' 전략 아니겠습니까?

저는 제 자신이 복의 근원이 되기를 원하고, 여러분이 복의 근원이 되고, 일산충신교회가 이 지역 사회와 세계 속에서 복의 근원이 되기를 원합니다. 저와 여러분 덕분에 사람들이 복을 받고, 일산충신교회가 존재함으로 이 지역 주민과 세계가 복 받기를 원합니다.

어떻게 '윈윈'의 삶을 살 수 있습니까? 조금만 양보하면 됩니다. 성경을 보면 아브라함의 가축과 롯의 가축이 너무 많아서 그들이 같은 지역에 동거하는 것을 용납지 못하는 지경에 이르게 됩니다. 아브라함의 목자와 롯의 목자 간에 서로 다툼이 일어납니다. 그 때에 아브라함이 뭐라고 합니까? "네가 우하면 나는 좌하고 네가 좌하면 나는 우하겠다"고 합니다. 그래서 롯은 요단 들을 바라본즉

소알까지 온 땅에 물이 넉넉함을 보고 그곳으로 이동하였습니다.

창세기 26장에서도 샘물 때문에 이삭과 그랄 사람들 사이에 서로 다툼이 생깁니다.

이삭이 우물을 파 놓기만 하면 그랄 목자들이 와서 다툽니다. 그러면 이삭은 또 옮겨서 우물을 다시 팝니다. 와서 다투면 또 가서 팝니다. 그제서야 다툼이 끝이 납니다. 그래서 그곳 이름을 르호봇이라 하였습니다. 르호봇이란 '장소가 넓다'는 뜻입니다. 그들은 똑같은 양을 키웠고 물은 한정되었기 때문에 다투지 않을 수 없었습니다.

그때마다 이삭은 양보하였습니다. 그런데 여호와 하나님께서는 그들 사이에 역사하셨습니다. 그랄 왕 아비멜렉이 군대장관과 친구들을 동행하여 이삭에게 와서는 "여호와께서 너와 함께 계심을 우리가 분명히 보았다. 이제 너는 여호와께 복을 받은 자니라" 하며 서로 계약을 맺자고 합니다. 서로 해하지 말자고 계약합니다.

그들은 이삭에게 잘해야 자기들도 복 받을 것을 알았습니다. 양보하였지만 하나님께서 다 지켜 주시고 갚아 주셨습니다. 그래서 그랄 사람도 복을 받고 이삭도 잘 되었습니다. 이것이 바로 '윈윈'의 삶입니다.

셋째, 선의의 경쟁을 합시다

10년 전 정발산 근처에 일식집들이 들어설 때 처음에는 한두 개밖에 없었습니다. 그런데 하루가 다르게 주변에 일식집들이 들어서서 이제는 아마도 50개가 넘을 것입니다. 저는 처음에 가게가 이미 두 개가 서 있는데 계속 들어오기에 "야! 이러다가 다같이 망하겠구나" 하고 생각했습니다. 그런데 같이 망하는 것이 아니라 같이 흥하는 것이었습니다.

저의 집이 덕이동인데 집에 들어가려면 좌우에 옷집들 몇십 집이 줄을 서 있습니다. 그런다고 망합니까? 아직 문 닫는 집은 못 보았습니다. 같은 업종을 하여도 서로 죽이려고 덤비지 않으면 모여 있는 것도 복입니다.

사람들은 일식 하면 '정발산 옆'을 생각하게 될 것이고, 옷 하면 '덕이동'을 생각할 수 있기 때문에 그만큼 많은 사람들을 불러들이는 효과도 있는 것입니다.

그런데 미국 동포들 가운데 이런 말들을 많이 하는 것을 들었습니다. 중국 사람이나 유대인들은 동포를 도와서 어떻게 해서든지 그 가게가 일어설 수 있도록 도와주는데 한국 사람들은 동포를 꼭 문 닫게 하여서 자기가 잘 되려고 한다는 것입니다. 그래서 같이 죽는다는 것입니다. 그 말을 듣고 얼마나 가슴이 아팠는지 모릅니다.

「맞아 죽을 각오를 하고 쓴 한국, 한국인 비판」이라는 책을 쓴 일본인 이케하라 마모루는 한국에서만 26년을 산 사람입니다. 그런데 그가 객관적으로 본 한국인에 대한 느낌은 '내 앞에 가는 꼴, 절대 못 보는 민족'이라는 것입니다. 그래서 한국 사회에는 인재를 키워 주는 풍토가 없다고 합니다. 이는 회사나 정치계나 너무나 뿌리 깊은 심각한 병폐라고 할 수 있습니다.

그는 "참다운 경쟁이란 남을 짓밟고 올라서는 것이 아니다. 그것은 경쟁이 아니라 정복이다"라고 말했습니다.

사랑하는 여러분! 한국에는 교회가 이렇게 많은데 우리가 새로운 문화를 만들어 가면 안 되겠습니까? 서로 양보하며 서로 도우며 나아간다면 안 되겠습니까?

최선을 다하는 것과 반드시 이겨야 하는 것은 다릅니다. '경쟁심'의 노예가 되면 반드시 이겨야 한다고 생각합니다만 '분발심'을 가지고 최선을 다하여 나아간다면 좌우로 힘들게 따라오는 동료를 일으켜 주면서도 승리할 수 있습니다.

요압처럼 경쟁자만 나타나면 죽이는 삶은 끝이 비참합니다. 그러나 다윗은 자기를 배반하고 반란을 일으킨 아들 압살롬을 위해 부하들에게 "나를 위하여 젊은 압살롬을 너그러이 대우하라"고 당부합니다. 이것은 오늘을 살아가는 우리가 꼭 명심해야 할 말이 아닐까요? 너그러이 대우합시다. 경쟁으로 살지 말고 너그러이 대우합시다.

사람의 성공은 하나님의 손에 붙잡혀 있지 잔재주에 있지 않습니다. 그러기에 이러한 험악한 삶을 살아온 다윗은 시편 127편 1절에서 무엇이라 말합니까?

"여호와께서 집을 세우지 아니하시면 세우는 자의 수고가 헛되며 여호와께서 성을 지키지 아니하시면 파수꾼의 깨어 있음이 헛되도다"라고 했습니다. 헛된 꾀를 부리면 일찍이 일어나고 늦게 누우며 수고의 떡을 먹음이 헛됩니다.

경쟁심이 아닌 분발심으로 살아 갑시다. 창의적 삶과 함께 더불어 승리하는 길을 만들어 봅시다. 선의의 경쟁을 하면서 너그러이 대하는 태도를 잊지 맙시다. 그리하면 하나님께서도 가장 아름다운 길로 우리를 인도하여 주실 것입니다. 이 놀라운 복이 여러분과 함께하길 축원합니다.

>>사무엘하<<

우리는 무엇으로 사는가? (4) - 은혜
19장 24~30절

사울의 손자 므비보셋이 내려와 왕을 맞으니 그는 왕이 떠난 날부터 평안히 돌아오는 날까지 그의 발을 맵시 내지 아니하며 그의 수염을 깎지 아니하며 옷을 빨지 아니하였더라 예루살렘에서 와서 왕을 맞을 때에 왕이 그에게 물어 이르되 므비보셋이여 네가 어찌하여 나와 함께 가지 아니하였더냐 하니 대답하되 내 주 왕이여 왕의 종인 나는 다리를 절므로 내 나귀에 안장을 지워 그 위에 타고 왕과 함께 가려 하였더니 내 종이 나를 속이고 종인 나를 내 주 왕께 모함하였나이다 내 주 왕께서는 하나님의 사자와 같으시니 왕의 처분대로 하옵소서 내 아버지의 온 집이 내 주 왕 앞에서는 다만 죽을 사람이 되지 아니하였나이까 그러나 종을 왕의 상에서 음식 먹는 자 가운데에 두셨사오니 내게 아직 무슨 공의가 있어서 다시 왕께 부르짖을 수 있사오리이까 하니라 왕이 그에게 이르되 네가 어찌하여 또 네 일을 말하느냐 내가 이르노니 너는 시바와 밭을 나누라 하니 므비보셋이 왕께 아뢰되 내 주 왕께서 평안히 왕궁에 돌아오시게 되었으니 그로 그 전부를 차지하게 하옵소서 하니라

여러분! 레나 마리아(Lena Maria)를 아십니까?

그녀는 1968년 스웨덴의 중남부 하보 마을에서 두 팔이 없고 한쪽 다리마저 짧은 중증 장애인으로 태어났습니다. 병원에서는 그녀를 보호소에 맡길 것을 권유했지만 그녀의 부모는 아무런 주저함 없이 그녀를 정상아와 똑같이 사랑으로 양육했습니다. 수영과 십자수, 요리와 피아노, 운전과 지휘에 이르기까지 레나는 하나밖

에 없는 오른발로 못하는 게 없습니다.

　3살 때부터 수영을 시작해서 스웨덴 대표로 세계 장애자 수영 선수권 대회에서 4개의 금메달을 땄고, 어렸을 때부터 음악을 좋아해서 스톡홀름 음악대학 현대음악학과를 졸업했습니다. 대학 졸업 후에는 본격적인 복음성가 가수로 음악 활동을 시작했습니다.

　1988년 스웨덴 국영 TV에서 "목표를 향해"라는 레나의 다큐멘터리를 방영한 이후 그녀는 스웨덴에서 많은 영향을 끼치고 있으며 스웨덴 국왕의 장학금으로 미국에서 음악을 공부하기도 했습니다.

　그녀의 수기「발로 쓴 내 인생의 악보」는 프랑스, 일본, 독일, 네덜란드 등 9개국 언어로 출판되어 초대형 베스트셀러가 되었고 우리나라에서도 베스트셀러가 되어 독자의 사랑을 받고 있습니다.

　그녀는 지금까지 한 번도 자신의 장애를 장애로 여기는 것이 아니라 하나님의 은혜라고 하였고, 지금까지 용기 있게 걸어올 수 있었던 것도 역시 하나님이 계셨기 때문이라고 했습니다. 그가 이렇게 긍정적으로 살 수 있었던 이유는 세 가지라고 합니다.

　첫째, 사람은 각자 다른 조건을 가지고 태어나기에 자기는 다른 사람과 다를 뿐이지 잘못된 것은 아니기 때문이라고 하였습니다.

　둘째, 농부이신 부모의 여유로운 태도가 성공이나 실패를 두려워하지 않는 용기를 주었다고 합니다.

　셋째, 그녀가 언제나 인생을 밝게 볼 수 있었던 가장 큰 이유는 하나님 때문이라고 하였습니다.

　그녀는 시편 139편 13~14절의 말씀을 보며 "주께서 내 내장을 지으시며 나의 모태에서 나를 만드셨나이다…… 나를 지으심이 심히 기묘하심이라"고 한 것처럼 내가 태아였을 때에도 하나님은 내 곁에 계셨다고 했습니다. 그리고 그 하나님은 자기를 사랑하신다는 것을 고백했습니다. 그녀는 두 팔과 한 다리가 없지만 한 마디로 하나님의 은혜로 사는 사람이었습니다.

그런가 하면 아서 베리라는 한 사람이 있습니다. 그는 명문가에서 태어나 유족하게 자라나 남부러울 것 없는 행복한 사람이었습니다. 또 남다른 천부적 재능을 두루 갖추어 뭇사람이 부러워하는 남자였습니다. 지능지수도 탁월하고 학벌도 특출했습니다. 용모도 빼어나고 키도 훤칠하게 크고 늠름한 청년이었습니다. 운동 신경도 좋아서 못하는 운동이 없고, 음악적으로도 재질이 있어서 피아노 독주회를 할 만큼 피아노도 천재적으로 잘 치는 유능한 사람이었습니다. 춤은 또 얼마나 잘 추는지 많은 사람이 부러워할 만큼 춤을 즐기는 사람이었습니다. 말주변도 특별히 좋아서 사교계에서도 기린아였습니다. 뭇여인이 선망하여 그를 한번 만나는 것을 큰 영광으로 알았습니다.

이렇듯 남부러울 것 없이 모든 여건을 두루 갖춘 이 사람!

여러분, 무엇에 전념했을 것 같습니까? 그리고 그가 무엇을 위해서 살았을 것 같습니까? 그 운명이 어떻게 되었을 것이라고 생각합니까?

어이없게도 이 사람은 보석 도둑이었습니다. 하지만 아무도 눈치 채지 못했습니다. 명성 높은 이 유명 인사가 뒤에서 그런 일을 하리라고는 어느 누구도 상상하지 못했습니다. 오랫동안 그는 보석 도둑질을 하면서 유족하게 사교계를 누벼 왔습니다. 그러다가 꼬리가 길어 마침내 잡혔습니다. 그는 범행이 너무나 지능적이었기 때문에 큰 벌을 받았습니다. 20년 징역이었습니다. 그가 징역살이를 마치고 출옥할 때 토로한 유명한 말이 있습니다.

"나는 보석을 훔친 것이 아니라 나 자신을 훔치고 산 죄인이었습니다."

우리는 지난 시간 야망 때문에 주인의 재산과 명예를 훔친 므비보셋의 종 시바를 비추어 보았습니다. 오늘은 그 주인인 므비보셋은 무엇으로 사는지 한번 비추어 보고자 상당히 건너뛰어 19장으로 왔습니다.

16장에서 압살롬은 반란을 일으켜 아버지의 왕좌를 차지하였고, 시바는 자기 주인 므비보셋의 재산을 차지하였습니다.

그런데 17장과 18장을 보면 압살롬의 반란은 실패로 끝나고 맙니다. 압살롬은 다윗의 군대장관인 요압의 손에 죽고 말았습니다. 그리하여 다시 유다 지파가 다윗을 예루살렘으로 모셔오는 귀환 준비가 진행되었습니다.

재미있게도 다윗이 성을 벗어나 피난길에 올랐을 때에 시므이라는 사람이 나타났는데 다윗이 돌아가는 길에도 그가 나타났습니다. 그는 다윗이 피난 갈 때 저주를 퍼부었던 사람입니다. 그런데 이제 급히 자기 종족 베냐민 사람 천 명을 데리고 와서는 다윗 왕을 맞이하면서 그 앞에 엎드려 살려 달라고 간청합니다. 자기의 죄를 자기에게 돌리지 말아 달라고 부탁합니다.

그는 간교하여 상대가 잘 되면 즉각 가까이하고 안 되면 즉각 멀리하는 자입니다. 스루야의 아들 아비새는 피난 갈 때에 만난 이 시므이를 쳐서 죽이자고 하였습니다.

그런데 19장 21절을 보면 아비새는 시므이가 돌아와서 용서를 구하는 그때에도 시므이를 죽여야 한다고 했습니다. 아비새는 성질이 다혈질이었던 것 같습니다. 그러하기에 문제를 해결하는 데 있어서 불 같습니다. 오래 생각할 것 없이 미운 놈은 단칼에 죽여 버려야 하는 기질입니다. 사람의 기질은 참 여간해서 바뀌지 않나 봅니다. 하지만 다윗은 그 손으로 시므이를 죽이지 않습니다.

그런데 피난 갈 때에도 나타났던 야망의 사나이 므비보셋의 종 시바가 다윗이 피난길에서 돌아올 때에도 그의 주인 므비보셋보다 더 앞서서 마중하러 나왔습니다. 그는 꼭 주인보다 앞서야 직성이 풀리는 자입니다.

19장 17절을 보면 그는 그때 혼자 온 것이 아니라 자기 아들 열 다섯 명과 시바의 종 스무 명과 더불어 요단 강을 건너 다윗 왕 앞으로 나아왔습니다. 그는 다윗을 속여 인생이 역전되어서 이제 종을 스무 명이나 거느리는 주인이 되었습니다.

그런데 그때에 사울의 손자요 시바의 옛 주인인 므비보셋이 내려와서는 왕을 맞이했습니다. 그 순간 므비보셋을 본 다윗은 화난 표정으로 "므비보셋이여 네가 어찌하여 나와 함께 가지 아니하였더냐" 하고 물었습니다.

다윗이 이렇게 물은 것은 이미 시바에게 들었던 거짓말이 있기 때문입니다. 시바가 자기 주인 므비보셋이 다윗을 반역하였다고 거짓말하였기 때문입니다. 그러하기에 선입견에 사로잡혀 있는 다윗은 므비보셋을 그렇게 나무랄 수밖에 없었습니다.

므비보셋은 "내 주 왕이여 왕의 종인 나는 다리를 절므로 내 나귀에 안장을 지워 그 위에 타고 왕과 함께 가려 하였더니 내 종이 나를 속이고 종인 나를 내 주 왕께 모함하였나이다" 하고 사실을 고했습니다.

여러분! 여러분이 므비보셋이라면 어떠하겠습니까? 억울해서 살겠습니까? 화병에 걸리지 않을까요? 아니 다리를 저는 것도 억울한데 이렇게 종에게 모함까지 당하여 왕으로부터 책망까지 들으니 얼마나 억울하겠습니까? 그런데 므비보셋에게서는 그런 모습을 찾아볼 수가 없습니다.

그는 분한 상황에서도 매우 성숙된 말로 답하고 있습니다. 그 이유가 무엇입니까? 므비보셋은 은혜 안에서 살고 있고, 또 은혜 안에서 살아가기로 결정하였기 때문입니다.

첫째, 므비보셋은 충성된 종이었습니다

그는 비록 다윗 왕을 따라가지 못하였지만 누가 보든 말든 겸손히 다윗 왕을 끝까지 기다렸습니다. 사실 예루살렘 성에 남아서 압살롬과 함께 있었다면 그는 압살롬을 기쁘게 해야 합니다. 그러기 위해서는 자기 몸을 단정히 하고 있어야 합니다. 그렇게 하지 않다가는 압살롬에게 맞아 죽을 수 있습니다.

그런데 24절을 보면 므비보셋은 다윗 왕이 예루살렘 성으로 평안히 돌아오는 날까지 발에 맵시를 내지 아니하며 수염을 깎지 아니하며 옷을 빨지 아니하였습니다. 더운 지방에서 옷을 빨지 않는다는 것은 보통 괴로움이 아닙니다. 그럼에도 불구하고 그는 그렇게 다윗 왕을 사모하며 기다렸습니다.

둘째, 므비보셋은 복수하지 않는 종이었습니다

사실이 아닌 모함에 빠져 다윗 왕이 자기를 오해하는데도 그는 종 시바에게 복수를 하지 않습니다.

27절을 보면 그는 사실을 다 고백한 후에 "저 못된 종! 주인을 속인 종을 죽여 주시옵소서"라고 하지 않고 "내 주 왕께서는 하나님의 사자와 같으시니 왕의 처분대로 하옵소서"라고 했습니다.

그는 다윗 왕이 저 악한 시바의 말을 잘못 들어 그렇게 생각하고 있는 것이라고 변명하지도 않았습니다. 그는 다윗 왕의 판단 실수를 감싸주면서 그의 왕권을 확고하게 하였습니다.

그는 다윗 왕을 '하나님의 사자 같은 이'라고 했습니다. 그러므로 어떻게 처분하든지 왕이 처분하는 대로 따르겠다고 하였습니다. "내 주 왕께서 평안히 왕궁에 돌아오시게 되었으니" 그는 여한이 없다는 것입니다. 이는 다윗을 편안하게 해주려는 의도가 강하게 담겨 있습니다. 왕의 권위가 자기와 같은 종 하나 때문에 무시되어서는 안 된다고 생각했던 것입니다.

설령 그 결정으로 자기에게 손해가 온다 할지라도 전혀 상관이 없다는 것입니다. 그 이유는 이 모든 것이 다 왕의 것이기 때문입니다. 그의 모든 재산은 본래 없었는데 다윗 왕이 주어 부자가 되었으니 이제 다윗 왕이 거두어 간다고 해도 전혀 섭섭할 게 없다는 것입니다. 그는 지금 자기 가문을 생각하면 죽어 마땅하고 이미 이 땅에서 사라져야 하는 족속인데 지금까지 왕의 상에서 같이 먹을 수 있는 놀라운 특권까지 누렸으니 이제 무슨 말을 더 하겠느냐는 것입니다. 어찌 보면 지금까지 살아 있는 것은 덤이나 마찬가지라는 말입니다.

여러분! 시바에게 편안하게 그 땅을 준다는 것이 있을 수 있는 일입니까? 다른 사람은 몰라도 시바에게는 줄 수 없을 것 같은데 말입니다.

미국에서 RH 마이너스 형의 사람들은 그런 혈액형이 비교적 흔하지 않기 때문에 모임을 만들어 수혈이 필요한 회원이 있을 때 서로를 돕기로 했습니다.

어느 부부도 그 모임의 회원이었는데 여행하는 중에 갑자기 연락이 와서 병원으로 급하게 달려갔습니다. 한 남자가 머리를 심하게 다쳐서 수술 중이었습니다. 아내가 급히 환자에게 수혈을 시작했고, 옆에 서 있던 남편은 간호사에게 환자가 다친 이유를 물었습니다. 간호사는 무겁게 입을 열었습니다.

"형제들끼리 부모의 유산 문제로 다투다가 싸움이 커져서 칼부림까지 일어났다고 합니다."

간호사의 이야기를 들은 남편은 수혈하는 것을 중단시키고 싶은 마음이 들었지만 참았습니다. 이틀이 지나고 주일이 되자 아내는 평소처럼 아침부터 교회에서 봉사했습니다. 그러다 그만 쓰러지고 말았습니다. 수혈이 지나쳤던 것이 원인이었습니다. 병상에 누워 있는 아내를 내려다보면서 남편은 분노가 치밀었습니다.

"그 벌레 같은 놈 때문에……."

시간이 지나면서 남편의 분노는 더욱 치솟아 몸이 떨렸고, 저주의 말까지 나왔습니다. 그런데 순간 주님의 음성이 들렸습니다.

"사랑하는 아들아, 내가 누구를 위해 피를 흘렸느냐? 네가 원래 의인이었느냐?"

그 남편은 주님의 음성을 듣고 엉엉 울고 말았습니다.

사람들은 선을 베풀었는데 그 선이 선으로 돌아오지 않으면 분노합니다. 그리고 도리어 복수하고 싶은 마음을 갖습니다. 그런데 므비보셋은 그 모든 악한 마음에서 자유로웠습니다. 너무나 차원 높은 므비보셋의 고상한 태도에 짓눌린 다윗은 자기가 분노 가운데서 결정한 일이 미안했던지 "네가 어찌하여 또 네 일을 말하느냐"라고 하면서 므비보셋에게 더 이상 말을 못하게 하였습니다. 그런 후 이상한 판결을 내립니다.

"너는 시바와 밭을 나누라."

다윗은 이전에 시바가 피난길에서 자기에게 먹을 것을 가지고 왔기에 감동하여 그의 주인 므비보셋의 밭을 모두 시바에게 준 적이 있습니다. 그런데 므비보셋의 이야기를 듣고 나서 시바가 상당히 거짓말을 했다는 사실을 알게 되었습니다. 자기 주인의 것을 빼앗기 위해서 궤계를 부렸다는 것이 확인되었습니다. 그런데도 다윗은 자기 주인을 모함하여 므비보셋의 모든 재산을 빼앗아 간 시바를 벌하지 아니하고 재산을 반씩 나누라고 합니다.

시바의 거짓은 밝혀졌지만 다윗이 어려울 때에 신속히 행동하여 도와준 공로를 어느 정도 인정한 것입니다. 그리고 완전히 다 빼앗아 버리면 자신의 이전 결정이 부끄럽게 될 것 같았는지 적당한 선에서 매듭을 지었습니다.

그런데 므비보셋은 여기에서 멈추지 아니하였습니다. 므비보셋은 다윗의 왕권이 회복된 것만으로 만족할 수 있으므로 시바에게 주었던 자기 재산을 하나도 돌려받지 않아도 좋다고 하였습니다. 어찌 보면 그의 종 시바가 너무 괘씸해서 죽여 버리고 싶을 텐데 오히려 시바에게 밭 전부를 주라고 합니다.

그는 지금 악을 악으로 갚지 않고 선으로 갚고 있습니다. 겉옷을 달라고 하는 자에게 속옷까지 주고 있습니다. 이럴 수 있는 이유가 무엇입니까?

셋째, 므비보셋은 참으로 은혜를 아는 종이었습니다

은혜를 안다는 것은 어떤 것을 많이 가지고 있기 때문이 아닙니다. 깨달았기 때문에 은혜를 압니다.

보십시오. 지금 므비보셋은 억울할 것 같은 상황에서 왜 억울해 하지 않습니까? 그는 깨달음이 있는 사람입니다. 그는 자기가 생명을 유지하고 있다는 자체가 은혜임을 아는 사람이었습니다.

욕심에 사로잡혀 있는 사람은 가져도 가져도 원망하고 불평하지만 은혜에 사로잡혀 있는 사람은 잃어도 잃어도 감사하고 감격합니다.

요사이 월드컵 때문에 다시 백성들의 마음에 축구의 열기가 타오르기 시작하고 있습니다. 그런데 지난번 월드컵 경기 때에 '우리의 소원' 이 무엇이었습니까? 16강이었습니다. 그러던 어느 날 우리의 소원은 8강으로 바뀌었고, 또 그 다음에는 4강으로 바뀌었습니다. 그쯤 되자 사람들은 이제 요코하마 결승전으로 가야 한다면서 흥분하기 시작했습니다. 그런데 준결승전에서 어이없게 두 골을 먹었습니다. 그때에 분해서 잠을 못 잤다는 사람들이 많았습니다.

16강은 어디 갔습니까? 사람이 욕심이 지나치면 끝이 없습니다. 은혜를 모르면 은혜가 바닷물처럼 몰려와도 감사할 줄 모릅니다. 그것은 깨닫지 못했기 때문입니다.

> 감사해요 깨닫지 못했었는데 내가 얼마나 소중한 존재라는 걸
> 태초부터 지금까지 하나님의 사랑은 항상 날 향하고 있었다는 걸
> 고마워요 그 사랑을 가르쳐 준 당신께 주께서 허락하신 당신께
> 그리스도의 사랑으로 더욱 섬기며 이제 나도 세상에 전하리라.

깨닫지 못하면 감사하지 않습니다. 깨닫지 못하면 고마워하지도 않습니다. 깨닫지 못하면 아무리 좋은 사람을 만나고 좋은 환경에 있어도 원망하고 불평합니다. 깨닫지 못하면 끝없이 빼앗고, 훔

치고, 자기 자랑하고, 남을 아프게 하고 살아갑니다.

어떤 목사가 한 교인의 가정을 심방하였습니다. 그 집에 가보니 집이 무척 좋았습니다. 그래서 목사는 "집사님, 참 좋은 집이군요. 복도 많으세요"라고 말하자 그 집사가 목사의 말이 끝나기도 전에 "이런 집이라도 장만한 것은 우리 아이 아빠가 성실해서죠"라고 했습니다.

거실 벽에는 아들이 받은 온갖 상장과 상패가 진열되어 있었습니다.

"아들이 공부를 참 잘하는가 봅니다. 상을 많이 받았네요."

"예, 집안이 조상 적부터 영리한 혈통이라 자녀들이 공부를 잘 하고 있습니다."

그 집사는 외모도 빼어난 편이라 목사는 내친 김에 더 칭찬을 해 주었습니다.

"남편도 잘 만났지, 아들도 잘났지, 게다가 집사님은 얼굴도 고우시니 큰 복을 받았습니다."

"우리 엄마의 고운 얼굴을 조금 물려받은 셈입니다."

아무리 여러 가지로 칭찬해 보아도 그리스도인으로서 해야 할 말이 나오지 않았습니다. 예배는 끝나고 다과를 내왔는데 목사는 손도 대지 않고 가만히 앉아 있었습니다. 집사는 자꾸만 들라고 하였지만 먹고 싶은 마음이 없어져 버린 것입니다.

목사가 계속 가만히 있자 그제서야 무엇이 잘못되었나 싶어 그 집사는 안절부절못하였습니다. 그래서 조용히 다시 대화를 시작했습니다.

"참 좋은 집인데 사는 맛이 좋으시겠습니다."

"아, 하나님의 은혜죠. 좋은 신랑 만난 것도 하나님의 은혜고요."

"아들이 공부를 참 잘하는데 마음이 편안하시겠습니다."

"예, 하나님의 은혜지요."

"한번 살다 가는 인생이니 좋은 인물로 산다는 것도 큰 복입니다."

"예, 하나님의 은혜입니다."

그제서야 목사는 차려 놓은 다과를 감사한 마음으로 복을 빌고 먹었습니다.

세상의 많은 사람들! 하나님의 은혜로 살면서도 은혜인 줄을 모르고 사는 사람들이 많습니다. 또 덤으로 인생을 살면서도 원망하고 불평하고 질투하느라 그나마 지옥같이 사는 사람이 얼마나 많은지요?

므비보셋을 보십시오. 그는 과거 인생에서 받은 은혜를 기억하며, 오늘 자신이 누리고 있는 은혜에 감사하는 마음을 가지고 있습니다. 어찌 보면 그 누구보다도 원망과 한이 많아야 할 사람 아닙니까? 왕족인데 왕위를 물려받지 못하고, 두 발마저 다쳐서 절룩거리는 데다가 재산은 종에게 사기를 당하여 다 날려버렸으니 원망 불평이 가득해야 할 것 같지 않습니까?

그런데 므비보셋은 지금 자기가 살아 있다는 자체를 은혜로 여겼습니다. 그리고 다윗 왕이 예루살렘 왕궁으로 돌아와 나라가 안정을 찾은 것 자체가 은혜였습니다. 그 은혜가 너무 감사하고 감격스러운 나머지 다른 모든 것은 배설물처럼 여겼습니다.

출생 사연이 어떠하든지 오늘날 세상에 태어난 것이 은혜요, 삶의 행로가 어떠하든지 오늘까지 살아온 것이 은혜입니다. 아무리 보아도 우리가 여기 있다는 것이 은혜요, 하늘을 보나 땅을 보나 현재를 보나 과거를 보나 하나님께 받은 은혜가 감사하지 않습니까?

사랑하는 여러분! 여러분은 지금 무슨 힘으로 사십니까? 야망입니까? 은혜입니까?

므비보셋은 자기 재산을 다 빼앗겼는데도 감사합니다.

므비보셋은 육신에 심한 장애를 가지고 있는데도 감격합니다.

므비보셋은 지금 종에게 모욕당하였는데도 감사합니다.

그 이유가 무엇입니까? 그는 은혜를 깨달은 자이기 때문입니다.

여러분! 구원이 하나님께서 우리에게 주신 은혜의 전부라면 어떻게 하겠습니까? 만족할 수 있습니까?

사업이 부도나지 않게 해달라고 탄원하는데도, 이 몸에서 자라나고 있는 암을 제거해 달라고 애원하는데도…… 하나님께서 "내 은혜가 네게 족하다"라고 응답하신다면 정말 만족할 수 있을까요?

욕심의 눈으로 자신을 바라보면 만족이 안 됩니다. 그러나 하나님의 눈으로 보면 레나 마리아도 만족하고 살 수 있습니다.

야망의 눈으로 자신을 바라보면 원망이 쏟아질 것입니다. 그러나 은혜의 눈으로 바라보면 므비보셋처럼 감사할 수 있습니다.

세상의 눈으로 자신을 바라보면 불쌍하게 보일 것입니다. 그러나 영생의 눈으로 바라보면 세상의 모든 것을 다 가지고 있음을 발견하게 될 것입니다.

하늘의 풍성함을 이미 누리고 있는 사람은 이 땅에서의 가난함을 탄식하지 않습니다. 하늘의 영광스러운 삶을 기다리는 사람은 이 땅에서 직위에 연연하지 않습니다. 그러하기에 은혜로 사는 사람은 사업이 회복되지 않아도 감사합니다. 은혜로 사는 사람은 자식이 대학에 들어가지 못해도 감사합니다. 은혜로 사는 사람은 병 고침을 받지 않아도 감사합니다.

바울은 세 번이나 자신의 몸에 있는 병이 낫기를 기도했지만 낫지 않았습니다. 그 병이 안질 아니면 간질이었다고 신학자들은 말합니다. 그 병은 바울을 심히 힘들게 했을 것입니다.

생각해 보십시오. 설교하다가 거품을 물고 쓰러진다는 것이 얼마나 괴롭겠습니까? 그런데도 주님은 뭐라고 하십니까?

"내 은혜가 네게 족하도다 이는 내 능력이 약한 데서 온전하여짐이라"(고후 12:9).

안 고쳐 주십니다. 그리고 족하다고 하셨습니다.

이를 영어로 하면 "My grace is sufficent for you" 입니다.

sufficent! 만족이 아니라 충분하다는 것입니다. 사람들은 이 충분함을 깨닫지 못하기 때문에 원망을 합니다. 그런데 바울은 충분함을 깨닫는 순간 도리어 크게 기뻐하였습니다.

레나 마리아는 자신을 지으신 하나님의 작품이 충분하다고 느끼는 순간 넘치는 행복을 느꼈습니다. 므비보셋은 자신의 처지가 충분하다고 느끼는 순간 자유를 누렸습니다.

그러하기에 합력하여 선을 이루시는 하나님을 아는 바울은 고린도전서 15장 10절에서 "그러나 내가 나 된 것은 하나님의 은혜로 된 것이니…… 오직 나와 함께하신 하나님의 은혜로라"고 하였습니다.

그렇습니다. 이 모든 것 중에 가장 큰 은혜는 나 같은 것이 천지를 창조하신 전능한 하나님을 아버지로 부를 수 있다는 것입니다. 은혜를 아십니까? 은혜는 하나님께서 만들어 인간에게 베푸신 것입니다.

이 세상의 종교를 보면 신에게 나아가는 모든 방법이 철저하게 교환 방식입니다. 내가 이것을 주면 신은 나에게 저것을 주는 식입

 우리는 무엇으로 사는가

니다. 내가 일한 성과, 내가 경험한 감정, 내가 알고 있는 지식으로 구원을 받는 것입니다. 그러나 우리가 믿는 하나님은 그와 정반대입니다.

십자가에 달린 강도가 예수님의 도움을 받을 만한 무슨 합당한 일을 한 적이 있습니까? 그는 인생을 헛되게 보냈던 사람입니다.

죄를 용서해 달라고 구하는 이 강도는 누구입니까? 그는 공공연히 예수님을 비웃던 사람입니다. 그는 예수님께 기도할 어떠한 명분도 갖지 못한 사람입니다. 그런 그가 "예수여! 당신의 나라에 임하실 때에 나를 생각하소서"라고 기도하였습니다.

여러분! 예수님께 당당히 기도할 만한 의로움이 우리에게 있습니까? 보십시오. 십자가에 달린 그 사람은 여러분과 나입니다. 벌거벗은 채, 아무 소망도 없이, 혼자 떨어져서……거기에 우리가 있습니다. 거기서 우리는 예수님께 구하고 있습니다.

우리는 자랑할 것이 없습니다. 우리가 내세울 만한 것은 아무것도 없습니다. 무엇을 내놓아도 십자가에 달리신 예수님 앞에선 다 보잘것 없습니다. 십자가에 달린 그 강도처럼 우리가 드릴 것이라곤 아무것도 없습니다. 단지 하나님의 은혜와 긍휼을 구할 것밖에 없습니다.

그리고 십자가에 달린 그 강도처럼 하나님의 은혜를 깨닫는 순간! 하나님의 음성을 듣는 그 순간! 우리는 그 힘으로 감사하며 감격하며 살아갈 수 있습니다.

여러분은 무엇으로 사십니까? 이 은혜에 감격하며 사는 충신의 가족들이 되시길 축원합니다.

>>사무엘하<<

하나 됨을
깨뜨리는 사람들

20장 1~2절, 14~22절

마침 거기에 불량배 하나가 있으니 그의 이름은 세바인데 베냐민 사람 비그리의 아들이었더라 그가 나팔을 불며 이르되 우리는 다윗과 나눌 분깃이 없으며 이새의 아들에게서 받을 유산이 우리에게 없도다 이스라엘아 각각 장막으로 돌아가라 하매 이에 온 이스라엘 사람들이 다윗 따르기를 그치고 올라가 비그리의 아들 세바를 따르나 유다 사람들은 그들의 왕과 합하여 요단에서 예루살렘까지 따르니라
세바가 이스라엘 모든 지파 가운데 두루 다녀서 아벨과 벧마아가와 베림 온 땅에 이르니 그 무리도 다 모여 그를 따르더라 이에 그들이 벧마아가 아벨로 가서 세바를 에우고 그 성읍을 향한 지역 언덕 위에 토성을 쌓고 요압과 함께 한 모든 백성이 성벽을 쳐서 헐고자 하더니 그 성읍에서 지혜로운 여인 한 사람이 외쳐 이르되 들을지어다 들을지어다 청하건대 너희는 요압에게 이르기를 이리로 가까이 오라 내가 네게 말하려 하노라 한다 하라 요압이 그 여인에게 가까이 가니 여인이 이르되 당신이 요압이니이까 하니 대답하되 그러하다 하니라 여인이 그에게 이르되 여종의 말을 들으소서 하니 대답하되 내가 들으리라 하니라 여인이 말하여 이르되 옛 사람들이 흔히 말하기를 아벨에게 가서 물을 것이라 하고 그 일을 끝내었나이다 나는 이스라엘의 화평하고 충성된 자 중 하나이거늘 당신이 이스라엘 가운데 어머니 같은 성을 멸하고자 하시는도다 어찌하여 당신이 여호와의 기업을 삼키고자 하시나이까 하니 요압이 대답하여 이르되 결단코 그렇지 아니하다 결단코 그렇지 아니하다 삼키거나 멸하거나 하려 함이 아니니 그 일이 그러한 것이 아니니라 에브라임 산지 사람 비그리의 아들 그의 이름을 세바라 하는 자가 손을 들어 왕 다윗을 대적하였나니 너희가 그만 내주면 내가 이 성벽에서 떠나가리라 하니라 여인이 요압에게 이르되 그의 머리를 성벽에서 당신에게 내어던지리이다 하고 이에 여인이 그의 지혜를 가지고 모든 백성에게 나아가매 그들이 비그리의 아들 세바의 머리를 베어 요압에게 던진지라 이에 요압이 나팔을 불매 무리가 흩어져 성읍에서 물러나 각기 장막으로 돌아가고 요압은 예루살렘으로 돌아와 왕에게 나아가니라

 우리는 무엇으로 사는가

요사이 우리나라에서 총리 또는 장관들이 정해진 임기를 다하는 것을 보기가 쉽지 않습니다.

어떤 사람은 총리가 된 지 며칠 만에 물러나기도 하고, 아예 서리라는 명칭을 떼지도 못하고 물러나는 사람도 있습니다. 이들이 이렇게 물러나는 데에는 인사 청문회 통과가 쉽지 않기 때문입니다. 많은 사람들이 청문회의 조사 과정에 걸려서 물러나고 있습니다. 한 나라의 지도자가 된다는 것이 결코 쉽지 않은 것 같습니다.

그런데 사무엘상하를 보면 다윗도 통일 왕국을 건설해 가는 과정 속에서 사람을 등용하는 것이 결코 쉽지 않았습니다. 그 속에는 시기심과 지파 이기주의가 자리 잡고 있었기 때문입니다.

통일 왕국을 만들어 가는 과정은 지도자의 도덕성 문제에 걸려 휘청거리기도 하였고, 지역 이기주의와 다윗의 측근들의 비리, 그리고 가족의 반란 등으로 무척이나 많은 고비 고비를 넘어야만 했습니다. 어찌 보면 요사이 우리나라 정치가들이 겪고 있는 것을 다윗은 다 겪은 것 같습니다. 나라가 통일되는 것도 어렵지만 한 지도자를 중심으로 나라가 견고히 서 가는 것도 보통 어려운 일이 아닌 것 같습니다.

이스라엘의 하나 됨을 방해한 요소들은 무엇이었습니까?

첫째, 다윗 자신의 부도덕과 그 가족의 권력욕이 이스라엘의 하나 됨을 방해하였습니다.

다윗은 다른 것들은 대체로 잘했는데 중년에 실수함으로 도덕성에 큰 문제가 생겼습니다. 그의 부하 우리아 장군의 아내를 범하여 그동안 잘해 왔던 것들이 하루아침에 큰 고통으로 다가왔습니다. 다윗의 이러한 불륜으로 인하여 나라에 엄청난 아픔이 계속 이어집니다. 가정에 풍파가 오고, 가정과 나라의 윤리 기강이 해이해 졌습니다. 다윗의 인생 여정이 이렇게 힘든 이유도 어찌 보면 그의 실수 때문이라고도 할 수 있습니다.

요사이 한 국회의원이 모 신문사 여기자를 술김에 성추행하였다가 인생 여정이 엉망이 되어 버렸습니다. 올라가는 것은 힘들어도 추락하는 것은 한 순간입니다. 날마다 물러나야 한다고 여야가 함께 장단을 맞추는 바람에 그는 아예 숨어 버렸습니다. 그런데 그것은 비단 그 사람만의 실수가 아닙니다. 이런 일은 정치, 사회, 종교 각 분야에 다양하게 퍼져 있습니다.

이런 실수로 인생에 큰 오점을 남긴 사람도 여러 명 볼 수 있습니다. 어제까지 명망 있다가 하루아침에 고개를 들고 다닐 수가 없는 처지가 되어 버린 사람들이 부지기수입니다. 그래서 어떤 사람은 아예 멀리 도망을 가 버립니다.

다윗은 그의 죄를 토하였고, 또 하나님께 용서를 받았습니다. 하지만 그 죄의 씨앗은 참으로 오랫동안 남아 다윗을 괴롭혔습니다. 하나님께서는 용서하셨지만 이미 다윗이 저질러 놓은 결과는 그를 아프게 했습니다. 사실 다윗을 괴롭게 한 것도 배다른 자식들간에 생긴 갈등이었습니다. 아버지는 같아도 어머니가 다르다 보니 그 속에서 많은 경쟁과 아픔이 있었던 것입니다. 어머니가 다르다 보니 서로 자기 아들을 다윗 왕의 후계자로 삼으려 하여 경쟁이 되었던 것입니다.

우리나라도 왕정 시대의 역사를 보면 얼마나 피비린내가 납니까? 서로 자기가 낳은 자식을 차기 왕으로 앉히려고 하는 데서 시기와 질투가 끊이질 않았습니다. 독살과 모함이 잠잠할 날이 없었습니다. 그래서 하나님께서는 일찍부터 왕은 많은 아내를 두지 말라고 하셨습니다. 그런데도 다윗 왕은 이 분야에서만큼은 하나님의 말씀을 따르지 않고 주변 국가들이 행하는 그 당시 관례대로 행하였습니다.

지도자가 이렇게 불순종했을 때 참으로 많은 고통이 뒤따랐습니다. 그와 그의 가족들로 인하여 살인과 반란이 끊이지 않았습니다. 그 외에도 다윗은 정략 결혼 때문에 고통 당했습니다. 이 모든 것들은 나라의 하나 됨을 방해하는 걸림돌이 되었습니다.

둘째, 지파간의 갈등이 이스라엘의 하나 됨을 방해하였습니다.
본래 사울 왕은 베냐민 지파입니다. 그런데 사울 왕의 아들들이 계속 왕위를 이어가지 못하자 그후로 지파간의 갈등이 심할 때마다 베냐민 사람들이 계속 들고 일어납니다. 압살롬이 죽고 나라에 안정이 찾아들어 다윗이 예루살렘으로 돌아오는 길에도 유다 지파와 이스라엘의 다른 지파들 간에 약간의 다툼이 있었습니다. 다윗 왕을 왕궁으로 모셔 오는 일에 유다 지파가 앞장서서 일을 추진하는 바람에 이스라엘의 다른 지파들은 무시를 당하였다는 피해 의식에 사로잡혀 서로 다투었습니다.

이러한 말다툼 가운데 불량배 하나가 있었는데 그의 이름은 비그리의 아들 세바였습니다. 비그리 사람 세바는 베냐민 지파 사람이었습니다. 그는 유다 지파와 다른 이스라엘 지파들 사이에 논쟁이 일어나자 그 틈을 타서 일어났습니다. 다윗이 압살롬 때문에 고통을 당한 후 안정을 찾기도 전에 또 반역을 한 것입니다.

그는 이스라엘을 선동하여 다윗의 환궁을 반대하면서 민중을 규합하여 나라를 둘로 쪼개려는 야망을 가졌습니다. 그는 다윗을 따르던 자들에게 "우리는 다윗과 나눌 분깃이 없으며 이새의 아들에게서 받을 유산이 우리에게 없도다 이스라엘아 각각 장막으로 돌아가라"(1절)고 했습니다. 사람들은 다윗을 잘 따르다가 그 한 마디에 뿔뿔이 흩어졌습니다.

그런데 세바는 백성들이 더 이상 다윗을 따르지 않고 자기 고향 땅으로 흩어지자 본심을 드러내어 이스라엘 모든 지파 가운데 두루 다니면서 자기를 따르는 무리를 모았습니다. 백성들이 다윗을 따르지 못하게 한 데에는 자기를 따르게 하려는 다른 목적이 있었던 것입니다.

다윗은 요압의 동생 아비새 장군에게, 세바가 압살롬보다 우리를 더 해할 터이므로 사람을 모아서 추격하라고 명령했습니다. 군 대장관 아마사를 죽인 요압은 군대를 이끌고 세바를 추격하여 벧마아가와 아벨로 가서 그를 포위하였습니다. 이때 한 이름도 없는 지혜로운 여자가 반역자 세바의 머리를 베어 요압에게 줌으로 세바의 반역 사건은 일단락 지어졌습니다.

세바의 반역 동기는, 압살롬의 반역으로 다윗이 몰락할 것을 기대했음에도 불구하고 다윗이 다시 일어나게 되자 사울 왕의 부족인 베냐민 사람들이 이를 시기한 것에 있습니다(삼하 20:1~22).

그들은 '그래도 열 지파 가운데서 왕이 나와야지 어찌 두 지파밖에 안 되는 유다에서 왕이 나와야 하는가?' 하는 불만을 가지고 있었습니다. 참으로 나라를 망하게 하는 것이 지역 감정입니다. 정치인들은 선거 때만 되면 이 지역 감정에 불을 붙여서 자기가 당선되려고 백성들을 획책합니다. 심지어 종교계 안에서도 이 지역 감정이 사라지지 않고 있음을 봅니다.

오늘날 아프리카나 세계 여러 나라들이 분쟁에 분쟁을 거듭하는 이유가 무엇입니까?

종족간의 전쟁입니다. 이미 러시아는 이 때문에 완전히 파산 나 버렸습니다. 중국은 조용한 것 같지만 아슬아슬합니다. 50여 종족이 서로 이해 관계가 얽혀서 언제 터질지 모르는 지뢰밭이나 마찬가지입니다. 세계 어느 나라든지 민족주의와 지역주의가 하나 됨에 큰 걸림돌이 되고 있습니다.

셋째, 다윗의 측근들이 이스라엘의 하나 됨을 방해하였습니다. 그 대표적인 사람이 요압 장군이었습니다. 압살롬의 반란이 진정되었을 때에 다윗은 압살롬과 아브넬을 불의하게 죽인 요압 장군을 군대장관에서 물러나게 하고 그 대신 압살롬의 군대장관이었던 아마사를 그 자리에 앉혔습니다. 그런데 아비새가 이끄는 군대가 세바를 추격하여 기브온에 이르렀을 때, 군대장관 아마사가 요압에게 피살되는 불상사가 생겼습니다.

군대장관 아마사는 다윗의 명령을 받들어 유다 사람들을 모으러 갔지만 유다 사람들이 호응을 하지 않아서인지 3일 동안이나 군사를 끌어 모으지 못했습니다. 아마도 요압이 유다 사람들을 선동한 것 같습니다. 그렇지 않다면 유다 사람들이 요압의 실각을 섭섭하게 여겨 그 반동으로 아마사에게 불복종 운동을 한 것입니다.

그래서 다윗은 세바가 일으킨 반역 사태의 심각성을 고려해서 요압의 동생 아비새에게 다시 명령했습니다. 그러자 요압을 따르던 자들과 그렛 사람들과 블렛 사람들과 모든 용사들이 다 아비새를 따라 비그리의 아들 세바를 뒤쫓으려고 나아갔습니다.

그런데 그들은 정작 다윗 왕의 명령을 따라 세바를 먼저 죽이기 전에 아주 불의하고 야비한 방법으로 한때 압살롬의 군지휘관이었다가 이제 다윗의 군지휘관이 된 아마사를 죽였습니다. 이는 다윗이 압살롬이 죽고 난 후에 요압을 대신하여 아마사를 군지휘관으로 세웠기 때문입니다.

요압은 이전에는 아브넬과 압살롬을 불의한 방법으로 죽이더니 이번에는 아마사를 비열한 방법으로 죽였습니다. 요압은 자기의 자리를 넘보는 사람은 수단 방법을 가리지 않고 죽이는 자였습니다.

요압말고도 아브넬도 초기에는 통일을 방해한 자였습니다. 사울 왕이 죽자 이스라엘 군대장관이었던 아브넬은 재빨리 사울 왕의 아들 이스보셋을 왕으로 앉히고 자기가 군대장관이 되었습니다. 그리하여 다윗의 측근들이 통일 왕국 수립과 발전에 장애 요소들이 되었던 것입니다.

통일 왕국은 다윗이 죽을 때가 다 되어서 솔로몬에게 왕위를 물려주려고 할 때에 다시 위기를 맞이합니다.

열왕기상 1장을 보면 다윗의 아들 가운데 학깃의 아들 아도니야가 스스로 왕이 되려고 반역하였습니다. 이때도 참으로 위험했던 것은 아도니야가 군대장관 요압과 제사장 아비아달과 모의하여 한 패가 되었기 때문입니다. 가까스로 솔로몬 시대로 넘어갔지만 솔로몬이 죽으면서 이 통일 왕국은 또다시 깨지고 말았습니다.

그런데 그 불씨는 이미 다윗 시대 때부터 있었던 것입니다. 지파 이기주의의 불씨가 완전히 꺼지지 않고 있다가 솔로몬이 죽자 다시 남유다와 북이스라엘로 나뉜 것입니다. 이런 어려운 난국 속에서 실수하였지만 다윗은 하나 됨의 공동체를 만들어 가기 위해서 많은 노력을 하였습니다.

민족의 하나 됨을 이루기 위해서 다윗은 어떤 자세를 취했습니까?

첫째, 포용성입니다

　사실 압살롬을 따라 군대장관이 되었던 아마사 같은 자는 오늘날로 말하면 군사재판에 회부하여 사형에 처하여야 합니다. 그런데 그런 자를 자기 군대 최고 지휘관으로 앉힌다는 것은 다윗이 참으로 상상하기 힘든 포용성을 지녔음을 알 수 있습니다. 이는 비단 아마사 경우 뿐만 아닙니다. 아브넬을 포용했던 것도 그러하고 또 다윗 왕에게 저주를 퍼부었던 시므이를 자기 시대에는 살려 두는 모습 역시 그러합니다. 그는 그때마다 하나님을 바라보았습니다.
　오늘 이 사회가 급격히 경직되어 가는 이유가 무엇입니까? 포용성이 너무나 약합니다. 자기와 조금만 다르다 싶으면 적대시합니다. 인민재판 식으로 사람을 몰아갑니다.
　요사이 한창 벌어지고 있는 친일 논란도 마찬가지입니다. 아니 일본군 소위 출신은 친일이고, 하사관 출신은 괜찮다는 논리가 도대체 이해가 됩니까? 그리고 그 당시 친일 아닌 자가 몇 명이나 됩니까?
　친일이라고 정죄하는 그 사람들의 조상들은 일본식 이름을 가지고 있지 않았습니까? 그들은 일본인들에게 세금을 바치지 않았습니까? 그들은 일본인이 가르치는 학교에 다니지 않았습니까?
　정말 잘못한 게 있으면 나라가 해방되고 바로 잡아야 했습니다. 그런데 그때에 사상의 잣대로 친일파들을 단죄하였다면 아마 우리나라에도 캄보디아 킬링필드와 같은 일이 일어났을 것입니다.
　일본 통치 아래에서 공부한 사람은 다 죽이고, 국가 공무원 한 사람은 다 죽이고, 일본 사람에게 아부하고 세금 낸 사람도 다 죽여야 하지 않았겠습니까? 그런데 그렇게 하였다가는 일할 사람은 한 사람도 없고 태반이 다 죽어야 할 지경이다 보니 새로이 나라를 통치하는 사람들이 이를 용납한 것입니다. 일할 사람이 부족하니 친일이었던 사람들도 다 용납하고 그들로 하여금 나라의 재건에 힘쓰도록 하였습니다.

몰라서 그랬습니까? 알았지만 당시에는 그 길이 최선이라고 생각한 것입니다. 그런데 몇십 년 동안 가만히 있다가 이제 새삼 그 문제를 들추어 내어서 어떻게 하자는 것입니까? 심지어 엊그제 신문을 보니 애국가를 지은 안익태 선생마저 친일하지 않았느냐는 논란이 일고 있습니다.

그는 1918년 숭실중학교에 입학해 친일 교사 축출의 주동자가 되어 정학 처분을 받았습니다. 3·1운동 때는 왜경의 추적을 받기도 하였습니다. 곧바로 떠난 일본 유학 시절에도 요주의 인물이란 딱지가 붙어 사설 강습소에서 공부하다 2년 만에야 정식 학교에 입학할 수 있었습니다. 애국가를 작곡하게 된 경우도 감동적입니다.

3·1운동 당시 애국가 가사를 처음 접했으며 10여 년 후, 태극기를 게양한 미국 샌프란시스코의 어느 한인교회에서 예배드린 후 외국 가락의 애국가를 부르는 것을 보고 작곡 의지를 다졌습니다.

1936년 오스트리아 빈에서 애국가를 완성하고, 그 해 8월 1일 베를린 올림픽에 참가한 손기정 등 7명 한국 선수들의 입장이 끝난 뒤 찾아가 애국가 악보를 내놓고 "여러분을 위한 나의 응원가"라며 함께 불렀습니다. 대한민국 임시정부에서도 애국가를 채택해 사용하였습니다.

그는 이런 사람이지만 그 당시 완벽할 수는 없었습니다. 하지만 베를린 필하모니 홀에서 녹화된 만주국 창립 10주년 기념 연주회 때 무대 중앙에 대형 일장기를 내걸고 지휘했다고 그를 친일이라고 하는 것은 지나칩니다.

　손기정 선수가 일장기를 가슴에 달고 달렸다고 그를 친일이라고 합니까?

　그때 그분들의 가슴속에 사무친 한은 읽지 않고 밖으로 드러나는 것만 가지고 그들을 친일이라고 몰아붙이는 것이 너무나 무섭습니다. 그런 식으로 모두를 친일로 몰아친다면 이 나라에서 지금 친일이 아니었던 자가 과연 몇 명이나 된단 말입니까?

　"청연"이라는 영화를 보았습니다.

　어느 정도 미화는 하였겠지만 참 감동을 많이 받았습니다. 그런데 이렇게 잘 만든 영화인데 이도 친일 논란 때문에 삽시간에 종영을 하였다고 합니다.

　한 여성이 하늘을 나는 비행사의 꿈을 이루기 위해서 일본으로 건너간 개척 정신은 보지 못하고 일본의 앞잡이 노릇을 했다는 측면만 보는 것이 가슴 아픕니다. 그 당시 그는 조선 땅에서 그 꿈을 이룰 방법은 전혀 없기에 일본 땅으로 건너간 것입니다. 그리고 성공한 이후 조국을 향하여 비행하고픈 간절한 마음 때문에 만주비행을 허락하지 않을 수 없었는데도 사람들은 그 가슴속에 있는 애국심을 보지 못하고 겉으로 강요당한 행동만 가지고 친일 운운하는 것이 너무 안타깝습니다.

　그 당시 여성이 하늘을 나는 비행사의 꿈을 꾸었다는 것은 정말 대단한 개척 정신입니다. 학교 가는 것조차도 어렵던 시절에 하늘을 날겠다는 꿈을 가졌다는 것이 얼마나 대견합니까? 그러기에 민간 비행사로서는 조선 최초의 여류 비행사가 되지 않았습니까? 그도 일본인들을 이기기 위해서 이를 악물고 비행하여 세계를 놀라게 한 여인이었습니다.

사랑하는 여러분! 오늘날 우리가 이런 잣대로 친일을 논한다면 이승엽도 친일이라 해야 되고 박찬호도 친미라고 해야 될 것입니다. 가슴을 넓게 열어야 하나가 됩니다. 원수까지도 가슴에 품을 수 있어야 하나가 됩니다. 네 편 내 편 가르기 시작하면 정말 살 길이 없는 민족입니다. 이 조그마한 땅에서 지역주의 따지고, 학교 따지며 편 가르기를 한다면 어떻게 생존하겠습니까?

저는 링컨의 위대함을 늘 생각합니다.

대통령 선거 때에 스탠턴이라는 후보가 악의적으로 링컨을 비난했습니다. 그는 링컨의 이름조차 부른 일이 없으며 '빼빼 마르고 무식한 놈'이라고 불렀습니다. 유세 때에는 심지어 "여러분은 원숭이를 대통령으로 뽑으시겠습니까? 사람을 대통령으로 뽑으시겠습니까?"라고 놀리기까지 했습니다. 그는 있는 일 없는 일을 다 캐내어 링컨을 헐뜯는 연설을 하였습니다. 그러나 선거 결과는 링컨의 당선이었습니다.

가장 비열한 것은 사람의 외모를 가지고 비난하는 것입니다. 그러기에 링컨이 복수심에 불타는 사람이었다면 대통령이 되자마자 그를 손보았을 것입니다. 그런데 그는 그 원수 같은 자를 국방부 장관에 기용하였습니다.

대통령의 측근들은 대대적인 반대 의사를 표명했습니다. 그러나 링컨은 "국방부에는 스탠턴이 적임자다"라는 한 마디로 적재적소 조각의 원칙을 고수했습니다.

링컨이 암살당하여 죽었을 때에 그 장례식에서 스탠턴은 자원하여 조사를 맡았습니다. 그 조사는 이렇게 맺고 있습니다.

"이제 링컨은 역사의 인물이 되었습니다. 링컨의 사랑은 용서의 힘과 창조의 힘과 남을 변화시키는 힘을 가지고 있었습니다."

 우리는 무엇으로 사는가

그는 장례식에서 가장 애통해하며 울었습니다. 링컨은 원수를 측근으로 끌어들일 줄 아는 엄청난 포용성을 가진 지도자였습니다. 다윗이 통일 왕국을 이룰 수 있었던 힘은 바로 이 포용성에 있었습니다.

여러분! 상대방의 허물을 들추어 내기 시작하면 살아 남을 자가 누가 있습니까?

저는 하나님이 주신다고 해도 절대로 받고 싶지 않은 은사가 하나 있습니다. 그것은 투시의 은사입니다. 제가 아는 어떤 목사는 한 때 투시의 은사를 받았습니다. 지나가는 사람, 앞에 서 있는 사람을 쳐다보기만 하면 그 사람의 죄가 다 보이는 것입니다.

여러분! 이렇게 해서 살겠습니까? 아마도 미쳐 버리고 말 것입니다. 그 목사도 너무 괴로워서 하나님께 "제발 이 은사를 거두어 달라"고 기도하여 다시는 그런 은사가 안 나타났다고 합니다. 그런 은사는 검사가 받으면 참 좋을 것입니다. "죄를 불어!" 할 것도 없이 죄가 다 보이니 얼마나 좋겠습니까? 그러나 그런 능력은 하나님께서 가지고 계시는 것으로 족합니다.

저는 하나님께서 얼마나 힘드실까 하는 생각을 해봅니다. 인간의 쓰레기 같은 죄를 다 알면서도 용납하시려니 얼마나 힘드실까요?

다윗이 하나 됨을 유지하기 위해서 행동한 훌륭한 점이 무엇입니까? 죽어 마땅한 원수들을 품어 주었다는 것입니다. 그러기에 다윗 때에 통일 왕국을 이룰 수 있었던 것입니다.

공동체의 하나 됨을 유지해 가기 위해서 다윗은 어떤 노력을 기울였습니까?

둘째, 기다림입니다

다윗은 민족의 통일을 이루기 위해 최선을 다한 왕입니다. 본래 사울 왕 때에는 나라가 하나였습니다. 그런데 사울 왕이 죽자 기회주의자들이 나라를 남과 북으로 나누어 놓았습니다.

아브넬은 재빠른 결정으로 사울 왕의 아들 이스보셋을 차기 왕으로 세워 북이스라엘을 건설하였습니다. 여기에 열 개 지파가 따라갔습니다. 그리고 다윗 왕을 추종하던 사람들은 다윗 왕을 중심으로 두 개의 지파로 남유다를 건설하였습니다.

이런 상황 속에서 다윗은 어떻게 민족의 통일을 이룰 수 있었습니까? 참 힘든 상황이 많았습니다. 지파 이기주의와 자기의 이익을 위해 서로를 죽이는 상황에서 하나 됨을 유지해 나가기란 결코 쉽지 않습니다. 그런데도 다윗은 통일 왕국의 왕이 되기 위해서 결코 서두르지 않았습니다. 통일을 이루기 위해서도 결코 서두르지 않았습니다. 그가 일찍 남북 통일을 이루려고 하였다면 여러 번 기회를 잡았을 것입니다.

사울 왕도 죽일 수 있는 기회가 두 번이나 있었습니다. 그런데도 그는 그렇게 하지 않았습니다. 하나님의 때를 기다렸습니다. 압살롬 때문에 피난 갔다가 돌아올 때에도 그는 서두르지 않았습니다. 유다 백성들이 다시 그를 모셔 오도록 기다렸습니다.

이스라엘의 역사를 보노라면 어쩌면 오늘 한민족이 경험하고 있는 상황과 이리도 유사한지 놀라지 않을 수 없습니다. 우리 민족도 통일을 이루기 위해서는 서두르지 않아야 합니다. 섣부른 통일은 또 다른 아픔을 가져올 것이기 때문입니다. 그러나 준비는 하고 있어야 합니다.

 우리는 무엇으로 사는가

우리는 통일이 되어도 '적화통일'이 되어서는 안 됩니다. 무력에 의한 통일은 서로에게 상처를 남기기 때문입니다. 하나님이 계획하신 방법으로 통일되기 위해서 우리는 부단히 기도해야 합니다. 피 흘림 없이 통일되기 위해서 많이 준비해야 합니다. 그리고 다윗처럼 서두르지 않고 하나님의 때를 기다리는 자세가 필요합니다. 그리고 어떻게 해서든지 사랑으로 하나 됨을 이루어 가야 합니다.

요사이 개성 공단을 보면 참 좋은 프로젝트라고 생각됩니다. 이는 바로 '윈윈(Win-Win)' 전략이기 때문입니다. 남쪽도 좋고, 북쪽도 좋은 전략입니다. 이러한 것들이 서서히 시행되다 보면 어느새 남과 북은 자연스럽게 하나가 될 수 있다고 믿습니다.

셋째, 균형 있는 안배입니다

그는 열 지파로 구성된 이스라엘과 두 지파로 구성된 유다를 하나 되게 하기 위해서 양자간에 균형 있는 배치를 하려고 노력하였습니다. 다윗은 두 무리를 합칠 때 군대장관을 자기에게 대적했던 무리들 가운데서 세우려고 하였습니다. 양쪽 모두의 마음을 배려하는 마음이 있었습니다. 그러기에 다윗을 통해서 통일 왕국을 유지할 수 있었던 것입니다.

요사이 시중에는 「한국의 부자들」로 친숙해진 한상복 씨의 신간으로, 자기 계발 우화책인 「배려」라는 책이 나와 있습니다. 그 책을 보면 아스퍼거 신드롬(Asperger's Syndrome)이란 병명이 나옵니다. 그것은 일종의 자폐증과 비슷한 질환으로 사회성과 의사소통 면에서 발달 장애가 있어 타인의 입장과 존재를 전혀 이해하지 못하고 결국 대인공포증으로 이어지는 병입니다.

하나 됨을 깨뜨리는 사람들

저자는 이 신드롬에 착안해서 여기에 사회적 의미를 확대 부여하여 '사스퍼거(Social Asperger)'라는 신개념을 만들어 내었습니다. 즉 사회 생활에서 전혀 남을 배려할 줄 모르고, 오직 자기 자신만을 위해 살아가는 이기적인 사람을 일컫습니다.

아쉽게도 우리의 현대 사회에는 이러한 사스퍼거들이 부지기수입니다. 대학 입시, 취업, 승진 등 치열한 경쟁을 통해 살아남은 자만이 성공에 이를 수 있다는 우리 사회의 현실적인 제도에 길들여짐으로써 사스퍼거가 될 수밖에 없다는 것입니다.

이러한 각박한 현대 사회 속에서 경쟁 없이 다같이 잘 살 수 있는 방법론을 찾아 소개한 이 「배려」라는 책은 '성공은 베푸는 자의 것'이라고 말합니다. 성공이란 배려를 통해 자연스럽게 돌아오는 대가라는 것입니다. 따라서 성경을 통한 행복한 삶을 누리기 위해서는 경쟁이 아닌 경쟁력, 즉 다른 사람의 성공과 행복을 위해 내가 무엇을 할 수 있는가를 먼저 고민하는 배려를 베풀 수 있는 능력이 필요하다는 것입니다. 그런 의미에서 배려는 '만기가 정해지지 않은 저축'과도 같다고 말합니다.

얼마 전 텔레비전에서 동독과 서독의 통일 후의 후유증을 보여 주었습니다. 통독 후 동독 지역의 공장들은 대부분 문을 닫고 사람들은 일자리를 잃어버리고 너무나 비참해진 모습이었습니다. 정치 체계 역시 대부분 서독 사람들이 경영권을 쥐고 있기 때문에 동독 사람들의 피해 의식은 대단했습니다. 동독과 서독 간에 인적, 물적 안배가 제대로 이루어지지 않았습니다.

그래서인지 작년 독일 선거 때에는 획기적인 일이 일어났습니다. 기민당 당수이면서 동독 출신 여성인 메르켈이 수상으로 당선된 것입니다. 이는 독일인들의 대단한 결정이었습니다. 독일의 갈등을 끝내고 일치를 이루기 위한 엄청난 노력인 것입니다.

사랑하는 여러분! 우리는 개인의 이익과 작은 정에 이끌리기보다는 큰 차원에서 공동체를 볼 수 있는 눈을 가져야 합니다.

지금 이 나라 지도자들이 백성들로부터 심한 질책을 받고 있는 이유가 무엇입니까?

자기와 같은 코드의 사람만 등용하여 갈등의 골을 너무 깊게 만들었습니다. 적어도 한 나라의 최고 지도자라면 내게 표를 던진 사람이든 던지지 않은 사람이든 다 끌어안을 수 있어야 합니다. 그런데 자기와 똑같은 사람들만 요직에 포진하면 일의 추진력은 있을지 모르지만 국민들간에 갈등의 골은 더 깊어지고 말 것입니다.

온 세계가 우리의 눈앞에 있는데 이 손바닥만한 땅덩어리에서조차 하나 되지 못하고 자기 사람만 챙긴다면 참으로 안타까운 일이 아닐 수 없습니다. 다행히 이 땅이 이제는 정치에서도 좀 성숙할 때가 된 것 같습니다.

이제는 여러 지역이 대통령을 경험해 보았기에 지역주의가 많이 사라져 가고 있습니다. 그러므로 우리 안에서도 이제는 더 이상 지역을 묻지 말고, 학벌을 묻지 말고, 연한을 주장하지 말고, 전심을 다하여 참된 그리스도인다운 하나의 공동체를 이루어 나가기를 간절히 소원합니다. 그러할 때에 건강하게 하나 됨을 이루게 될 것입니다.

피 흘림 없는 통일을 이룰 수 있도록 지금부터, 작은 것부터 부지런히 포용하며, 기다리며, 배려함으로 하나 됨을 준비하는 충신 가족들이 되시길 축원합니다.

>>사무엘하<<

잘못된 열심의 결과

21장 1~14절

다윗의 시대에 해를 거듭하여 삼 년 기근이 있으므로 다윗이 여호와 앞에 간구하매 여호와께서 이르시되 이는 사울과 피를 흘린 그의 집으로 말미암음이니 그가 기브온 사람을 죽였음이니라 하시니라 기브온 사람은 이스라엘 족속이 아니요 그들은 아모리 사람 중에서 남은 자라 이스라엘 족속들이 전에 그들에게 맹세하였거늘 사울이 이스라엘과 유다 족속을 위하여 열심이 있으므로 그들을 죽이고자 하였더라 이에 왕이 기브온 사람을 불러 그들에게 물으니라 다윗이 그들에게 묻되 내가 너희를 위하여 어떻게 하랴 내가 어떻게 속죄하여야 너희가 여호와의 기업을 위하여 복을 빌겠느냐 하니 기브온 사람이 그에게 대답하되 사울과 그의 집과 우리 사이의 문제는 은금에 있지 아니하오며 이스라엘 가운데에서 사람을 죽이는 문제도 우리에게 있지 아니하니이다 하니라 왕이 이르되 너희가 말하는 대로 시행하리라 그들이 왕께 아뢰되 우리를 학살하였고 또 우리를 멸하여 이스라엘 영토 내에 머물지 못하게 하려고 모해한 사람의 자손 일곱 사람을 우리에게 내주소서 여호와께서 택하신 사울의 고을 기브아에서 우리가 그들을 여호와 앞에서 목 매어 달겠나이다 하니 왕이 이르되 내가 내주리라 하니라 그러나 다윗과 사울의 아들 요나단 사이에 서로 여호와를 두고 맹세한 것이 있으므로 왕이 사울의 손자 요나단의 아들 므비보셋은 아끼고 왕이 이에 아야의 딸 리스바에게서 난 자 곧 사울의 두 아들 알모니와 므비보셋과 사울의 딸 메랍에게서 난 자 곧 므홀랏 사람 바르실래의 아들 아드리엘의 다섯 아들을 붙잡아 그들을 기브온 사람의 손에 넘기니 기브온 사람이 그들을 산 위에서 여호와 앞에 목 매어 달매 그들 일곱 사람이 동시에 죽으니 죽은 때는 곡식 베는 첫날 곧 보리를 베기 시작하는 때더라 아야의 딸 리스바가 굵은 베를 가져다가 자기를 위하여 바위 위에 펴고 곡식 베기 시작할 때부터 하늘에서 비가 시체에 쏟아지기까지 그 시체에 낮에는 공중의 새가 앉지 못하게 하고 밤에는 들짐승이 범하지 못하게 한지라 이에 아야의 딸 사울의 첩 리스바가 행한 일이 다윗에게 알려지매 다윗이 가서 사울의 뼈와 그의 아들 요나단의 뼈를 길르앗 야베스 사람에게서 가져가니 이는 전에 블레셋 사람들이 사울을 길보아에서 죽여 블레셋 사람들이 벧산 거리에 매단 것을 그들이 가만히 가져온 것이라 다윗이 그곳에서 사울의 뼈와 그의 아들 요나단의 뼈를 가지고 올라오매 사람들이 그 달려 죽은 자들의 뼈를 거두어다가 사울과 그의 아들 요나단의 뼈와 함께 베냐민 땅 셀라에서 그의 아버지 기스의 묘에 장사하되 모두 왕의 명령을 따라 행하니라 그 후에야 하나님이 그 땅을 위한 기도를 들으시니라

다윗의 시대에 해를 거듭하여 삼 년 동안 기근이 있었습니다. 답답해진 다윗은 여호와 앞에 간구하였고 여호와 하나님께서는 "이 기근은 사울과 피를 흘린 그의 집으로 말미암아 온 것"이라고 알려주셨습니다. 구체적으로 말하면 사울 왕이 기브온 사람을 죽였기 때문이라는 것입니다.

기브온 사람은 이스라엘 족속이 아닙니다. 여호수아 시대에 이스라엘이 가나안 땅을 점령할 때 이 기브온 사람들은 살아남기 위해서 이스라엘 사람들을 속여서 아주 멀리 있는 족속인 것처럼 꾸며서 화친을 맺자고 청해 왔습니다. 그런데 이러한 기만술에 속아서 여호수아가 여호와께 묻지도 않고 여호와의 이름으로 화친을 맺는 바람에 그들을 죽이지 않겠다고 맹세하였습니다. 그런데 얼마 지나지 않아서 그들은 아주 가까이 있는 족속임이 밝혀졌습니다. 하지만 여호와의 이름으로 화친을 맺었기에 그들을 죽일 수가 없었습니다. 그러면서 400년이라는 세월이 흘렀습니다.

그런데 새삼스럽게 사울은 이 기브온 사람들을 죽였습니다. 그들은 이방 족속이었지만 하나님을 두려워하는 백성들이기에 여호와 하나님께 그들의 억울함을 부르짖었습니다. 놀랍게도 여호와 하나님께서 그 기브온 사람들의 기도를 들으셨습니다. 이방 족속들이지만 여호와 하나님을 두려워할 줄 알고, 또 여호와의 이름으

잘못된 열심의 결과

로 행한 맹세를 귀중히 여기는 그들의 부르짖음을 듣고 그 땅에 기근을 내리신 것입니다.

일은 사울 왕 시대에 벌어졌는데 아픔은 다윗 왕 시대에 와서 당합니다. 그것은 바로 사울 왕이나 다윗 왕이나 다 같은 이스라엘 민족 공동체이기 때문입니다. 기근은 유다 족속이든지 이스라엘 족속이든지 다 당했습니다. 그들은 한 민족이므로 공동의 책임을 져야 했던 것입니다. 사실 사울 왕이 그들을 죽인 것은 '민족을 위한다는 열심' 때문이었습니다. 아마도 기브온 족속의 땅이 기름진 땅이었거나 그들이 이스라엘 민족 속에 거함으로 마치 몸에 가시가 박힌 듯한 불편함이 있었을 것입니다. 그러기에 사울 왕은 연약한 그들을 죽이는 일을 쉽게 생각했습니다.

사울 왕이 범한 잘못이 무엇입니까? 비록 자기가 체결한 것은 아니지만 선조가 하나님 앞에서 한 약속을 귀하게 여기지 않았습니다. 자기가 한 약속이든지 전임자가 한 약속이든지 민족이 한 약속이든지 그 약속은 지켜야 합니다. 내가 하지 않았다고 해도 내 조상이 한 약속, 특별히 하나님 앞에서 한 약속은 반드시 지켜야 합니다. 손해가 나도 지켜야 합니다. 그런데 사울 왕은 하나님 앞에서 조상들이 한 약속을 우습게 여겼습니다. 그리고 잘못된 곳에 열심을 쏟았습니다.

심리학자 칼 융(Carl Jung)은 "인간의 무의식은 개인적 무의식과 집단적 무의식으로 구성되어 있는데, '집단적 무의식'이란 인간 조상 대대의 과거로부터 물려받은 잠재적 기억 흔적의 저장소로서 모든 인간은 다소 같은 '집단적 무의식'을 가지고 있다"라고 했습니다.

최근에 우리가나라가 월드베이스볼클래식(WBC)에서 6연승을 하여 4강에 올라갔습니다. 그런데 이 경기를 하면서 우리나라 사람들은 만나기만 하면 서로 "일본만은 이겨야 한다"고 말합니다. 백성들의 마음을 읽기나 한 듯이 선수들은 연속 두 경기에서 일본을 이겼습니다. 오늘 낮 12시에는 이제 세 번째 경기를 치른다고 합니다.

왜 한국 사람들은 일본만은 이겨야 한다고 합니까? 그 도화선은 일본 선수인 이치로가 "한국은 30년 안에는 일본을 이길 수 없다"고 한 말에 있다고 봅니다. 한국인들은 36년간 일제의 압박 밑에서 식민지 생활을 하였으므로 '일본만은 이겨야 한다'는 집단적 무의식에 사로잡혀 있습니다. 그런데 이치로 선수의 말이 그 집단적 무의식을 일깨운 것입니다. 공은 둥글기 때문에 아무리 실력이 있다고 해도 이길 수도 있고 질 수도 있습니다. 그런데 성경의 말씀대로 '교만은 패망의 선봉'인 것처럼 교만한 말을 쏟아내니 질 수밖에 없었던 것이 아닌가 생각합니다.

이치로 선수를 텔레비전으로 보니 그는 두 번 지고 나서도 분을 삭이지 못해서 괴상한 표정을 짓고 있더군요. 세계적 선수라고 하기는 합니다만 제가 보기에는 인격이 세계적이지는 못하다는 생각이 들었습니다. 그는 아주 신사 운동인 야구를 하면서도 언어나 표현에서 결코 신사답지 못한 모습이었습니다. 열심을 잘못된 곳에 분출하고 있었습니다.

여러분, 히틀러가 열심이 없어서 유대인들을 그렇게 많이 죽였습니까? 저는 폴란드의 아우슈비츠 수용소에 가서 독일 사람들이 얼마나 사람 죽이는 열심이 충만했는지 보았습니다. 그들은 하나님의 형상으로 지음받은 사람으로 별 장난을 다 치면서 살인했습니다.

좁은 통 속에 사람을 집어넣어서 직립한 상태에서 얼마나 견디

잘못된 열심의 결과

나 실험하고, 음식이 입으로 들어간 후에 2시간이 지나면 어디까지 음식이 내려가는지 보려고 살아 있는 사람을 해부하고, 세균을 집어넣어서 몇 시간 만에 죽는지 실험하고…… 그 하나하나 잘못된 열심들을 설명하려니 정말 구역질이 날 정도입니다.

그 일에 참여한 사람들은 무식한 사람들이 아닙니다. 독일 의사들 역시 그 일을 민족적인 자긍심을 가지고 행하였습니다.

포로수용소 병원이 있는데 그 병원의 별명이 무엇인지 아십니까? 지옥문입니다. 병이 나서 입원한 사람 가운데 살아서 그 문을 나온 사람이 없기 때문입니다. 이처럼 모든 환자를 생체 실험 대상으로 삼을 정도로 그들은 열심을 가지고 있었습니다. 그것도 게르만 민족의 우월성을 위한 열심이 있었으므로 유대인들을 아예 몰살시키고자 하였던 것입니다.

오늘날도 세상에는 이렇게 잘못된 민족주의나 잘못된 열심을 품고 사는 사람들이 많습니다. 열심이 있기는 있는데 하는 일마다 편을 가르고, 사람들을 살리기보다는 죽이는 역할을 합니다. 그런 사람은 그 열심 때문에 엄청난 대가를 치르게 될 것입니다.

폴 트루니에(Paul Tournier)에는 "우리 삶의 열매는 얼마나 많은 일을 하느냐에 달려 있는 것이 아니라 우리가 각각의 일에 질적으로 얼마나 헌신하고 있느냐에 달려 있다"라고 말했습니다.

여러분! 사울이 저지른 잘못된 열심 때문에 얻게 된 열매가 무엇입니까?

첫째, 기브온 사람들이 많이 죽었습니다.

성경에는 구체적으로 사울 왕이 기브온 사람들을 얼마나 죽였는지가 나와 있지 않습니다. 단지 1절을 보면 "그가 기브온 사람을 죽였음이니라"라고만 되어 있습니다.

　이들은 본래 여호수아의 가나안 정복 당시 이스라엘의 하나님 '여호와의 이름으로' 화친 조약을 맺고 이스라엘의 종, 곧 여호와의 단을 위해 나무를 패고 물을 긷는 자가 되었던 사람들입니다(수 9:3~27).

　그 약조의 내용은 이스라엘이 기브온 사람들을 죽이지 않는다는 언약이었습니다(수 9:5). 그런데도 수백 년이 지난 다음에 새삼스럽게 기브온 사람들을 죽였다는 데서 약소 민족을 죽여서 자기에게 쏟아지는 민족적 원망을 다른 데로 돌리려고 했던 사울 왕의 간사함이 보입니다. 사울 왕은 동족으로부터 인정받고자 불의한 방법으로 이방 민족을 죽였습니다.

　아마도 21장 2절에서 "사울이 이스라엘과 유다 족속을 위하여 열심이 있으므로"라고 언급한 것을 보면 그는 하나님께 버림을 받은 후 떨어지고 있는 자기의 인기를 만회하기 위해서 민족의 이름을 내세워 기브온 사람들을 죽였던 것으로 보입니다. 민족주의는 옛날이나 지금이나 잘못된 자들의 손에 의해 집단적 무의식이 되어 자주 이용되곤 합니다.

　우리 속담에 "고래 싸움에 새우 등 터진다"는 말이 있습니다. 이렇게 사울과 다윗의 갈등, 사울과 사무엘의 갈등을 겪으면서 백성들이 사울 왕에게 등을 돌리기 시작하자 그는 돌파구를 찾기 위해 민족의 이름으로 기브온 사람들을 죽였던 것 같습니다. 그래서 사울 왕 시대에 필요없는 매듭을 만든 것입니다. 그 일로 기브온 사람들의 마음속에는 한이 맺혔습니다.

　사울이 저지른 이 잘못된 열심 때문에 얻게 된 열매가 무엇입니까?

잘못된 열심의 결과

둘째, 기브온 사람들의 부르짖음으로 이스라엘 땅에 3년 동안 기근이 찾아왔습니다.

처음에는 다윗도 왜 이 기근이 왔는지 몰랐습니다. 그냥 자연 현상이겠거니 생각했습니다. 그런데 한 해도 아니고 3년이나 연속해서 기근이 찾아오자 다윗 왕은 하나님 앞에 엎드렸습니다. 우리나라도 1년만 비가 안 와도 논밭이 다 갈라집니다. 그런데 더운 나라인 이스라엘 땅에 3년 동안 비가 오지 않았다는 것은 치명적입니다. 그래서 다윗은 신실하신 하나님을 향하여 머리 숙여 그 뜻을 알고자 하였고 하나님은 이 일이 사울 왕의 잘못 때문임을 가르쳐 주셨습니다.

성경을 보면 이렇게 기근과 염병, 그리고 벌레들의 극성은 우연이 아니라 하나님께서 주시는 재앙으로 많이 언급되고 있습니다. 다윗은 처음에는 자기가 잘못한 것이 별로 없다고 생각해서인지 3년이나 그대로 지냈습니다. 하지만 더 이상 지체하다가는 백성들이 다 죽겠다는 생각에 하나님 앞에 엎드렸습니다.

우리는 어려움이 닥쳐올 때에 민감할 줄도 알아야 합니다. 너무 과대 해석을 하는 것도 문제이지만 너무 안일하게 대처하는 것도 문제입니다. 분명히 문제가 있어서 아픔이 오는 것인데도 그냥 내버려두면 더 큰 화를 불러올 수도 있습니다.

문제가 몰려올 때 우리는 어떻게 해야 합니까?

하나님의 말씀 앞에 엎드려야 합니다. 그분의 얼굴을 구해야 합니다. 우리가 행한 일 가운데 하나님의 뜻대로, 말씀대로 살지 못한 것이 무엇인가를 먼저 찾아보는 것이 중요합니다. 하나님과 우리 사이에 피가 묻어 있거나 죄가 있기 때문에 응답이 없는 경우가 있습니다. 물론 그렇지 않은 경우도 있습니다.

하나님의 영광을 드러내기 위해서 문제가 생기는 경우도 있습니다. 앞에는 홍해가 막혀 있고 뒤에는 애굽 군대가 쳐들어 온 것은 결코 이스라엘 백성들이 범죄했기 때문이 아니었습니다. 그 일은 하나님의 영광을 드러내기 위한 것이었습니다. 그래서 그들은 원망하거나 불평할 것이 아니라 잠잠히 하나님을 바라보아야 했습니다.

그러므로 어떠한 상황에서든지 어려움을 겪게 되면 하나님의 얼굴을 빨리 구해야 합니다. 그래야 살 길이 열립니다.

사울이 저지른 잘못된 열심 때문에 얻게 된 열매는 무엇입니까?

셋째, 사울의 자손 일곱 명이 죽어야 했습니다.

다윗은 왕이 된 후에도 사울의 자손들을 찾아 죽이지 아니하였습니다. 그는 어떻게 해서라도 화해를 이루려고 하였고 그들의 자손들에게 잘 해주려고 하였습니다. 그런데 다윗이 아무리 통치를 잘해도 전임자의 영향을 받지 않을 수 없었습니다. 그 이유는 한 민족 공동체였기 때문입니다. 그리고 비록 자기가 약속하지 아니한 것이라고 할지라도 후손은 조상들이 한 약속을 이어가야 할 책임이 있습니다. 그런데 사울 왕이 이 약속을 이어가지 못하여 그의 자손 일곱 명이 죽어야 했습니다.

21장 1절을 보면 이는 사울 혼자 한 것이 아니라 "사울과 피를 흘린 그의 집으로 말미암음이니"라고 했습니다. 그래서 이 죽은 이들은 대부분 이에 연루된 자들이었다고 보는 학자들도 있습니다. 다윗이 아무리 기도해도 값을 치러야 풀리는 화해가 있습니다.

레위기에도 속건제가 나오는데 이는 꼭 배상해야만 해결이 되는 죄를 취급합니다. 남의 것을 도둑질하고서 "잘못했습니다"라고 말로만 해서 용서받을 수는 없습니다. 그러한 잘못을 풀려면 그것에 상응하는 값을 치러야 합니다.

다윗은 한맺힌 기브온 사람들에게 "내가 어떻게 속죄하여야 너희가 여호와의 기업을 위하여 복을 빌겠느냐" 하고 물었습니다. 이 말은 "이스라엘 백성이 어떻게 하여야 너희가 품고 있는 한을 풀고 이스라엘을 위하여 복을 빌겠느냐" 는 뜻입니다.

그들은 은금을 구하지 아니하였습니다. 그들은 자기 민족을 학살하였고 또 이스라엘 영토에 머물지 못하게 하려고 모해한 사람의 자손 일곱을 달라고 했습니다. 그 사람들을 사울의 고향 기브아에서 목을 매달겠다고 했습니다.

사실 다윗은 이런 요구를 들었을 때에 거꾸로 그나마 남아 있는 기브온 사람들을 모조리 죽여 버릴 수도 있었습니다. 힘으로 하면 가능합니다. 다윗이 민족주의에 빠졌다면 그렇게 하였을 것입니다.

그러나 다윗은 하나님께서 기브온 사람들의 기도를 들으셨다는 것을 기억하면서 민족주의의 한계를 넘어서 그들의 가슴에 맺힌 한을 풀어 주려고 하였습니다. 사울이 저지른 죄는 명명백백하게 자기 민족이 저지른 죄이기 때문입니다.

특별히 사울이 저지른 죄는 기브온 백성들을 힘들게 한 정도가 아니었습니다. 그들을 살인한 죄였습니다. 하나님은 이 세상의 모든 범죄를 심각하게 다루시지만 그 중에서도 살인죄를 가장 심각하게 다루고 있습니다.

그 이유가 무엇입니까? 김남준 목사가 쓴 「맺힌 것을 풀어야 영혼이 산다」는 책을 보면, 성경이 이렇게 살인죄를 심각하게 다루는 이유는 "사람만이 하나님의 형상대로 지음 받은 피조물인 데다가 살인은 생명을 주신 하나님의 주권을 침해하는 행동이기 때문" 이라고 했습니다. 그리고 "살인은 극도의 자기 사랑에서 비롯된 것"이라고 했습니다.

다윗은 비록 소수 민족인 기브온 사람들의 요청이지만 그들의 요구를 정당하게 받아들였습니다. 그리고 더 많은 희생을 멈추기 위해서라도 속히 맺힌 한을 풀어야 한다는 판단을 하고 그들의 요구를 들어 주었습니다.

그러므로 이 말씀이 주는 교훈은 무엇입니까?

첫째, 약자와 한 약속이라도 귀하게 여겨야 합니다

우리는 강자와 한 약속은 잘 지키는데 약자와 한 약속은 잘 안 지키는 경향이 있습니다. 설령 내가 한 약속이 아니고 조상들이 한 약속이라고 할지라도 하나님 앞에서 한 약속은 귀하게 여겨야 합니다.

며칠 전 한 자동차 회사가 5년 전에 한 약속을 잊지 않고 퇴직시킨 직원 1,725명 가운데 1,081명을 복직시켰고, 6월까지는 나머지 사람들도 전원 복직시킬 예정이라는 기사를 읽었습니다.

그들은 2001년 2월 19일, 인천 서구 공장에서 미래에 대한 걱정과 억울함, 분노가 뒤엉킨 가운데 강제 퇴직을 당해야 했던 사람들입니다. 그 당시 600여 명의 근로자들이 4,000여 명의 경찰들에게 무참히 끌려 나왔습니다.

그로부터 5년 1개월이 흐른 2006년 3월 16일 회사는 노조 대표들과 함께 공동 기자회견을 하면서 6월까지 정리해고자 1,725명을 재입사 완료할 계획이라고 밝혔습니다.

사실 그 전까지는 심심하면 회사와 노조가 충돌하여 파업하는 바람에 사람들은 그들이 만드는 차까지 불신하여 기업은 도산 위기에 처한 적도 있었습니다. 그런데 이제 그들에게서 더 이상 사사건건 충돌하고 파업을 벌였던 과거의 모습은 사라졌습니다. 그들은 대화를 통해 건강한 경영을 이루었고, 서로를 이해함으로 아름다운 덕담만 오고가는 노사를 만들었습니다. 그 결과 약속을 이룰 수 있게 되었습니다.

이번에 복직하는 한 사람은 "있어야 할 곳에 있어서 그런지 마음이 편안해졌다"라고 심경을 밝혔습니다. 그는 지난 5년간 "너무 분하고, 억울하고, 참담해서 그야말로 살맛이 안 났다"면서 "이제는 착실하게 열심히 일하겠다"고 말했습니다.

그들은 왜 그토록 분노하고 억울해하고 참담해하였습니까? 그들은 한번 잘리면 다시는 회복될 수 없다는 불안감이 있었습니다. 그런데 5년 만에 다시 복직이 된 그들은 어떤 마음이 들었겠습니까?

그들 속에 "이제 약속은 믿어도 된다"는 마음이 들면서 앞으로 또다시 이런 사태가 온다고 할지라도 미래에 대한 작은 희망을 갖지 않겠습니까? 그리고 그 회사를 얼마나 신뢰하며 감사하겠습니까? 그 회사는 당초 예상보다 1년 빠른 지난 해에 첫 흑자를 달성했습니다. 그래서 이런 결정을 내릴 수 있게 되었던 것입니다.

기브온 사람들! 그들은 사실 속임수로 살아난 사람들입니다. 그런데도 약속을 지킨 여호수아와 그 후손들로 인하여 오랫동안 생명을 보존했습니다. 그러니 살아 있다는 자체에 감사하면서 얼마나 열심히 살았겠습니까? 그런데 사울이 그 약속을 귀하게 여기지 아니하고 그들을 죽여 버리자 살아 있는 사람들마저 얼마나 불안했겠습니까? 그들 속에 분노와 원망, 증오심이 불타오르지 않았겠습니까?

그들을 불안하게 한 것은 무엇입니까? 사울이 약속을 지키지 않았기 때문에 미래에 대한 희망이 사라져서 살아남은 이들도 언제 죽을지 모르는 불안에 떨게 된 것입니다. 약속을 지키지 않는 것은 이렇게 사람을 불안하게 만듭니다.

우리가 하나님 안에서 참자유를 누리며 평안히 살 수 있는 이유가 무엇입니까? 그것은 하나님이 약속을 지키시는 분이기 때문입니다.

하나님은 말씀하신 것은 식언치 아니하시고 꼭 이루시는 분입니다. 그러기에 우리는 그 안에서 참자유를 누릴 수 있습니다. 그러므로 우리는 어린아이에게 한 약속이라도 꼭 지키는 믿음이 필요합니다.

둘째, 약한 자를 괴롭히지 말고 배려하십시오

하나님은 고아의 아버지요, 과부의 위로자이십니다. 그러기에 하나님은 약한 자의 기도를 잘 들어 주십니다.

그러기에 약한 자들이 우리를 위하여 복을 빌면 우리가 복을 받지만 그들이 하나님께 억울함을 하소연하면 그 하소연이 강한 자에게라도 임하게 됩니다. 그러므로 약한 자들을 긍휼히 여기고 불쌍히 여기며 돕는 것이 복입니다.

우리나라가 요사이는 많이 좋아졌습니다만, 한때는 이 땅에 돈을 벌기 위해서 온 아시아 사람들을 너무 힘들게 한 적이 있습니다. 그래서 한때는 한국 물건 불매운동까지 일어날 뻔하기도 했습니다. 선교에 막대한 지장을 초래할 뻔했습니다. 그러나 이를 깨닫고

잘못된 열심의 결과

많은 자원봉사자들이 돕고, 또 매스컴이 좋은 프로그램을 만들어 이들을 돕고 격려하고 배려하여 그나마 사정이 나아진 것이 참으로 다행입니다.

우리가 언제부터 잘살게 되었습니까?

우리도 얼마 전까지만 해도 독일에 광부와 간호사를 보내고, 더운 사막 지역에 노동 인력을 보내야 했던 민족 아닙니까?

우리는 그렇게 비인격적인 대우를 받지 아니하였습니다. 그런데 우리가 다른 민족들을 깔보고 약하다고 짓누른다면 하나님이 이를 결코 기뻐하지 아니하실 것입니다.

"싸우지 말고 이기라" 는 말이 있습니다.

중국 진시황을 도왔던 전략가 율료자의 병담에 "싸우지 말고 이기라" 고 했습니다. 언뜻 생각하면 이기려면 싸워야 하는데 싸우지 않고 어찌 이긴단 말인가 하는 생각이 듭니다. 하지만 조금만 되새겨 보면 이내 "아하!" 하고 소리치게 됩니다. 싸움은 상대와의 싸움도 있지만 자기와의 싸움도 있기 때문입니다.

타인과 싸우지 말고 자기와 싸워 이긴다면 이미 정신력에서 상대보다 우위에 서게 되고, 실제 실력 면에서 앞서서 재물을 확보해 버리면 그들과 싸울 필요가 없다는 것입니다.

큰 뜻을 품고 은밀히 자기를 준비하고, 무에서 유를 창조하고자 노력하며, 악을 품지 말고, 작은 잘못은 용서해 주고, 좋은 일은 선도하고, 나쁜 일은 차단하며, 나그네를 잘 대접하고, 곡식 생산 효율이 떨어지는 곳엔 돌보아 주라고 했습니다. 이렇게 되면 경작지가 넓어지고 나라가 부유해지며 풍요한 백성의 숫자가 늘어나고 법제가 잘 정비되어 저절로 나라가 다스려진다는 것입니다.

그러면 그 위세가 싸우지 않고도 천하를 제압할 수 있게 된다는

 우리는 무엇으로 사는가

것입니다. 사울은 이 지도력을 몰라서 자자손손 괴로움을 당하게 하였습니다.

셋째, 매듭진 것을 빨리 풀어야 합니다

다윗이 기근이 왔을 때에 삼 년이 지나도록 기다리지 아니하고 그 문제를 가지고 빨리 하나님 앞에 나아와서 기도하였다면 그렇게 오랫동안 대가를 지불하지 않아도 되었을 것입니다. 매듭진 것은 가지고 있으면 있을수록 손해라는 사실을 기억해야 합니다. 풀어야 할 것은 빨리 푸십시오. 그것이 살 길입니다. 그것이 형통하는 길입니다. 그것이 복된 길입니다.

여러분! 사울이 열심히 살지 않은 것은 아닙니다. 그가 얼마나 열심히 살았는지 모릅니다. 그는 다윗을 죽이기 위해 온 광야를 이 잡듯이 찾아 다녔던 사람입니다. 부하를 시켜도 될 일을 직접 다니면서 얼마나 열심이었는지 모릅니다. 그는 자기가 하지 않아도 될 제사까지 드리는 열심을 보이다가 도리어 버림을 받았습니다. 죽이지 않아도 될 기브온 사람들까지 죽이면서 열심히 살았습니다. 그는 마지막에는 자기 아들과 함께 조국을 지키겠다고 전쟁터에 나가 블레셋과 싸움을 하다가 자살을 합니다.

그런데 무엇 때문에 그는 그렇게 열심히 살았습니까? 긴 안목으로 볼 때 결국 헛된 죽음을 맞이하기 위해 그토록 열심을 다해 산 것은 아닙니까?

요사이 우리 민족은 집단적 무의식 상태에 빠져서 헤맬 때가 많은 것 같습니다.

황우석 교수의 사건으로 인해 마치 자기가 잘못한 것처럼 온 세계 앞에 낯을 들기가 힘이 듭니다. 한편 월드컵이나 그 밖의 스포츠 경기로 자랑스러운 조국을 가진 것처럼 하나 되는 것을 봅니다. 한 인터넷 사이트에서 이러한 행동들을 '집단적 광기'라고 까지 표현한 것을 보았습니다. 사실 이런 민족적인 일치를 잘못된 데로 이끌어 가서 아이들의 머리에 도깨비 뿔을 달아 놓고 '붉은 악마'를 만들어 가는 것이 심히 두렵습니다. 저러다가 정말 자기도 모르게 악마가 좋은 것인 양 잠재 의식이 생기는 것은 아닌가 하는 두려움이 있습니다.

며칠 전에는 이제 야구를 응원하는 팀 이름을 매스컴이 앞장서서 '푸른 도깨비'라고 붙여서 부르더군요. 이 나라가 '악마'와 '도깨비'의 천국이 될 지경입니다.

며칠 전 식당에서 밥을 먹으면서 야구 중계를 보는데 옆 테이블에 앉아서 식사를 하던 사람이 "우리나라 정치하는 모습을 보노라면 시합에서 져야 돼, 져야 돼"라고 말하며 분노하는 것이었습니다.

이런 집단적 무의식에 빠져 심취한 스포츠가 힘든 삶을 살고 있는 이 민족에게는 일시적으로 가슴을 시원하게 해줄 수 있습니다. 하지만 전문가들은 여차하면 이로 인해 우울증과 허탈감이 올 수 있다고 경고합니다.

이제 우리는 집단적 무의식 속에 들어 있는 피 묻은 칼을 버리고 스포츠를 그저 스포츠로 즐길 수 있기를 바랍니다. 아직도 내 마음 속에 한을 품고 있다면 나와 내 민족을 위해서도 용서하고 관계를 풀어야 합니다.

사랑해야 할 사람을 용서하지 못하고 미워하면서 우리는 화목케 하시는 하나님 앞에 나아갈 수 없습니다. 그러므로 열심히 삽시

우리는 무엇으로 사는가

다. 열정을 다합시다. 그러나 하나님 앞에서 살아가기 원한다면 마음속이나 무의식 속에 있는 미움의 칼은 뽑아 버려야 합니다. 이치로처럼 유치하게 '민족적 교만'에 속을 부글부글 끓이거나 '민족적 미움' 때문에 흥분하기보다는 대인다운 마음으로 약속을 귀하게 여기며, 약자를 배려하며, 매듭진 것을 풀고 열심히 살아갑시다. 그럴 때 멋진 민족으로 자자손손 부흥하며 나아갈 수 있습니다.

이 놀라운 은총이 우리 민족 모두에게 넘쳐나길 축원합니다.

>>사무엘하<<

다윗의 찬송
22장 1~13절

여호와께서 다윗을 모든 원수의 손과 사울의 손에서 구원하신 그날에 다윗이 이 노래의 말씀으로 여호와께 아뢰어 이르되 여호와는 나의 반석이시요 나의 요새시요 나를 위하여 나를 건지시는 자시요 내가 피할 나의 반석의 하나님이시요 나의 방패시요 나의 구원의 뿔이시요 나의 높은 망대시요 그에게 피할 나의 피난처시요 나의 구원자시라 나를 폭력에서 구원하셨도다 내가 찬송 받으실 여호와께 아뢰리니 내 원수들에게서 구원을 받으리로다 사망의 물결이 나를 에우고 불의의 창수가 나를 두렵게 하였으며 스올의 줄이 나를 두르고 사망의 올무가 내게 이르렀도다 내가 환난 중에서 여호와께 아뢰며 나의 하나님께 아뢰었더니 그가 그의 성전에서 내 소리를 들으심이여 나의 부르짖음이 그의 귀에 들렸도다 이에 땅이 진동하고 떨며 하늘의 기초가 요동하고 흔들렸으니 그의 진노로 말미암음이로다 그의 코에서 연기가 오르고 입에서 불이 나와 사름이여 그 불에 숯이 피었도다 그가 또 하늘을 드리우고 강림하시니 그의 발 아래는 어두캄캄하였도다 그룹을 타고 날으심이여 바람 날개 위에 나타나셨도다 그가 흑암 곧 모인 물과 공중의 빽빽한 구름으로 둘린 장막을 삼으심이여 그 앞에 있는 광채로 말미암아 숯불이 피었도다

사무엘하 21장부터 24장을 보면 사무엘서의 부록이 몇 가지 붙어 있습니다. 이 부록들은 사실상 연대순에 따른 사건들의 기록은 아닙니다. 하지만 다윗의 시대에 있었던 중요한 일들을 기록해 놓았습니다.

 우리는 무엇으로 사는가

첫 번째 부록은 21장에 등장하는 삼 년 기근 사건입니다.

두 번째 부록은 다윗의 말년에 다윗을 도운 용사들에 대한 내용입니다. 다윗은 말년에 전쟁에 나갔다가 피곤하여 적의 손에 죽을 뻔한 사건이 있었습니다. 그때에 다윗을 도와서 왕을 살려 내고 블레셋과의 계속되는 전쟁을 승리로 이끈 다윗의 용사들이 열거됩니다.

세 번째 부록은 22장에 등장합니다. 이는 다윗의 찬송으로 그와 평생토록 함께하시며 전쟁에서 승리케 하신 하나님을 찬송하는 시입니다.

네 번째 부록은 24장의 인구 조사에 대한 내용입니다.

사무엘서는 전체적으로 '여호와의 구원'을 노래하고 있습니다. 전쟁의 선두에 선 자는 다윗이지만, 진정한 구원자는 하나님이시라는 것입니다. 다윗은 위기와 환난 속에 있을 때가 참으로 많았던 사람입니다. 하지만 그때마다 하나님께서 임하여 그를 구원해 주심을 경험하였습니다. 그래서 그는 그 환난 가운데 임하신 하나님을 높이 찬송하고 있습니다.

사무엘하 22장에서 다윗은 대략 세 가지 내용으로 찬송하고 있습니다.

첫째, 부르짖는 기도 속에 임하시는 구원의 하나님을 찬송하고 있습니다

사무엘서는 한나의 기도로 시작하고, 다윗의 기도로 마치고 있습니다. 그런데 그 내용은 똑같습니다.

한나나 다윗은 똑같이 절망과 낙심 속에 임하여 기적적으로 건

져 주신 구원의 하나님을 찬송하고 있습니다.

5~6절을 보면 다윗이 처한 상황이 잘 묘사되어 있습니다. "사망의 물결이 나를 에우고 불의 창수가 나를 두렵게 하였으며 스올의 줄이 나를 두르고 사망의 올무가 내게 이르렀도다"라고 고백하고 있습니다.

스올이 무엇입니까? 스올은 지옥을 말합니다. 그의 삶이 그토록 고통스러웠다는 것입니다.

그는 '파도, 급류, 줄, 올무' 등으로 혼돈 속에 갇혀 있던 그의 인생사를 표현하고 있습니다. 그런데 7절을 보면 그러한 불의의 창수에서도, 스올의 줄에서도, 사망의 올무에서도, 환난 중에서도 여호와께 부르짖어 아뢰었더니 그분이 임하셨다고 고백하고 있습니다. 그리고 연이어 8절에 "이에"라는 말이 나옵니다. 그렇게 아뢰고 부르짖었더니 하나님께서 임재하시고 응답하셨다는 것입니다. 하나님께서 임재하시는 방법은 참으로 드라마틱합니다.

8절 이하를 보면 땅이 진동하고 떨립니다. 하늘의 기초가 요동하고 흔들립니다. 그 코에서 연기가 오르고 입에서 불이 나와 사릅니다. 또 하늘을 드리우고 강림하십니다. 그룹을 타고 날며, 바람 날개 위에 나타나셨습니다. 다윗은 환난 속에서 그를 구원해 주신 구원자 여호와 하나님을 찬송하고 있습니다.

이 찬송시 속에 '구원 또는 구원자'라는 단어가 무려 아홉 번 나오고, 또 건지셨다는 말씀 역시 다섯 번이나 나옵니다. 또 '나의'라는 대명사가 주종을 이루고 있습니다. 여호와는 '나의' 안전을 허락하신 분이라고 노래합니다.

다윗의 시적 감각은 참으로 뛰어납니다. 다윗은 온 자연 만물을 동원하여 하나님의 임재를 찬송하고 있습니다.

언제 다윗이 이런 일들을 당하였습니까? 그의 인생 전반에 큰 어려움들이 많았습니다. 그 중에서도 특히 사울 왕에게 쫓겨 다닐 때에 참으로 어려웠습니다. 사냥꾼들이 덫을 놓은 것처럼 다윗이 가는 길마다 골목마다 길목을 지키며 그의 생명을 빼앗으려고 하였습니다. 그런데 그럴 때마다 하나님께서는 블레셋 군대가 쳐들어 오게 하여 사울 왕을 돌려보내셨고, 도리어 그를 궁지에 몰아넣는 역사를 일으키셨습니다.

TV에서 아이들이 보는 프로를 보면 '슈퍼맨'이 등장하는데 '슈퍼맨'이 시도때도없이 등장하는 것은 아닙니다. 인간이 어려울 때에, 힘들 때에 그리고 인간 스스로 문제를 해결할 수 없을 때에 등장합니다. 그런데 사실 슈퍼맨은 '그런 사람이 있으면 좋겠다'는 가상의 인물이요 상상의 인물입니다. 하지만 하나님께서는 다윗이 어려움에 처해 고통당할 때에 그의 절망적인 기도를 들으시고 강력하게 개입하셨습니다. 이는 상상도 아니고 가상도 아닌 현실이었습니다. 가장 기쁜 소식이었고 은총이었습니다. 그래서 다윗은 그 이름을 높이 찬송하면서 자기를 위기에서 건져내신 하나님을 찬송하고 있습니다.

살다 보면 열심히만 하면 잘 될 때도 있지만 아무리 밤이 새도록 수고하고 안간힘을 써도 안 되는 때가 있습니다. 착실하게 삽니다. 성실하게 삽니다. 그런데도 앞은 캄캄할 때가 있습니다. 대안이 나타나지 않을 때가 있습니다. 그럴 때 여러분은 어떻게 하십니까? 답이 있습니까? 길이 있습니까?

요사이 〈가이드 포스트〉에 소개된 적이 있는 「믿음으로 성공한 이 시대의 사람들」이라는 책을 읽고 있습니다. 그 책 속에는 여러 사람의 간증들이 실려 있습니다. 그 중에서도 특별히 숙명여대 총장을 20년 동안 네 번이나 연임하고 있는 이경숙 총장의 간증이 참 마음에 와 닿았습니다.

그는 1988년 국내에 대학 총장 직선제가 도입된 이후 처음으로 네 번을 연임하는 총장으로 기록될 분입니다.

숙명여대는 조선 황실이 세운 학교입니다. 그런데 이제 조선 황실이 없어져 버리자 학교를 후원해 주는 줄이 없어졌습니다. 심지어 땅도 관리 소홀로 전부 국유지로 변해 버렸습니다. 그러다 보니 학교 건물은 모두가 불법 건물이 되어 버렸습니다. 그래서 매년 벌금을 물고 있었습니다. 아무도 책임지려는 사람이 없었습니다.

학생들은 등록금 인상 반대 투쟁을 한다고 총장실을 점거하고 주변 사람들 모두 총장만 비방하는 터라 어떻게 손을 쓸 방도가 없었습니다.

그때 이경숙 총장은 정말 의지할 분은 하나님 한 분밖에 없다는 사실을 깨닫고 하나님께 매달렸습니다. 그는 매일 새벽기도에 나갔습니다. 새벽기도는 '자기의 생명줄'이라고 했습니다.

그는 총장이 되고 난 후 너무도 힘든 상황이 계속 몰려오자 하나님께 한나처럼 서원 기도를 하였습니다.

"저는 청지기가 될 테니 하나님이 총장이 되시고 멋지게 변화시켜 주셔서 '하나님이 이렇게 하셨어요'라고 증거하는 사람이 되겠습니다."

총장 취임 첫날부터 날아오는 취임 축하 선물은 7억 8천만 원의 세금 고지서에 2억 3천만 원의 연체료, 1억 2천만 원의 벌과금 고지서였습니다.

그는 인간적인 한계를 느꼈습니다. 그리고 "구하라 그리하면 너희에게 주실 것이요 찾으라 그리하면 찾아낼 것이요 문을 두드리라 그리하면 너희에게 열릴 것이니" 라는 마태복음 7장 7절의 말씀을 부여잡고 살아 계신 하나님께 전심을 다해 구하기 시작했습니다.

진리와 생명의 길을 찾고, 믿음과 능력의 문을 두드릴 때, 후히 주시고 꾸짖지 아니하시는 하나님이 무한한 가능성을 열어 희망을 샘솟게 하심을 믿었습니다. 그녀는 부르짖어 기도했습니다. 그러자 어깨에 얹혀 있던 짐이 한 순간에 내려오고 마음이 홀가분해지면서 평안이 몰려왔습니다.

그가 겪은 과정 과정을 이 자리에서 다 설명할 수는 없지만 그후 하나님께서는 연일 기적 같은 일들을 일으키셨습니다. 아슬아슬하게 학교 땅 문제를 해결해 주셨습니다. 지금까지 기금 마련을 하면 아무리 모아도 2억 원 이상을 한 번도 모아 보지 못한 학교였습니다. 그래서 동창회나 직원들 사이에서는 "이경숙 총장이 3억 이상 모으면 내 손에 장을 지진다" 는 비아냥이 오고 갔습니다.

그런데 2천 5명의 후원자들로부터 62억의 약정서가 들어오고, 몇몇 기업에서 80억 원이 들어오고, 그후 계속해서 하나님께서 놀랍게 역사하시어 기부금이 927억 원이나 들어오는 역사가 계속되고 있습니다. 그가 총장이 되고 나서 10년간 외형적으로만 캠퍼스 규모는 세 배나 확대되었습니다.

기독교와는 상관도 없는 그 학교에 "하나님이 우리와 함께 계신다" 라는 뜻을 가진 임마누엘 홀이 생겨났습니다. 그리고 대학의 교문에 여호수아 1장 9절 "마음을 강하게 하고 담대히 하라 두려워 말며 놀라지 말라 네가 어디로 가든지 네 하나님 여호와가 너와 함께 하느니라" (개역한글)는 말씀이 새겨졌습니다.

그 과정은 다 설명을 드릴 수가 없습니다. 이는 그가 독단적으로 한 것도 아니요 모든 사람들이 한 마음으로 한 일입니다. 하나님이 하시는 일을 믿는 자나 믿지 않는 자 모두가 보았기 때문에 가능한 일이었습니다.

다윗을 골리앗에게서 건져내시고, 사울 왕에게서 건져내시고, 압살롬에게서 건져내시고…… 이스비브놉에게서 건져내신 하나님은 오늘날도 우리의 기도를 들으시고 건져주시고 우리가 생각한 그 이상으로 크고 놀라운 일들을 행하십니다.

그 하나님께서 우리의 기도를 듣지 아니하실까요?

낙심하고 있습니까? 좌절과 절망이 몰려오고 있습니까?

못살겠다고 아우성을 치고 있습니까?

이때는 다윗의 하나님을 경험할 수 있는 절호의 찬스요, 이경숙 총장의 하나님이 나의 하나님도 되심을 경험할 수 있는 은총의 시간입니다.

그분을 주인으로 섬기며 영화롭게 하기 위해 기도하십시오. 그분의 능력을 믿고 지금도 일하시고 성취하시는 하나님을 믿는 믿음을 가지고 기도하십시오. 그럴 때에 하나님은 일하십니다. 하나님은 역사하십니다. 하나님은 성취하십니다. 할렐루야!

둘째, 자신이 바르게 살 때에 임하시는 하나님을 찬송하고 있습니다 (21~29절)

21절 이하를 보면 "여호와께서 내 공의를 따라 상 주시며 내 손의 깨끗함을 따라 갚으셨으니 이는 내가 여호와의 도를 지키고 악을 행함으로 내 하나님을 떠나지 아니하였으며 그의 모든 법도를 내 앞에 두고 그의 규례를 버리지 아니하였음이로다 내가 또 그의 앞에 완전하여 스스로 지켜 죄악을 피하였나니 그러므로 여호와께서 내 공의대로, 그의 눈앞에서 내 깨끗한 대로 내게 갚으셨도다"(21~25절)라고 다윗은 고백하고 있습니다.

이 기도문을 보면 다윗도 우리아의 아내를 범하는 죄를 지어 놓고선 어떻게 하나님 앞에서 완전하다고 할 수 있느냐고 물을 수 있습니다. 그러나 다윗은 바로 용서받은 자의 감격을 가지고 있었기 때문에 그런 고백을 할 수 있었습니다. 그는 자신의 부족함에도 불구하고 자기를 사랑하시는 하나님의 사랑을 믿습니다. 다윗은 범죄한 후에 한없이 울며 애통하는 사람이었습니다. 자기 죄 때문에 죽어가는 아이를 보면서 금식하고 옷을 찢으며 아파했던 사람입니다.

시편 51편을 보면 그는 하나님께 자신의 죄를 말갛게 씻어 달라고 기도하고 있습니다. 구원의 즐거움을 회복시켜 주시고, 정직한 영을 새롭게 부어 달라고 기도하고 있습니다. 그는 자신을 주 앞에서 쫓아내지 마시고 주의 성령을 거두지 말아 달라고 간절히 기도하고 있습니다.

하나님은 다윗의 이러한 상하고 통회하는 죄의 고백을 받으셨습니다. 그리고 그를 회복시켜 주셨습니다. 그리고 이 문제 외에는 다윗을 칭찬하셨습니다. 다윗이 이러한 어려움 속에서도 회복의 은총을 경험할 수 있는 이유가 무엇입니까? 그는 주께서 자신을 사랑하신다는 믿음을 갖고 있었습니다. 그래서 하나님의 말씀을 계속 묵상하였습니다. 그의 이름을 찬송하였습니다. 하나님께 수시로 기도하는 삶을 살았습니다.

그는 어릴 적 들판에서 양을 칠 때부터 여호와 하나님과 이러한 교제가 있었습니다. 그래서 비록 인생에 실수는 있었지만 하나님

안에서 흔들리지 않는 삶을 살 수 있었습니다. 그러하기에 하나님은 다윗을 "내 마음에 합한 자"라고 하셨습니다.

하나님은 죄인임에도 불구하고 하나님 앞에 나아오는 다윗을 사랑하셨습니다. 다윗처럼 하나님을 사랑하고, 다윗처럼 하나님께 의지하고, 다윗처럼 하나님을 경외하는 자가 없다고 칭찬하셨습니다. 그는 하나님의 전을 짓고 싶어서 몸살이 날 정도로 금을 모으고 돌을 모으고 석공과 기술자를 모았습니다. 비록 건축은 솔로몬 시대에 이루어졌지만 다윗은 하나님을 사랑하였기에 스스로 하나님의 전을 짓고 싶은 간절함이 있었습니다.

다윗은 하나님의 말씀을 미처 깨닫지 못해서 실수하는 경우도 있었지만 하나님의 말씀을 깨닫게 되면 뒤늦게라도 돌이켰습니다.

다윗은 무엇보다도 자기처럼 힘 없고 연약한 자를 왕으로 세우신 하나님을 향해 언제나 넘치는 감격과 감사를 가지고 있었습니다. 그래서 어떻게 해서든지 바르게 살려고 최선을 다하였습니다. 그래서 그는 "여호와의 법도를 내 앞에 두고 그의 규례를 버리지 아니하였다"고 고백하였던 것입니다.

종교개혁자 마틴 루터(Martin Luther)는 어느 날 환상으로 마귀를 보았습니다. 마귀는 루터가 지은 많은 죄들을 기록한 두루마리를 루터에게 보이며 말했습니다.

"네가 이렇게 많은 죄를 짓고도 무슨 성직자며, 또 종교 개혁을 할 자격이 있는 사람이냐?"

루터는 마귀에게 외쳤습니다.

"그것들은 내가 지은 죄가 맞기는 하지만 이미 예수님의 은혜로 다 용서받은 것들이다. 그 따위로 날 공격할 수 없다. 마귀야, 물러가라!"

사랑하는 여러분! 여러분은 마귀가 지적하는 그 죄책감에 사로잡혀 살아가고 있습니까? 아니면 예수 그리스도의 피로 구속, 곧 죄 사함을 받고 이제는 주님의 참된 제자로서 승리를 맛보며 살아가고 있습니까?

하나님께서 여러분을 기뻐하시는 이유가 노름도 하지 않고, 술도 마시지 않고, 담배도 안 피고, 춤추러 가지도 않기 때문입니까? 이런 것들은 내가 하나님과 가지는 관계와 아무 상관도 없는 일들입니다. 하나님께서 나를 기뻐하시는 진정한 이유가 될 수 없습니다. 하나님께서는 우리를 무한히 사랑해 주시며 염려하고 돌보십니다. 그 덕분에 우리는 하나님 앞에 설 수 있는 것입니다.

다윗은 한때 자신의 행위를 바탕으로 하나님과 관계를 가지려 했습니다. 하지만 나단 선지자를 대면한 후 그러한 모습이 얼마나 어리석은지 깨닫습니다. 다윗은 범죄를 저지르고 나서 오히려 참된 사랑과 기쁨을 체험합니다. 그 기쁨은 자신의 죄가 용서되었음을 나단 선지자로부터 들었을 때 지은 시편 32편 1~2절에 잘 드러나 있습니다.

그는 "허물의 사함을 얻은 자는 얼마나 행복한 자인가! 죄의 가리움을 받은 자는 얼마나 행복한 자인가! 하나님께서 그 죄를 정죄치 않으시는 자는 얼마나 행복한 자인가!"라고 고백하고 있습니다.

다윗은 이제 비로소 전혀 새로운 방식으로 하나님께 나아가는 법을 알게 된 것입니다. 하나님의 은혜 안에 사는 하나님의 자녀로서 하나님과 새로운 관계를 맺게 된 것입니다. 다윗의 이러한 고백을 잘 설명해 주는 신간 서적이 한 권 나왔습니다.

미국에서 저명한 기독교 상담 분야 강사로 활동하고 있는 레베

카 피펏(Rebecca Pippert)이 쓴 「토마토와 빨간 사과」라는 책입니다. 이 책을 가리켜서 〈국민일보〉는 이렇게 말했습니다.

"토마토와 빨간 사과는 진실한 그리스도인과 가식적인 그리스도인을 의미한다. 겉만 빨갛고 속은 하얀 사과가 아닌 겉과 속이 똑같이 빨간 토마토가 되어야 한다는 것이다. 자신이 사과처럼 단단한 것이 아니라 토마토처럼 연약하고 깨지기 쉬운 존재라는 것을 인정해야만 진정으로 거듭날 수 있다."

그렇습니다. 어찌 보면 다윗은 이전에는 자기가 사과인 것처럼 행동하였지만 이제는 다 밝히 드러났습니다. 그러하기에 이제는 하나님의 도우심 없이는 아무것도 할 수 없는 토마토처럼 연약한 존재임을 알게 된 것입니다. 그러하기에 그 앞에서 참으로 감사와 감격함으로 하나님의 법도를 지켜 나가는 자가 된 것입니다.

사랑하는 여러분! 여러분은 사과 같은 인생입니까? 아니면 토마토 같은 인생입니까?

우리는 무한히 연약한 존재입니다. 그러나 우리를 깨끗게 하시며 도우시는 하나님의 손에 잡힐 때에 그분의 임재를 체험하는 그리스도인이 될 수 있습니다. 다윗의 고백이 우리의 고백이 되기를 축원합니다.

셋째, 그는 전쟁에서 승리케 하시는 하나님을 찬송하고 있습니다 (30~51절)

30절을 보면 "내가 주를 의뢰하고 적진으로 달리며 내 하나님을 의지하고 성벽을 뛰어넘나이다" 라는 고백이 있습니다. 생각해 보면 다윗은 물맷돌 다섯 개로 골리앗을 대항하여 싸울 때도 그의 힘으로 싸운다고 생각하기보다는 하나님을 의뢰하고 싸웠습니다.

사무엘상 17장 45절을 보면 "다윗이 블레셋 사람에게 이르되 너는 칼과 창과 단창으로 내게 나아오거니와 나는 만군의 여호와의 이름 곧 네가 모욕하는 이스라엘 군대의 하나님의 이름으로 네게 나아가노라" 라고 했습니다.

사실 다윗이 가진 것은 보잘것 없습니다. 하지만 다윗은 이 전쟁은 하나님께서 하신다는 믿음을 가지고 있었기에 담대함으로 나아갈 수 있었습니다. 그는 무기를 의지하기보다는 하나님을 의지했습니다. 그는 보이는 권세를 두려워하기보다는 보이지 아니하는 하나님을 두려워하였습니다.

본문 33~36절을 보면 하나님은 "나를 안전한 곳으로 인도하시며 나의 발로 암사슴 발 같게 하시며 나를 나의 높은 곳에 세우시며 내 손을 가르쳐 싸우게 하시니 내 팔이 놋 활을 당기도다 주께서 또 주의 구원의 방패를 내게 주시며 주의 온유함이 나를 크게 하셨나이다" 라고 했습니다. 전쟁을 치를 힘을 주신 분이 하나님임을 고백하고 있습니다.

그리고 "주께서 내 원수들이 등을 내게로 향하게 하시고" 라고 했습니다. 원수들이 등을 내게로 향했다는 것은 도망갔다는 말입니다. 원수들이 도망간 것도 주님이 하신 일이었습니다.

사실 우리는 이순신 장군이 일본과의 전쟁에서 전승을 거둔 자라는 사실을 자랑스럽게 생각합니다. 다윗 역시 나가는 전쟁마다 이겼습니다. 승리의 나팔을 불었습니다. 그런데 다윗은 이 모든 전쟁이 결코 자기가 잘나서 승리한 것이 아니라 하나님이 이기게 하셨다고 그분을 찬양했습니다. 여호와께서 방패가 되어 주시고, 견고한 요새가 되어 주시며, 능력으로 띠 띠우셨음을 찬양했습니다.

다윗의 찬송

그리고 그는 44절에 "모든 민족의 으뜸으로 삼으셨다"고 고백하고 있습니다. 다윗은 한낱 양 치는 목동이었던 자신을 하나님이 이스라엘의 왕으로 정오의 빛같이 높여 주셨음을 찬양합니다. 자기에게 어떤 능력이 있는 것도 아닌데 하나님께서 피할 길을 열어 주시고, 사울에게서 보호해 주시며, 골리앗을 물리치게 하신 것을 찬양합니다. 블레셋과 주변 국가와 수없이 싸울 때마다 승리케 하신 하나님을 찬양합니다.

다윗은 전쟁 속에서 하나님의 임재를 참 많이 경험했습니다. 그래서 시편 구구절절이 전쟁과 연관된 고백을 하고 있습니다.

시편 18편 39절에서는 "주께서 나를 전쟁하게 하려고 능력으로 내게 띠 띠우사" 하였고, 시편 24편 8절에서는 "영광의 왕이 누구시냐 강하고 능한 여호와시요 전쟁에 능한 여호와시로다"라고 고백하였습니다.

시편 27편 3절에서는 "군대가 나를 대적하여 진 칠지라도 내 마음이 두렵지 아니하며 전쟁이 일어나 나를 치려 할지라도 나는 여전히 태연하리로다"라고 했습니다. 이 외에도 55편, 58편, 140편 등이 전쟁 때에 도우신 하나님을 찬송하는 시들입니다.

신앙 고백이 담긴 이런 시를 통해 우리는 무엇을 깨달을 수 있습니까?

전쟁에서 이기고 지는 것은 사람의 손에 달려 있지 않다는 것입니다. 전쟁은 무기의 많고 적음으로 승리하는 것이 아니라 전쟁에 능하신 하나님의 손에 달려 있다는 것입니다.

다윗은 인생의 종합적 결론을 이렇게 냈습니다.

"하나님의 손길이 함께할 때 우리는 반드시 승리한다."

많은 사람들은 사무엘하 22장을 읽으면서, 다윗의 인생은 전쟁

 우리는 무엇으로 사는가

으로 점철되었는데 그것이 오늘날 나와 무슨 상관이 있는지 묻고 싶을 것입니다.

그렇습니다. 사실 우리 인생은 태어나서 죽을 때까지 전쟁 속에서 삽니다. 나와의 전쟁, 가족과의 전쟁, 이웃과의 전쟁, 동료와의 전쟁, 국가간의 전쟁과 영적 전쟁의 긴장 속에서 하루하루를 살아갑니다. 인류가 시작된 이후로 전쟁은 끝난 날이 없습니다. 다윗이 경험했던 가족과의 전쟁, 자기와의 전쟁, 동료와의 전쟁, 이웃 나라와의 전쟁은 그런 면에서 바로 우리의 문제이기도 합니다.

사랑하는 여러분! 여러분은 인생을 다 마친 마지막 때에 어떤 시로 하나님을 찬송할 것 같습니까?

오늘도 치열한 영적, 육적 전쟁을 치르며 사는 이 삶 속에서 하나님이 나의 편이 되어 대신 싸워 주셨다고 찬송할 수 있겠습니까?

절망 중에라도 하나님께 소리 높여 기도할 때에 구원하시는 하나님을 찬송할 수 있습니까?

참된 신앙은 좌절과 난관이 없는 신앙이 아닙니다. 참된 신앙은 시련과 위기, 절망과 고통이 있지만 그 속에서 하나님의 임재를 경험하며 승리하는 신앙입니다.

우리가 다윗을 위대하게 바라보며 그에게 큰 위로를 받는 이유가 무엇입니까? 그는 참으로 험악한 인생을 살았던 왕입니다. 그는 참으로 고통스럽게 살았던 왕입니다. 하지만 그러한 고통 속에서도 하나님과 함께 승리한 왕이요, 하나님을 영화롭게 하며 찬송한 왕이기에 우리는 그를 존경하며 바라봅니다. 하나님께서도 그러한 다윗이 좋아 "내 마음에 합한 종"이라고 하셨습니다.

참된 성도는 어떤 사람입니까?

참된 성도는 어두움 속에서 빛 되신 하나님을 발견하며 그가 찬송 받으시기에 합당한 분임을 발견하고 고백하는 것입니다.

　하나님을 전쟁터와 같은 우리의 인생 속에서 체험하지 못하였습니까? 새벽을 깨우십시오. 다윗이 만난, 부르짖을 때에 구원하시는 하나님을 만나십시오. 이경숙 총장이 만난, 오늘날에도 응답하시는 하나님을 만나십시오.

　하나님을 만나면 인생이 달라집니다.
　하나님을 만나면 찬송이 달라집니다.
　하나님을 만나면 종말이 달라집니다.
　다윗의 찬송이 우리의 찬송이 되길 주의 이름으로 축원합니다.

>>사무엘하<<

다윗과 동역자들
23장 8~39절

다윗의 용사들의 이름은 이러하니라 다그몬 사람 요셉밧세벳이라고도 하고 에센 사람 아디노라고도 하는 자는 군지휘관의 두목이라 그가 단번에 팔백 명을 쳐죽였더라 그 다음은 아호아 사람 도대의 아들 엘르아살이니 다윗과 함께한 세 용사 중의 한 사람이라 블레셋 사람들이 싸우려고 거기에 모이매 이스라엘 사람들이 물러간지라 세 용사가 싸움을 돋우고 그가 나가서 손이 피곤하여 그의 손이 칼에 붙기까지 블레셋 사람을 치니라 그날에 여호와께서 크게 이기게 하셨으므로 백성들은 돌아와 그의 뒤를 따라가며 노략할 뿐이었더라 그 다음은 하랄 사람 아게의 아들 삼마라 블레셋 사람들이 사기가 올라 거기 녹두나무가 가득한 한쪽 밭에 모이매 백성들은 블레셋 사람들 앞에서 도망하되 그는 그 밭 가운데 서서 막아 블레셋 사람들을 친지라 여호와께서 큰 구원을 이루시니라 또 삼십 두목 중 세 사람이 곡식 벨 때에 아둘람 굴에 내려가 다윗에게 나아갔는데 때에 블레셋 사람의 한 무리가 르바임 골짜기에 진 쳤더라 그때에 다윗은 산성에 있고 그때에 블레셋 사람의 요새는 베들레헴에 있는지라 다윗이 소원하여 이르되 베들레헴 성문 곁 우물 물을 누가 내게 마시게 할까 하매 세 용사가 블레셋 사람의 진영을 돌파하고 지나가서 베들레헴 성문 곁 우물 물을 길어 가지고 다윗에게로 왔으나 다윗이 마시기를 기뻐하지 아니하고 그 물을 여호와께 부어 드리며 이르되 여호와여 내가 나를 위하여 결단코 이런 일을 하지 아니하리이다 이는 목숨을 걸고 갔던 사람들의 피가 아니니이까 하고 마시기를 즐겨하지 아니하니라 세 용사가 이런 일을 행하였더라 또 스루야의 아들 요압의 아우 아비새니 그는 그 세 사람의 우두머리라 그가 그의 창을 들어 삼백 명을 죽이고 세 사람 중에 이름을 얻었으니 그는 세 사람 중에 가장 존귀한 자가 아니냐 그가 그들의 우두머리가 되었으나 그러나 첫 세 사람에게는 미치지 못하였더라 또 갑스엘 용사의 손자 여호야다의 아들 브나야니 그는 용맹스런 일을 행한 자라 일찍이 모압 아리엘의 아들 둘을 죽였고 또 눈이 올 때에 구덩이에 내려가서 사자 한 마리를 쳐죽였으며 또 장대한 애굽 사람을 죽였는데 그의 손에 창이 있어도 그가 막대기를 가지고 내려가 그 애굽 사람의 손에서 창을 빼앗아 그 창으로 그를 죽였더라 여호야다의 아들 브나야가 이런 일을 행하였으므로 세 용사 중에 이름을 얻고 삼십 명보다 존귀하나 그러나 세 사람에게는 미치지

못하였더라 다윗이 그를 세워 시위대 대장을 삼았더라 요압의 아우 아
사헬은 삼십 명 중의 하나요 또 베들레헴 도도의 아들 엘하난과 하롯
사람 삼훗과 하롯 사람 엘리가와 발디 사람 헬레스와 드고아 사람 익
게스의 아들 이라와 아나돗 사람 아비에셀과 후사 사람 므분내와 아호
아 사람 살몬과 느도바 사람 마하래와 느도바 사람 바아나의 아들 헬
렙과 베냐민 자손에 속한 기브아 사람 리배의 아들 잇대와 비라돈 사
람 브나야와 가아스 시냇가에 사는 힛대와 아르바 사람 아비알본과 바
르훔 사람 아스마웻과 사알본 사람 엘리아바와 야센의 아들 요나단과
하랄 사람 삼마와 아랄 사람 사랄의 아들 아히암과 마아가 사람의 손
자 아하스배의 아들 엘리벨렛과 길로 사람 아히도벨의 아들 엘리암과
갈멜 사람 헤스래와 아랍 사람 바아래와 소바 사람 나단의 아들 이갈
과 갓 사람 바니와 암몬 사람 셀렉과 스루야의 아들 요압의 무기를 잡
은 자 브에롯 사람 나하래와 이델 사람 이라와 이델 사람 가렙과 헷 사
람 우리아라 이상 총수가 삼십칠 명이었더라

미국 달라스 신학교의 총장이었던 척 스윈돌(Chuck Swindoll) 박사는 20세기 미국이 낳은 가장 위대한 설교자들 중 한 명으로 꼽힙니다. 그러나 그도 젊은 시절, 두 군데 이상의 교회에서 심한 갈등을 겪고 난 후 교회를 옮겨야만 했습니다.

그러다 마침내 남캘리포니아 풀러톤의 이반젤리컬 프리 교회에 이르러 20년이 넘게 미국 최고의 설교자로 성장할 수 있는 기반을 마련합니다. 척 스윈돌 박사는 노상 입버릇처럼 만나는 이에게 '자신이 이반젤리컬 프리 교회의 교인들 같은 좋은 동역자들을 만난 것은 평생 가장 큰 복이라고 말합니다.

오늘 본문에서 다윗은 40년간 왕의 사역을 잘 마친 후 이제 죽음을 앞두고 마지막 말을 하고 있습니다. 다윗이 왕이 되어 통치를 시작하던 때는 나라가 결코 건강한 상황은 아니었습니다.

사울 왕이 죽고 난 후 국가적으로 민족적으로 참으로 혼란과 분열이 극심했고 나라의 체계는 어수선하였던 때입니다. 주변 국가 블레셋 역시도 새로운 왕 다윗이 힘을 얻지 못하도록 지속적으로 전쟁을 일으켰던 때입니다. 그럼에도 불구하고 다윗의 즉위는 어두운 시대에 돋는 아침 해와 같이 이스라엘 백성들의 마음을 밝게 해주었습니다. 그의 리더십은 백성들에게 더 이상 반목과 질시 속에서 살지 않도록 꿈과 비전을 심어 주었습니다.

다윗 왕은 지파간의 갈등을 극복하여 나라를 하나로 통일시켰습니다. 그리고 서로 도우며 살 수 있는 국가 공동체를 유산으로 남겼습니다. 23장 3절을 보면 이스라엘의 하나님께서 다윗을 지칭하여 말씀하시기를 "다윗은 사람을 공의로 다스리는 자, 하나님을 경외함으로 다스리는 자"라고 했습니다. 이는 궁극적으로는 오실 메시아를 지칭하는 말입니다. 하지만 하나님께서는 다윗에게도 이러한 말씀으로 격려해 주셨습니다.

다윗은 수평적으로는 공평하게 백성들을 다스렸고, 수직적으로는 하나님을 경외함으로 나라를 다스렸습니다. 자신이 항상 하나님의 다스림을 받고 있다는 사실을 의식하였기에 다윗은 백성들에게 폭군이 될 수 없었습니다.

예수님은 기도의 비유를 드시면서 당시 한 불의한 재판장을 가리켜서 "하나님을 두려워하지 아니하고 사람을 무시하는 재판관"이라는 표현을 썼습니다.

이 말을 거꾸로 하면 어떻게 됩니까? 하나님을 두려워할 줄 아는 자는 사람 또한 무시하지 않는다는 말입니다. 참다운 지도자는 하나님께 경외심을 가지고 사람에게 공의를 베푸는 양면성을 갖추었다는 말입니다. 이런 양면성을 갖춘 자가 바로 다윗이었습니다.

다윗과 동역자들

다윗의 공로와 업적은 실로 위대하였습니다. 그가 통치하는 동안 이스라엘은 민족의 주체성과 번영을 이루었습니다. 그를 시조로 다윗 왕조가 형성되어 무려 400여 년을 이어 갔습니다. 물론 위기가 없었던 것은 아닙니다.

다윗의 왕정 시대 때에도 '다윗의 등불'을 꺼뜨리려고 했던 사악한 무리들이 있었습니다. 한편으로는 통치 말기에 측근들의 반역 사건들로 다윗의 왕도가 위기를 겪었습니다.

다윗은 그러한 속에서도 왕좌를 지키며 왕의 사역을 잘 감당할 수 있었던 이유를 어떻게 설명하고 있습니까?

23장 1절을 보면 자기 자신은 참으로 하나님이 높이 세워 주신 자라고 했습니다. 하나님께서 자기를 정오의 빛같이 세워 주셨다는 것입니다. 목동에 불과한 자기를 한 나라의 왕으로 높이셨다는 것입니다.

다윗은 인생의 마지막 자리에서도 부족한 자신에게 베푸신 하나님의 은혜를 깊이 인식하며 감사하고 있습니다. 그리고 자기를 가리켜 야곱의 하나님께 기름 부음 받은 자라고 했습니다. 그가 왕으로 기름 부음을 받은 것은 전적으로 하나님의 역사라는 말입니다. 그리고 스스로 이스라엘의 노래 잘하는 자라고 지칭하였습니다. 이는 세속적 노래를 잘한다는 의미보다는 이렇게 자기를 높여 주신 하나님을 평생 노래하였다는 것입니다.

그러므로 다윗은 23장 5절에서 이렇게 고백했습니다.

"이처럼 하나님께서는 내 집안을 돌봐 주셨다. 하나님께서는 나와 영원한 약속을 맺어 주셨고 모든 일에 올바르고 든든한 약속을 해주셨다. 이 약속은 나의 구원이며, 이 약속은 내가 가장 기뻐하는 것이다. 진실로 주께서는 그 약속을 이루어 주실 것이다"(쉬운성경).

하나님께서는 다윗의 이 고백 기도를 받으시고 어떻게 하셨습니까?

주전 586년 유다가 바벨론에게 멸망당할 때까지 '다윗의 등불'은 꺼지지 않고 이어졌습니다. 물론 그 뒤로 '다윗의 행위를 따르지 않는' 사악한 후손들 때문에 다윗의 왕조는 끊어지는 듯했습니다.

다윗의 후손들은 바벨론으로 포로로 잡혀갔습니다. 그리하여 역사 속에서 '다윗의 왕조'는 사라졌습니다. 하지만 하나님께서는 다윗의 믿음대로 그 어두운 역사 속에서도 다윗과 더불어 세우신 영원한 언약을 잊지 않고 때가 차매 다시 '다윗의 자손' 가운데 메시아를 보내어 그 약속을 이루어 주셨습니다.

사람들은 하나님께 언약을 지키지 아니하고 불순종하고 반역함으로 '다윗의 등불'을 꺼트렸습니다. 하지만 하나님께서는 그 속에서도 영원한 언약을 지키셨습니다. 그래서 어둠과 죽음의 그늘에 앉은 자에게 솟아오르는 해를 비추시고 그들을 평강의 길로 인도하셨던 것입니다. 그리고 약속대로 다윗의 자손에게서 예수 그리스도가 탄생했습니다. 그래서 본문은 다윗이 하나님께 받은 이 약속을 이루어 가는 데 있어서 평생토록 다윗 왕을 도왔던 그의 동역자들의 이름을 열거했습니다.

다윗이 지금까지 지도자로서, 또 왕으로서의 성공적인 사역을 마칠 수 있었던 데에는 하나님의 은총은 말할 것도 없거니와 그를 따르는 동역자들의 노고가 무척이나 컸습니다. 그래서 다윗은 말년에 그를 도운 용사들을 열거했습니다.

다윗이 놀라운 역사를 이룰 수 있었던 것은 결코 다윗 혼자의 힘이 아닙니다. 그에게는 참으로 충성된 동역자들이 있었습니다.

다윗의 동역자들의 특징은 무엇입니까?

차세대 리더십을 키워 가고자 하는 한 홍 목사는 그의 책 「거인들의 발자국」에서 "오늘날 이렇게 문제가 많은 것은 제대로 된 리더십의 부재보다는 제대로 된 팔로워십(followership)의 부재 때문이다. 모두들 남을 이끌려고만 하고 제대로 남을 따르는 일은 기피하려고만 하니 사회가 어지러운 것은 자명한 일"이라고 했습니다.

그러면서 좋은 팔로워(follower)의 자질을 몇 가지 지적하고 있습니다. 첫째는 헌신이요, 둘째는 전문성과 집중력이요, 셋째는 용기라고 했습니다.

그런데 정말 다윗의 부하들을 보노라면 이 좋은 팔로워의 자질을 다 갖추고 있습니다.

첫째, 다윗의 부하들은 헌신된 사람들이었습니다

9~10절을 보면 군 지휘관 엘르아살이라는 장수가 등장합니다.

이 장수는 블레셋과의 싸움에서 얼마나 열심히 싸웠는지 손이 칼에 붙어서 싸움이 끝난 후에도 한동안 칼에서 손을 뗄 수가 없었습니다. 이러한 현상은 칼을 무기로 사용하여 싸웠던 옛날에는 흔히 볼 수 있었던 일입니다.

사실 전쟁에서 승리하면 그 영광은 대부분 왕에게 돌아갑니다. 그러나 그 뒤에는 잘 알지도 못하는 이런 엘르아살과 같은 헌신된 부하들의 수고가 있었습니다.

어디 엘르아살만 전쟁에 참여하였겠습니까? 엘르아살은 그래도 성경에 그 이름이 영원히 남기라도 하였지만 수많은 헌신자들은 그 이름조차 기록되지 못하였습니다. 그럼에도 불구하고 그들은 다윗이 받은 언약을 이루어 가는 귀한 동역자들이었습니다.

어느 나라나 어느 교회나 어느 공동체이든지 위대한 역사를 이루는 데에는 이러한 헌신자들이 있습니다. 그들의 수고와 눈물과 피와 땀이 있기에 역사는 이루어지는 것입니다.

둘째, 다윗의 부하들은 전문성과 집중력을 갖춘 사람들이었습니다

실리콘 밸리의 전설적인 벤처 투자가로 불리는 존 듀어(John Doerr)는 "요즘 세상엔 기술이나 기업 정신, 자본은 얼마든지 있다. 그러나 훌륭한 팀은 정말 찾기 어렵다"라고 하면서 팀워크의 핵심은 '실력과 감성의 균형'이라고 했습니다.

두뇌가 비상하고 계산만 빠르다고 되는 것이 아니며, 그렇다고 단순한 열정과 추진력만 가지고 되는 것도 아닙니다. 두 축이 한 데 어우러져 절묘한 조화를 이루어야 하는데 "이 균형이야말로 위대하게 될 벤처 기업과 적당히 끝나거나 쉽게 사그라져 버릴 벤처 기업의 차이를 만든다"고 듀어는 말하였습니다.

23장 8절을 보면 다윗의 주변에는 전쟁에 능한 실력자들이 있었습니다. 다그몬 사람 요셉밧세벳은 다윗의 군 최고지휘관이었는데, 그는 단번에 팔백 명을 쳐죽일 수 있는 용사였습니다. 그는 군인으로서 실력을 갖춘 자였습니다.

우리는 1967년 5월에 있었던 이스라엘과 아랍 간의 6일 전쟁에 대해서 잘 압니다. 이스라엘은 주변 5개국 아랍국들에 비해 군인 수나 장비 면에서 엄청난 열세에 있었습니다. 그런데 그 전쟁에서 이스라엘은 6일 만에 완전한 승리를 이루었습니다.

이것이 가능했던 이유가 무엇입니까? 전투기와 전차를 운영하는 전문성에 있어서 이스라엘 군인들은 아랍 군인들과 현격한 차이가 있었습니다. 이집트를 비롯하여 시리아와 요르단에는 좋은 비행기들이 있었고, 전투기 숫자도 훨씬 많았지만 이스라엘처럼 잘 훈련된 비행사가 부족했습니다.

이스라엘은 비행기 대수는 적었지만 이미 뼈를 깎는 훈련을 마친 정예 비행사들이 있었습니다. 특별히 근접 비행에 잘 훈련된 비행사들이 있었기에 전쟁 첫날 이집트 비행기들은 비행장에서 출격조차 하지 못하고 90퍼센트가 이스라엘 전투기들의 공격을 받아 쓸모없게 되어 버렸습니다.

전차 싸움도 마찬가지였습니다. 이스라엘 전차 부대는 적의 전차를 격파하는 데 필요한 포탄이 1~2개이면 한 대를 명중하여 파괴했습니다. 하지만 이집트 전차부대는 전차 수가 훨씬 많으면서도 사격 훈련이 제대로 되어 있지 않아 어림짐작으로 쏘다 보니 제대로 이스라엘 전차를 파괴할 수가 없었습니다. 그래서 순식간에 패하고 말았습니다.

아랍과 이스라엘의 6일 전쟁이 끝난 지 얼마 되지 않은 어느 날, 소련 육군 사관학교의 한 강의실에서 열띤 토론이 벌어졌습니다. "중국과의 가상 전쟁에서 어떻게 하면 이길 수 있느냐"가 토론 주제였습니다. 황당한 표정으로 앉아 있던 몇몇 생도들 가운데 한 명이 손을 들었습니다.

"중국과 전쟁을 한다는 게 말이나 됩니까? 우리 조국이 전선에 투입할 수 있는 병력이라곤 1억 5천만 명, 많아 봐야 2억 명입니다. 그런데 적은 10억 가까운 군대를 만들 수 있지요. 한마디로 가망 없는 전쟁입니다."

유능한 지휘관으로 이름을 날리던 교관은 "꼭 그런 것만은 아니지"라고 말했습니다.

"수가 적은 군대가 전쟁에서 이긴 사례는 너무나 많아. 얼마 전 끝난 중동 전쟁을 생각해 보라고. 2~3백만의 병력이 전부였던 이스라엘이 1억의 대군을 자랑하던 아랍군을 이기지 않았느냐 말이야."

그러자 조금 전의 생도가 대꾸했습니다.

"물론 그렇지요. 하지만 우리 조국이 2~3백만 명이나 되는 유대인을 어디서 끌어 모은다죠?"

이 말의 의미는 무엇입니까?

아무리 헌신이 잘 되어 있어도 전쟁하는 이들이 각자의 임무를 완수할 수 있는 능력과 전문성을 가지고 있지 않으면 그 헌신은 아무 힘이 없다는 것입니다. 탁월한 동역자들은 주어진 임무를 계속 최고로 감당하기 위해서 끊임없이 자신의 능력을 다듬어 가는 자입니다.

여러분이 어려운 뇌종양 수술을 받는다고 가정할 때에 전문성이 뛰어난 의사를 찾겠습니까? 아니면 전문성은 떨어지지만 열정이 있는 의사를 찾겠습니까? 우리는 무슨 일에서든지 열정 그 이상으로 전문성과 능력을 갖추어 가는 것이 필요합니다.

영적 전쟁도 숫자의 많고 적음의 문제가 아니라 얼마나 전문성을 가진 자가 많으냐가 중요합니다. 오늘날 우리는 전문가를 양성하는 분야에 집중적으로 투자해야 합니다.

이스라엘 군대는 적은 숫자의 백성들을 전문화할 뿐만 아니라 집중화하였기에 1억 명의 군대를 이겨낼 수 있었습니다. 마치 소년 다윗이 골리앗을 무찌른 것 같은 이치였습니다.

다윗은 옆에 이런 동역자들이 잘 구비되어 있었기에 승리의 나팔을 불 수 있었습니다.

셋째, 다윗의 부하들은 충성되고 용기 있는 사람들이었습니다

진 해크만과 댄젤 워싱톤이 주연한 "크림슨 타이드"라는 영화가 있습니다. 이 영화에서 냉전 이후 급변하는 러시아의 정세를 세심히 관측하고 있던 미 정보국은 러시아의 쿠데타 세력이 핵미사일 기지를 장악하여 미국을 향해 핵을 쏠 가능성을 간파하고, 초대형급 핵 잠수함을 러시아로 급히 파견합니다.

상황이 급박해지면서 사령부로부터 러시아의 핵기지로 핵미사일을 조준하고 발사 대기하라는 명령이 미 핵 잠수함에 떨어집니다. 10초 카운트 다운을 준비하며 대기 중이던 잠수함은 갑자기 본부와의 교신이 두절되었습니다.

이때 잠수함의 함장은 바로 핵미사일을 발사해야 한다고 주장했지만, 비상시 함장이 판단력을 상실할 경우 그를 대신하기 위해 파송된 젊은 엑소 장교는 본부의 명확한 발사 명령 없이 함부로 핵미사일을 발사하다간 3차 세계대전이 일어나게 된다고 반대합니다. 잠수함의 승무원들도 함장과 이 장교를 지지하는 두 파로 나뉘어 팽팽하게 대립합니다. 그러나 결국은 통신이 재개되고 부하 장교의 판단이 옳았음이 증명되었습니다.

잠수함은 무사히 기지로 돌아옵니다. 후에 이 문제를 다룬 군법재판은 함장과 장교 두 사람에게 모두 무죄를 선고하면서 "당신들 둘 다 옳았지만 둘 다 틀렸소"라고 말했습니다.

이 영화가 주는 교훈은 무엇입니까?

함장의 인격이 나빴거나 능력이 없는 문제가 아니었습니다. 아무리 탁월한 인격과 능력을 가진 사람이라고 해도 사람인 이상 실수할 수 있고, 그때에는 그 실수를 보완하고 도와줄 충성되고 용기 있는 동역자가 옆에 있어야 합니다. 잘했을 때는 혼신의 힘을 다해 밀어 주지만, 잘못되었을 때는 단호히 브레이크 장치가 되어 줄 수 있는 부드러우면서도 강인한 동역자가 필요합니다.

다윗의 휘하에는 뛰어난 용사들이 많이 있었습니다. 그들 가운데에는 충성되고 용기 있는 사람들이 있었습니다. 그들은 자기 생명을 아끼지 아니하며 다윗을 사랑한 자들이었습니다. 다윗을 기쁘게 하기 위해서 자기 생명을 내놓을 자들이었습니다.

블레셋 사람들이 베들레헴 인근을 점령한 때가 있었습니다. 베들레헴은 다윗의 고향입니다. 그렇게 되자 다윗은 갑자기 베들레헴 성문 곁에 있던 우물물이 마시고 싶어졌습니다. 아마 다윗이 어릴 적 즐겨 마시던 그 우물물을 블레셋 사람들이 점령하고 있었던 것 같습니다. 다윗은 추억에 빠지면서 그 물을 마시지 못하는 것이 무척이나 아쉬웠습니다. 그런데 다윗이 이렇게 혼자 중얼거리는 소리를 들은 세 사람이 생명을 아끼지 아니하고 적진으로 가서 물을 길어 왔습니다. 이것은 명령도 아니고 꼭 해야 할 일도 아니었습니다. 그저 다윗이 혼자 자신의 감정을 표현한 것뿐입니다.

그런데도 그들은 왕을 즐겁게 하고자 하는 충성된 신복들이었습니다. 만약에 이들이 물을 길러 갔다가 죽었다면 다윗은 평생에 한이 되었을 것입니다. 그리고 이들이 가는 줄 알았다면 사전에 막았을 것입니다. 하지만 그들이 가는 것을 알지 못했고 막지도 못했습니다.

다행히 그들은 아무도 죽지 않고 그 물을 떠왔습니다. 하지만 다윗은 그들이 생명과 바꾸어서 떠 온 그 물을 마시지 아니하였습니다. 그리고 그 물을 여호와께 부어 드렸습니다. 이는 생명을 돌아보지 아니하고 갔던 부하들의 피라고 생각했기 때문입니다. 훌륭한 지도자에 훌륭한 부하들입니다.

이들 세 사람 중에는 요압의 아우 아비새도 끼어 있었습니다. 아비새는 블레셋 사람들을 맞아 싸우다 지친 다윗을 블레셋의 한 거인이 죽이려고 했을 때 그 앞에 나타나 거인을 쳐죽임으로써 다윗의 생명을 구했던 용사입니다.

용맹한 자가 또 있었습니다. 20절을 보면 브나야 같은 자입니다. 그는 다윗의 경호를 맡은 군대를 통솔했던 경호실장이었습니다. 그는 솔로몬 때에는 요압의 뒤를 이어 이스라엘의 군대를 통솔하는 군대장관이 된 자입니다. 그는 눈이 올 때에 구덩이에 내려가서 사자 한 마리를 쳐죽였을 정도로 용맹한 자였습니다. 그 외에도 이름이 크게 드러나지 않은 훌륭한 소대장들이 있었습니다.

그 37인의 충성된 부하들 가운데에는 헷 사람 우리아도 있었습니다. 그는 참으로 충성되고 용기 있는 자였습니다. 비록 다윗은 자기가 크게 잘못하여 그를 죽음으로 내몰았지만 훌륭한 동역자의 명단에 헷 사람 우리아를 빼지 않고 기록했습니다.

사랑하는 여러분! 왜 블레셋 사람들이 덩치 면에서는 이스라엘 사람들보다도 훨씬 더 컸는데도 싸움에서는 이기지 못하였습니까?

용병은 적어도 열 배의 전력이 있어야 고향을 지키는 향토군을 이긴다는 말이 있습니다. 목적이 돈인 군인과 처자식과 사랑하는 고향을 지켜야 하는 군인들의 마음가짐은 근본적으로 다를 수밖에 없습니다. 그런데 이보다도 더 큰 힘이 있습니다. 그것은 하나님을 위해 싸우는 군인입니다.

다윗이 골리앗과 싸운 이유는 골리앗이 하나님의 이름을 모독했기 때문이었습니다. 헷 사람 우리아도 예루살렘에 불리어 왔을 때에 자기 집에 가서 자고 올 수 있는데도 그렇게 하지 않은 이유가 무엇입니까? 하나님의 법궤가 전쟁터에 있는데 어떻게 자기만 편히 아내와 함께 잘 수 있느냐고 생각했기 때문입니다. 그들은 하나님을 위해 싸우는 자들이었기에 숫자에 상관없이 승리할 수 있었습니다.

전쟁에서는 군인의 수도 중요하지만 충성되고 용기 있는 군인이 그 무엇보다 중요했습니다. 그런데 다윗에게는 바로 그러한 충성되고 용기 있는 동역자들이 많이 있었습니다. 그것은 다윗이 강대한 나라를 만드는 기초가 되었습니다.

그런데 이 모든 것보다도 더 놀라운 요소는, 다윗의 부하들에게는 변화가 있었다는 점입니다. 다윗의 장수 대부분은 다윗이 도망 다닐 때에 모여든 오합지졸들이었습니다. 다윗이 사울 왕에게 쫓겨 다닐 때에 다윗을 찾아온 사람들은 환난 당한 자, 빚진 자, 마음이 원통한 자들이었습니다. 하나님의 크신 일을 이루기에 어울리지 않는 사람들이었습니다.

그런데 이제 왕국이 제대로 형성된 이후 그들의 오합지졸 같은 모습은 사라졌습니다. 그들은 변화되었습니다. 옛날에는 힘만 있는 자들이었는데 이제는 용기와 함께 충성심도 갖춘 자가 되었습니다. 옛날에는 원통함과 억울함으로 가득 차 있던 자들이었는데 이제는 조국을 구원하는 애국자들이 되었습니다.

사랑하는 여러분! 리더가 되려고 하기보다는 잘 따르는 자가 먼저 되십시오. 그리고 맡은 일에 전문인이 되어 충성을 다하십시오. 그러할 때에 하나님께서 여러분을 정오의 빛같이 빛나게 하실 것입니다.

다윗은 말년에 그의 용사들을 열거하는데 여기에 꼭 들어가야 할 사람인데도 빠진 사람이 몇몇 있습니다.

그가 누구입니까? 첫째는 리더의 자리를 빼앗기지 않으려고 혈안이 되었던 요압입니다. 그는 성경에서 121회나 언급되었습니다. 그는 그 누구보다도 다윗을 위해서 열심히 싸운 장수입니다. 그런데 다윗의 용사들의 명단을 아무리 뒤져보아도 그의 이름은 보이지 않습니다.

23장에는 요압의 이름이 세 번 나옵니다. 그래서 웬일인가 하고 보았더니 18절에는 요압의 아우 아비새를 설명하기 위해서 나오고, 24절에는 요압의 아우 아사헬을 설명하기 위해서 나오고, 37절에는 요압의 무기를 잡은 자 브에롯 사람 나하래를 설명하기 위해서 나왔습니다.

그는 평생토록 일은 열심히 하였지만 한평생 다윗의 마음에 큰 고통을 심어 준 측근이었습니다. 23장 6절에서 다윗의 고백에 등장하는 '사악한 자'였습니다.

그는 이스라엘의 군대장관 아브넬을 불의하게 죽였고, 다윗이 세운 군대장관 아마사를 비열하게 죽였고, 긍휼을 베풀어 다윗의 아들 압살롬을 생포할 수 있었음에도 불구하고 명령에 불복종하고 기어이 죽였습니다. 마지막에는 기어코 다윗이 세운 솔로몬 왕을 따르지 아니하고 반역을 일으킨 아도니야의 편에 섰습니다. 그는 실력을 갖추었으나 충성스럽지 못하였기에 끝이 좋지 않았습니다.

바울이 하나님의 사역을 하면서 한평생 그를 도왔던 동역자들을 로마서의 마지막과 디모데후서 마지막 장에 열거했습니다. 바울은 많은 사람들에게 감사하며 여러 교회들에게 그들을 추천합니다. 그런데 다윗은 아예 충성된 자들의 명단에서 요압을 빼버렸지만 바울은 충성하지 못한 이들의 이름을 구체적으로 열거하여 영원히 역사 속에 남겼습니다.

"데마는 이 세상을 사랑하여 나를 버리고 데살로니가로 갔고, 구리 세공업자 알렉산더가 내게 해를 많이 입혔으매 주께서 그 행한 대로 그에게 갚으시리니 너도 그를 주의하라 그가 우리말을 심히 대적하였느니라"고 디모데에게 권면했습니다.

다윗은 23장 8절에서부터 최고의 군지휘관에 해당하는 첫 세 사람의 이름을 열거합니다. 다그몬 사람 요셉밧세벳은 군지휘관의 두목입니다. 그는 단번에 800명을 쳐죽인 용사였습니다. 요셉밧세벳과 함께 첫 세 사람에 해당되는 사람은 엘르아살이고, 그 다음은 삼마입니다. 그 다음 삼십 두목 중에 세 사람이 등장합니다. 그들은 베들레헴 성문 곁 웃물에 갔다온 사람들입니다. 그 중 한 사람이 바로 요압의 아우 아비새요, 또 한 사람은 브나야입니다. 그런데 그 중 세 번째 인물은 이름이 기록되지 않은 채 저 유명한 30인 용사들의 이름으로 넘어갑니다.

세 번째 인물은 왜 생략되었겠습니까?

미국의 갈보리 처치 교회를 담임하는 척 스미스 목사는 아마도 그가 아히도벨일지 모른다고 추측했습니다. 그는 본래 다윗의 측근이었는데 나중에 압살롬 편을 들어 다윗에게 반역했다가 자기의 작전이 받아들여지지 않는다고 자살해 버린 사람입니다. 그래서 그의 이름이 빠졌을 것이라고 추측하였습니다. 아니면 역시 반군측에 가담하여 반군의 군대장관이 되었던 아마사였을지도 모릅니다.

아히도벨이었건 아마사이었건 간에 어쨌든 두 번째 3인 가운데 한 사람의 이름은 기록에서 삭제되었습니다. 그의 이름을 영광스러운 이름의 대열에 기록하고 싶지 않았던 것입니다.

사도행전 1장을 보면 3년 동안 예수님을 잘 따라다니다가 막판에 예수님을 은 삼십에 팔아먹는 바람에 명단에서 빠진 제자가 있습니다. 11명의 명단은 다 열거되는데 자살한 가룟 유다의 이름은 빠져 있습니다. 그는 끝까지 충성하지 못하였고 끝이 다른 자였기 때문입니다.

오늘 우리 교회에서 이단 세미나를 합니다. 이단이란 무엇입니까? '이단(異端)'이란 끝이 다르다는 뜻입니다. 이단을 분별하기가 힘든 이유는 처음에는 진짜와 비슷하기 때문입니다. 무엇이 다른지 알기가 힘이 듭니다. 그런데 끝을 보면 그들이 확연히 다르다는 것을 볼 수 있습니다.

사랑하는 여러분! 여러분은 하나님의 영원한 언약인 다윗의 자손 예수 그리스도의 위대한 동역자로 역사에 남고 싶습니까? 아니면 기록에서 지워지거나 아름답지 못한 첨가 설명과 함께 역사에 남고 싶습니까?

저와 함께 다윗의 자손 예수 그리스도를 위해 헌신하고, 전문화되어, 충성을 다하는 용기 있는 하나님의 신실한 동역자들이 되시길 축원합니다.

>>사무엘하<<

인구 조사의 비밀
24장 1~25절

여호와께서 다시 이스라엘을 향하여 진노하사 그들을 치시려고 다윗을 격동시키사 가서 이스라엘과 유다의 인구를 조사하라 하신지라 이에 왕이 그 곁에 있는 군사령관 요압에게 이르되 너는 이스라엘 모든 지파 가운데로 다니며 이제 단에서부터 브엘세바까지 인구를 조사하여 백성의 수를 내게 보고하라 하니 요압이 왕께 아뢰되 이 백성이 얼마든지 왕의 하나님 여호와께서 백 배나 더하게 하사 내 주 왕의 눈으로 보게 하시기를 원하나이다 그런데 내 주 왕은 어찌하여 이런 일을 기뻐하시나이까 하되 왕의 명령이 요압과 군대 사령관들을 재촉한지라 요압과 사령관들이 이스라엘 인구를 조사하려고 왕 앞에서 물러나 요단을 건너 갓 골짜기 가운데 성읍 아로엘 오른쪽 곧 야셀 맞은쪽에 이르러 장막을 치고 길르앗에 이르고 닷딤훗시 땅에 이르고 또 다냐안에 이르러서는 시돈으로 돌아 두로 견고한 성에 이르고 히위 사람과 가나안 사람의 모든 성읍에 이르고 유다 남쪽으로 나와 브엘세바에 이르니라 그들 무리가 국내를 두루 돌아 아홉 달 스무 날 만에 예루살렘에 이르러 요압이 백성의 수를 왕께 보고하니 곧 이스라엘에서 칼을 빼는 담대한 자가 팔십만 명이요 유다 사람이 오십만 명이었더라 다윗이 백성을 조사한 후에 그의 마음에 자책하고 다윗이 여호와께 아뢰되 내가 이 일을 행함으로 큰 죄를 범하였나이다 여호와여 이제 간구하옵나니 종의 죄를 사하여 주옵소서 내가 심히 미련하게 행하였나이다 하니라 다윗이 아침에 일어날 때에 여호와의 말씀이 다윗의 선견자 된 선지자 갓에게 임하여 이르시되 가서 다윗에게 말하기를 여호와께서 이와 같이 말씀하시기를 내가 네게 세 가지를 보이노니 너를 위하여 너는 그중에서 하나를 택하라 내가 그것을 네게 행하리라 하셨다 하라 하시니 갓이 다윗에게 이르러 아뢰어 이르되 왕의 땅에 칠 년 기근이 있을 것이니이까 혹은 왕이 왕의 원수에게 쫓겨 석 달 동안 그들 앞에서 도망하실 것이니이까 혹은 왕의 땅에 사흘 동안 전염병이 있을 것이니이까 왕은 생각하여 보고 나를 보내신 이에게 무엇을 대답하게 하소서 하는지라 다윗이 갓에게 이르되 내가 고통 중에 있도다 청하건대 여호와께서는 긍휼이 크시니 우리가 여호와의 손에 빠지고 내가 사람의 손에 빠지지 아니하기를 원하노라 하는지라 이에 여호와께서 그 아침부터 정하신 때까지 전염병을 이스라엘에게 내리시니 단에서부터 브엘세바까지 백성의 죽은 자가 칠만 명이라 천사가 예루살렘을 향하여 그의 손을 들어 멸하려 하더니 여호와께서 이 재앙 내리심을 뉘우치사 백성을 멸하는 천사에게 이르시되 족하다 이제는 네 손을 거두라 하시니 여호와의 사자가 여부스 사람 아라우나의 타작 마당 곁에 있는지라 다윗이 백성을 치는 천사를 보고 곧 여호와께 아뢰어 이르되 나는 범죄하였고 악을 행하였거니와 이 양 무리는 무엇을 행하였나이까 청하건대 주의 손으로 나와 내 아버지의 집을 치소서 하니라 이 날에 갓이 다윗에게 이르러 그에게 아뢰되 올라가서 여부스 사람 아라우나의 타작마당에서 여호와를 위하여 제단을 쌓으소서 하매 다윗이 여호와께서 명령하신 바 갓의 말대로 올라가니라 아라우나가 바라보다가 왕과 그의 부하들이 자기를 향하여 건너옴을 보고 나가서 왕 앞에서 얼굴을 땅에 대고 절하며 이르되 어찌하여 내 주 왕께서 종에게 임하시나이까 하니 다윗이 이르되 네게서 타작마당을 사서 여호와께 제단을 쌓아 백성에게 내리는 재앙을 그치게 하려 함이라 하는지라 아라우나가 다윗에게 아뢰되 원하건대 내 주 왕은 좋게 여기시는 대로 취하여 드리소서 번제에 대하여는 소가 있고 땔 나무에 대하여는 마당질하는 도구와 소의 멍에가 있나이다 왕이여 아라우나가 이것을 다 왕께 드리나이다 하고 또 왕께 아뢰되 왕의 하나님 여호와께서 왕을 기쁘게 받으시기를 원하나이다 왕이 아라우나에게 이르되 그렇지 아니하다 내가 값을 주고 네게서 사리라 값 없이는 내 하나님 여호와께 번제를 드리지 아니하리라 하고 다윗이 은 오십 세겔로 타작 마당과 소를 사고 그곳에서 여호와를 위하여 제단을 쌓고 번제와 화목제를 드렸더니 이에 여호와께서 그 땅을 위한 기도를 들으시매 이스라엘에게 내리는 재앙이 그쳤더라

　　우리는 연속극이든지 책이든 마지막은 해피엔딩으로 끝나기를 원합니다. 과정은 아슬아슬하게 진행하다가도 끝에 가서는 멋있게 마무리를 합니다. 그런데 어떤 연유에서인지 다윗의 일대기를 기록한 사무엘서의 마지막 장은 다윗의 실수를 담고 있습니다. 실컷 다윗의 훌륭한 점을 잘 설명하다가 마칠 때에 그의 큰 실수를 또다시 기록하면서 매듭을 짓습니다.

　　이처럼 사무엘서를 그냥 보면 참 이상하다 싶습니다. 그런데 자

 우리는 무엇으로 사는가

세히 보면 이 사건 속에 하나님의 엄청나고 비밀스러운 계획이 숨어 있는 것을 보게 됩니다. 그래서 어떤 학자는 이 부분을 '구약에서 가장 중요한 부분 가운데 하나'라고도 합니다.

오늘은 사무엘서를 마치면서 인구 조사의 비밀스러운 현장으로 여러분을 데려가고자 합니다.

인구 조사를 왜 합니까? 요사이 인구 조사는 다양한 목적을 위해서 이루어집니다. 연령층의 분포도에서 시작해 다양한 항목을 조사합니다. 그런데 그때 당시의 인구 조사의 이유는 주로 한 가지였습니다. 바로 전쟁을 위한 인구 조사였습니다. 그래서 다윗 왕은 요압 장군에게 "이스라엘 백성의 인구를 조사하되 유다 지파는 따로 세도록 하라"고 명령하였습니다.

24장 9절을 보면 "곧 이스라엘에서 칼을 빼는 담대한 자가 팔십만 명이요 유다 사람이 오십만 명이었더라"라고 했습니다. 칼을 뺀다는 것은 전쟁을 치를 용병을 의미합니다.

그런데 이 인구 조사가 왜 잘못된 일입니까? 다윗이 양심의 가책을 느끼며 회개해야 할 이유가 무엇입니까?

민수기를 보면 인구 조사는 백성들을 효과적으로 운영하기 위해 필요한 일입니다. 그런데도 본문에서는 다윗이 양심의 가책을 느꼈다고 했습니다. 다윗은 갓 선지자가 지적하기 이전에 이미 양심의 가책을 스스로 느꼈습니다. 이는 인구 조사 자체에 문제가 있기보다는 다윗의 마음에 문제가 있었던 것입니다.

다윗은 압살롬의 반역 후 무너진 왕권을 인구 조사를 통해 더욱 확고히 장악하려고 했습니다. 즉 말년에 자기 만족을 채우려는 허영심에서 인구 조사를 하였다는 것입니다.

요압이 하는 말을 통해서 이미 이것은 해서는 안 되는 일임을 다윗은 깨달았을 것입니다. 요압이 뭐라고 합니까?

"왕께서는 어찌하여 이 일을 기뻐하시나이까?"

이 말은 지금까지 하나님께서 다윗과 함께하사 전쟁에 승리케 하셨고 또 위기 속에서도 보호해 주신 것은 결코 병사의 수 때문이 아니지 않느냐는 것입니다. 그러므로 하나님보다 군사력을 의존하는 것은 합당하지 않다는 것입니다.

그렇습니다. 요압은 하나님을 의존하던 다윗이 하나님이 원하지 않으시는 일을 한다고 생각했던지 역대상 21장을 보면 레위 지파와 베냐민 지파는 계수하지 않고 보고하였습니다. 그가 레위 지파와 베냐민 지파 사람들을 계수하지 않은 데에는 이유가 있습니다. 그 이유를 유대인들이 읽는 미드라쉬는 이렇게 말합니다.

"여호와께서 이 인구 조사 때문에 벌을 내리실지라도 적어도 레위 지파와 베냐민 지파 사람들은 많은 피해를 입지 않아야 한다는 생각이었다. 모세도 레위 족속을 따로 세웠다고 말할 계획이었다. 그리고 사사 시대에 베냐민 지파 사건으로 베냐민 지파가 거의 다 죽었기에 그들을 셀 마음이 없었다고 말할 참이었다."

요압은 다윗 왕에게 변명할 여러 구실을 만들었습니다.

그렇습니다. 다윗은 시편 20편 7절의 고백 속에서도 "어떤 사람은 병거, 어떤 사람은 말을 의지하나 우리는 여호와 우리 하나님의 이름을 자랑하리로다"라고 했습니다. 그런 고백을 했던 다윗이 인구 조사를 하였다는 것은 어찌 보면 어울리지 않는 일입니다. 이 사건에 대한 기록이 역대상 21장에도 되풀이되고 있습니다. 그런데 이 두 이야기는 다소 일치하지 않는 부분들이 있습니다.

역대상 21장 5~7절을 보면 "요압이 백성의 수효를 다윗에게 보고하니 이스라엘 중에 칼을 뺄 만한 자가 백십만 명이요 유다 중에 칼을 뺄 만한 자가 사십칠만 명이라 요압이 왕의 명령을 마땅치 않게 여겨 레위와 베냐민 사람은 계수하지 아니하였더라 하나님이 이 일을 악하게 여기사 이스라엘을 치시매" 라고 했습니다.

척 스미스 목사 같은 사람들은 이렇게 30만 명이나 차이가 나는 이유가 징집 대상 연령에 해당되는 사람은 110만 명인데 그 중에서 담대한 자, 당장 전쟁을 해도 감당할 수 있는 사람은 80만 명이라는 뜻으로 해석하기도 합니다. 유대인들의 구전인 미드라쉬는 보통 이스라엘 백성들은 20세부터 계수하였습니다. 그런데 지금 다윗 왕은 13세부터 모든 남자를 계수하라고 명령했다는 것입니다. 그래서 미래의 군사력을 미리 점검해 보려 했다는 것입니다. 이것이 다윗의 잘못이었습니다.

설령 인구 조사를 해도 하나님의 백성인 유대인을 직접 세어서는 안 되었습니다. 항아리에 각 사람이 동전 하나씩을 집어넣는다든지 해서 그 동전을 세어 봄으로써 인구가 얼마인지 간접적으로 세어야지 직접 세는 것은 율법이 금하는 일이었습니다.

또 한 편에서 유대 고대사를 기록한 요세푸스는 유대인들의 전통적 해석 방석을 소개하면서 다윗이 인구 조사를 할 때마다 바쳐야 했던 각 사람에 대한 생명의 속전, 즉 인두세를 바치지 않은 게 문제였다고 말합니다.

이러한 설명들 가운데 어느 것 하나도 정확한 것은 없습니다. 하여간 두 본문에서 이런저런 숫자는 조금씩 차이가 납니다. 그런데 그것보다도 더 이해가 안 되는 부분은 이 인구 조사를 하게 하신 분이 여호와라는 사실입니다.

사무엘하 24장 1절을 보면 "여호와께서 다시 이스라엘을 향하여 진노하사 그들을 치시려고 다윗을 격동시키사 가서 이스라엘과 유다의 인구를 조사하라"고 했습니다. 여기서 '다시'라는 말은 사무엘하 21장에서 이미 다윗과 그 백성이 3년간 기근을 경험했기 때문에 나온 말입니다. 그런데 다시 진노의 잔이 다가오고 있다는 것입니다.

그런데 역대상 21장 1절을 보면 "사탄이 일어나 이스라엘을 대적하고 다윗을 충동하여 이스라엘을 계수하게 하니라"고 했습니다. 여기서는 또 사탄이 이 일을 저질렀다고 했습니다. 욥기서와 같은 말씀을 보면 사탄이 하나님을 충동질하여 욥을 까닭 없이 치게 하는 모습도 나옵니다(욥 2:3).

그런 면에서 보면 사탄도 하나님의 손 안에 있기에 사무엘서 기자는 크게 보아서 이 모든 일은 하나님께서 하신 일이라고 했고, 역대기 기자는 사탄이 한 일이라고 본 것입니다. 그런데 이는 궁극적으로는 같은 말입니다. 사탄이 하나님의 손 아래에서 행한 일이기 때문입니다. 그런데 중요한 것은 하나님께서 사탄이 이러한 일을 행하도록 내버려 두신 이유입니다. 여기에 하나님의 숨은 뜻이 있습니다.

하나님께서는 갓 선지자를 보내어 다윗의 인구 조사로 인한 징계로 세 가지 안을 제시하고 그 중에 하나를 택하라고 하십니다.

첫째, 7년 기근을 당하든지, 둘째, 왕이 원수에게 쫓겨 석 달 동안 그들 앞에서 도망 다니든지, 셋째, 이스라엘 땅에 사흘 동안 전염병이 있을 것인지 택하라고 합니다.

다윗은 이미 사울 왕이 기브온 사람들을 무고히 죽이는 바람에 3년 기근을 당하는 큰 고통을 경험했던 사람입니다. 그리고 그가 기근을 선택하는 것은 칼로 유대인들을 죽이는 것과 같은 일이라고 생각했습니다. 수많은 유대인들이 굶주려서 외국 땅으로 도망갈 것이기 때문입니다. 그러므로 기근을 선택하면 백성들이 '이새의 아들이 얼마나 무정한가! 그는 자신이 고통 받는 게 싫어 기근을 선택했다. 궁전에 많은 양식을 쌓아 두고 있기 때문에 자기는 아무런 어려움을 안 당할 것으로 생각하고 기근을 선택했다'라고 원망할 것을 내다본 것입니다. 전쟁을 선택할 경우 역시 굶주림을 초래할 것이 분명합니다. 전쟁 때에는 먹을 것이 부족한 것이 당연한 일이기 때문입니다.

그러나 압살롬에게 쫓겨 다녔고, 또 사울 왕에게 지긋지긋할 정도로 쫓겨 다녀 본 다윗입니다. 그러다 보니 말년에 또다시 쫓겨 다니고 싶지는 않았던 것 같습니다. 그래서 그는 이제는 "우리가 여호와의 손에 빠지고 내가 사람의 손에 빠지지 아니하기를 원하노라"(14절)고 했습니다. 더 이상 쫓겨 다니며 살고 싶지는 않다는 것입니다.

한편 전염병은 부자든지 가난하든지 강하든지 약하든지 궁전 안에 있든지 궁 밖에 있든지 모든 사람이 똑같이 위협을 받는 징벌이었습니다. 게다가 다윗 자신이 이 환난의 원인이기 때문에 여호와께서 그를 직접 치실 것이라고 생각합니다. 그리고 이 전염병은 여호와로부터 직접 오며, 어떤 사람도 개입되지 않는다는 징벌이었습니다.

사람이 양식을 찾다가 외국에서 죽거나 전쟁터에서 죽는 것보다 집에서 죽는 것이 더 좋을 것 같았습니다. 그래서 사흘간의 전염병을 택합니다. 그는 "여호와의 긍휼이 크시니 우리가 사람의 손이 아닌 여호와의 손 아래 있기를 원한다"고 하였습니다.

이에 그 아침부터 정하신 때까지 전염병이 이스라엘에 돌았는데 단에서부터 브엘세바까지 전염병 때문에 죽은 자가 칠만 명이

나 생겼습니다. 천사가 예루살렘을 향하여 그의 손을 들어 멸하려 하였습니다. 그때에 여호와께서 이 재앙 내리심을 뉘우치사 백성을 멸하는 천사에게 "족하다. 이제는 네 손을 거두라" 하셨습니다. 사흘을 다 채우지 않고 재앙을 멈추셨습니다. 그리고 여호와의 사자가 여부스 사람 아라우나의 타작 마당 곁에 서 있었습니다.

그때 다윗이 백성을 치기 위해 예루살렘으로 달려오는 이 천사를 보았습니다. 곧이어 온 예루살렘을 다 멸하려는 듯한 기세로 달려오던 천사가 갑자기 그 자리에 멈추어 섰습니다.

오늘 본문 16절에 "여호와께서 이 재앙 내리심을 뉘우치사" 라는 말이 있습니다.

그런데 민수기 23장 19절을 보면 "하나님은 사람이 아니시니 거짓말을 하지 않으시고 인생이 아니시니 후회가 없으시도다 어찌 그 말씀하신 바를 행하지 않으시며 하신 말씀을 실행하지 않으시랴" 라고 되어 있습니다.

그러기에 하나님께서 뉘우치셨다는 말은 이 민수기의 말씀과 모순되는 것처럼 보입니다. 하지만 이는 인간의 언어로서 하나님의 감정을 다 표현할 수가 없어 우리의 가장 가까운 언어로 표현한 것일 뿐입니다.

하나님의 진노는 멈추었지만 다윗의 회개가 필요했습니다. 그래서 여호와 하나님께서는 다윗에게 죽음의 천사를 보여 주신 것입니다.

다윗은 하소연합니다.

"나는 범죄하였고 악을 행하였거니와 이 양 무리는 무엇을 행하였나이까 청하건대 주의 손으로 나와 내 아버지의 집을 치소서" (17절).

죄에 대한 모든 비난을 다윗 스스로 받았습니다. 여호와는 다윗의 완전한 회개 때문에 그를 용서해 주셨습니다.

이때 갓 선지자는 다윗에게 "여부스 사람 아라우나의 타작마당에서 여호와를 위하여 제단을 쌓으소서"(18절)라고 말했습니다.

다윗은 여호와께서 명령하신 대로 아라우나의 타작마당으로 올라갔습니다. 다윗은 아라우나에게 재앙을 그치게 하기 위해서 그의 타작마당을 자기에게 팔라고 하였습니다. 이 아라우나를 역대기에서는 오르난이라고 했습니다.

어떤 주석가는 아라우나가 다윗이 예루살렘을 정복하기 전, 최후의 여부스 왕이었을 것이라고 추측합니다. '아라우나'는 왕의 칭호이고 이름은 '오르난'으로 봅니다. 그래서 역대기에는 다르게 표현된 것입니다.

다윗의 이러한 요구에 아라우나는 번제할 소가 있고, 땔 나무에 대하여는 마당질하는 도구와 소의 멍에가 있으니 사용하라고 합니다.

다윗은 예루살렘 정복 후에 그와 좋은 관계를 유지했고 아라우나 역시 하나님을 경외하는 신앙을 갖게 된 것 같습니다. 그래서 타작마당과 제사에 사용할 모든 것을 기쁘게 헌납하겠다고 했습니다. 하지만 다윗은 여호와 하나님께 드리는 제사를 값 없이 드릴 수 없다고 하면서 은 오십 세겔로 타작마당과 소를 사서 그곳에서 여호와를 위하여 제단을 쌓고 번제와 화목제를 드렸습니다.

25절을 보면 이에 여호와께서 그 땅을 위한 기도를 들으셨고 이스라엘에게 내리는 재앙이 그쳤습니다. 이 부분에서도 역대상에서는 금 600세겔로 되어 있어 큰 차이가 납니다. 그런데 금 600세겔이면 엄청난 돈인데 다윗은 왜 이렇게 비싼 값을 치렀을까요? 재앙을 멈추기 위해서 다윗이 먼저 산 것은 아라우나의 타작마당과 번제에 쓸 소입니다. 그후에 다윗은 그 타작마당 뿐만 아니라 주변 일대를 다 사들이기 위해서 600세겔의 금화를 지불하였던 것입니다.

본문에서 다윗이 아라우나의 타작마당을 살 때 이곳에 성전을 지어야겠다고 생각한 증거는 없습니다. 그러나 역대상 21장 26절을 보면 그곳에 제단을 쌓고 속죄 제물을 드렸을 때에 하늘에서 번제단 위에 불이 내려왔습니다. 다윗이 드린 제사에 하나님께서 불로 응답하신 것입니다. 다윗은 이러한 체험을 한 후에 이곳이야말로 이스라엘 백성이 자손 만대로 하나님을 경배할 성전터로 적합함을 확신한 것입니다.

이스라엘 땅에 있는 특별한 세 곳이 있습니다.

이스라엘 백성들이 여호와의 명령으로 이스라엘 땅을 점령하였을지라도 세 곳은 돈을 주고 사야 했습니다. 세 곳 모두 나중에 이방인들이 "당신들이 우리에게서 훔친 곳이오"라고 말해서는 안 될 곳입니다.

첫째는 막벨라 굴입니다.

아브라함이 사라를 장사 지내려고 할 때였습니다. 아브라함은 그 땅에 완전한 값을 치렀습니다. 나중에 모든 조상들이 거기에 장사됩니다. 그는 그 땅의 주인 헤브론 사람에게 동전 400개를 주었습니다.

둘째는 요셉의 무덤입니다.

창세기에서 이런 기사를 읽을 수 있습니다. 야곱이 세겜 마을에 와서 그의 밭이 될 땅에 대해 하몰에게 많은 돈을 지불합니다(창 3:19). 이것은 나중에 요셉이 묻히는 곳이 됩니다.

셋째는 미래에 예루살렘 성전이 지어질 곳 아라우나의 타작마당입니다.

다윗은 이 땅에 대한 완전한 값을 아라우나에게 치렀습니다.

아라우나의 타작마당은 다윗의 시대에는 하나님의 진노를 잠재우는 속죄 제사를 드리는 곳이 되었습니다. 나중에는 솔로몬에 의해 장엄한 성전이 세워지는 장소가 되었습니다. 그런데 그보다도 더 의미 있는 것은 이 장소가 바로 아브라함이 100세에 얻은 아들 이삭을 번제로 드리려고 했던 모리아 산이라는 점입니다.

믿음의 조상 아브라함이 하나님의 명령을 따라 독자 이삭을 번제로 드리려고 칼을 뽑아 들었던 곳이 바로 이 아라우나의 타작마당이었습니다. 그런데 거의 1,000년의 세월이 흐른 후 의미 있는 그 장소에서 다윗이 다시 하나님의 명령을 따라 제사를 드렸습니다. 아브라함은 그곳에서 번제의 제사를 드렸지만 다윗은 여호와를 위하여 제단을 쌓고 번제와 화목제를 드렸습니다. 그후에 여호와께서 그 땅을 위한 기도를 들으셨습니다. 그리고 이스라엘에게 내리는 재앙이 그쳤습니다.

이는 참으로 놀라운 하나님의 계획이 아닐 수 없습니다. 아브라함과 다윗이 1,000년을 사이에 두고 같은 장소에서 하나님께 제사를 드리면서 만난 것입니다.

하나님께서는 다윗에게 성전을 짓지는 못하게 하셨습니다. 하지만 선조들이 제사드렸던 그 귀하고 복된 제단을 회복하는 기쁨을 맛보게 하셨습니다. 다윗을 통하여 앞으로 예루살렘 성전이 될 거룩한 곳을 보여 주신 것입니다. 너무나도 여호와를 사모하는 다윗이기에 그의 실수를 통해서 앞으로 세워질 제단 터를 그가 사서 하나님께 드릴 수 있도록 하신 것입니다.

노년기에 접어든 다윗에게 이보다 더 큰 기쁨은 없었을 것입니다. 이것은 다윗이 성전터를 찾으려고 평생 노력한 것에 대한 하늘의 상이었습니다. 그러하기에 그날은 백성들 7만 명을 잃은 슬픔의 날이기도 하지만, 그의 죄를 용서받은 날이기도 하고, 하나님의 성전 터를 발견한 일생 최대로 기쁜 날이기도 하였습니다.

지난 4월 5일은 저의 아버지 2주기 추도의 날이었습니다. 그래서 저의 집에서 가족들과 함께 추도예배를 드렸습니다. 그런데 공교롭게도 그날은 아버지를 노년에 모셨던 형의 생일이기도 하였습니다. 그러니 슬픔과 기쁨이 겹치는 날이었습니다. 그래서 처음에는 추도예배를 드리고, 식사 후에는 형을 위해서 케이크를 사서 축하했습니다. 참으로 그날은 아버지의 노환을 잘 보살펴 드린 형을 기쁘게 해주는 의미 있는 날이 되었습니다. 저는 다윗의 심정을 조금이나마 경험할 수 있었던 것 같습니다.

역대하 3장 1절은 "솔로몬이 예루살렘 모리아 산에 여호와의 전 건축하기를 시작하니 그곳은 전에 여호와께서 그의 아버지 다윗에게 나타나신 곳이요 여부스 사람 오르난의 타작마당에 다윗이 정한 곳이라"고 했습니다.

후에 이 타작마당이 솔로몬의 장엄한 성전이 세워지는 장소가 되었습니다. 감히 상상도 하지 못할 일이 생긴 것입니다. 이렇게 사무엘서는 다윗 왕이 성전 터를 사고 하나님께 제사드리는 먼 미래를 내다보며 꿈을 꾸는 이야기로 끝을 맺고 있습니다.

그런데 이보다 더 놀라운 일은 다윗이 제사를 드리고 1,000년이 지난 후에 그 땅에서 또 다른 번제와 화목제가 드려졌다는 점입니다. 그 제물은 하나님의 독생자 예수 그리스도입니다.

이 땅에 왕으로 오신 예수 그리스도께서 인류의 죄를 대신 짊어지고 그 예루살렘에서 유월절 어린양이 되어 십자가에 달려 돌아가셨습니다. 우리의 죄를 대속하기 위해 속죄의 제물이 되신 것입니다. 그리고 예수님께서 십자가에 달려 운명하는 그 순간 그 옆 아라우나의 타작마당에 서 있던 예루살렘 성전의 휘장이 찢어졌습니다. 그래서 화목 제물이 되신 예수님을 통하여 우리는 이제 하나님 아버지 앞에 나아갈 수 있게 되었습니다.

우주 만물을 창조하신 하나님을 '아바 아버지'라 부를 수 있게 된 것입니다. 이 얼마나 크고 놀라운 비밀인지 감격하지 않을 수 없습니다.

이 일로 이제 우리가 예수 그리스도의 이름으로 드리는 기도를 하나님께서 들으십니다. 그리고 이 일로 더 이상 우리는 이 땅에 내리는 저주를 받지 않게 되었습니다. 예수 그리스도께서 대신 다 짊어지셨기 때문입니다.

앞으로 다가올 요한계시록의 마지막 일곱 대접의 재앙도 우리와는 상관이 없는 것이 되었습니다. 할렐루야!

다윗의 자손 예수 그리스도의 피가 묻어 있는 한 우리는 저주와 상관이 없게 되었습니다. 세상 죄를 지고 가는 어린양 예수님의 피가 우리 속에 흐르고 있는 한 우리는 더 이상 저주 아래 있지 않게 된 것입니다.

다윗이 실수하였지만 이 실수를 통해서도 하나님은 용서의 처소를 마련해 주셨습니다. 인간이 잘못을 저질렀지만 하나님은 그 잘못을 통해서도 속죄의 길을 열어 주셨습니다. 회복의 길을 만드셨습니다. 무한한 미래를 내다보며 역사의 수레바퀴를 돌리셨습니다.

위기 없는 순간이 없었고, 문제 없는 날이 없었던 다윗!

안심과 평강이라는 말과 너무나 거리가 먼 것만 같은 다윗이지만 그의 생애가 끝날 때에 하나님은 그의 실수를 통하여 평화를 경험케 하셨고, 그의 연약함을 통해 하나님의 임재를 경험케 하셨습니다. 모든 것으로 합력하여 선을 이루셨습니다.

다윗을 통하여 영원한 영광을 받으신 것입니다.

예수님께서는 요한계시록 22장 16절에 이렇게 선언하십니다.

"나 예수는 교회들을 위하여 내 사자를 보내어 이것들을 너희에게 증언하게 하였노라 나는 다윗의 뿌리요 자손이니 곧 광명한 새벽 별이라 하시더라."

다윗의 자손 예수 그리스도의 생애는 아직 완성되지 않았습니다. 초림 예수님은 구원자 예수님으로 오셨지만 재림 예수님은 왕으로, 심판자 예수님으로 오십니다. 그러므로 그분을 따르고 사랑하는 사람들은 그날을 기도하며 기다립니다.

교회가 "하늘에 계신 우리 아버지, 이름이 거룩히 여김을 받으시오며, 나라가 임하옵시며, 뜻이 하늘에서 이룬 것같이 땅에서도 이루어지이다" 라고 기도하는 것은 그분의 재림을 위하여 기도하는 것입니다. 이 염원과 기도는 아람어 '마라나타' 라는 말로 신약 성경에 남아 있습니다. 그날이 올 때까지 교회는 계속해서 복스러운 소망과 우리의 크신 하나님 구주 예수 그리스도의 영광이 나타나심을 기다리며 "다윗의 자손 예수여 어서 오시옵소서!" 라고 기도할 것입니다.

다윗의 자손으로 오신 예수 그리스도의 은혜가 우리와 함께하길 축원합니다.

┌─────┐
│ 판 권 │
│ 소 유 │
└─────┘

―사무엘하 강해―
우리는 무엇으로 사는가

2006년 6월 5일 인쇄
2006년 6월 10일 발행

지은이 | 구영철
발행인 | 이형규
발행처 | 쿰란출판사

주소 | 서울 종로구 이화동 184-3
TEL | 02-745-1007, 745-1301, 747-1212, 743-1300
영업부 | 02-747-1004, FAX / 02-745-8490
본사평생전화번호 | 0502-756-1004
홈페이지 | http://www.qumran.co.kr
E-mail | qumran@hitel.net
　　　　　　qumran@paran.com
한글인터넷주소 | 쿰란, 쿰란출판사

등록 | 제1~670호(1988.2.27)

책임교열 | 송은주

값 12,000 원

ISBN 89-5922-237-2　94230
　　　89-5922-235-6 (세트)

* 이 출판물은 저작권법에 의해 보호를 받는 저작물이므로 무단 복제할 수 없습니다.
　잘못된 책은 교환해 드립니다.